Des Eremiten Geschichte - und seine Lehre

Die Geschichte des Eremiten

und

Des Eremiten Lehr-Botschaften

in einem

Gesamtband

Bildnachweis zu Band 1:

Cover: Screenshot / "Mystic Lady Ambience" (Music & Ambience)

S. 5, 13, 29 und 199: Screenshot / "Skyrim" (Music & Ambience)

S. 31 und 77: Foto priv. Weltatlas / von mir bearbeiteter Ausschnitt

S. 142: ESO (European Southern Observatory)

Bildnachweis zu Band 2:

S. 241: Screenshot / "Skyrim" (Music & Ambience)

S. 265: Stiftung Haus der Geschichte

S. 367: Screenshot / "Calm Forest Meditation" (Music & Ambience)

S. 369: Screenshot / "Mystic Healing Forest" (Music & Ambience)

'#" V-100126

Impressum:

© der vorliegenden Fassung: © 2026 Uwe Laubach

Verlag: BoD · Books on Demand GmbH, Überseering 33, 22297
Hamburg, bod@bod.de
Druck: Libri Plureos GmbH, Friedensallee 273, 22763 Hamburg
ISBN: 978-3-7597-9410-9

Die Geschichte des Eremiten

Ein Deutscher in einer Schule der "Weißen Bruderschaft" im Hoch-Himalaya

Bruder (Meister) Amo und Felix Schmidt

Umfassend neu überarbeitet

> Je mehr er nachdachte und meditierte, umso größer wurde seine Gewissheit, dass es irgendwo in Indien oder Tibet eine Bruderschaft Eingeweihter gab, die sich der Verbreitung des Lichtes geweiht hatte und der Menschheit half. <

> Die "Brüder aus dem Himalayagebirge" nannte er sie (...) - erhabene, freie Seelen, die weder Hass noch Groll kennen, sondern in vollkommener Harmonie leben und für das Wohl der Menschen wirken. <

Aus:
"Der Weg des Lichtes" - eine Biografie über

Omraam Mikhael Aivanhov

(von Louise-Marie Frenette)

Inhaltsverzeichnis

- NACHSPANN -

Vorwort (zur 2. Auflage)

Diese zweite Auflage der **"Mitteilungen des Eremiten"** [1] weist einige Verbesserungen auf, welche die Leser bestimmt begrüßen werden. Während die erste, nun vollständig vergriffene, gerade so erschien, wie ich sie, als Bearbeiter der besagten Mitteilungen, erhalten hatte, wurden nun, in der zweiten Auflage, Untertitel eingefügt, um den interessanten Inhalt plastischer hervortreten zu lassen.

Die "Mitteilungen des Eremiten" haben überall berechtigtes Aufsehen erregt. Ist es doch das erste Mal, dass die Welt Kenntnis erhält, dass es unter den sogenannten "Eingeweihten", die als führende Mitglieder der "Großen Weißen Bruderschaft" gelten können, nicht nur Engländer und Amerikaner, sondern Vertreter aller Nationen, also auch der deutschen Volksgemeinschaft, gibt. Das war bis jetzt nicht bekannt gewesen.

Die Art und Weise, wie dieser deutsche Eingeweihte mit der Öffentlichkeit in Kontakt kam - unter dem schlichten Namen "Der Eremit" - habe ich hier ausführlich geschildert, ohne jegliche Geheimnistuerei oder Verschleierung.

Ebenso werden, am Ende des Buches, Aufschlüsse über die verschiedensten Fragen gegeben, die beim Erlesen der Lektüre aufgetaucht sein mögen. Somit stellt dieses Werk die klarste und einwandfreiste Veröffentlichung über den Werdegang eines jener "Initiierten" dar, von denen jeder wohl schon einmal hörte, aber nicht recht wusste, wer sie sind oder was sie wollen.

Jetzt ist es ein deutscher Eingeweihter, der die entsprechende Aufklärung gibt - und zwar in echt deutscher, gründlicher Weise...

Felix Schmidt, 1949

Cleveland, Ohio, USA

Einleitung zur Überarbeitung

Diese Überarbeitung der "Mitteilungen eines Eremiten" folgt der oben angeführten 2. Auflage, herausgegeben in den USA, von Felix Schmidt, 1949; setzt aber - und dies ist neu - auch ganz eigene Akzente.

Die erheblichen orthographischen Schwächen der ersten Veröffentlichungen befanden sich mittlerweile durch die Bemühungen zweier deutscher Verlage bereinigt; dennoch war es mir ein Anliegen, den Text, mit Liebe zum Thema, nochmals zu redigieren, um insgesamt inhaltlich eine weitere Nachbesserung zu erreichen, welche sich, unter anderem, auch durch Minimierung vorgefundener Wort- (ggf. Verwendung von Synonymen), Satz- oder Gedankenwiederholungen, sowie eine Korrektur der, im amerikanisch/englisch-gefärbten Deutsch, recht oft verstellten Syntax auszeichnen möchte.

Zudem habe ich die Kapitel-Taktung verfeinert und im Anhang Anmerkungen hintangefügt, insoweit diese von mir als wissenswerte Hintergrundinformation für den Leser erachtet wurden. Diese Hinweise beschränken sich dabei bewusst auf ein Mindestmaß an Umfang, weil es nicht meine Absicht war, den Bericht Bruder Amos zu *kommentieren*...

Bruder/Meister Amo ließ niemals irgendein Streben nach Macht, Ruhm oder Bedeutung aufblitzen. Auf den Nicht-Vorzug eines "Eingeweihten", gegenüber dem "normalen", von Herzen gottverbundenen, Gläubigen - und besonders Christen - wird im Buch mehrfach hingewiesen.

Die Intention, via "Einweihungen", über eine Palette paranormaler Fähigkeiten verfügen zu wollen (im indischen Sanskrit "Siddhis" genannt), ist, als Beweggrund, eher negativ zu bewerten und bringt, in Bezug auf unser Seelenheil und geistige Reife, keinerlei Fortschritt, sondern vielmehr ein Zurückfallen in dringend zu bemeisternde Charakterschwächen, falls, initial, Regungen des stolzen Hochmuts und des Besonders-sein-wollens et cetera hierbei eine Rolle spielen sollten!

Mag der oben genannten Absicht mancher Zeitgenossen scheinbar auch eine gewisse Faszination innewohnen, so sind wir doch (fast) alle – in erster Linie – Seelen mit einer auf Erden zu bewältigenden *Lernaufgabe*, welche uns von der niederziehenden Gewalt der Materie, und gegebenenfalls zwangsläufig damit einhergehenden nötigen (Re-)Inkarnationen auf die Erde oder andere feststoffliche planetare Weltkörper, **befreien** soll. Ob "Eingeweihter" oder nicht, ist jeder Mensch, in diesem Sinne, aufgerufen dahingehend zu vertrauen, **geführt** zu werden, wohin er nach Gottes Plan gehört - auch das wird in den Ausführungen des Eremiten wiederholt deutlich hervorgehoben...

Uwe Laubach

Altmorschen, im Februar 2023

[Nochmals korrigiert, im Zuge der verbesserten Herausgabe des Gesamtbandes, im Dezember 2025]

- VORGESCHICHTE -

1 - Ein deutscher Mystiker stellt sich der Öffentlichkeit vor

Es war anfangs Mai 1940, als dem Schriftleiter [1], in seiner Eigenschaft als "Plauderonkel" [1] einer in Cleveland, Ohio erscheinenden deutschsprachigen Zeitung, eine Briefsendung zuging, die unterzeichnet war mit:

Der Eremit

- aus dem Felsengebirge Montana [2]

Der Inhalt besagter Zuschrift lautete:

> *Ich bin zweifelsohne der älteste Leser dieser Zeitung - nämlich über 94 Jahre alt [3]. Ich wohne im südwestlichen Teile Montanas auf einer kleinen Farm, die fast gänzlich von jedem Verkehr abgelegen ist. Tatsächlich bekomme ich beinahe das ganze Jahr hindurch keinen Fremden zu Gesicht - außer ich fahre mit meinem alten Ford nach der nächsten kleinen Stadt, um mir die wenige Post, die ich erhalte, abzuholen.*
> *Im Winter kann das, wegen Schnees, manchmal wochenlang ausbleiben. Dann mache ich mich zuweilen mit meinem treuen "Philos", meinem mir anhangenden russischen Windhund, zu Fuß nach dem Städtchen auf.*
> *Ich decke mich gewöhnlich im Herbst mit Konserven für die langen Wintermonate ein. Da ich mir also immer nur von Zeit zu Zeit meine Post abhole, sind darüber auch die Zeitungen von mehreren Wochen auf einmal dabei, in welche ich mich - während harter Wintermonate - oft Tage und Nächte lesend vertiefe.*

Ich lebe ganz allein - und wenn ich mal sterbe, so mag es sein, dass mich überhaupt niemand vermisst und meine Leiche vermodert, bis zufällig einmal jemand vorbeispaziert... Es führt nämlich kaum ein rechter Weg zu meinem Hause. Wenn ich im Frühjahr, Sommer und Herbst mein klappriges Automobil benutze, so fahre ich von der Hauptstraße einfach an einer bestimmten Stelle ab - die Reifenspuren sind gewöhnlich bald verweht...

Ob ich noch immer "fit, frisch und munter" bin? Oh ja, das bin ich! Die wenigen Menschen, die mich im nächsten Städtchen kennen, wenn ich dort meine Einkäufe tätige, schätzen mich auf höchstens 60 Jahre. Ich gelte für die Bewohner als ein Wissenschaftler, der geologische Studien betreibt; und das ist gut so... Ich war den größten Teil meines Lebens allein - und will das auch bleiben, bis zu meinem Lebensende, nur mit Philos an meiner Seite.

Nun werden die Leser gerne wissen wollen, was ich für ein sonderbarer Kauz bin – darum liefere ich ihnen folgenden, kurzgefassten, biografischen Abriss:

Noch jung an Jahren verließ ich das 1871 neu gegründete Deutsche Reich, nachdem ich im deutsch-französischen Krieg [4], als unerfahrener Gardeoffizier, mitgekämpft hatte und verwundet worden war. Diese Verwundung heilte nur schwer wieder aus. Ich hatte Geld, da ich der einzige Sohn meiner Eltern war, die, bald nach Kriegsschluss, schnell hintereinander gestorben waren. Eigentlich verließ ich Deutschland nur, um irgendwo Heilung für meine Verletzung zu finden. So reiste ich quer durch Nordafrika, den Vorderen Orient, Persien und kam schließlich nach Indien, wo ich bis nach dem herrlichen Kaschmir hinaufgelangte. Dort machte ich die Bekanntschaft eines indischen Weisen und Heiligen, der mich vieles lehrte - unter anderem, wie ich meine hartnäckige Wunde, durch die mir innewohnende Kraft, selbst heilen könne. Doch weit mehr, als jenes, unterwies er mich auch in die Zukunft und Vergangenheit zu schauen. Über vieles darf ich nicht schreiben; manches kann ich bekannt geben. Da in letzter Zeit oftmals, als "Prophezeiungen" bezeichnete, Artikel in Ihrem Blatt veröffentlicht wurden, dachte ich, manches aus meiner eigenen Erfahrung möge die Leser vielleicht interessieren...

Ich will gerne gelegentlich darüber schreiben, stelle aber eine Bedingung an den für Sie arbeitenden sogenannten "Plauder-onkel" - und diese lautet, dass unter keinen Umständen mein Name und Adresse bekanntgegeben werden dürfen!

16

Zum Plauderonkel habe ich Vertrauen, zumal ich aus seinen Gedanken und Betrachtungen ersehe, dass er ein tiefer Denker, Philosoph und vor allem sehr religiös veranlagter Mensch zu sein scheint.

Nun gut... So viel für diesmal...
Sobald ich die Versicherung des Plauderonkels habe, dass er unter keinen Umständen meine Adressalien preisgeben würde, berichte ich mehr. <

Der Text dieses Briefes fesselte den Redakteur der "Plauder-Ecke" in außergewöhnlichem Maße; einmal vom Standpunkt eines Zeitungsmannes aus, der sich freute, interessanten Stoff für seine Leser aufschnappen zu können, und ferner, weil der Schriftleiter sich seit Jahrzehnten selbst mit philosophischen Problemen, wie sie der Schreiber andeutete, befasst hatte.

Er antwortete deswegen dem Einsender, der nur als "Eremit" in Erscheinung treten Wollende dürfe sich versichert wissen, dass niemand seine persönlichen Daten erfahren würde!

Das war absolut keine gewährte Extra-Vergünstigung, sondern standen solche Zusicherungen jedem Einsender an die Plauder-Ecke zu, wenn darum gebeten wurde. Umso überraschender war es später für den Schriftleiter, dass jene getroffene Übereinkunft Anlass zu allerhand Verdächtigungen gab, die jeder Grundlage entbehrten.

2 - Übereinkunft und nachfolgende Schwierigkeiten

Der Plauderonkel gab also dem Eremiten die gewünschte Zusicherung, dass ihm dasselbe Recht zustehe, wie jedem anderen Einsender, nämlich ungenannt zu bleiben.

Darauf ging folgende weitere Zuschrift vom Eremiten ein:

> Ich habe die Aufforderung des Plauderonkels gelesen, etwas über meine Erlebnisse in Kaschmir zu berichten. Außerdem besitze ich sein Versprechen, vollständig inkognito bleiben zu dürfen, was für mich eine extrem wichtige Voraussetzung für unsere, zukünftig zu erwartende, Korrespondenz ist.
Ich vertraue dem Plauderonkel, der mich persönlich nicht kennt - ich ihn aber, da ich ihn schon manchmal während seiner Schlafphasen besuchte und Landschaften und ideale Zustände zeigte, welche er beim Aufwachen allerdings nur für gewöhnliche, wenngleich schöne Träume gehalten hat, die aber in Wirklichkeit mehr als das waren. Zuzeiten indes schien der Plauderonkel zu ahnen, dass er irgendwie in Verbindung mit unsichtbaren Kräften stünde, doch da er keine Gewissheit erlangen konnte, dachte er nicht weiter darüber nach.

Nun, ich kann ihm sagen, dass er in gewissen Kreisen philosophisch ausgerichteter Menschen, über die ich noch schreiben werde, nicht unbekannt ist, und dass er in diesen Zirkeln als ein sehr vorgeschrittener Mensch angesehen wird, der vor allem seine Lebenspflichten stets ohne Murren schultert; ganz gleich, was ihm das Schicksal auch immer zu tun aufträgt. Das sind Eigenschaften, die getrost als Grundeckpfeiler einer homogenen Entwicklung der Seele betrachtet werden dürfen! Menschen, die nur das Außergewöhnliche suchen und wieder abspringen, sobald ihre Sensationsgier nicht genügend befriedigt wird, sich unbeständigerweise irgendetwas anderem zuwenden und so permanent in ihrem Leben zwischen diversen Theorien und Anschauungen hin- und herflattern, können sich nicht harmonisch *entwickeln, sondern hindern sich nur selbst durch ihre spirituelle Instabilität.*

Ganz etwas anderes hingegen ist es, wenn man sich durch eine innere Wandlung ändert, also sozusagen "bekehrt", ohne dass dieserhalb Sensationelles gelockt hätte. Dies ist jedem zu empfehlen, denn kein Mensch sollte verkrusten. Weder jedoch sollte ein Sucher nach göttlichen Wahrheiten der Lüsternheit nach dem Außergewöhnlichen, als seinem Leitstern, folgen, noch jemals nur seinem eigenen persönlichen Vorteil nachjagen.

Beabsichtigt ist, in einer Reihe von Artikeln, vermittels des Mediums der Plauder-Ecke, meine seltsamen Lebensschicksale mitzuteilen; soweit ich das kann und darf, denn ich stehe gleichfalls unter Verpflichtung, da manches, was ich weiß und gelernt habe, gefährlich wäre, der Öffentlichkeit zu präsentieren. Ich fühle, dass ich in nicht allzu langer Zeit das irdische Dasein gegen ein viel schöneres vertauschen werde - was wir Menschen als "Sterben" zu bezeichnen pflegen. In Wirklichkeit ist Sterben die wahre Geburt der Seele in ihre ureigenste Heimat. Diese seelische Geburt vollziehen wir bewusst - im Gegensatz zur irdischen Geburt, die sich für uns unbewusst abspielt. Darum ist das Sterben für den Menschen scheinbar auch schwerer, als das irdische Geboren-werden.
*Ich schreibe "scheinbar", und das stimmt. Denn sobald der Mensch erst einmal weiß, dass Sterben eigentlich seelisches und geistiges **Erwachen** ist, fällt die Todesfurcht vollständig weg.*
Ich wünschte, ich könnte allen meinen Landsleuten wenigstens die Todesfurcht nehmen..! Sie ist unnötig. Doch das werden die Leser erst gänzlich verstehen, wenn sie meine Mitteilungen gelesen haben, welche ich nun, in Fortsetzungen, einzuschicken gedenke... <

Niemals hätte es sich der Redakteur der Plauder-Ecke, der in seiner Funktion, als Moderator zwischen Zeitung und Leserschaft, die Rolle des "Plauderonkels" einnahm, träumen lassen, dass die unter dem Titel "Mitteilungen des Eremiten" veröffentlichten Zuschriften ein derartiges Echo unter den Lesern erregen würden..! Es *regnete* förmlich Zuschriften in die Redaktion. Die meisten bestanden in persönlichen Fragen, die dem Eremiten zugesandt wurden.

Der Eremit berichtete über diese Papierflut:

> *Danke für die Übersendung der Zuschriften. Das waren gewaltige Briefsendungen, die in der kleinen Ortschaft, wo ich meine Post zu holen pflege, geradezu ein gewisses Aufsehen erregten! Man machte seine Scherze mit mir und fragte mich, ob ich eine Heiratsannonce inseriert hätte, weil ich auf einmal so viele Briefe erhielt. Zunächst möchte ich nochmals unterstreichen, dass keiner der mich Anschreibenden von mir eine persönliche Antwort erwarten kann - jedwede Korrespondenz verläuft, über den Plauderonkel, nur indirekt. Ich schicke ihm die Retouren mit meinen Bemerkungen zu und überlasse es ihm, ob er meinen Kommentar, via die Zeitung, weitergibt oder lieber persönlich antworten will. Zu letzterem, befürchte ich, wird er wohl nicht viel Zeit übrig haben... <*

Allmählich stellten sich aber auch Verdächtigungen und Kritiken ein. Unter diesen waren die hauptsächlichsten:

1. Der Eremit will für irgendeine neue Sekte auf Seelenfang gehen!

2. Der Schreibstil des Eremiten ist der des Plauderonkels.

3. Warum tritt, auf einmal, dieser "Eremit" unter uns Deutschen hervor? Was steckt dahinter?!

Auf diese Einwürfe antwortete der Eremit umfassend, um jedweder Verwirrung, die aufgetaucht schien, begründet entgegenzuwirken...

Zu 1.:

> *Ehe ich die versprochenen Mitteilungen darüber mache, was ich sowohl persönlich erfahren habe, wie auch über das, was mir von den "heiligen Männern" Indiens über das Sterben erlichtet wurde, möchte ich ausdrücklich betonen, dass es sich dabei um Veröffentlichungen handelt, mit denen nicht irgendwie versucht wird, für irgendetwas oder irgendjemanden Propaganda zu machen oder irgendwelche Menschen zu "bekehren". Mir ist es ganz gleich, welcher Religion ein eventueller Leser angehört. Gleichgültig ist es mir auch, ob man meinen Ausführungen Glauben schenkt oder nicht. Ich will den Käufern dieser Zeitung einzig im Geiste wahrer landsmännischer Gesinnung Angaben machen, die zweifelsohne manchem einen inneren Frieden schenken werden, den dieser vielleicht schon lange gesucht haben mag. Deswegen kann, und soll, jeder seinem jeweiligen Glauben treu bleiben; nur wird er vielleicht seine eigene religiöse Ausrichtung künftig umso klarer zu definieren verstehen.* <

Und eine Woche später..:

> *Unter den zahlreichen Zuschriften, die mir vom Plauderonkel zugingen, befanden sich manche, die wirklich überraschend waren und mir bewiesen, dass es doch gut war, dass ich mich durch Vermittlung des Plauderonkels den Landsleuten vorgestellt habe. Ehe ich auf einzelne Fragen eingehe, möchte ich noch etwas vorausschicken:*

Es ist leicht möglich, dass der Plauderonkel in seiner Vermittler-rolle falsch verstanden werden mag oder ihm Motive unterge-schoben werden, die nicht den Tatsachen entsprechen. Daher möchte ich schon jetzt alle Leser der Plauder-Ecke bitten: Haltet zu eurem Plauderonkel, denn ohne ihn hättet ihr niemals von mir gehört und würdet ihr niemals mehr etwas hören! Ich muss mich, bezüglich meiner Mitteilungen, einer genügend entwickelten Seele bedienen, die allein in der Lage ist, mich vollauf zu verstehen. Das ist beim Plauderonkel der Fall, denn, wie ich später noch mehrmals erwähnen werde, erhält er die Mitteilungen von mir nicht nur brieflich, sondern auch auf andere

Weise, welche, an dieser Stelle zu erklären, zu weit führen würde.
Da sich in letzter Zeit die Kundgabe auf besagte "andere Weise" zwischen dem Plauderonkel und mir immer besser herausbildet, so mag das einst vielleicht die favorisierte, beziehungsweise alleinige Vermittlungsmethode werden. <

Zu 2.:

> *Wie ich schon betonte, hätte ich das Schreiben an die Plauder-Ecke niemals gewagt, wenn nicht der gegenwärtige Plauderonkel ein Mann wäre, der mit der Materie, über die ich berichte, vollauf vertraut und in seiner seelischen und geistigen Entwicklung weit genug fortgeschritten ist, um meine ihm zugehenden kurzen Mitteilungen richtig interpretieren und wiedergeben zu können.*
Da aber niemand von seinem Schreibstil freiwerden kann, zeigen meine Veröffentlichungen vielfach den Schreibstil des Plauderonkels, klar..! Die Kundgaben an sich sind echt und kommen von mir, dem Eremiten; doch die Formulierungen und der letzte Schliff erfolgt durch den Plauderonkel.
Ich bin nämlich nicht mehr so wendig im Gebrauch der deutschen Sprache, um Schriftstücke in der gelungenen, einwandfreien Manier zu fertigen, wie es dem Plauderonkel leichthin, zu Papier zu bringen, gelingt. Außerdem kann ich diesem meine Mitteilungen auf verschiedene Weise, und nicht bloß brieflich, zugehen lassen. Man wundere sich also nicht darüber, wenn besagte Übersendungen vielfach vom Schreibstil des Plauderonkels eingefärbt sind, da sie von ihm erst druckreif umgearbeitet werden müssen. <

Zu 3.:

> *Nun noch eine andere Bemerkung: Warum habe ich plötzlich an die Plauder-Ecke und an eine deutsche Zeitung zu schreiben begonnen?*
Der Hauptgrund ist, dass wir in einer sehr ernsten Zeit leben, und dass der Menschheit - in ihrer Gesamtheit - in den nächsten Jahren noch schwere Stunden bevorstehen.

Weil diese Zeitung eine sehr weite Verbreitung hat, glaube ich meinen engeren Landsleuten einen Trost dadurch gewähren zu können, dass ich ihre Augen, betreffs des Themengebietes "Sterben", öffnen will. Es mag dereinst ihren Kummer lindern, wenn sie wissen, dass es überhaupt keinen Tod gibt, dass das Sterben fast schmerzlos, ein natürlicher Vorgang, ist und dass - ganz sicher - ein "Danach" folgt!

Obgleich es unter den vorgeschrittenen Menschen Vertreter aller Nationalitäten gibt, ist darüber meistens nur von Engländern oder Indern berichtet worden. Meine Berichte sollen den Deutschen zeigen, dass zu den vorgeschrittenen Menschen auch Landsleute zählen, und dass somit jeder Mensch, also auch der Deutsche, die Gabe besitzt, in die Reihen der vorgeschrittenen Menschen aufgenommen werden zu können, sobald die Zeit dafür reif ist!

Anbei diesmal meine Antwort auf einige Nachfragen und Zusendungen, welche ich den Plauderonkel bitte, gemäß meinen angefügten Notizen, zu beantworten.
Zum Schluss sei erneut bemerkt, dass ich mit den Lesern dieser Zeitung nur so lange in Verbindung bleibe, wie der gegenwärtige Plauderonkel die Plauder-Ecke leitet. Nur mit ihm, der weder trinkt, raucht, noch Fleisch isst, kann ich die Verbindung aufrechterhalten, die gegenwärtig zwischen mir und ihm, mithin den Lesern dieser Zeitung, besteht... <

Weil dem Eremiten nichts daran lag, irgendwie sensationell zu wirken und er, genauso wie der Redakteur der Plauder-Ecke, über das Ausmaß des Aufsehens erstaunt war, welches seine Veröffentlichungen unter den Lesern einer deutschsprachigen Zeitung hervorgerufen hatten, setzte er für einige Wochen seine Zuschriften aus, war aber jederzeit bereit, im Weiteren ihm zugehende Fragen zu beantworteten. Deswegen schickte der Plauderonkel dem Eremiten alle laufenden Eingaben zu, die jener mit Randbemerkungen versah und dem Plauderonkel zur Erledigung zurücksandte.
Auf diese Weise wurde dem Plauderonkel die Arbeit nun beinahe doch zu viel, denn er konnte nicht alle Antworten via die Plauder-Ecke erteilen, sondern musste sie auch manchmal brieflich

erledigen, da sie zum Teil sehr persönliche Angelegenheiten betrafen.

Als der Eremit nach einer Weile seine Mitteilungen wieder aufnahm, verlautbarten nun doch recht unfreundliche Angriffe gegen ihn, welche der Redakteur ebenfalls unparteiisch veröffentlichte. Auf diese artikulierten Anfeindungen reagierte die interessierte Leserschaft mit dem Vorschlag nach einer besonderen Zeitschrift, welche die Gegner des Eremiten ja nicht zu lesen bräuchten...

Zu dieser möglichen Initiative äußerte sich der Betroffene:

> *Eine aufgetauchte, gangbare Alternative könnte nur vom Plauderonkel selbst erledigt werden. Wie gesagt, ich habe, meinethalben, keinerlei Interesse an irdischen Vorgängen, als eben nur meine Landsleute in dem beraten zu wollen, was ich selbst erfahren habe.*
Die hier erwähnte Idee lautet, eine separate Veröffentlichung herauszugeben, da die vielen Probleme, die von mir behandelt werden, unmöglich in einer allgemeinen Zeitung wie dieser, mit ihren verschiedenartig orientierten Lesern, erörtert werden können. Wer diesen Vorschlag unterstützt, wende sich diesbezüglich an den Plauderonkel. Ich will nichts damit zu tun haben. Falls jedoch der Plauderonkel sich eine solche Extra-Tätigkeit aufhalsen will, so ist das seine Sache. Doch man vergesse nicht, dass eine solche, besondere Veröffentlichung Geld kostet! Es kann indes vom Plauderonkel wirklich nicht erwartet werden, dass er die ganze Arbeit auf sich lädt und zusätzlich noch sein eigenes Geld dafür opfert.
Übrigens: Soviel ich weiß, ist er ebenfalls nicht überreich mit irdischen Gütern gesegnet...

Mehr kann in einer Zeitung nicht gesagt werden, die auch von Personen gelesen wird, die vielleicht an dem hier Entäußerten nicht das geringste Interesse zeigen. All jene Informationen, und noch unzählige andere, wünschenswert genau zu behandeln - dafür wäre, in der Tat, eine besondere Zeitschrift optimal..! <

Obgleich 99 % der Leser auf Seiten des Eremiten standen, sandte das verbleibende eine Prozent weiterhin abfällige Zuschriften ein, welche vom Plauderonkel, überparteilich korrekt, nicht etwa verheimlicht oder zurückgehalten, sondern, wie die von jedermann, behandelt und veröffentlicht wurden.

Als konsequente Reaktion darauf, brach der Eremit seine Mitteilungen schließlich, mit einem Abschiedsbrief, von sich aus ab:

> Unter den mir übersandten Zuschriften befanden sich auch solche, die an meinen Mitteilungen Anstoß zu nehmen schienen. Aus diesem Grunde nehme ich hiermit Abschied von der Allgemeinheit, da es nicht angeht, dass ich mit meinen Äußerungen irgendwelches Ärgernis errege. Das geht nicht nur gegen meine Prinzipien, sondern hieße auch, das Entgegen-kommen dieser Zeitung, sowie die Geduld des Plauderonkels, zu missbrauchen, respektive über Gebühr zu strapazieren.
Mit dem Plauderonkel bleibe ich aber weiter in Kontakt und es ist nur durch ihn, dass ich von den Lesern dieser Zeitung erreicht werden kann. Ich weiß, es wird viele Leser geben, die mein Schweigen bedauern werden. Daher möchte ich erneut bekräftigen, dass ich - nach wie vor - bereit bin, für eine spezielle, auf spirituelle Bedürfnisse und Interessen zugeschnittene, Zeitschrift zu schreiben, wenn der Plauderonkel sich diese Mühe machen will; wozu ihm freilich die Mittel fehlen. Falls ihm diese zur Verfügung gestellt würden und ich also meine Mitteilungen fortsetzte, wüsste jeder, was er in einem solchen Magazin zu finden hätte, und könnte es, gerade deswegen, abonnieren - oder eben nicht...

Gerne werde ich auch weiterhin noch individuelle Fragen von einzelnen Lesern - über den Plauderonkel - kurz beantworten, wenn solche, für das Klientel dieser Zeitung zu lesen, geeignet sind. Ehe ich nun meine Mitteilungen an diese Zeitung einstelle, möchte ich nochmals betonen, was mich ursächlich veranlasste, aus meiner Abgeschiedenheit hervorzutreten:
Da ich selbst, das ist ja bekannt, deutscher Abstammung bin, wollte ich meine Landsleute wissen lassen, dass es unter den Initiierten (von denen sich einige zurzeit ebenfalls in Amerika

aufhalten) auch Deutschstämmige, und nicht nur Engländer oder Inder, gibt, wie es - gegebenenfalls - vielfach den Eindruck hinterlässt.

*Wir Initiierten untereinander stehen indes weit über jedweden nationalen Restriktionen und arbeiten selbstlos und aufrichtig, Hand in Hand, zum Besten einer höheren Gemeinschaft, welche sich die **"Weiße Bruderschaft"** nennt. Diese mischt sich niemals in Politik oder kulturelle Streitigkeiten ein, sondern versucht allein die Geschicke der Menschen, im Sinne und Geiste des seelischen Fortschritts, zu leiten. Wie das geschieht zu umschreiben, ergäbe wahrlich einen langen, langen Artikel..!*

*Mit meinem Hervortreten unter den Deutschen in den USA wollte ich diesen zeigen, dass wir nicht nur durch englische Logen mit jenen Initiierten in Verbindung zu treten vermögen, sondern dass solches auch durch Deutschstämmige geschehen kann. Ferner weiß ich, dass die ganze Menschheit in den nächsten Jahren noch vieles zu erleiden hat! Da sollte ihr die Versicherung eines Eingeweihten zum Troste gereichen, dass es keinen Tod gibt. Alle Initiierten (obgleich einige den Weg über andere Religionssysteme gegangen sind) wissen, dass es nur einen Zustand gibt, der uns über alles Irdische erhebt - und dieser Zustand ist das **Christus-Bewusstsein**!*
Überdies sei damit auch die Frage vieler beantwortet, wie wir Initiierten zum Christentum stehen. [1]

Auf die Frage, ob die eine oder andere Anschauung die richtige sei oder nicht, möchte ich nur antworten, dass in jeder, in der ernstlich gesucht wird, Wahrheitskeime vorhanden sind. Unterschiedlich betrachtet wird die Wahrheit an sich nur, weil die Träger der diversen Glaubensrichtungen eben nicht alle gleichgerichtet denken und fühlen.

Ein Beispiel: Wir alle kennen die verzaubernden Möglichkeiten und die Schönheit der Musik. Wenn wir indes ein nur leidlich vorgetragenes oder gar stümperhaft interpretiertes Musikstück hören, so braucht die Schuld nicht in der Komposition und/oder Melodie schlechthin gesucht zu werden, sondern wird entweder an einem missgestimmten Instrument liegen, am laienhaften Spieler desselben oder am dilettantischen Sänger.
Ungeachtet dessen, bleibt Musik, als solche, aber immer noch dieselbe erhabene Kunst!

Ganz ähnlich ist es mit der göttlichen Wahrheit. Diese ist vielfach wohl inhärent, nur wird sie sehr oft von den verschieden gearteten Menschen individuell aufgenommen, interpretiert und verarbeitet. Daher kann man niemals sagen, diese Religion oder (Weisheits-)Lehre ist richtig - und jene ist falsch. Nein - die göttliche Wahrheit ist ewig dieselbe, und mittels des Christus-Bewusstseins allein können wir alle irdischen Hemmungen und Hindernisse überwinden und wiedergeboren werden. <

*

<u>Schlussbemerkung hierzu:</u>

Am .. .. 194. ist die verlangte besondere Zeitschrift, in Gestalt der deutsch-sprachigen Monatsschrift

"Geistiges Leben",

mit ihrem ersten Exemplar in Erscheinung getreten.

Der Eremit selbst hat mit der Leitung dieser Zeitschrift nichts zu tun. Er ist jetzt zu weit vom irdischen Dasein abgerückt, um an materiellen Geschäftsunternehmungen irgendwie interessiert zu sein. Die Verantwortung - auch die finanzielle - ruht deswegen allein auf den Schultern des Schriftleiters.

- DER BERICHT -

3 - Erste Kunde über die "Eingeweihten"

Als ich nach Indien gekommen war, sah es dort noch lange nicht so aus, wie heute. Die Inder waren mit- und untereinander nur vereinzelt in nähere Fühlung getreten, denn zur damaligen Zeit existierte noch keine indische Nationalbewegung. Es gab um 1875/80 herum noch viele Gegenden in Indien, wo man lange jemanden suchen musste, der Englisch verstand und einem auch auf Englisch zu antworten fähig war.

Ich ließ mich anfangs einfach vom Schicksal treiben, ohne irgendein festes Ziel - hatte im Inneren aber immer das intuitive Empfinden, trotz dieser scheinbar zufälligen "Drift", irgendwie einem unsichtbaren Leitstern, gleich einem "roten Faden", zu folgen; geführt und dirigiert zu sein. Das war auch der Fall, wie ich allerdings erst viel später erfuhr, was jedoch an dieser Stelle bereits vorausgeschickt sein soll.

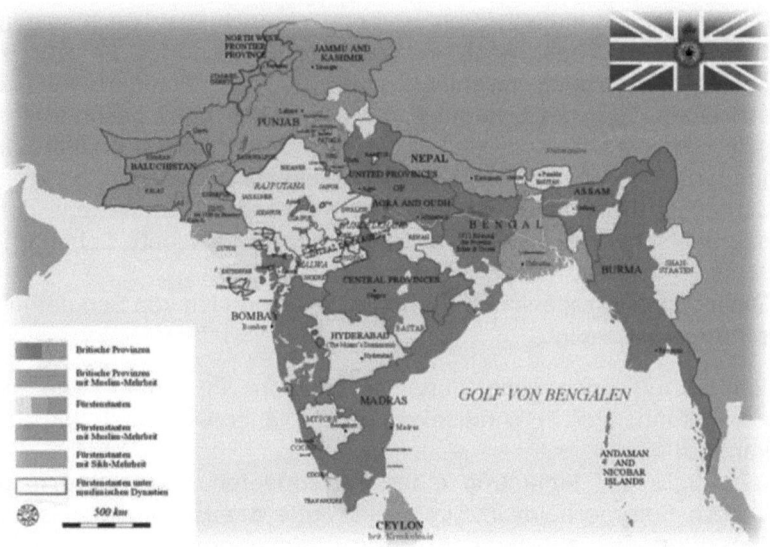

^ Indien um 1900

Meine Reisen gestalteten sich nicht so einfach, da ich, infolge der, in meinem Einführungsschreiben [1] schon einmal erwähnten,

Kriegsverletzung, oftmals meinen Verband erneuern musste. Ich hatte, während einer Schlacht, eine tiefe Wunde am Oberschenkel erlitten, die sich nicht dauerhaft schloss, sondern immer wieder aufbrach und zu eitern begann.

Indem mir aber genügend finanzielle Mittel zur Verfügung standen, konnte ich mir, auf meiner Wanderschaft, einen Diener leisten, der mir auch stets vorbildlich treu zur Seite stand und (wie sich im Nachhinein zeigte) auch nicht von ungefähr in mein Leben getreten war; so wurde er bald - als sehr weit vorgeschrittener Mensch - mein allverehrter Lehrmeister...

Er starb erst vor zwölf Jahren, im hohen Alter von 120 [2]. Vor seinem Tode sagte er mir, er könne gewiss wohl noch länger leben, möchte jetzt aber den Naturkräften freien Lauf lassen, weil ihm im Jenseits große Aufgaben betreffs dessen bevorstünden, was die gesamte Menschheit in den nächsten Jahren noch durchzumachen und zu leiden haben werde - namentlich infolge von Kriegen, Umwälzungen und nachfolgenden Epidemien. [3]

Mit diesem, meinem ehemaligen Diener und späteren Mentor - nennen wir ihn einfach "Sen" -, stehe ich auch jetzt, nach seinem (physischen) Tode, noch in geistiger Verbindung. *Er* war es gewesen, der mich veranlasst hatte, an den "Plauderonkel" zu schreiben. Sen hatte nämlich die Deutschen ganz besonders in sein Herz geschlossen, weil er, wie er mir schon früh erzählte, in jüngeren Jahren, als Sohn eines reichen Maharadschas, an einer deutschen Universität studiert und während seines Weilens dort das deutsche Volk, sowie auch die schöne Landschaft, lieben und schätzen gelernt hatte.

Die jetzigen europäischen Verhältnisse bekam ich von Sen damals schon angekündigt.

Ich befand mich schon über zwei Jahre in Indien, ehe ich herausfand, *wer* in Wirklichkeit mein Diener Sen war! Und das kam so:

Ich folgte der Einladung eines befreundeten Engländers nach dessen Sommerheim in Simla, am Fuße des Himalayagebirges. Dieser, heute zu einer Art von internationalem Weltressort ausgebaute, Sommersitz der englisch-indischen Regierung, hatte damals noch lange nicht das Aussehen der heutigen Stadt.

Mein Freund stand in besagten Regierungsdiensten, hatte jedoch viel freie Zeit für sich, da seine beruflichen Pflichten nicht so

drängten und, mit Ausnahme des Pandschabs (nach Afghanistan zu), gerade ziemliche Ruhe in ganz Indien herrschte.
Ich verlebte in Simla wundervolle Wochen.

Mein Freund - den ich nur mit seinem Vornamen "Lionell" in meinen Bericht einflechten möchte - war ein Frühaufsteher, was auch ich immer gewesen bin. Es war unbeschreiblich erhebend, morgens die ersten Anzeichen des anbrechenden Tages in der Natur zu bewundern. Lionells Besitztum befand sich außerhalb Simlas, am Eingang zu einem lang hingestreckten Tal, dessen Hintergrund durch schneebedeckte, 6.000 Meter und noch höher emporragende, Berggipfel abgeschlossen wurde.

Ein so beobachteter Sonnenaufgang ist mir noch als besonders eindrucksvoll in Erinnerung: Während die Sterne zu verblassen begannen, traten im Hintergrund die Silhouetten der schneebedeckten Berggipfel immer deutlicher hervor; ganz langsam, wie etwa das Bild auf einer gläsernen fotografischen Platte beim Entwickeln hervorzutreten pflegt. Die Berggipfel selbst erschienen dabei titanisch, wie schlafende Riesen, solange die übrige Landschaft noch in Finsternis gehüllt war. Zartrosarot leuchteten die Schneefelder zunächst auf, flossen gemächlich in ein intensives Rot über und dann, auf einmal, boten sich die Firnschneematten und Gletscher wie von Feuer übergossen feil, als die ersten Sonnenstrahlen die Hochgipfel direkt trafen. Schleichend wich auch im Tale, bei uns, die Finsternis der Dämmerung. Es waren faszinierende Minuten, die uns gerade dieser unvergesslich herrliche Sonnenaufgang bescherte..!

Lionell unterbrach als erster die Stille, in der wir bewundernd verharrt hatten. Er sprach begeistert von der Pracht der Schöpfung. Ich bestätigte seine Ausführungen von Herzen! Wir unterhielten uns allgemein über den Begriff "Schönheit", wobei wir zu unserer Überraschung herausfanden, dass es gar nicht so leicht war, diesen Begriff schlussendlich zu definieren.
Mein Diener Sen hatte schweigend unserer Unterhaltung zugehört.
Ausnahmsweise musste sich Lionell, an diesem Morgen, einer Serie dienstlicher Obliegenheiten widmen und schlug mir daher vor, als wir das Haus wieder betreten hatten, mich in der Bibliothek mit Lesen zu beschäftigen, bis er zurückkehren würde.
So begab ich mich, nach dem Frühstück, in das Biblio-

thekszimmer, welches äußerst reichhaltig mit Büchern und geordnet gelisteten Schriftstücken ausgestattet war.

Ich trat an ein Regal heran, welches, unter anderem, auch gebundene Kopien von amtlichen Niederschriften über englische Vermessungskommissionen im Himalaya enthielt. Ich griff wahllos - mehr aus Kuriosität - einen dieser Berichte heraus und stöberte ihn durch. Er beinhaltete diverse Aufzeichnungen von vorgenommenen Vermessungsarbeiten in Kaschmir und in Hochtälern des Karakorumgebirges, dessen Gipfel fast sämtlich 7.000 Meter und oft noch höher sind, das heißt vier der 14 "Achttausender" des Himalayas stellen. [4]

Es gibt dort nur sehr wenige begehbare Gebirgspässe - darum wurde ich, beim Blättern, plötzlich durch die Geschichte eines Vermessungsbeamten gefesselt, der von einem merkwürdigen Erlebnis zu berichten wusste:
Er hatte sich, in einem Seitental, von seiner Vermessungsgruppe abgesondert und aufs Geratewohl einen weiteren, davon abzweigenden, Nebenarm aufgesucht, dessen Hintergrund von einer geradezu grausig-imposanten Hochgebirgsszenerie dominiert wurde. Die Bergwände stiegen wohl 2.500 bis 3.000 Meter jäh und schroff an - ohne jeden erkennbaren Felsvorsprung oder -absatz. Droben, auf dem Gebirgsplateau, thronten die ebenfalls steilen, eigentlichen Hochgebirgsgipfel mit ihren blendenden Schneefeldern und Gletschern.
Wie es in dem Bericht hieß, war das Tal, in dem sich der Vermessungsbeamte befand, gleichfalls schon ein Hochtal und gegen 2.000 Meter über dem Meeresspiegel gelegen. Während er noch die Wucht der kolossalen Berglandschaft auf sich einwirken ließ, hörte er Donnergrollen. Und schon kamen, mit völlig überraschender, windeseiliger Schnelligkeit, von Süden Wolkenfetzen heran, welche die höchsten Berggipfel einhüllten. Immer finsterer und massiger verbargen jene allmählich auch das Hochplateau, tauchten die Felswände im oberen Bereich komplett in die dunklen Wolkenbänke ein.
Grelle Blitze zuckten auf. Der Donner brach sich, in mehrfachem, nur langsam abebbendem, Echo an den Felswänden. Es begann in Strömen zu regnen. Zu dem Donnergetöse gesellte sich noch das Geräusch von aufschlagendem Felsgeröll, das, vom Regen abgelöst, als Steinschlag, in die Tiefe polterte. Der Vermessungsbeamte hatte unter einem Felsvorsprung Schutz vor

dem Unwetter gesucht, hielt aber die Hochgebirgsgipfel weiterhin im Blickfeld, da die zahlreichen Blitze die Gipfelzinnen immer wieder grell aufleuchten ließen. Dort oben musste ein furchtbarer Schneesturm wüten, denn die weißen Matten zeigten, im Lichtschein der zuckenden Blitze, große Mengen von reinem Neuschnee.

Das Spektakel fesselte den Vermessungsbeamten derart, dass er seinen Feldstecher herauszog, um die Hochgipfel detaillierter beobachten zu können.

Da schien es ihm, im Sekundenphänomen eines zuckenden Blitzes, als ob er in schwindelnder Höhe, nur wenig unterhalb eines der höchsten Gipfel, zwei menschliche Gestalten, wie in der Luft schwebend, wahrnahm. Er mutmaßte anfänglich seine Sinne genarrt - aber seine Neugierde war geweckt... So blickte er weiter angestrengt durch das Fernglas. Fast unvermittelt ließ das Gewitter nach und beinahe ebenso schnell, wie die Wolken aufgezogen waren, lichtete sich das dräuende Gewölk wieder. Für kurze Zeit war der Hochgipfel wolkenfrei und der blaue Himmel leuchtete an der Stelle durch, wo der Vermessungsbeamte die Menschen wahrgenommen zu haben vermeinte. Tatsächlich - er sah durch seinen Feldstecher abermals die zwei "Tupfer", welche er für Menschen hielt. Jetzt konnte er es zweifelsfrei erkennen: Es waren wirklich zwei Personen, die auf einem schmalen Steg, welcher von unten wie ein dünnes Strichlein erschien, über einen Abgrund hinwegschritten, der zwei Hochgebirgsgipfel voneinander trennte.

Weil es unmöglich war, sich - vom Tal her - diesen beiden Menschen dort oben, in schwindelnder Höhe, bemerkbar zu machen und sich der Himmel erneut zu bewölken begann, samt abermals einsetzendem Blitz und Donner, brach der Vermessungsbeamte auf, um zu seiner Katastergruppe zurückzukehren. Im strömenden Regen, der später in Hagel und nassen Schnee überging, traf er dort ein.

Als er seine Beobachtungen erzählte, wurde er einfach ausgelacht. Niemand glaubte es ihm, dass sich dort oben, an den steilen Hängen der Hochgebirgsgipfel, irgendjemand aufhalten könne - und wenn, dann könnten es höchstens eingeborene Jäger gewesen sein, die sich wohl verstiegen hätten.

Der Beamte schloss seinen Bericht mit den Worten ab: "So viel hatte ich durch mein Fernglas feststellen können, dass die Männer, die ich bemerkt hatte, *keine* Jäger, sondern eher Schafhirten gewesen waren. Solche hätten dort oben allerdings gewiss nichts zu suchen, da die Herden viel weiter unten, in den Talauen, weiden.

Ich befragte später, betreffs meiner angestellten Beobachtungen, unsere eingeborenen Träger, die mir erklärten, dass jene wahrscheinlich "heilige Männer" gewesen seien, welche in ihre Klöster zurückkehrten. Dort, in den abgelegensten Hochgebirgstälern, gäbe es Stätten, wo heilige Menschen, separiert von der Welt, lebten. Einige davon seien schon viele Jahrhunderte alt.

Auf meine Frage, was die heiligen Männer dort oben täten, wurde mir zur Antwort, dieses wisse man nicht - doch nehme man an, dass sie für die Menschen beteten."

ooo

Nachdem ich den Folianten zur Seite gelegt hatte, wurde ich nachdenklich.

So fand mich mein Diener Sen, der mich dabei so seltsam betrachtete und ein so merkwürdiges, leises Lächeln zeigte, dass es mich stutzig machte. Schon wollte ich ihn fragen, was *er* von dem gelesenen Bericht hielt, als er mir meine, nur gedanklich angestellte, Überlegung auch schon beantwortete:

"Ja, solche heiligen Männer gibt es tatsächlich. Auch Klöster - wenn man diese Bezeichnung verwenden möchte - gibt es dort oben in den verborgenen Hochtälern des Himalayas."

Anfangs sprachlos vor Staunen, fasste ich mich dann aber und fragte Sen, woher er gewusst hätte, was mir durch den Kopf gegangen war. Er schmunzelte abermals und entgegnete, er habe das "gespürt".

Auf mein Ersuchen, mehr über diese heiligen Männer zu erzählen, gab sich Sen nunmehr als mein Seelenfreund zu erkennen, welcher mir entgegengeschickt worden sei, da er und seine Freunde mich schon lange als jemanden wahrgenommen hätten, der nahe davorstand, spirituell zu erwachen. Er habe sich als mein Diener verdungen, um nahe bei mir sein und auf mich, gleich einem seelischen Beschützer und Führer, aufpassen zu können.

Dann erzählte er mir mehr von sich und seinen Lebensaufgaben, die so seltsam anmuteten, dass ich aus dem Staunen nicht herauskam. Auf meine Erwägung, ob ich darüber auch zu Lionell sprechen dürfe, bemerkte Sen:

"Dagegen ist nichts einzuwenden, weil, was Dich überraschen mag, Lionell ebenfalls ein Bruder von mir ist - und somit auch von Dir..."

Ich war also auf meinem Wege geleitet worden, ohne es gewusst zu haben!
Ebenfalls fiel es mir wie Schuppen von den Augen, dass meine Wunde, seit Sen dieselbe, auf meine Bitte hin, stets verband, mir wesentlich weniger Beschwerden bereitete als früher. Damit war für mich die interessanteste Epoche meines Lebens angebrochen; ein existenzieller Abschnitt, welcher meinem Sein einen völlig neuen, tiefen Sinn und Inhalt zuführen sollte..!

*

Ich verweilte längere Zeit auf dem Besitztum meines britischen Freundes bei Simla. Die reine Hochgebirgsluft und die vorzügliche Pflege Sens taten meiner Gesundheit außerordentlich gut. Ich stellte fest, dass meine so hartnäckige Verletzung langsam zu **heilen** begann! Oft saßen wir drei - Lionell, Sen und ich - abends in der Dämmerung zusammen und unterhielten uns über philosophische Lebensfragen.
Lionell war schon ziemlich tief in die indische Gedankenwelt eingedrungen, hatte, unter anderem, auch das "Buch Dzyan" [5] gelesen und gab manche interessante Erklärung daraus, betreffend der angeblichen Entstehungsgeschichte der Erde, wie sie in dem erwähnten indischen Werk gelehrt wird.
Die heiligen Bücher Indiens enthalten weit eingehendere Aufzeichnungen über die frühe Menschheit, als die spirituellen Schriften anderer religiöser Anschauungen - es sei denn, wir läsen jene zwischen den Zeilen; mit dem geistigen Auge, wie sie wohl eigentlich auch gelesen werden sollten.
Wir unterhielten uns nun oft auch über die heiligen Männer Indiens und ihre Mission. Im Gespräch stellte ich übrigens fest, dass Sen, der von der Weisheit der heiligen Männer viel zu verstehen schien, permanent betonte, dass von diesen der

Heiland des Christentums genauso als Gottes Sohn und Christus anerkannt werde, wie von den gläubigen Christen.

Nach Anschauung der indischen Rishis [6] sei stets, zu bestimmten Zeiten und in bestimmten Gegenden der Welt, irgendein Religionsstifter aufgetreten, der die ewigen Wahrheiten - dem Zeitgeist, dem Land und dessen Bevölkerung entsprechend angepasst - gelehrt hätte. Daher haben alle Religionen ihre Daseinsberechtigung - aber immer nur für diejenigen, für welche gerade eine Religion, durch irgendeinen Religionsstifter, gegeben wurde. [7]

**

*Als Überarbeiter der Werke von Bruder/Meister Amo und Felix Schmidt, möchte ich an dieser Stelle – entgegen meiner im Vorwort, respektive der Einleitung geäußerten ursprünglichen Absicht – hinzufügend kommentieren, dass Jesus Christus, anders als vielleicht ein Siddhartha Gautama Buddha oder Mohammed, nicht nur ein friedlicher Weisheitslehrer, kriegerischer "Unterwerfungs-Prophet" oder sonstiger "Religionsstifter" war, sondern, als Gottes eingeborener Sohn, ein Heilswerk verrichtete, das nur **Er allein** tun konnte; damit zum Heiland, Retter und Erlöser wurde!*
So offenbarte Er uns über sich selbst:

*"**Ich** bin der Weg, die Wahrheit und das Leben. Niemand kommt zum Vater – außer durch mich..." (Johannes 14 : 6)*

Das ist ein Universalanspruch – besonders, und berechtigt! [7.3]

4 - Überraschender Kontakt | Kaschmir

Eines Abends beschlossen Lionell und ich, nach Kaschmir zu reisen, um zu versuchen, mit irgendeinem der "heiligen Männer" in direkten Kontakt zu treten - zumal Sen versicherte, dass in Kürze verschiedene jener, auf ihrer Reise, an einer bestimmten Sammelstelle im Hoch-Himalaya, das Tal von Kaschmir durchqueren würden.

Auf unsere Frage an Sen, wie wir solche heiligen Männer wohl erkennen würden, bemerkte er, dass wir uns darum nicht im Geringsten zu sorgen bräuchten, da ein solches Zusammentreffen - scheinbar durch Zufall - von einem der Heiligen arrangiert werden würde. Mit dieser beruhigenden Versicherung im Gepäck reisten Lionell und ich nach Kaschmir ab.

Sen bat zum ersten Male um einen längeren Urlaub und begleitete mich nicht. Da die Wundheilung, unter seiner Pflege, die erwähnten, kaum erhofften, Fortschritte gemacht hatte und ich daher seine Hilfe nicht mehr so dringend benötigte, war ich mit seiner Abwesenheit auf drei bis vier Wochen vollständig einverstanden. Sen wollte nach Bombay fahren, versprach jedoch, mir in spätestens einem Monat wieder zur Verfügung zu stehen. Sollten wir dann noch nicht von Kaschmir zurück sein, würde er uns dorthin nachfolgen.

*

Eine Woche später...

Gleich der erste "heilige Mann", der mir in Kaschmir begegnete, faszinierte mich, ohne dass ich wusste, wer er war. Ich begegnete ihm auf einer staubigen Verkehrsstraße in einer kleinen Ortschaft. Ich erinnere mich des Zusammentreffens noch wie heute:
Es war ein unvergleichlich schöner Tag. Die Sonne schien vom wolkenlosen Himmel, doch ein Wind, der von den nicht fernen Gletschern der Hochgipfel des Karakorum herunterwehte, gestaltete den Aufenthalt im Freien recht unangenehm. Die Nacht zuvor war ein starker Gewitterregen niedergegangen - die Hochgipfel glänzten indes im Kleide reinsten Neuschnees,

welcher, unter den Sonnenstrahlen, derart flimmerte und glitzerte, dass man kaum hinzusehen vermochte.
Ich stand bei einem eingeborenen Händler und kaufte mir Obst. Als ich meinen Einkauf erledigt hatte und weggehen wollte, stieß ich versehentlich gegen jemanden, der neben mich getreten und dessen Kommen mir unbemerkt geblieben war. Ich entschuldigte mich, sah auf und blickte in ein Gesicht, dass eine solche Freundlichkeit ausstrahlte, wie ich es noch nie in einem Antlitz so intensiv wahrgenommen hatte. Die Züge schienen beinahe feminin zart - dabei aber auch absolut maskulin und von einem starken Vollbart "umrahmt". Man hatte das Empfinden, dass jene, so freundlich und durchgeistigt leuchtende, Physiognomie ebenso gut streng wirken konnte, wenn erforderlich - so willensstark, dass man einfach gehorchen musste.
Ich weiß nicht mehr, wie lange ich in dieses, mich in seinen Bann ziehende, Antlitz *gestarrt* hatte, ehe ich mir bewusst wurde, dass ich eigentlich unhöflich handelte. Gerade als ich, wegen meines Benehmens, um Nachsicht bitten wollte, antwortete mein Gegenüber - zu meiner höchsten Überraschung - in deutscher Sprache:

"Es ist schon gut, mein Bruder, Du brauchst Dich nicht zu entschuldigen. Ich kenne Dich schon seit langem, und zwar nicht nur von diesem Leben her, sondern seit mehreren Leben. Wir waren einst Freunde, gute Freunde, auf einem anderen Gestirn, unter ganz anderen Verhältnissen."

Mich verwirrte dieses Gerede derart, dass ich nichts zu antworten vermochte. Mein Gegenüber bemerkte das, lächelte verbindlich, nickte mir zu und verabschiedete sich mit den Worten:
"Und das ist auch nicht das letzte Mal, dass wir uns gesehen haben; wir werden noch oft zusammen sein. Ich habe Dir dann viel zu erzählen..."

Damit drehte er sich um und schritt davon.

Ich blieb verblüfft und wie festzementiert zurück. Ich kam erst wieder zu mir, als der Händler, bei dem ich eben meine Einkäufe getätigt hatte, bemerkte: "Das ist ein heiliger Mann. Du kannst Dich glücklich schätzen, dass er mit Dir gesprochen hat."

Um niemanden zu langweilen, will ich meine diversen weiteren Begegnungen, welche ich, in den nächsten Tagen und Wochen, mit anderen "heiligen Männern" Indiens noch haben durfte, geflissentlich überspringen.

Kurzum: Das Ergebnis meiner Reise nach Kaschmir war, dass ich mich zu ihnen stark hingezogen fühlte und mich, letztendlich, in eines der Hochgebirgstäler, das heißt der dort befindlichen Klöster, zurückzog, um als Schüler des Weisen, der mit mir, beim ersten Zusammentreffen, deutsch gesprochen hatte, zu studieren.

Nennen wir jenen einfach einmal - "Meister Zacharias"...

Meister Zacharias war ebenfalls in Deutschland geboren, hatte während der Unruhen im Zusammenhang mit den frühnapoleonischen Kriegen [1] seine Eltern verloren, war einer französischen Kolonne gefolgt, wo er sich allgemein nützlich gemacht hatte; kam, auf diese Weise, erst nach Spanien und später, mit dem französischen Expeditionskorps, nach Ägypten, wo er einen Fakir [2] traf und sich diesem anschloss. Die beiden verließen Ägypten nach der Schlacht bei den Pyramiden [3] und dem bald nachfolgenden Abzug der Franzosen aus dem Nil-Land [4]; reisten, zu Fuß, durch Kleinasien und Persien nach Indien. Später gingen sie hinauf nach Afghanistan, wo der Fakir sich von dem späteren Meister Zacharias trennte. Doch nicht ohne Sorge für dessen weitere Zukunft, denn er gab ihm zuvor die Adresse einer kleinen Ortschaft in Kaschmir, wo er einen heiligen Mann antreffen werde, dem er dann als Schüler folgen solle.

Nach Jahren allerschwersten Studiums erreichte er schließlich die Meisterschaft und wurde, in eingeweihten Kreisen, als "Meister Zacharias" bekannt. Zu mir hatte er sich hingezogen gefühlt, weil ich - erstens - deutscher Abstammung war, und - zweitens - er, dank seiner okkulten Kenntnisse, wusste, dass wir, in einem früheren Leben, auf einem anderen Planeten, beziehungsweise in einer anderen Welt, schon unzertrennliche Freunde gewesen waren.

Meister Zacharias ist heute noch am Leben, obgleich er, nach menschlichen Standards, schon steinalt ist. [5] Er will noch eine Reihe von Jahren auf Erden verweilen, da, im finalen Stadium des Umbruchs der Verhältnisse der Menschheit, auf Erden noch

unendlich viel Arbeit zu bewältigen übrigbleibt; denn in nicht allzu ferner Zeit wird es gelten, strengstes Leid und Not zu lindern..!
[6]

»

Doch ich habe schon sehr weit vorausgegriffen...

Ich hätte mich vielleicht - auch nach dem ersten Zusammentreffen mit Meister Zacharias und verschiedenen anderen heiligen Männern - noch nicht veranlasst gefühlt, mich um die Erlaubnis zu bemühen, in eines ihrer Klöster aufgenommen zu werden, wenn nicht, nach einigen Wochen, plötzlich mein ehemaliger Diener und jetziger Freund Sen wieder aufgetaucht wäre. Ich fragte ihn nicht, welche Art von Geschäften er in Bombay zu erledigen gehabt hatte. So lebten wir einige Wochen, wie bisher, weiter. Sen kam, von sich aus, niemals auf sogenannte okkulte oder geistige Themengebiete zu sprechen - war aber stets sofort willig, mit mir darüber zu reden, wenn ich das Gespräch darauf lenkte.

Als wir eines Abends im Garten eines Häuschens in einer kleinen Ortschaft im oberen Kaschmirtal zusammensaßen - Lionell, Sen und meine Wenigkeit -, überkam uns alle plötzlich so eine wundervolle Stimmung, wie sie jeder Mensch von Zeit zu Zeit erlebt, wenn er innerlich so recht zufrieden mit sich und der Welt ist. Diese Stimmung war für uns aber irgendwie hundertmal verstärkt - friedlicher und angenehmer... Dazu war die Luft still und voller Wohlgerüche der Gartenblumen. Der Vollmond stand, gleich einer leuchtenden, am wolkenlosen Himmelsdom prangenden Laterne - warf sein fahles, mystisches Licht auf die Umgebung und die nicht zu fernen hohen Schneegipfel. Wegen des intensiven, wohligen Behagens, welches uns drei erfüllte, erschienen unsere Mienen wie verklärt - das wäre jedem Beobachter sofort aufgefallen. Lionell und Sen schauten, wie verzückt, mit verlorenem Blick in die weite Landschaft hinaus. Die innerliche Beseligung wurde so dominierend, dass ich nicht länger an mich zu halten vermochte und laut ausrief:

"Oh, wie glücklich ich mich fühle, wie glücklich!"

Bei dieser Bekundung wandten sich meine beiden Begleiter mir lächelnd zu: "So, wie Du es empfindest, fühlen wir auch!"

Und nun erzählten sie mir, dass sie sich eben, gemeinsam mit den Heiligen Indiens, welche heute Abend ihre jährliche Zusammenkunft abhielten, die immer mit einer Meditation für das Gute auf der Welt eröffnet wurde, in Versenkung befunden hätten. Ich hätte die damit verknüpfte Glückseligkeit ebenfalls gefühlt, weil ich mit Lionell und Sen zusammen war, die von der Versammlung wussten und, durch Mit-Meditieren, die Flut der Erhebung empfanden, welche durch solch ein "In-Phase-geraten" jedermann zuteilwird, der sich innerlich anzuschließen versteht.

Es war eine nahebei berauschende Erfahrung, die ich freilich später noch öfters erleben durfte, welche aber, beim ersten Male, den Körper wie mit einem elektrischen Strom durchfuhr, der eine geradezu erlösende Wirkung auf Seele und Geist ausübte. Ich gewann den Eindruck, seelisch geöffnet zu werden und glaubte, in diesem Zustand, die Sprache der Tiere zu verstehen, das heißt, was diese sich gegenseitig, durch die Emotionen, welche sie in ihre Lautausdrücke hineinlegen, mitzuteilen pflegen.
Der Geist aber schien sich jedweder Erdschwere und Erdbeschränkung zu entledigen.

An was immer man denken mag - auf einmal wird einem alles ganz klar! Man wundert sich gar, wie man, bezüglich jener Dinge, früher überhaupt hatte nachgrübeln können..! Es ist ein Zustand der inneren Ekstase; wobei man aber gleichzeitig eine tiefe Ruhe und ein Behagen empfindet, das einfach unbeschreiblich ist und mit nichts anderem - aber auch wirklich nichts anderem - verglichen werden kann!

Als diese überwältigende Stimmungslage langsam abzuflauen begann, bemerkte ich: "Wie wundervoll es doch wäre, ein solch heiliger Mann zu sein..! Schade, dass man es auf Erden, als 'Normal-Sterblicher', kaum ebenfalls werden kann."

"Aber Du kannst das doch", korrigierte mich Sen sanft. "Du musst es nur wollen."

"Ich wüsste aber, beim besten Willen, nicht, wie ich einen solchen Schritt anstellen sollte..."

"Sage es mir, wenn Du es willst - und ich bringe Dich nach einer Schule für solche 'heiligen Männer', denn Du bist, Deinem ganzen Vorleben nach, reif dafür."

Ich war innerlich erfreut, zögerte indes mit einer Zusage, denn es kam nun mein typisch deutscher Hang zur Pedanterie zum Durchbruch. Ich überlegte mir, dass ich vorher unbedingt erst noch einmal nach Bombay reisen müsste, um meine persönlichen Angelegenheiten zu regeln, denn ich würde mich, wohl für längere Zeit, nicht mehr um solche weltlich-trivialen Obliegenheiten kümmern können.

Außerdem hatte ich noch eine Schwester in Deutschland, mit der ich, als einziger Angehöriger, öfters korrespondierte. Was sollte ich ihr, bezüglich meines zu erwartenden langen Schweigens, für einen Grund nennen?

Es waren, zweifelsohne, sämtliche Bedenken eigentlich nur Kleinigkeiten, die sich mit einigem Bemühen leicht regeln ließen, welche mir aber - vor eine solch unverhoffte Wahl gestellt - plötzlich imperativ und mächtig erschienen.

Sen musste erneut meine Gedanken gelesen haben, denn er begann ganz unvermittelt:

"Du brauchst Dir, dies betreffend, keinerlei Sorgen zu machen! Ich habe, während meines Weilens in Bombay, für Dich alles schon geregelt..! Übrigens holte ich dort, auf der Post, einen Brief für Dich ab, der eine Nachricht enthält, welche eine Deiner Hauptbedenken beseitigen dürfte."

Damit überreichte er mir besagten (verschlossenen!) Brief aus Deutschland, der schon längere Zeit auf dem Hauptpostamt in Bombay gelegen haben musste. Ich öffnete ihn. Er enthielt die Nachricht vom Tode meiner Schwester!

"Hmm... Da hätte ich ja nur noch meine sonstigen kleinen persönlichen Regelungen vorzunehmen, wie etwa die Bank zu benachrichtigen, dass sie keine falschen Schlüsse ziehen möge, wenn man lange nichts mehr von mir hört, und ähnliche, fast nebensächlich erscheinende, Besorgungen..."

"Du wirst Dich wohl wundern", ermunterte Sen mich bescheiden, "auch das habe ich bereits arrangiert. Ich bitte Dich um Verzeihung, falls ich, mit diesen Maßnahmen, zu eigenmächtig gehandelt haben sollte. Das war übrigens der Grund meiner Reise nach Bombay..."

"Ja, aber..."

"Ich weiß schon...", lächelte er, "Du willst nun wissen, wie ich das alles voraussehen konnte... Nun, das ist möglich. Du bist reif für Deine Weiterentwicklung. Ich wusste, dass Du, binnen Kurzem, mit dem Verlangen, Dich von der Welt zurückzuziehen, kommen würdest."

"Gewiss, gewiss, mein Lieber - aber hätte ich meine Pläne nicht noch spontan ändern können? Was hindert mich, zum Beispiel, gerade jetzt, in diesem Augenblick, daran, meine Ansicht kurzfristig zu revidieren und alles 'über den Haufen zu werfen'?"

"Nichts", schmunzelte Sen. "Aber doch würdest Du - auch wenn Du *jetzt* Deine Meinung nochmals ändern wolltest - bei diesem Kurswechsel nicht bleiben, sondern bald zu Deinem ursprünglich, und ganz authentisch gefassten, Beschluss zurückkehren. Vergiss nicht: Wenn etwas reif ist, ist die Reife da! Das mag sich simpel anhören... Doch schau: Der Apfel, der, im Verlaufe eines Jahres, in der Sonne gereift ist, ist dann reif - er kann nicht wieder grün werden. Um ein zweites Gleichnis zu kreieren: Du magst einem talabwärts fließenden Bach wohl sein Bett absperren und somit seinen Lauf für eine Weile aufhalten - aber Du kannst das vitale, unbeirrbare Fließen des Wassers nicht unterbinden! Entweder wird der Bach, hinter der Barriere, die Du ihm gelegt hast, zu einem See anschwellen, der, sobald er mächtig genug geworden ist, Dein Hindernis mit Ungestüm fortspült, oder er sucht sich einen alternativen Weg und wird Deinen Damm auf der Wiese, rechts und links, umgehen; diese überspülen und in einen Morast verwandeln. Wie auch immer - letztlich wird der Fließ wieder in sein schon vorgeformtes Bachbett zurückfinden und weiter dem Meere entgegenstreben. Siehe, so ist es bei Dir! Deine innere Entwicklung ist bis zu einem Punkt gelangt, wo 'der Strom' wohl noch für kürzere oder längere Zeit mag eingeengt werden können - so beispielsweise, wenn Du jetzt Deine Meinung änderst -, aber Du darfst versichert sein, dass die Macht 'des Stromes', um bei diesem Bild zu bleiben, dann irgendwo anders einen Ausweg suchen, und auch finden, wird.

Jener mag dann gegebenenfalls recht unangenehm für Dich werden - ganz anders als jetzt, wo alles, infolge der Reife, seinen natürlich-harmonischen, homogenen Lauf nimmt und Deine Entwicklung zur weiteren Verinnerlichung einen ruhigen Gang einschlägt, der vollen Erfolg verspricht. Tue aber, was **Du** für richtig hältst. Jeder Mensch hat einen freien Willen, den niemand untergraben darf."

Nach einer kurzen Pause des Nachsinnens antwortete ich: "Du hast mit Deiner Logik recht. Ich **bin** bereit zum Studium und muss Dir sogar offen gestehen, dass ich Dir nicht nur nicht böse, wegen Deiner selbständigen Initiativen, bin, sondern sogar sehr dankbar, denn das, was mir vorhin wie ein Hemmschuh erschien, ist von allein von mir gewichen! Ich bin bereit, mit Dir zu gehen und mich von Dir anleiten zu lassen, wenn Du es willst und Du es für gut erachtest."

Daraufhin vollzog sich eine seltsame Veränderung mit meinem Freund Sen... Sein Gesicht erstrahlte in einem fast überirdischen Glanz:

"Danke Dir, danke Dir von ganzem Herzen! Du weißt gar nicht, was Du mir mit Deinem Entschluss für einen einzigartigen Dienst erwiesen hast. Du warst das letzte Hindernis für meinen weiteren Fortschritt. Durch Verkettungen, welche Dir noch unverständlich erscheinen, musste ich Dich erst auf den Weg der Vollendung bringen. Eher war es mir selbst nicht möglich, weiterzukommen. Dabei durfte ich aber keinerlei Zwang in Deinen Entschlüssen ausüben. Der einzige Pfad, der mir blieb, war der des Dienens, der treuen Pflichterfüllung...
Und dieser hat mir jetzt die Freiheit gebracht... Nun benötige ich nur noch Deine Einwilligung, dass Du Dich unterrichten lassen möchtest und jede Hürde für den Eintritt in die Schule zur Meisterschaft der heiligen Männer, der 'Großen Weißen Bruderschaft', ist für Dich beseitigt."

Diese geforderte Zustimmung gab ich nur allzu gern.

Lionell hatte, während der gesamten, friedlichen Diskussion, schweigend zugehört. Auf mich zutretend, drückte er mir die Hand und sagte: "Jetzt erst bist Du wahrlich mein Bruder. Ich möchte Dir gratulieren, dass Du Dir Sen zum Führer erwählt hast.

Er war auch der meinige. Allerdings habe ich noch nicht alle Prüfungen absolviert, also noch nicht die volle Meisterschaft erreicht - aber ich werde das noch Fehlende später nachholen; später, wenn Du vielleicht schon viel weiter vorgeschritten sein wirst, als ich es jetzt bin."

"Aber nicht auf dieser Erde, lieber Lionell", mischte sich Sen in unser Gespräch ein. "Du wirst in einigen Jahren, in einer Mission, die Du für Dein Vaterland auszuführen hast, welches sich dann im Kriege mit dem unseres Freundes befinden wird, Deinen Tod erleiden.

Euch zwei freilich wird die Gegnerschaft der beiden Länder nicht trennen können, da wir sehr wohl wissen, dass solche Feindgesinnungen immer nur vorübergehende Ereignisse sind, hervorgerufen und verursacht entweder durch Staatsmänner und deren Diplomatie, allgemeine nationale Bestrebungen, respektive Interessen oder durch gerade vorherrschende ökonomische und sonstige Verhältnisse."

Lionell reichte mir die Hand:
"Komme, was kommen mag; wir sind von jetzt ab wahre Brüder im Geiste! Sehe ich Dich nicht mehr auf dieser Erde, dann woanders! Wir sind durch eine Freundschaft miteinander verbunden, die durch nichts mehr zerrissen werden kann!"

>>> *Lionell befand sich, viele Jahre später, auf dem Panzerkreuzer, der während des ersten Weltkrieges den britischen Oberkommandierenden Lord Kitchener [7] auf einer diplomatischen Mission nach einem anderen Lande bringen sollte. [8] Lionell ertrank, als dieser Schlachtkreuzer torpediert wurde - zusammen mit dem Kapitän und fast der kompletten Besatzung des Schiffes. [9]* <<<

Nun begann für mich ein neuer Lebensabschnitt, der aus mir einen neuen Menschen formte, denn er wandelte mich vollständig.
Die Schulung, welche ich absolvierte, war keineswegs leicht, und nicht jeder mag in der Lage sein, eine solche zu bestehen.
Tatsächlich gab es manche - Männer und Frauen -, die ihre begonnene Unterweisung wieder abbrachen.
Die überwiegende Mehrzahl davon empfing die Belehrungen indes [aus der Ferne, ohne Anwesenheit in einer der entsprechenden

Lehr-Institutionen] inspiratorisch oder intuitiv. [10] Sie fühlten sich wohl scheinbar geführt - wussten aber nicht recht, was mit ihnen geschah. Nur wenigen ist es beschieden gewesen - wie mir - die Schulung unmittelbar, persönlich, durch Meister Zacharias zu erhalten und in seiner Gegenwart zu weilen.

Eine solche Bevorzugung wird nur jenen zuteil, bei denen, aufgrund ihrer individuellen "Evolution" und ihrer bisherigen Lebensführung, sowohl auf Erden, als auch auf anderen Welten, eine gewisse "Garantie" besteht, dass sie schließlich ihr Ziel erreichen werden, oder, wenn nicht, dann doch so ein starker Hunger nach Erkenntnis zurückbleibt, dass sie die Stätte ihrer Unterweisung nie mehr verlassen.

Geschieht das doch einmal, und ein solcher, wieder in die Welt Zurückgekehrter, erzählte davon, um sich mit seiner ihm einst gewährten Begünstigung zu brüsten, würde das Neugierigen trotzdem nichts nützen, denn die Beschreibung würde stets so unvollständig und verwaschen bleiben, dass der Platz der Unterrichtsstätte niemals gefunden werden könnte.

Sensationsbegierige Sucher oder sportive, immer mal wieder aufkreuzende Bergwanderer und Kletterer, welche sich einer solchen Stelle zufällig nähern, werden stets durch irgendwelche Umstände abgelenkt. [11]

»

Nach jener Unterredung zwischen Sen, Lionell und mir waren bereits einige Tage vergangen, ohne dass wir irgendetwas in Gang setzten, was darauf schließen ließ, dass wir eigentlich eine ganz ungewöhnliche Unternehmung geplant hatten.

Kurz - wir trafen keine zielgerichteten Anstalten, die Schule der heiligen Männer aufzusuchen (den Ausdruck "heilig" habe ich in meinem Bericht oft verwendet, weil *die Eingeborenen* die Mitglieder der "Weißen Bruderschaft" so zu bezeichnen pfleg[t]en).

Wir machten einfach nichts - es vermittelte geradezu den Anschein, als ob wir in uns überhaupt kein Verlangen trügen, das ins Visier gefasste auch in die Tat umzusetzen...

5 - Eine Belehrung zu größerem Gottvertrauen

Einige Wochen später betrat Sen mein schlicht eingerichtetes Zimmer, in dem ich auf meinem Bett ausgestreckt lag, las und gerade, wie nebenbei, staunend meine fast vollständig verheilte Wunde betastete. Er fragte bescheiden, ob er mir einen guten Freund vorstellen dürfe.

Als ich das bejahte, kam mein ehemaliger Diener in Begleitung eines Inders zurück, der einen vorzüglichen Eindruck auf mich machte. Er hatte einen offenen, freundlichen Blick, war einfach, aber sehr sauber gekleidet, und seine Stimme hatte einen einschmeichelnden Klang. Kurzum, es war eine Persönlichkeit, zu der jedermann sofort Vertrauen fassen musste und konnte.

"Das ist mein Freund Latah", stellte Sen den Besucher vor. "Er hat Dir eine Botschaft von Meister Zacharias zu überbringen."

Ich sprang sofort auf und bat den Boten interessiert, mir die Mitteilung Meister Zacharias' zu eröffnen.

"Wenn Du bereit bist, Sahib [1], sollst Du mir nach der Stätte, wo sich Meister Zacharias für längere Zeit aufhalten wird, folgen. Nimm Dir aber warme Sachen mit, da wir über hohe Gebirgsketten steigen müssen, wo es nachts sehr kalt ist."

"Aber Du, lieber Latah", registrierte ich schelmisch, "scheinst Dich weiter nicht gegen die Kälte wappnen zu wollen, denn Du bist offensichtlich nur ziemlich leicht gekleidet."

Latah lächelte zurück: "Sahib, wenn Du erst einmal so lange an unseren Studierstätten in den Hochgebirgstälern geweilt haben wirst, wie ich, bist Du ebenso abgehärtet. Mir kann die Kälte nichts anhaben, da ich, zudem, gelernt habe, mich durch Willensbetätigung mit einer Aura zu umgeben, durch welche die Kälte nicht eindringen kann und in der ich mich ziemlich behaglich fühle - auch wenn es noch so kalt sein mag. Vorläufig hast Du aber solche Konzentrationskraft noch nicht entwickelt und musst Dich daher vorsehen, um keinen Schaden zu erleiden."

Wir befleißigten uns nun, die nötigen Erledigungen zum Aufbruch zu tätigen - was gar nicht lange dauerte, da Sen so etwas ähnliches, wie diesen Hergang erwartet haben musste, denn es war schon alles soweit bereit, dass wir tatsächlich binnen zwei Tagen nach Latahs Eintreffen reisefertig waren.

Lionell verabschiedete sich von uns am Tage der Abreise, indem er mir innig die Hand drückte und versicherte: "Also, auf Wiedersehen, Bruder, in einer besseren Welt..."

*

Der - so vorläufig endgültig erscheinende - Abschied beschwerte mein Herz und zeigte, welch intensive Bande das Schicksal zwischen uns beiden gewoben hatte...
Wir nahmen noch vier Träger aus dem Dorf mit, in dem wir die letzten Wochen gewohnt hatten. Schon ganz früh am Tage begann unsere Kolonne sich in Bewegung zu setzen - dem Lauf eines Baches folgend, der aus einem Seitental herabsprudelte. Ein Fußpfad war alles, was an Wegen zur Verfügung stand.
Wir gingen hintereinander - zuerst kam Latah, sozusagen als Führer, dann folgten die vier Dorfbewohner mit unserem wenigen Gepäck, darauf ich, und den Schluss bildete Sen.

Die Sonne schien recht warm; es bewegte sich kein Lüftchen. Als wir etwa fünf Stunden angestiegen waren, ging es über einen Gebirgszugs-Sattel, von dem aus wir einen Blick in das zurückgelassene breite Tal werfen konnten.
Die Landschaft lag friedlich im Sonnenglanz ausgebreitet - die Matten und Hänge waren mit Tamarisken und Weiden bewachsen, die Grashänge durchwirkt mit buntfarbigen Blumen. Unmittelbar hinter dem Tale, aus dem wir gekommen waren, stieg das Hochgebirge himmelwärts an. Die dortigen Gipfel waren in schweres Gewölk gehüllt, welches aber merkwürdigerweise das breite Tal nicht zu überschweben vermochte. Nachdem wir uns eine Weile an dem lieblich-grandiosen Gebirgspanorama gelabt hatten, setzten wir unseren Marsch fort.

Der Saumpfad wand sich nun, in der Folge, durch eine enge Schlucht. Auf einmal weitete diese sich, und vor uns lag ein Talkessel ausgebreitet, ebenfalls blumendurchwirkt und mit saftigem Grasbestand. Dahinter kam mir die Welt wie abgeschnitten vor! Es schien mir einfach unmöglich, die jäh aufschießende Felswand erklimmen zu können, die meiner Schätzung nach wohl gut 2.000 Meter wuchtig emporragte. Dort oben befand sich ein Plateau, denn man konnte die dahinter liegenden Gipfel von über 6.000, beziehungsweise 7.000 oder gar 8.000 Meter Höhe nicht sehen.

Hier, in diesem Tale, beschlossen wir Nachtquartier zu beziehen. Ich wunderte mich, dass wir jetzt, so früh schon, unser Zelt aufschlagen wollten. Latah musste meine Gedanken erraten haben:

"Wir können heute nicht weiter, da wir, binnen Kurzem, ein schweres Unwetter erwarten - auch wenn der Himmel, im Moment, trügerischerweise, noch fast wolkenlos ist."

Tatsächlich war das offene Firmament, soweit ich es beurteilen, also im begrenzten Ausschnitt sehen, konnte, nur mit einigen Zirren bedeckt, die sich, wie weiße, pittoreske Pinselstriche, quer über das tiefe Azurblau zogen. Kaum allerdings hatten wir unsere Unterkunft errichtet, in welcher wir alle sieben Platz finden würden, fing es an, dunkel zu werden. Der Himmel hatte sich jetzt, wie aus dem Nichts aufgetaucht, mit wasserdampf-schwangerem, tiefgrauem Gewölk bedeckt, das sich in den Talkessel herabzusenken begann, denn der obere Teil der jähen Felswand war bereits vollständig in Wolken gehüllt. Man sah von unten her, wie die schwarzen, wattig wirkenden Massen an die Felswand, gleich einer schweren, nebelhaften Brandung, heranwogten.

Ganz unvermittelt zuckten, unter einsetzendem Nieseln, Blitze auf und Donner grollten - dabei blieb es aber noch immer windstill... Wir begaben uns ins Zelt und jeder schien dort bald seinen eigenen Gedanken nachzuhängen.
Plötzlich ließ sich ein eigentümliches Brausen vernehmen. Ich sprang auf und lief zum Eingang des Zeltes. Dort bot sich mir ein irritierendes Schauspiel. Es regnete nur schwach und just in dem Moment ging ein Steinschlag an der Felswand hernieder, eine ganze Menge Brocken verschiedenster Größe, wie es in manchen Schluchten des Himalayas fast täglich vorkommt. Aber die Gesteinslawine verursachte einen anderen Lärm als den, der mich herausgelockt hatte. Ich sah mich nach dessen ominöser Ursache

um und stellte fest, dass das Geräusch vom Eingang des Talkessels herrührte; der Richtung, aus welcher wir gekommen waren.

Dort bemerkte ich, zu meinem schnell ansteigenden Grausen, eine Windhose, die wie ein Trichter, sausend und tosend, geradewegs auf unser Zelt zuhielt. Der Wirbel wurde immer voluminöser und schien schon fast die gesamte Breite des Tales einzunehmen. Während das gespenstische Blitzen und Donnern sich weiter intensivierte, kam der Tornado permanent näher.

Bestürzt wandte ich mich um, rief Latah und Sen zu: "Was tun wir? Schaut nur - eine Windhose kommt auf uns zu!"

"Nichts", antwortete Sen mit seraphischem Lächeln.

"Sie wird uns keinen Schaden zufügen", bemerkte Latah mit ebensolchem Engelsgemüt.

Ich konnte mich dieser Einschätzung der Lage kaum ruhigen Gewissens anschließen, richtete mein Augenmerk abermals auf das Naturphänomen und bemerkte dabei, dass der Luftstrudel mittlerweile äußerst gefährliche Formen angenommen hatte. Es war ein einziger finsterer Trichter, der vom Himmel herunterzukommen schien. Überall, wo er sein unerbittliches "Saugrohr" aufsetzte, wurden dicke Bäume abgebrochen wie Streichhölzer. So bedrohlich nahm sich das Ganze aus, dass ich mich hektisch erneut nach Sen und Latah umsah. Beim, durch die Zeltwände hindurch, fahlen Aufleuchten der Blitze bemerkte ich, wie beide seelenruhig dasaßen.

"Fürchte nichts", beruhigte mich Sen erneut.

Als ich indes wieder aus unserer Unterkunft hinausstarrte, war es nun aber doch um mich geschehen; nur noch wenige hundert Meter trennten uns von dem heranwirbelnden Spektakel.
Das war törichter Wahnsinn, sitzen zu bleiben!
Es *trieb* mich förmlich aus dem Zelt hinaus.
Bevor dies geschah, wurde ich nachdrücklich am Arm gepackt. Es war Latah; er sah mich fest an und bemerkte freundlich, aber eindringlich-bestimmt: "Bruder, glaubst Du wirklich, wir würden Dich nicht gesund zu Meister Zacharias bringen? Bleibe stehen, wo Du bist. Es geschieht Dir nichts."

Das nun fast ohrenbetäubende Pfeifen des Tornados kam beständig näher. Ich stand wie zur "Salzsäule" gebannt. Latah hielt mich noch immer am Arm. Jetzt..., jetzt musste unser Zelt erfasst werden und wir alle, wie Spielzeuge in einer titanischen Faust, gen Himmel und in den Tod gerissen werden..!

Merkwürdig..., es geschah nichts... Das Dröhnen des Tornados schien sich plötzlich zu entfernen - stattdem verstärkte sich der Niederschlag zu einem sintflutartigen Wolkenbruch.
Ich hockte mich, während es nun draußen wie aus Eimern goss, ziemlich beschämt, zu den anderen. Erstaunlicherweise waren auch die vier Träger ganz entspannt geblieben, während ich eine recht unrühmliche Feigheit an den Tag gelegt hatte.

Wieder erriet Sen meine Gedanken: "Du brauchst Dich nicht zu schämen, Bruder! Dein Handeln war nur zu natürlich - das unsrige aber auch!
Wenn Du erst einmal so weit unterrichtet bist, wie Latah und ich es sind, wirst Du dieselbe unerschütterliche Ruhe verspüren, wie wir. Uns kann kein Verderben mehr widerfahren, **da wir unser ganzes Dasein dem Schöpfer empfehlen.** Siehe, unser ganzes Leben, unser ganzes Wirken, unser ganzes Verhalten ist nur ein einziges Gebet - insofern, als wir alles Gott anheimstellen. Das macht uns gefeit gegen alle Unbilden des irdischen Daseins. Solange wir, felsenfest, unser Leben auf Gott eingestellt haben - wobei wir stets unseren Willen, bedingungslos, mit dem göttlichen zu harmonisieren trachten, das heißt ihn Gottes Walten unterordnen - kann uns kein Sturm etwas anhaben, kein Blitzstrahl treffen, kein Tier anfallen, kein Jäger und Feind mit seinem Gewehr treffen oder mit seinem Messer erdolchen. Immer wird zur rechten Zeit etwas eintreten, was uns schützt. Aber nur dann, wenn wir uns **vorbehaltlos, voll und ganz, mit Gott vereinen und vereint fühlen.**"

"Das wäre ja genau dasselbe, wie wir Christen sagen: 'Leben wir, so leben wir im Herrn; sterben wir, so sterben wir im Herrn'..."
[2]

"Ganz richtig!"

"Warum haben aber die meisten Christen nicht die Zuversicht, die ihr beiden habt..?!"

"Weil die meisten Christen nicht innerlich erleben, beziehungsweise das in Leben umsetzen, was ihre Lippen heruntermurmeln! Hat nicht auch Jesus oft davor gewarnt, nur Worte herunterzuleiern [3] und über Wortbegriffe zu streiten? Vielmehr indes sollten die Westler entsprechend Seiner Lehre **handeln**! Warum **tut** ihr Christen das so wenig?"

Mir erschien das überaus interessant, dass Sen Christus so hervorhob. Sofort, ehe ich noch meine diesbezügliche Verwunderung ausgesprochen hatte, erklärte er: "Ahh..., Du bist erstaunt wegen meiner Verehrung Jesu Christi...
Wir Eingeweihten, wir Meister, sehen in Jesus Christus - Gottes Sohn..!
Der innere Kern jeder Religion auf der ganzen Welt deckt sich mit der Lehre des Gottessohnes. Hier in Indien beschreiten wir nur einen anderen Weg, der für unsere Naturen, für unsere Umgebung, für unser Begriffsvermögen einleuchtender und leichter verständlich ist. Wir folgen der Weisheit Buddhas und der Gottheit Brahmans, deren Lehren aber im Urgrund die gleichen sind, wie die des Gottessohnes.
Ihr Christen seid bevorzugt, dass ihr direkte Botschaften vom Gottessohn empfangen habt und auch begreifen könnt! Doch ihr missachtet dieses herrlichste Geschenk, das je Menschen zuteilwurde! Wir Eingeweihten aller Religionen - denn ihr tiefer Kern ist jeweils derselbe - haben nur **ein** religiöses, und zwar gleiches Weltbild, das dem des wirklich wahren Christentums entspricht. Unter uns Eingeweihten gibt es daher nur **ein** Religionsgebiet; ganz gleich, über welche ursprüngliche religiöse Anschauung wir zur Meisterschaft gelangt sein mögen!"

Nach einer Pause des Schweigens, in der ich über das Gehörte nachdachte, bemerkte ich: "Wie kommt es nur, dass gerade die Christen die höchste Lehre, welche der Menschheit gegeben wurde, so wenig achten, und ihr, die ihr über andere Religionen zur Ur-Religion vorgedrungen seid, diese Ur-Religion als die wahre, wirkliche Lehre Christi erkannt habt und somit Christus als Gottessohn verehrt - viel inniger, tiefer und aufrichtiger als die meisten Christen..?"

"Einer der Hauptgründe", bemerkte Sen aufklärend, "ist der, dass die meisten Christen, weitestbesehen, ausgeprägte Verstandes-menschen sind! Verstand **und** Gefühl sind aber zur Erlangung wahrer Weisheit und zum Erfassen tiefer Wahrheiten der Lehre Christi nötig! Ihr, zu sehr allein auf den Intellekt Bauende und Vertrauende, vernachlässigt jedoch, bezüglich eurer Religiosität, ziemlich arg das Gefühlsleben! **Beides** indes muss gleichberechtigt einfließen und mitsprechen: Verstand **und** Gefühl..., wie ich schon sagte.

Wo das eine ausschließlich obwaltet, ist das Gleichgewicht der Erkenntnis gestört und ihr bekommt ein falsches Bild - etwa so, wie jemand die Welt nicht richtig wahrnehmen kann, wenn er eine Brille trägt, deren Gläserstärke nicht auf seine Augen abgestimmt ist. Doch das wird Dir mit der Zeit noch selbst klar werden, was ich Dir hiermit erläutern wollte."

"Lasset uns", mischte sich Latah ins Gespräch, "obgleich es noch früh am Tage ist, doch schon unser Nachtmahl einnehmen und ruhen; denn morgen haben wir einen sehr, sehr anstrengenden Tag vor uns. Da wir dann wieder schönes Wetter haben werden, können wir bis weit auf das Hochplateau vordringen, von wo aus erst der eigentlich schwierige Weg beginnt; schwierig deswegen, weil dort die Luft immer dünner wird, was besonders für Dich, als bergungeübten Europäer, nicht leicht sein dürfte..!"

Wir folgten dem Rat Latahs und nahmen unser Abendessen ein. Damit fertig, verließ ich das Zelt, um mir ein Bild von dem machen zu können, was sich denn nun außerhalb unserer Behausung zugetragen hatte. Das Gewitter war vorüber, und der Himmel begann aufzuklaren. Die Sonne stand noch ziemlich hoch am Firmament. Der obere Teil der vor uns liegenden Plateauwand war mit Neuschnee bedeckt, welcher im Sonnenlicht flimmerte und glänzte. Im Tal konnte man, an den umgeknickten Bäumen und entwurzelten Sträuchern, genau den Pfad sehen, den der Tornado eingeschlagen hatte. Einen Steinwurf von unserem Zelt entfernt, hatte er sich plötzlich nach rechts gewandt und musste sich dann aufgelöst (!) haben.

Die Luft war, nach dem Unwetter, wunderbar erfrischend und ozonreich, weshalb ich noch eine Weile draußen verblieb - die herrliche Natur und Landschaft genießend. Dann erst begab ich mich ins Zelt zurück, wo bereits alle anderen schliefen. Auch ich legte mich nieder und nickte sofort ein. Es war ein Schlaf, der wunderbar stärkte.

*

Am nächsten Morgen wachte ich energiegeladen auf. Mir war zumute, als ob ich die ganze Welt erobern könnte.

Sen lächelte mir zu, als er meinen Unternehmungsgeist wahrnahm...

6 - Der Aufstieg in den Hoch-Himalaya

Unsere Ausrüstungsgegenstände waren schnell verstaut, das Zelt in seine Einzelteile zerlegt und zusammengefaltet. Bald ging es, im Dämmerlicht des anbrechenden Morgens (die Sonne war noch lange nicht aufgegangen), auf die steile Felswand zu, dessen oberer Teil, im Bereich des Felsplateaus, - vor wie nach - unter dem gestern gefallenen Neuschnee lag.

Der Aufstieg war steil und beschwerlich - wie angekündigt -, aber doch nicht sooo unmöglich, wie ich zunächst geglaubt hatte... Die zweifelsohne nicht weniger als 2.000 Meter ansteigende Felswand verfügte über einen schmalen Saumpfad, den ich vorher nicht gesehen hatte. Freilich war jener stellenweise sehr schmal und führte eng am Berg entlang - mit jähem Abgrund zur Talseite. Einige Male war es mir, als zöge es mich mit Gewalt in die Tiefe hinab - wo ich zerschmettert liegengeblieben wäre. Doch, wann immer ich eine solche Anwandlung verspürte, fühlte ich sofort die aufmerksame Zuwendung Latahs und Sens auf mich gerichtet, welche dann jeweils innehielten, um mir mental beizustehen. Es war, als ob mich deren Blicke stärkten, denn sofort verschwanden alle auftretenden Schwindelanfälle restlos.

Je höher wir anstiegen, desto müder wurde ich - trotz des Gefühls der Frische am Morgen. Die dünner werdende Luft machte sich bereits bemerkbar, denn wir mussten uns mittlerweile in einer Höhenlage von ungefähr 4.000 Metern befinden.
Der Himmel erstrahlte in fast wolkenlosem Azur. Kein Lüftchen regte sich, und ich spürte die Wirkung der Sonnenstrahlen auf meiner Haut mit starkem Juckreiz. Es war wohl zwischen 14 und 15 Uhr, als wir endlich das Plateau erreichten, welches einem schmalen, aber langgestreckten Hochtale glich und mit Gras bewachsen war. Ab und zu sprossen auch noch einige Sträucher, die sich in kleinen Felsschluchten, wie scheues Wild, umeinander gruppiert hatten - gleich, als gelte es, sich gegenseitig zu beschützen.

Der ziemlich ebene Talkessel war eine Wohltat... Wieder auf solchem Gelände entlangzugehen - zumal auch nicht viel Geröll herumlag... Ab und an öffnete sich ein Seitental, aus dem ein

Bach hervorsprudelte. Den Hintergrund all dieser abzweigenden Täler schloss der riesige Eispanzer des eigentlichen Hochgebirgsmassivs ab. Auch *vor* uns ragte ein kompakter Eisschild und Schneewall in den blauen Himmel empor. Die weißen Matten reichten bis zu uns hinab, wo ebenfalls der Schnee, der gestern bei dem Gewitter fiel, noch nicht ganz weggeschmolzen war. Da, wo das Tal vor uns endete, schien ein Gletscher in eine Moräne auszulaufen. Jedenfalls sah ich dort, von einer Bodenwelle aus, eine gewaltige Menge Felsschutt angehäuft. Besagte Moräne schien uns schon ziemlich nahe zu sein - doch in dieser Höhe täuschen die Entfernungen! Es dauerte noch geschlagene drei Stunden, ehe wir sie erreichten. Ich war absolut erschöpft und daher froh, als Latah und Sen endlich das Zeichen zum Aufschlagen unseres Nachtquartiers gaben.

Den beiden Männern sah man keine Ermüdung an, auch den Trägern kaum, während ich mich fast nicht mehr auf den Beinen zu halten vermochte. Ich legte mich hin, um etwas auszuruhen – wollte nur ein bisschen dösen...
Indes, als ich aufwachte, lag ich im Zelt, in wärmende Decken eingepackt. Rechts und links von mir schliefen Latah und Sen. Eine kleine Öllampe brannte, die alles nur schemenhaft, wie in einem Geisterreich, erkennen ließ. Kaum, dass ich mich aufrichtete, waren auch Latah und Sen sofort hellwach.

"Wo bin ich?", fragte ich erstaunt, wobei ich versuchte, mich an das zu erinnern, was ich vor dem Schlafengehen zuletzt getan hatte. Es dämmerte mir, mich ermattet hingelegt zu haben, um ein wenig auszuruhen. Ich musste wohl sofort fest eingeschlafen sein, und meine Freunde hatten mich anscheinend in das inzwischen errichtete Zelt getragen, hier sanft niedergelegt und zugedeckt, ohne dass mir all das irgendwie bewusst geworden wäre.

"Hast Du Hunger?", erkundigte sich Sen.

Ich nickte zustimmend und bekam etwas zu essen gereicht - eine Mehlspeise mit Obst.

"Bist Du immer noch sehr müde?", schaute mich Latah teilnehmend an.

Seltsam..., jetzt verspürte ich weiter keine Müdigkeit mehr. "Nein, eigentlich gar nicht... Im Gegenteil, ich fühle mich sogar recht frisch!"

"Das ist gut! Trotzdem", bemerkte Latah, "ist es aber angebracht, wenn Du gleich wieder einzuschlafen versuchst, denn morgen müssen wir über den Gletscher hinweg. Wir sollten das binnen eines Tages schaffen, weil vorläufig nur noch morgen eine schöne Wetterlage herrscht und wir übermorgen, wenn das Wetter wieder schlecht wird, in einem der Seitentäler sein müssen, die zu dem Hochtal führen, wo sich die Stätte des Meisters Zacharias befindet."

Tatsächlich schlief ich auch bald wieder, und mit Leichtigkeit, ein...

*

Am nächsten Morgen brachen wir, noch bevor die Sonne den Horizont erklommen hatte, auf. Es war kalt und der Boden knirschend-hart gefroren. Schnell war das große Zelt abgebrochen; es wurde warmer, wohlschmeckender Tee herumgereicht und wiederum eine Mehlspeise, samt Obst.

Vorwärts hieß es, in die Gletschermoräne hinein..!
Diesmal gingen wir ziemlich dicht hintereinander, um uns in dem aufgetürmten Felsenlabyrinth nicht zu verlieren. Außerdem war gerade eine solche Moräne ein beliebtes Aufenthaltsgebiet von Schneetigern und -panthern, mit denen nicht zu spaßen ist, wenn sie plötzlich aus der Ruhe geschreckt oder versehentlich auf der Jagd gestört werden. So leblos, wie mir die Gegend erschien, ist sie doch mit allerhand Getier belebt – wie besagten Raubkatzen; weiters Bären, Wölfen, Füchsen, Schneehühnern, einer Art von Murmeltieren, Hasen und Wildziegen.

Aber noch aus einem anderen Grund wurde ich sorgfältig in die Mitte genommen, wie ich von Sen erfuhr - nämlich wegen der sogenannten "Schneemenschen" des Himalayas. Ich hatte, ab und zu, schon von solchen in den Tälern Kaschmirs gehört - diese Nachrichten aber jeweils für eine Fabel gehalten.

Neugierig befragte ich Sen darüber, der mir folgenden Aufschluss gab: "Nein, keineswegs, es handelt sich um keine Sage, keine

Mär..! Oben, in den höchsten Regionen des Hochgebirges, von etwa 5.000 bis 6.000 Metern an, bis zu den allerhöchsten Gipfeln von über 8.000 Metern, gibt es eine, allerdings nicht sehr zahlreiche, Menschenart, die als "Schneemänner" oder auch "Yetis" bezeichnet werden. Sie bedienen leichthin das Klischee, wie man sich, im Allgemeinen, Urzeit-Menschen vorzustellen pflegt; führen ein überaus primitives Leben, sind am gesamten Körper dicht behaart und verfügen über die herkulischen Kräfte von Riesenaffen.

Sollte man einmal einem von ihnen begegnen, tun sie niemandem etwas, solange man sie in Ruhe lässt. Sie kommen höchstens einmal näher heran, um solche, ihnen fremdartig erscheinenden, "modernen Flachländer" anzusehen und zu begaffen. Im Grunde sind sie eher völlig harmlos - doch ganz anders, wenn sie gereizt werden..! Dann kommt es vor, dass sie einzelne Wanderer, aber auch ganze Gruppen von Bergsteigern, in den Hochgebirgstälern nachts überfallen und erwürgen. Erfreulicherweise geschieht das aber nur extrem selten, zumal die "Yeti-Schneemenschen" sehr scheu sind und Begegnungen mit ihnen daher eine absolute Rarität darstellen. Sie verstehen es, Wanderern nahezu unsichtbar zu folgen, das heißt sie schleichen, unter Ausnutzung jedes Felsens im Gelände, lautlos auf ihrer Fährte. Stört man sie, in ihren festgesteckten Refugien, nicht, benehmen sie sich grundsätzlich friedlich - ja sogar hilfreich, wenn man ihnen einen Gefallen getan hat.

Infolge ihrer scheuen Zurückgezogenheit, ist wenig über sie bekannt. Oftmals besuchen sie unsere Studier-Stätten in den Hochgebirgstälern; wir bewirten sie in solchem Falle und sind freundlich zu ihnen. Nach einiger Zeit ziehen sie dann weiter.

Sind die Männer schon scheu, so sind es die Frauen noch viel mehr! Den Talbewohnern ist es unverständlich, wie es die Yetis, fast gänzlich unbekleidet, in den eisigen Regionen des Himalayas aushalten können, ohne zu erfrieren! Ebenso unklar ist es, von was sie leben. Sie fangen wohl ihre Nahrung, indem sie sich an diese heranpirschen. Jene besteht hauptsächlich aus erlegten Schneehühnern, Schneehasen und ähnlichem Getier. Als Waffe benutzen die Yetis gewöhnlich eine wuchtige Keule, die meistens aus einem grob behauenen Riesenast besteht oder auch Felsbrocken von beachtlicher Größe, vermittels derer sie ihre Beute bewerfen und letztlich erschlagen. Sie sollen es im Rennen mit den Hasen und im Klettern mit den wilden Ziegen des Hochgebirges aufnehmen."

>>> *Ich möchte hier übrigens anmerken, dass das Vorhandensein solcher, von den Sherpas "Yeti" genannter, "Schneemenschen", respektive "Migö" oder "Gang Mi" [1], von einigen Himalaya-Expeditionen der letzten Jahrzehnte bestätigt worden ist! Man fand, in, bis dato noch niemals von Menschen erreichten, Höhenlagen von über 8.000 Metern, Spuren von riesigen, nackten Füßen, die am ehesten an gewaltige Affenklauen erinnerten.* <<<

Wir waren, während Sens Ausführungen, weitergegangen, wobei wir, ab und zu, Felspartien, mit massiven Eisformationen umkleidet, zu umrunden hatten. Schließlich stand unser Wandertross vor der eisigen Steilwand des Gletschers, der sich wie ein, in seiner Fortbewegung erstarrter, grausig-gigantischer Strom vor uns auftürmte. Ich fragte mich ernsthaft, wie wir, mit unserer verhältnismäßig mangelhaften Ausrüstung, über die Schnee- und Eisfelder des Gletschers würden hinwegkommen können..!

Aber auch dieses Problem löste sich sozusagen von selbst!
Der Eispanzer des Gletschers war nicht ganz so extrem und steil anzusteigen, wie von mir befürchtet; wies, darüber hinaus, auch fast gar keine tückischen Spalten und Risse auf. Freilich blieb das Gehen stark ermüdend und sehr, sehr eintönig.
Einmal machte mich Latah auf einen sich bewegenden, weißen Punkt aufmerksam. Es war ein Schneepanther, der über den Gletscher wechselte und auf der anderen Seite, im verschneiten Felsgewirr, verschwand.

7 - Im "Bereich der Fürsorge"

Endlich - mir schien es eine Ewigkeit gedauert zu haben - stieg der Gletscher nicht mehr weiter an und wir hatten ein neues Plateau erreicht, das allerdings ganz unter Schnee vergraben lag. Erfreulicherweise hatte sich der Himmel bedeckt, so dass der Schnee die gleißenden Sonnenstrahlen nicht mehr reflektierte und damit die überforderten Augen entzündete.

Wir marschierten über verschiedene, nicht allzu hohe Geländeerhebungen und kamen damit immer wieder in ein anderes Teilgebiet des Tales, von denen eins, monotonerweise, dem anderen glich. Es mochte gegen 16 Uhr gewesen sein, als es leise zu schneien anfing. Gerade zu dieser Zeit bogen wir links ab, und - siehe da - etwas tiefer unter uns lag ein einsames Steingebäude. Rings um jenes war merkwürdigerweise der Schnee weggeschmolzen - sogar ein kleiner See erstreckte sich dort, dessen Wasserspiegel nicht gefroren war.

Als ich meinem Erstaunen darüber Ausdruck verlieh, bemerkte Sen, dass der See warmes Wasser enthielt und daher niemals zufrieren würde.

"Dieses Wärmegebiet umfasst den kompletten Bereich um den See herum. An dem Platz, wo das Gebäude steht, ist der Boden zusätzlich wie unterirdisch geheizt, so dass wir heute Nacht nicht frieren werden."

Die steinerne Hütte war für die Gegend, in der sie sich befand, sehr komfortabel eingerichtet. Sie verfügte über drei grob gezimmerte Tische, mehrere Bänke und Lagerstätten, über welche Decken ausgebreitet lagen. Auch Feuerholz fehlte nicht und lag schon aufgeschichtet bereit.
Ich wunderte mich darüber.

Latah half meinem Rätselraten schnell ab: "Wir befinden uns jetzt bereits im Fürsorgebereich der Stätte des Meisters Zacharias. Plätze wie diese gibt es noch mehrere in diversen weiteren Seiten-Hochgebirgstälern. Sie werden, von der Stätte aus, regelmäßig in Ordnung gehalten. Doch Du wirst, sehr bald schon, noch mehr darüber erfahren."

Wir machten es uns bequem. Jedenfalls tat ich es; denn jetzt spürte ich erst, *wie* müde und abgespannt ich war. Merkwürdigerweise hatte mir - bis jetzt - die Höhenlage nichts weiter getan. Doch nun, als ich mich ausruhte, war ich auf einmal völlig erschöpft! Mir schien jede Energie zu fehlen. Am liebsten wäre ich überhaupt nicht mehr aufgestanden. Es überkam mich eine entsetzliche Müdigkeit, der ich nicht zu widerstehen vermochte.

ooo

Als ich aufwachte, erfuhr ich, dass ich einen ganzen Tag durchgeschlafen hatte und es bereits der zweite Tag nach unserer Ankunft war. So gestärkt und munter, ja, gewaltig erfrischt, wie ich mich wähnte, glaubte ich tatendurstig, ich könnte leichthin irgendetwas unternehmen! Ich gähnte, streckte mich herzhaft und sprang energisch auf - um postwendend wieder zurückzutaumeln..! Ich hatte vergessen, dass wir uns mittlerweile zwischen 6.000 und 7.000 Meter Höhe befanden. Sen, der allein in der Hütte mit mir war, trat herzu und fragte mich, wie mir zumute sei.

"Ganz gut... Soeben allerdings dachte ich, ich könnte 'Bäume ausreißen'; doch als ich mich erhob, wurde ich schnell eines Besseren belehrt."

"Eine Folge der reinen, aber nur dünnen Höhenluft", beruhigte mich Sen. "Das ist völlig normal... Dass Du so frisch und gestärkt erwacht bist, ist darauf zurückzuführen, dass Meister Zacharias Dich 'fernbehandelt', das heißt im Schlaf 'magnetisiert' und Dir dadurch neue Vitalität zuführt. Auf seinen Rat werden wir hier aber - nämlich Du und ich - noch ein bis zwei Wochen verharren, bis Du Dich an die Höhenlage genügend angepasst hast, denn die Stätte des Meisters Zacharias ist noch nahezu 1.300 Meter [1] höher gelegen. Du würdest es dort nicht aushalten können, wenn Du Dich nicht erst, allmählich und mit der genügenden Zeit dafür, an das Leben auf dem 'Dach der Welt' gewöhnt hast."

Ich erwiderte darauf nichts weiter, hatte einfach das Empfinden, unter Sens fürsorglicher Obhut, gut aufgehoben zu sein und beschloss, alles Folgende ihm zu überlassen...

*

Wir blieben wohl tatsächlich über eine Woche, die ich damit
verbrachte, dass ich ab und zu draußen spazieren ging, wenn es
das Wetter erlaubte. Schneite und stürmte es, ruhte ich meistens.
Seltsamerweise konnte ich immer gleich einschlafen, sobald ich
mich hinlegte, ganz gleich, ob es am Tage oder nachts war. Ich
bemerkte, dass mich von Tag zu Tag eine frohere und heiterere
Stimmung überkam. Mir war wirklich wohl zumute; ich fühlte
mich innerlich glücklich und über alle Maßen seelisch zufrieden.

Sen beobachtete mich und nahm diese innere Wandlung an mir,
wie es schien, mit großer Genugtuung wahr. Mir kam es
tatsächlich oftmals so vor, als ob mir von irgendwoher
Lebenskräfte zuflössen, das heißt ich mit vitaler Energie
aufgeladen würde.

Betreffend meiner diesbezüglichen Frage, bekam ich erklärt:
"Deine Beobachtung ist richtig! Wie ich schon erwähnte, wirst Du
durch Meister Zacharias im Schlaf beständig 'magnetisiert'."

"Da muss er aber eine Menge freie Zeit übrighaben", bemerkte
ich in einem fast spöttisch klingenden Ton - was ich aber, im
selben Augenblick, als ich es gesagt hatte, schon bereute.

Sen grinste erheitert: "Mache Dir darüber nur keine Sorgen.
Übrigens geht das 'Magnetisieren' ganz anders vor sich, als Du
Dir das denkst. Um Dich zu 'magnetisieren', braucht Meister
Zacharias nicht ohne Unterlass auf Dich fokussiert zu bleiben. Er
hat Dich bereits, als einen der Unsrigen, in sein Herz geschlossen
und sich vorgenommen, dass Du automatisch im Bereich seiner
energetisierenden Ausstrahlungen bist, wann immer Du ruhst
oder gerade fähig bist, diese vitalisierenden Sendungen und
Heilströme in Dich aufzunehmen."

"Ich kann mir kaum vorstellen, wie so etwas geschieht! Ich habe
doch schließlich noch meine Entscheidungshoheit und brauche
mich nicht hypnotisieren zu lassen!"

"Das ist **keine** angewandte Hypnose - und Du behältst gewiss
Deinen freien Willen! Aber sage mal, warum bist Du uns denn hier
herauf gefolgt?"

"Weil ich mich der Stätte des Meisters Zacharias anschließen will..."

"Aha... Gut! Ist das Dein freier Wille..?"

"Ja, klar..."

"Dann ist also Deine Geneigtheit Dein freier Wille - und Meister Zacharias braucht Dich natürlich nicht erst suggestiv zu manipulieren. Außerdem merke Dir, dass wir **niemals** jemanden 'hypnotisieren'!
Hypnose ist für uns nur ein Studienfach zum Beweis der ungeheuren Kräfte der menschlichen Seele und des ihr innewohnenden Geistpotentials - niemals aber ein Mittel zu irgendeinem Zweck. Vergiss nicht: Das alleroberste Gesetz jedes okkulten Forschens, jedes Eindringens in Mystik, jedes Vorstoßens in Gottes-erkenntnis lautet: Freier Wille!
Wir maßen uns niemals an, jemanden zu zwingen, wenn das nicht einmal Gott, das allerhöchst denkbare 'Wesen', tut, für den das eine Kleinigkeit wäre; nur ein kleiner Gedanke, und das Zwingen wäre geschehen!"

"Dennoch vermag ich nicht so recht zu verstehen", erwiderte ich, "wie das funktionieren soll - beständig der magnetischen Ausstrahlung Meister Zacharias' teilhaftig zu werden, ohne dass er dabei bewusst an mich denkt..!"

"Ich werde versuchen, es Dir anhand eines Beispiels zu erklären: Wenn ein Parlament, in seiner Eigenschaft als Legislative, ein Gesetz beschließt und in Kraft setzt, so wird dieses durch die ausführenden Organe der Polizei, also der Exekutive, sowie der Rechtsprechung, der Judikative eines demokratischen Rechtsstaates, umgesetzt. Geschieht, in dessen Gültigkeitsbereich, irgendein Gesetzesbruch, so tritt die Polizei, und später das Gerichtswesen, *automatisch* in Aktion, ohne dass es notwendig wäre, dass sich das Parlament erst mit dem jeweils betreffenden Einzelfall noch besonders zu beschäftigen hätte...
Nun - übertragen wir mal dieses Gleichnis, verhält es sich entsprechend auch mit Dir:
Du bist sozusagen das 'Parlament', welches beschlossen hat, sich von Meister Zacharias unterrichten zu lassen. Du hast damit eine Bereitschaft Deines freien Willens signalisiert, die automatisch

stets vorhanden bleibt, solange Du die Absicht weiter hegst, vom Meister geschult zu werden. Dieser ist sozusagen das ausführende Organ Deines freien Willens - die 'Polizei', beziehungsweise das 'Gericht', um im Rahmen des Vergleiches zu bleiben -, welches ganz selbsttätig handelt, insofern Du geneigt und in der Verfassung bist, für die Belehrungen, die sich Dein freier Wille wünscht, empfänglich zu sein.

Du bist also sozusagen beständig auf 'Empfang' geschaltet, solange Dein freier Wille damit einverstanden ist, belehrt zu werden. Und die Ausstrahlungen des Meisters Zacharias sind, parallel zu Deiner Empfangsbereitschaft, permanent auf 'Sendung' eingestellt - genauso, wie die ausführenden Institutionen und Behörden eines Staates, einmal aktiviert, umgehend zu wirken in der Lage sind, wenn dies erforderlich sein sollte.

Ist es Dir nun etwas klarer geworden?"

"Ja, schon...", erwiderte ich etwas zögerlich und gedehnt, denn es haperte bei mir noch etwas, das Vermittelte wirklich gänzlich in die Praxis umzusetzen.

Sen erkannte leicht, ohne mir irgendwelche Vorwürfe zu machen, dass er noch einmal "nachlegen" musste:
"Hmm..., dann ein anderes, alternatives Beispiel:
Du weißt, dass Gott die ganze Schöpfung kreiert hat und durch Seinen Willen erhält; existieren lässt, weil sie gut ausgefallen ist, wie Er das am siebenten Tage, als Er ruhte, selbst feststellte. [2] Dieser siebente Tag der Schöpfung besteht immer noch. Gott 'ruht' [3] also weiterhin - inklusive des Umstandes, dass Sein Wille, der die Schöpfung einst in Erscheinung treten ließ, ungebrochen währt.
Damit ist jedoch nicht notwendig verknüpft, dass Gott sich nun persönlich um das Befinden eines jeden Käferchens kümmern müsste, denn Er hat die Lebensbahnen aller Wesen durch *Gesetzmäßigkeiten* festgelegt, die durch Seinen Willen kontinuierlich, verlässlich und konstant, andauern.
Nur den Menschen hat Er nicht an streng vorgeschriebene Regularien gekettet, weil dieser eine bewusste Seele und einen bewussten Geist besitzt. Für seelische und geistige Regungen des Menschen hat der Schöpfer die Rahmenbedingungen so gestaltet, dass er, innerhalb eines Feldes von Möglichkeiten, vermittels

freier Entscheidung, das heißt seinem freien Willen, selbst seinen Weg auswählen kann.

So ist es auch bei Dir: Du kannst noch heute wieder umkehren, wenn Du willst. Weder ich, noch Latah, noch Meister Zacharias wären Dir deswegen böse, nein - nur traurig, weil Du Dich entschlossen hättest, Deiner offen vor Dir liegenden Bahn der Weiterentwicklung nicht zu folgen. Aber dazu **zwingen**, würde Dich keiner von uns! Ein solcher *Zwang* könnte nur von Gott selbst vorgenommen werden - doch auch Er würde Dich nur zu *lenken und zu leiten* versuchen und niemals zwingen! Siehe, wie generös die höchsten Potenzen in der Schöpfung - ja, der Schöpfer selbst - in ihrer helfenden Führung sind!

Was glaubst Du wohl, was der Schöpfer - und so auch wir - von jemandem auf Erden hält, der sich Macht angeeignet hat, um, diktatorisch, tausenden, ja, Millionen von Menschen, ausgesucht nach seiner engbegrenzten Anschauung, seine Meinung überzustülpen? So etwas gibt es in den Kreisen 'Eingeweihter' niemals!

Würden wir solches tun, würde uns Gott im selbigen Augenblick verlassen - wir würden außer Ihm zu stehen kommen und damit 'unsere Macht' sofort verlieren. Vergiss bitte niemals: Selbst der höchste Eingeweihte und Meister kann aus eigener Machtfülle oder Vollkommenheit nichts tun! Keiner ist ein 'Wunderapostel', denn geschieht alles Große und Wunderbare allein durch **Einssein mit Gott**! [4]

Mit klaren Worten betont: Gott selbst wirkt sozusagen durch den Menschen, sein 'Werkzeug', sein Medium - und niemals anders..!

Die höchste Beglückung eines Meisters ist es daher, lediglich das Instrument Gottes sein zu dürfen. Gott ist und bleibt auch für uns das Allerhöchste, das Allervollkommenste - weil Gott eben das Ein und Alles der ganzen Weltschöpfung ist. Mit Gott ist der Mensch alles - ohne Ihn ein Nichts..!" [5]

Ich war zufriedengestellt und legte mich auf mein Lager zurück. Die Tür stand offen und mein Blick fiel hinaus auf die Felshänge, welche tief unter Schnee begraben lagen. Um die Steilgipfel zogen langsam weiße Wolkenschwaden und verdeckten ab und zu das blassschimmernde Azurblau des Firmamentes. Es herrschte eine wunderbare, himmlische Ruhe, sodass meine Gedanken entspannt umherschweiften. Dabei dachte ich spontan an Latah und die vier Träger; wo waren sie eigentlich..?! Ich erkundigte mich bei Sen jetzt genauer nach diesen und ihrem Verbleib. Nun erst erfuhr ich, dass sie weitergezogen wären und jetzt an der Stätte des Meisters Zacharias seien, die von hier noch gut zwei Tagereisen entfernt läge.

»

Nach ungefähr acht oder neun Tagen der Akklimatisierung in dem Steingebäude - Sen hatte unterdem für Speise und Trank gesorgt, was beides hier irgendwo im Hause vorrätig gewesen sein musste - stellte sich eines Morgens, in Begleitung eines anderen Europäers, Latah wieder ein. Jener Unbekannte kam sofort auf mich zu und schüttelte mir freundlich die Hand. Er machte sich mir als "Bruder Gustav" bekannt, gebürtig aus - Deutschland!

Ich drückte ihn tüchtig, erwiderte freudig seine Begrüßung und antwortete ihm sofort auf Deutsch: "Das ist aber eine Überraschung..! Wo kommen Sie denn her?!"

"Vor allem", antwortete Bruder Gustav lächelnd, "kein 'Sie', sondern nur 'Du'..! Und wie darf ich Dich ansprechen? Wie ist Dein Name?"

"Nenne ihn 'Bruder Amo'", mischte sich Sen geschwind in unsere Unterhaltung ein.

"Oh..., erlaube mal, lieber Sen", entgegnete ich unter schelmisch gefärbtem Protest, "hast Du vergessen, was Du mir doch selbst über den freien Willen erzählt und betont hast. Und jetzt bestimmst Du, über 'meinen Kopf hinweg' einfach meinen Namen! Wie reimt sich solches wohl mit dem freien Willen zusammen?"

"Verzeihe, lieber Bruder Amo", entgegnete, sich bescheiden verbeugend, Sen. "Doch willst Du mir mal sagen, wer Dir Deinen Vornamen bei der Geburt gegeben hat?"

"Meine Eltern natürlich..."

"Warum hast Du dagegen, aufgrund Deines freien Willens, nicht aufbegehrt?"

"Was für eine Frage...", musste ich lachen. "Weil ich das nicht konnte, da ich - ein Baby - noch in einer Wiege mit Steckkissen lag!"

"Sehr richtig", schmunzelte Sen breit. "Nun sieh, lieber Amo, in einem solchen 'Steckkissen' befindest Du Dich - bezüglich der Erringung der Meisterschaft - gerade..! So musst Du es Dir schon gefallen lassen, dass wir Dich - geistiges 'Wiegen-Baby' - mit einem Namen belegen, der in unsere Gemeinschaft hineinpasst. Hmm... Was sagt nun Dein freier Wille dazu?"

Ich erklärte mich leichthin geschlagen - und damit einverstanden.

Bruder Gustav berichtete mir, dass er, als Seemann, in einem indischen Hafen vom Schiff geflohen sei und nach langer Wanderung, sowie allerlei Erlebnissen, mit einem Chela - Schüler eines Meisters - zusammentraf, der ihm erzählte, dass seine Einbestellung keinem blinden Zufall unterläge, sondern dass er reif wäre, geistig zu erwachen.

Bruder Gustav, der nun bereits drei Jahre an der Stätte des Meisters Zacharias weilte, hatte schon drei Initiierungen - geistige Examina - abgelegt. Doch noch weitere vier Jahre hätte er zu lernen, ehe er sein Endexamen ablegen könne, um die Meisterschaft zu erringen. [6]

"Wie es scheint, gibt es einen ziemlich starken deutschen Einschlag unter den Eingeweihten", bemerkte ich Bruder Gustav gegenüber, als dieser mir das Schicksal seines Zusammengangs mit der Stätte des Meisters Zacharias erläutert hatte.

"Ja", bestätigte er mir, "aber nicht nur Deutsche sind dort anzutreffen, sondern auch Vertreter anderer Nationalitäten. In der Stätte sind wohl aber die meisten Meisterschaftsschüler deutscher Abstammung, wie dies bekanntlich Meister Zacharias selbst auch ist.
Es befinden sich, darüber hinaus, jedoch auch einige Engländer, mehrere Russen, Franzosen, Spanier, Italiener, Südamerikaner, Chinesen und Inder dort... Weil es aber keinerlei Glaubens- oder Rassenunterschiede gibt, und alle sich nur als Brüder kennen, fällt einem, nach einiger Zeit, der internationale Charakter an der Lehr- und Wohnstätte überhaupt nicht mehr auf. Man fühlt sich

nur noch als ein Mensch unter Menschen. Jeder ist freundlich und hilfsbereit, will lernen und Gott dienen."

Spontan überflutete mich eine gewaltige Sehnsucht nach dem Ziel unserer Reise und ich fragte, wann wir nach dorthin aufbrechen würden.

"Wir müssen noch zwei Tage warten", bemerkte Latah, "da heute Nacht ein starker Schneesturm losbrechen wird, der zwar Sen und mir nichts anhaben könnte, vielleicht auch nicht mehr Bruder Gustav - doch Du würdest ihn garantiert nicht überleben! Du hast keine Ahnung, was Stürme hier oben in dieser Höhe, sozusagen auf dem 'Dach der Welt', bedeuten. Du würdest entweder von einem Felsgrat herabgeweht werden oder erfrieren, ohne dass wir es verhindern könnten."

"Könnte Meister Zacharias in diesem Fall nicht bewahrend einschreiten?", fragte ich lauernd.

"Oh ja, schließlich könnten das auch Sen und ich - doch hat es mit diesem 'Können' eine besondere Bewandtnis..!
Es ist nämlich ein ehernes Gesetz beim Studium der göttlichen Weisheit, stets **mit** der Natur und ihren Gesetzen zu arbeiten und sich nicht unnötig oft über sie zu erheben, das heißt von seinen 'übernatürlichen Kräften' Gebrauch zu machen. Deswegen werden wir, vorausschauend und vernünftigerweise, einfach zwei Tage warten, bis das Unwetter vorübergezogen ist..."

"Woher weißt Du denn immer, wann schlechtes oder gutes Wetter eintreten wird?"

"Das ist eine Frage, auf die Du die Antwort allein finden wirst, sobald Du erst lange genug hier oben lebst. Teils fühlen wir es, teils tritt jenes Wissen, als ein 'So-ist-es-eben', in unser Bewusstsein. Gewiss spielt es auch eine Rolle, dass wir schon so lange in den Bergen weilen und ein, vielleicht unbewusstes, Verwoben-Sein mit den hiesigen Verhältnissen verspüren. Manchmal sind es auch die örtlichen Naturgeister, deren Eingaben wir als Ermahnung oder Segnung fühlen und empfinden. Doch warte, Du wirst schon in zwei Jahren die richtige Antwort für Dich selbst leicht finden - und wenn Du sie hast, dann wirst Du auch nur, wie wir jetzt, eine Erklärung stammeln können...

Wir *wissen* eben einfach: Es kann gar nicht anders sein, als dass es für die nächsten zwei Tage stürmisch und eisig kalt sein wird; verbunden mit ungeheuren Schneemassen. Wir haben diese Kenntnis - das genügt uns... Ebenso, dass uns dieses Wissen nicht auf zauberische oder magische, sondern auf ganz natürliche Weise zuteilgeworden ist."

Tatsächlich! Am nächsten Tage schneite es so stark, dass man kaum fünf Schritte weit zu sehen vermochte. Dabei heulte der Sturm mit einer wahren Wut um die Steinhütte herum. Einige Male blitzte es auch, verbunden mit drohend laut rollendem Donnern; doch das alles störte niemanden in unserer Behausung. Sen saß ruhig da und achtete auf das Feuer im Kamin, während Latahs Blick in eine unbestimmte Ferne fokussiert zu sein schien. Bruder Gustav hatte ein Buch vor sich liegen, in dem er las. Weil alle stumm und vereinzelt platziert hockten, hielt ich es für das Beste, mich bald nach dem Essen hinzulegen. Ich war auch, ganz plötzlich, furchtbar müde geworden...

Ohne ein klares Bewusstsein eingeschlafen zu sein, war es mir, als ob Meister Zacharias plötzlich vor mir stünde. Er sah verklärt aus und war wie von einer leuchtenden Aureole umflossen; dabei sah er so freundlich und lieb auf mich, dass ich die von ihm ausgehende Sympathie wie einen mich durchflutenden warmen Strom fühlte.

"Ich bin gekommen, Bruder Amo", so sprach er mich an, "um mit Dir ein wenig zu plaudern - Dir auch einige Aufschlüsse zuteilwerden zu lassen...
Wie ich Dir schon sagte, waren wir einst - auf einem anderen Planeten - eng miteinander verbunden. [7] Damals studierten wir zusammen; doch Du setztest das Studium nicht fort, verheiratetest Dich und lebtest dann, bis zu Deinem Tode auf besagtem Planeten, im Kreise Deiner Familie. Wir wussten in jenem Sein, dass auf einem anderen Himmelskörper, nämlich auf dieser Erde hier, Gottes ganz besonderer, einzig eingeborener Sohn – daher selbst ein Gott aus GOTT – Mensch geworden war. [8] Wir hatten auch gehört, wie es Diesem/Ihm, im Zuge seiner irdischen Mission, erging, was uns außerordentlich betrübte..! Erinnerst Du Dich noch, wie wir beide gelobten, wenn wir einst der Gnade teilhaftig werden sollten, uns auf der Erde zu

verkörpern, alles zu tun, um zu helfen, das spezielle irdische Werk Gottes zu fördern? Erinnerst Du Dich noch daran..?"

Meister Zacharias schwieg, während in mir alles durcheinanderlief. Seine Worte standen vor mir, wie auf eine Tafel geschrieben. Ich wiederholte sie murmelnd immer und immer wieder... Manchmal war es mir, als sähe ich eine seltsame Landschaft und mich, auf jener wandelnd - zusammen mit Meister Zacharias, welcher aber anders aussah als jetzt. Dann schien sich wieder ein "Nebel" vor diese, ohnehin schon undeutlichen, Erinnerungen zu schieben. Es war mir, als ob ich zu einer Dia-Vorführung ständig wechselnder Bilder eingeladen worden wäre. Irgendwann schwand mir mein Bewusstsein - und ich fiel in tiefen und traumlosen Schlaf...

*

Als ich aufwachte, war jedermann in dem Steinhaus beschäftigt - teils mit Holzspalten, teils mit dem Zubereiten unserer Gemeinschafts-Mahlzeit oder Packen. Ich fragte daher ziemlich konsterniert, was denn auf einmal los sei.

"Wir richten unsere Sachen, denn in etwa zwei Stunden brechen wir auf."

"Ohh..., ich dachte, wir reisen erst in *zwei* Tagen?"

"Die zwei Tage sind vorüber..."

Waaas..! Habe ich so lange geschlafen?!"

"Ja, wirklich... Du schliefst so fest und hattest ein so glückliches und zufriedenes Lächeln auf Deinem Antlitz, dass wir Dich nicht stören wollten. Dieser Schlaf wird Dir übrigens sehr gutgetan und Dich tüchtig gestärkt haben."

Beim Essen erzählte ich meinen Begleitern das seltsame Traumerlebnis.

"Das war kein Traum", belehrte mich Sen. "Meister Zacharias muss definitiv bei Dir gewesen sein und versuchte in Dir eine Erinnerung an Dein früheres Leben wachzurufen - was ihm jedoch noch nicht gelungen ist, aber später bestimmt möglich werden wird. Du bist augenblicklich noch nicht entwickelt genug..."

Inzwischen war es draußen leidlich hell geworden. Ein eisig kalter, windstiller Morgen schickte sich an. Der abnehmende Mond stand, scharf herausgeschnitten, wie angeheftet, am wolkenlosen Himmel. Die tief verschneiten und vereisten Hochgipfel waren rosafarben übergossen - damit lag eine fast heilig zu nennende Stimmung über dieser einzigartigen Hochgebirgslandschaft ausgebreitet... Man spürte die Mystik der Umgegend fast körperlich in einem unirdisch anmutenden Gehoben-Sein.

Ich fürchtete zunächst, wir würden durch den tiefen Schnee kaum vorwärtskommen, doch merkwürdigerweise spielte dieser Umstand keine besondere Rolle. Ich war sehr verwundert darüber.

Sen konnte mich indes schnell aufklären: "Der meiste Schnee ist von den heftigen Windböen wieder weggeweht worden. Unser Weg geht an Hängen entlang, die in der Regel dem Sturm ausgesetzt waren und, abgesehen von ein paar Stellen, nahezu schneefrei sein mögen. Sobald übrigens die Sonne höher steht und ihre ganze Kraft entfaltet [9], wird sie, trotz der Kälte, dort, wo der Schnee nicht übermäßig tief liegt, die verbliebenen Reste rasch forttauen."

Und so war es. Im blendenden Sonnenschein (einer überirdischen Protektion sei's wohl gedankt, schmerzten meine Augen vom reflektierten Licht auf dem Schnee nicht im Geringsten, obgleich ich keine getönte Schutzbrille trug) ging es immer an bald steilen, bald weniger steilen Abhängen entlang. Wie mir schien, befanden wir uns auf einem Hochgebirgsplateau; wir überschritten Pässe und Einsattelungen von Gebirgszügen, welche kreuz und quer über unseren Weg liefen. Es gab dabei keinen freien, sich anbietenden Ausblick ins Tal, weil ein solcher wahrscheinlich regelmäßig durch Berggipfel versperrt wurde. Nur einmal machten mich Sen und Latah auf eine solche Fernsicht aufmerksam: Zwischen zwei Zinnen hindurch sahen wir tief unter uns - verschwommen im Dunst und Nebel - eine weite Fläche ausgebreitet. Alles war aber zu weit entfernt, um irgendetwas detailliert unterscheiden oder wahrnehmen zu können.
Gegen Sonnenuntergang erreichten wir, in einer Hochgebirgs-mulde, ein anderes Steinhaus, wo wir es uns behaglich einrichteten.

"Du hast den Marsch gut ausgehalten", lobte mich Bruder Gustav.

"In der Tat..! Ich wundere mich selbst. Habe weder Beschwerden in meinem verwundeten Bein, noch bin ich besonders müde oder verspüre Einschränkungen infolge der dünnen Luft..."

"Freut mich! Du hast Dich fürwahr schnell akklimatisiert! Doch morgen kommt eine, zwar nicht weite, aber recht gefährliche Gebirgstour. Lege Dich deswegen bald nieder."

Ich folgte bereitwillig seinem gut gemeinten Rat und schlief auch schnell ein.

»

Frisch und gestärkt wachte ich auf.
Meine Begleiter waren bereits mit Packen beschäftigt. Als wir unser einfaches Mahl zu uns genommen hatten, ging es weiter - doch diesmal aneinandergeseilt! Ich wurde in die Mitte genommen. Vor mir Bruder Gustav, an der Spitze Latah, während hinter mir Sen den Zug abschloss.

Latah stieg diesmal gerade aufwärts auf einen der Gipfel zu, dessen Höhe hier oben, auf dem "Dach der Welt", nicht leicht abzuschätzen war, da alle Entfernungen täuschten. Ich nahm an, dass er sich vielleicht 300 bis 500 Meter über unserer Steinhütte befand.
Falsch beurteilt!
Wir brauchten fünf Stunden, ehe wir oben waren. Der Gipfel erhob sich noch etwas mehr als 1.000 Meter über das Niveau der Talsohle des Hochtales! Von dort eröffnete sich nun aber ein ganz phantastisches Gebirgspanorama. Wild zerrissen stiegen Gipfel neben Gipfel an. Dazwischen lagen tiefe Einschnitte. Alles war verschneit und eingebettet in sich langsam wieder bildende Wolkenformationen. Nach Süden zu erbot sich ein berauschender Fernblick in eine weite Ebene, die unter waberndem Dunst geradezu vergraben zu sein schien.

"Wir befinden uns jetzt auf über 7.500 Metern... Spürst Du nichts?", wandte sich mir Bruder Gustav zu.

"Und ob ich etwas spüre! Schon seit einiger Zeit habe ich gegen eine Ohnmacht anzukämpfen..."

Latah gab mir daraufhin eine Frucht zu essen und Sen frisches Wasser zu trinken. Der Anfall ging bald vorüber, doch begann ich trotz Sonnenschein zu frieren.

"Bergkrankheit", hörte ich Bruder Gustav Latah zuflüstern, wozu dieser zustimmend mit dem Kopf nickte.

"Nun ist es nicht mehr weit", ermunterte mich Latah. "In einer Stunde sind wir da."

Ich war zu benommen, um weiter auf die Landschaft zu achten; wurde durch die Seile mehr gezogen und getragen, als dass ich ging. Nun sah ich, wie Latah stehen blieb und erst auf Bruder Gustav und dann auf mich und Sen wartete. Wir befanden uns am Abhang einer schier unergründlichen Schlucht von nicht auslotbarer Tiefe.

Rings um uns steile Felsgrate und Gipfelhöhen. Das Seil wurde verkürzt und wir vier damit näher zueinander gebracht. Latah, immer noch an der Spitze des Zuges, drehte sich nach rechts, umschritt eine Felswand und befand sich vor einer Hängebrücke über einer anderen Stelle des Abgrundes.

Ich schrak beklommen zurück. "O Gott..., *da* müssen wir hinüber?!"

Das stumme Einvernehmen meiner Begleiter brachte mich zur Besinnung.

Mir graute! Doch ich nahm mich zusammen. Plötzlich fühlte ich mich gestärkt und in mir die Zuversicht: "Was kann mir schließlich geschehen? Meister Zacharias will mich haben - und er wird schon dafür sorgen, dass ich hinüberkomme." So blickte ich meine Begleiter entschlossen an und ergab mich dem, was kommen sollte...

Latah betrat die Hängebrücke, die nur über ein Seilgeländer verfügte. Ihm folgte Bruder Gustav, dann ich und Sen - wie wir es schon während der gesamten Etappe gehalten hatten. Anfangs sah ich nicht in den grausigen Schlund, da die Hängebrücke stark schwankte; doch als ich mich daran gewöhnt hatte, starrte ich dorthin, wohin es meine Neugierde gebot. Sofort geschah das gleichzeitig Befürchtete – schiere Todesangst und ein böser, überwältigender Schwindel wallten in mir auf und zogen mich, wie ein unwiderstehlicher Bann, nach unten! Ich breitete automatisch, ähnlich einem Drahtseilartisten, die Arme aus und fühlte mich schon hinunterstürzen, als sich, gerade rechtzeitig, sofort die Leinen, vorn und hinten, sichernd strafften, wodurch ich in der Balance gehalten wurde.

"Nicht hinuntersehen!", mahnte Sen hinter mir. "Immer nur geradeaus gucken..., okay..?"

"Okay...", stammelte ich – und das Unterfangen gelang. Glücklich kamen wir auf die andere Seite.

8 - An der Stätte des Meisters Zacharias

Eine kurze Strecke nah am Felsen entlang, um mehrere Wände des Berges herum, zeigte sich mir, vielleicht 400 bis 500 Meter unter uns, ein Gebäudekomplex in einem schneefreien Talkessel. [1] Jedes Gebäude schien sich dabei - nur einen Teil seiner Abmessungen offenbarend - in die steinernen Burgen hinein fortzusetzen.
Wir blieben stehen, um meinem Erstaunen, des ersten gewonnenen Eindrucks, Raum zu geben.

"Das ist die Stätte des Meisters Zacharias", wies Sen mit einer präsentierenden Geste hinunter ins Tal. "Dort wirst Du nun Deinen ersten Unterricht erhalten."

"Da unten ist es ja wie im Frühling!", rief ich verwundert aus.

"Das Tal ist vulkanischer Natur und hat mehrere warme Quellen", klärte er mich auf.

"Aber, wie konnte all das Baumaterial hier heraufgeschafft werden? Musste es sämtlich über diese schaukelnde Hängebrücke transportiert werden?!"

"Nur teilweise, denn zumeist konnte das Baumaterial aus dem Felsgestein des Tales selbst gewonnen werden. Doch das wird Dir später ein Leichtes sein, zu verstehen..."

Damit begannen wir den Abstieg. Das Tal schien wie ausgestorben, wir bekamen niemanden zu Gesicht... Endlich angelangt, betraten wir, durch eine breite Tür, das Hauptgebäude. Noch immer war uns keine Menschenseele begegnet.

Inzwischen waren Latah und Bruder Gustav stillschweigend in Seitengängen verschwunden, sodass Sen mein alleiniger Begleiter blieb. Es ging mehrere weitere Gänge entlang, bevor er an einer Tür hielt. Sen verharrte eine Weile schweigend davor und öffnete sie darauf entschlossen, als ob er dazu eine, für mich nicht wahrnehmbare, Aufforderung erhalten hätte.

Wir betraten ein ganz einfach ausgestattetes Zimmer, welches, an Inventar, nur drei Stühle, einen Tisch, aber zahlreiche Regale und Bücherschränke aufwies, die mit dicken Folianten und Papierrollen angefüllt waren.

Meister Zacharias trat mir freudig lächelnd entgegen.
Als ich ihm, etwas förmlich und steif, meine Hand zum Einschlagen bot, zog er mich umarmend mit den Worten an sich: "Willkommen, willkommen Bruder Amo - lange genug habe ich auf Dich warten müssen!"

Nach dieser ersten Begrüßung lud mich Meister Zacharias ein, Platz zu nehmen. So setzte ich mich ihm gegenüber. Aus seinen Augen, seinen Gesichtszügen, wie überhaupt aus seinem ganzen Wesen, strahlte mir förmlich die aufrichtige Freude entgegen, mich bei sich zu haben.

"Um meine Freude zu verstehen, lieber Bruder Amo", hob mein Gegenüber an, "darfst Du nicht vergessen, dass sich mein Wissen - bezüglich Deiner Person - über Zeitbegriffe erstreckt, die Dir noch völlig unverständlich sind. Das wird Dir mit der Zeit indes selbst alles noch klarer zu Bewusstsein kommen, weswegen ich jetzt auf weitschweifige Erklärungen verzichten möchte. Vorläufig sei nur wiederholt, was ich Dir schon sagte, als ich Dich, auf Deiner Reise, während Deines 'magnetischen Schlafes', besuchte. Die Erinnerung an unser Zusammensein und gemeinsames Forschen auf dem anderen Planeten wird Dir im Laufe der nächsten Jahre von allein immer deutlicher werden. Und dann wirst Du sehr schnelle Fortschritte in Deiner persönlichen Entwicklung machen können."

"Du sprichst sehr oft von *'Entwicklung'*... Bitte um Verzeihung, wenn ich Dir damit zur Last fallen mag, aber als Okzidentale, als Europäer, besonders noch als grüblerischer Deutscher, möchte ich erst einmal über einen grundlegenden Umstand Aufschluss erlangen, was - wie ich glaube - mich hindert, schnellere seelische und geistige Fortschritte zu machen: Es ist mir nämlich immer, als ob mich etwas hemmt – und dieser 'Bremsklotz' ist ein bestimmtes Nichtwissen!"

"Was ist es, Bruder Amo - rede nur ruhig darüber zu mir. Vielleicht kann ich das Dir Verborgene, Geheimnisvolle lüften."

"Nun gut... Ihr sogenannten 'Heiligen Männer' habt ein spirituell elitäres Leben eingeschlagen, welches euch - abgekoppelt vom Rest der Menschheit, in der Entwicklung eurer Seele, und mithin in der Möglichkeit, wie intensiv sich euer Geist auszudrücken und zu äußern vermag, bis er ganz von der Seele Besitz zu nehmen in der Lage ist - weit vorauseilen lässt.
Natürlich ist ein solcher Reifungsprozess mit der Opferung vieler Vergnügungen, Annehmlichkeiten und Abwechslungen des Lebens verknüpft, deren sich die allgemeine Menschheit, die kein vergleichbar intensives Seelen-Wachstum durchläuft, gerne hingibt. Müssten nun aber alle anderen Menschen ebenfalls euren Weg beschreiten, um zur Seligkeit und zur Erlösung zu gelangen? Wenn dem so wäre, bliebe ja die Allgemeinheit ganz gewaltig hinter euch zurück und könnte euren Vorsprung kaum je wieder einholen. Unter dem genannten Gros der Menschen befinden sich aber auch tausende und abertausende, die bereitwillig euren

Schulungspfad beschreiten *würden*, wenn sie denn nur die Gelegenheit dazu fänden - was aber gar zu oft nicht der Fall ist... Warum sind diese nun hintangesetzt? Oder gibt es für sie einen alternativen Weg, das von euch schon Errungene und von ihnen, ermangels zupassender Freiheiten, Versäumte später wettmachen zu können?"

Meister Zacharias lächelte, klopfte mir vertraulich auf die Schulter und erwiderte: "Lieber Amo, Deine Frage ist echt typisch grüblerisch deutsch - aber vollauf verständlich. Eine ausführliche Antwort kann ich Dir jetzt noch nicht geben, weil uns das in eine stunden-, ja vielleicht tagelange Diskussion verwickeln würde; zumal ich Dir dabei in wenigen Stunden so viel zu erläutern hätte, dass es Dich gänzlich verwirren würde. Außerdem, sei versichert, wird Dir das, im Laufe Deiner weiteren Studien, allmählich ganz von allein offen ins Bewusstsein treten und Du wirst die Antwort auf einzelne Unverständlichkeiten wie von selbst finden..!
Aber die Hauptfrage will ich Dir doch jetzt schon kurz beantworten:

Den Weg, den wir sogenannten 'Heiligen Männer' - übrigens nennen wir selbst uns niemals 'heilig', sondern die Eingeborenen sind es, die uns, gegen unseren Wunsch und Willen, so nennen - zu unserem Fortschritt einschlagen, ist einer der unzählig vielen Wege, die zum herrlichen Endziel der menschlichen Entwicklung führen.
Das ist, und braucht somit nicht, **der** Weg für alle zu sein! Im Streben nach Vollendung gibt es ebenso viele Wege, wie es, nach Ausspruch des Heilandes, 'Wohnungen in Seines Vaters Hause gibt'. [2] Der Heiland hat das beste Durchschnittsmittel der suchenden und strebenden Menschheit gegeben: **Liebet einander und liebet Gott als euren Vater**. [3] Wer das tut, vermeidet, ganz von allein, unzählige Fallstricke und Gefahren, die seinen Fortschritt hemmen. Der Weg des Heilandes ist der sicherste und einfachste.

Doch die Menschheit besteht aus unzähligen Individuen, mit jeweiligen Eigenarten in der Person, die, fortwährend wachsend, infolge ihres Durchquerens der verschiedensten Schnittpunkte der seelischen und geistigen Evolution - eben so - voneinander abweichend geworden sind. Man kann bei den Menschen - im Großen und Ganzen - sieben Grundoktaven [4] individueller

Einstellung und Auffassung feststellen, genau wie es sieben Stammtöne und sieben Grundfarben gibt. [5] Jede der sieben individuellen 'Charakter-Grundoktaven' kann irgendeinen der vielen Entwicklungswege gehen, doch wird dabei jeder immer wieder etwas variieren.

Daher ist keiner der Wege *besser*, als der andere - sondern jeder entspricht intuitiv der individuellen Charakteristik des Betreffenden. Deswegen sind wir sogenannten 'Heiligen Männer' absolut nicht jenen schlichten Menschen voraus, die vielleicht plötzlich in einem sogenannten 'Revival Meeting' den Geist Gottes über sich kommen spüren; Ihn, von da ab, in sich bewusst aufnehmen können und damit auf einmal ganz andere, fast verklärte, Menschen werden.

Unser Weg dagegen, ist ein mühsamerer - der eben für uns, die wir uns an diesem Ort zusammengeführt fühlen, der richtige zu sein scheint. Deswegen sind wir aber nicht ein Jota [6] besser oder bevorzugter, als der schlichte Mensch, der seinen Gott herzinniglich liebt und nach Dessen Geboten lebt."

"Hmm..., ich spüre die Wahrheit Deiner Worte! Ich fühle, dass ich nicht jene unendliche Klarheit der Majestät und Pracht des Allmächtigen durch das Erlebnis des schlichten Lebens, des von Dir, lieber Meister, angeführten verklärten Menschen, empfinden könnte. Du hast recht: Meinem Temperament, meiner Einstellung, sagt jener Weg mehr zu, den ihr hier beschritten habt..!"

"Es freut mich, dass Du das gut verstehen konntest... Doch noch etwas anderes muss Dir gleich von Anbeginn Deines Weilens hier ganz offenkundig sein..:

Wir sind, infolge unseres harten Weges, den wir zu unserer Entwicklung und Vollendung einschlagen, um kein Atömchen besser, als der schlichte, fromme Mann oder gar der sündigste Mensch, der trostloseste Trinker, der größte Verbrecher (denn bei jedem der letztgenannten kann noch die Wandlung zum Guten kommen, und er mag uns dann noch weit, weit überflügeln [7]) - trotz unseres schweren und manchmal blutleer erscheinenden Forschens und Suchens!

Wir finden darin eben unseren ganz persönlichen Daseinszweck. Und, von jenem eingeschlagenen Pfade aus, erhalten wir grandiose seelisch-geistige Perspektiven - im Sinne uns geradezu umwerfender Fern- und Ausblicke -, welche solche nicht haben, die andere Wege einschlagen; denen sich, dadurch bedingt, alternative Blickwinkel eröffnen, die allmächtige Schöpfung wahrzunehmen.

Indes adelt der jeweils gewählte Lehr- oder Lebenspfad zum Endziel den darüber Hinwegschreitenden durchaus nicht per se, oder versetzt ihn etwa in eine elitäre Stellung, beziehungsweise bevorzugte Klasse...

Ich will Dir dazu ein Beispiel anschaulich machen:

Eure Expresszüge fahren nur deshalb so sicher und gut, weil die Bahnstrecken in Ordnung gehalten werden. Dies vollbringen die Streckenaufseher, welche überall, längs der Gleise, ihre Wirkungsbereiche haben. Sie mögen, vom irdisch sozialen Standpunkt besehen, weit unter manchen derer stehen, die in den Waggons über die Strecke hinwegfahren - doch könnten jene, sozial Höherstehenden, in den Schnellzügen nie so unbesorgt fahren, wenn es eben nicht die Streckenwärter gäbe.
So sind also die sozial Privilegierten, trotz ihrer bevorzugten Stellung, ihres höheren Ranges, während ihrer Reise ganz und gar von der treuen Pflichterfüllung der "kleinen" Bahnan-gestellten abhängig, ohne welche der Zug ständig in der Gefahr des lebensgefährlichen Entgleisens schweben würde.

Es steht eben alles in der Schöpfung, und auch in deren Teilen, unter- und miteinander irgendwie in einer Beziehung - ob wir das nun wollen oder wünschen oder nicht. Dieses Ge- und Verbunden-Sein, ist permanenter Ausdruck der ewigen Gegenwart des Schöpfers..."

"Ahh... Das leuchtet mir ein", bemerkte ich nachdenklich.

"Oh, Dir wird mit der Zeit noch viel mehr einleuchten..! Doch alles hat seine Zeit. Du kannst nicht erwarten, dass Du schon nach ein paar Stunden eine Blume erblühen siehst, deren Samen gerade erst in die Erde gesteckt wurde! Auf Erden sind Hilfsmittel des Schöpfers - und zwar recht wichtige! - die Momente der **Zeit** und des **Raumes**, die sozusagen kristallisierte Formen des Ruhens des Schöpfers am immer noch bestehenden 'Siebenten Schöpfungstag' sind.

Mit Zeit und Raum sollte daher regelmäßig gerechnet werden. Die Zeit kann zwar, in ihrem linearen Fluss, unter Umständen - wenn man weiß, wie - gelegentlich unterbrochen, der Raum, bezüglich seiner Ausdehnung, ausgehebelt und 'gekrümmt' werden; doch wird solches eben nur in besonders begründeten Ausnahmefällen zur Anwendung gebracht..!

Nun, lieber Bruder Amo, abschließend noch eins... Wer zu uns kommt, muss - auf freiwilliger Basis - zuallererst Bescheidenheit und Demut lernen!

Wir zwingen niemanden zu irgendetwas, wissen aber, dass sich jeder von allein wird einordnen wollen, wenn es ihm ehrlich darum zu tun ist, den Weg der Entwicklung zu beschreiten, den die Allgemeinheit den Weg der 'Heiligen Männer' nennt. Nochmals sei darauf aufmerksam gemacht, dass es noch hunderte, nein, tausende und abertausende andere Wege zum Endziel gibt..!

Mit diesem Wissen im 'Hinterkopf', teile mir nun mit, ob es Dein innerster Herzenswunsch ist, den speziellen Pfad, an dieser Stätte, welche Du heute betreten hast, zu beschreiten und damit wirklich einer der Unsrigen zu werden."

Meister Zacharias blickte mich erwartungsvoll an, gespannt, was ich antworten werde. Fast kam es mir so vor, als ob er Angst hätte, dass ich noch "umkippen" könnte. Merkwürdig! Ich spürte die Bedeutung dieses Augenblicks! Wie ein Blitz erschien vor meinem geistigen Auge plötzlich eine Situation, in der meine Person der entscheidende Faktor war:

Ich sah mich plötzlich vor einem Scheideweg stehen.
Der Weg links führte in eine blühende Sommerlandschaft hinein - aber der Horizont war verschwommen, in Dunst getaucht, wie er an schwülheißen Juli- und Augusttagen aufzusteigen pflegt...

*Der andere Weg führte durch eine monotone, ins Zwielicht getauchte, Landschaft; doch im Hintergrund war eine so herrliche Szenerie klar im Sonnenschein sichtbar, dass ich sofort das Gefühl hatte: **Dorthin** führt mich meine Bestimmung!*

Als diese Vision meinem inneren Auge entschwunden war und ich mich wieder unter Kontrolle hatte, sah ich immer noch Meister Zacharias auf mich blicken.

Ich war verwirrt, strich mir über die Stirn und murmelte: "Ohh...,
ähhm..., wo waren wir in unserer Unterhaltung stehengeblieben..?"

"Ich fragte Dich, ob Du wirklich einer der Unsrigen werden
möchtest."

"Ach ja, stimmt... Jetzt erinnere ich mich! Natürlich, Meister
Zacharias! Deswegen kam ich ja, mit Sen und Latah,
heraufgestiegen."

"Nun gut... Doch auf dem Wege, den wir hier gehen, muss alles
freiwillig getan und ausgeführt werden. Nirgends darf etwas unter
Zwang geschehen. Deswegen nehme ich Dein heutiges 'Ja' als
vorläufig und bedingt an. Nach einem halben Jahr werde ich die
Frage wiederholen, denn anfangs wird sich das Leben hier für Dich
herausfordernd eintönig gestalten. Das muss aber, aus Gründen
der Erlernung von Selbstdisziplin, so sein..!
Somit gehörst Du also nun unserem Kreise an und heiße ich Dich
aufs Allerherzlichste und Ehrlichste willkommen, teurer Bruder
Amo."

Damit zog mich Meister Zacharias erneut an sich. Als er mich
freiließ bemerkte er:

"Von diesem Moment an hast Du Deine Wege in unserer
Lehrstätte allein zu gehen; doch Du hast das Recht, jeden Deiner
Brüder um Rat und Aufschluss zu fragen. Wenn Du aber einmal
nicht die erhoffte Antwort bekommen solltest, versuche dennoch,
den anderen zu verstehen, welcher vielleicht schon weiter ist und
sieht, dass Du die Antwort auf Deine Frage bald schon alleine
finden kannst, was dann zu Deinem eigenen Fortschritt und
Vorteil ausschlagen wird.
Da ist Gustav; Du wirst mit ihm seinen Wohnraum teilen. Er wird
Dein Dich beratender und führender Bruder in der Anfangszeit
sein. Also nochmals, die Hauptbedingung: Bescheidenheit, Demut
und sich niemals beleidigt fühlen.
Der Segen des Allmächtigen sei mit Dir!"

Zum Schluss legte Meister Zacharias seine Hände auf meinen
Kopf und ich fühlte, wie mich eine Art feiner "elektrischer Strom"
durchrieselte. Damit war ich entlassen und folgte dem freundlich

lächelnden Bruder Gustav, der gerade die Zimmertüre des Meisters - wie zufällig - geöffnet hatte, in meine neue Behausung.

9 - Erste Zeit; und ein besonderes "Museum"

Von nun an begann für mich ein Leben, das tatsächlich nur "eintönig" genannt werden konnte! Die Zimmerausstattung war spartanisch. Es gab zwei primitiv zusammengezimmerte Bettstellen, die mit Matten bedeckt waren; außerdem noch einen Tisch, zwei Stühle, einen Krug mit Wasser und einen Behälter, welcher als Waschschüssel diente. Als Trinkbecher wurden die halbierten Schalen von Kokosnüssen genutzt. Auf einem, an der Wand installierten, Brett stapelten sich die verschiedensten Bücher über Philosophie, Religion, Naturwissenschaften und Okkultismus, Exoterik und Esoterik.

Man schien sich um mich überhaupt nicht weiter zu kümmern. Ich hatte auch keine eigentliche Aufgabe zugewiesen bekommen. Verwundert darüber, befragte ich den, übrigens recht wortkarg gewordenen, Bruder Gustav, was ich nun eigentlich mit mir und meiner Zeit des scheinbaren "Leerlaufs" anfangen sollte.

Er zuckte die Achseln: "Du wirst schon etwas finden, was Deiner Neigung entspricht..."

Ich schlenderte also, wenn es das Wetter erlaubte, draußen, in der wunderbar frischen Luft, vor den Gebäuden entlang. Davon wurde ich regelmäßig sehr müde - wohl infolge der Höhenlage - und musste mich, in das Zimmer zurückgekehrt, immer sofort hinlegen. Überhaupt schlief ich die ersten Wochen ungemein viel, so dass ich Bruder Gustav gegenüber einmal scherzend bemerkte: "Ich komme mir hier vor, wie in einem Schlaf-Sanatorium!"

"Das geht allen, die als Neulinge, Anwärter auf ihr Noviziat, heraufkommen, am Anfang so..! Und das ist gut. Du weißt es nur noch nicht, dass die Höhenlage, der viele Schlaf, die geistige Umgebung und der magnetische Einfluss aller am Orte Weilenden ein 'Düngerbeet' für Dein seelisches Wachstum darstellen. Warte nur - auf einmal, wenn Deine 'Schlafsucht' von Dir gewichen sein wird, wirst Du gewahr werden, wie Du gewachsen bist."

"Was meintest Du mit dem Ausdruck *geistige Umgebung*?"

"Das wirst Du noch näher kennenlernen. Doch zu Deiner vorläufigen Orientierung sei Dir mitgeteilt, dass sich hier oben, das heißt auf dem 'Dach der Welt', viele geistige Wesen aufhalten, die aus dem interplanetaren Raum kommen, weiters die Seelen von Verstorbenen oder auch in Bildung zum Menschentum begriffene (Natur-)Seelen [1], welche auf die Gelegenheit warten, sich erstmalig als Menschen zu inkarnieren, um eine irdische Lebenslaufbahn anzutreten.

Du glaubst gar nicht, wie belebt es um uns ist - trotz der scheinbar so entsetzlichen Einsamkeit."

Ich gab mich zufrieden; doch es dauerte Monate, ehe ich mich, im Verlaufe meiner Ausbildung, teilweise von dem mir, via Bruder Gustav, Geoffenbarten zu überzeugen vermochte.

Bezüglich meiner Spaziergänge im Freien fiel mir stets auf, dass ich mich niemals weit von den Bauwerken zu entfernen vermochte. Ich wollte jeweils gern einen der gar nicht so hohen Felsgrate hinter den Gebäuden erklimmen, um von dort einen Blick in die Umgebung, zur allgemeinen Ortsbestimmung, zu erhaschen. Doch, sobald ich das Hindernis in Angriff nahm, überkam mich eine "Lethargie", die sich schließlich zur Gleichgültigkeit steigerte und meine Energie lähmte, so dass ich den angetretenen Versuch regelmäßig bald aufgab, obgleich ich mir dann, in der Klause, erneut gelobte meiner Bemühung, das nächste Mal, Taten folgen zu lassen.

Später erfuhr ich, dass ich durch ein "psycho-magnetisches Band" festgehalten wurde, welches verhindern sollte, dass ich mich weiter entfernte, vielleicht gar verlief und nicht mehr zurückfand oder möglicherweise erfror - denn trotz des blendenden Sonnenscheins, der meistens herrschte, war es auf ungefähr 7.000 Metern doch kalt.

Nur noch selten waren Wolken zu sehen; das in aller Regel tieferschwebende Gewölk kam anscheinend kaum bis in unsere Höhenlage hinauf.

Die anderen Bewohner der Baulichkeiten sah ich nur bei den Mahlzeiten, welche wohl gemeinsam, aber schweigend eingenommen wurden. Man kümmerte sich scheinbar nicht besonders umeinander. Eine Mahlzeit begann nicht eher, als bis alle - und Meister Zacharias am Kopfteil - an der langen, einfachen Holztafel Platz genommen hatten. Es wurde nicht gegessen, ehe nicht der Meister ein bestimmtes Gebet gesprochen hatte, worauf eine Pause des Meditierens folgte. Ebenso wurde nach dem Essen gebetet und meditiert. Anfangs saß ich beim Essen seitwärts am Ende der Holztafel, neben Bruder Gustav. Am vierten Tage wurde ich jedoch wortlos zwischen zwei Männer von ernstem, zugeknöpftem Aussehen umplatziert. Ich versuchte mit jenen ins Gespräch zu kommen, erhielt jedoch immer nur "Antworten" in Form sparsamen Kopfnickens oder Kopfschüttelns. Fragen, die man nicht beantworten wollte, wurden einfach ignoriert. Als ich einmal, bezüglich meines Anliegens, insistierte, sah mich der so Angesprochene und möglicherweise auch irgendwie in seiner Ruhe Belästigte scharf an und bemerkte, fast unhöflich:

"Bruder, befrage mich doch nicht dauernd über Dinge, die Du Dir mit der Zeit selbst beantworten kannst. Beobachte, lerne - und dann wird Dir bald alles von alleine klar werden..!"

Ich fühlte mich, durch diese ziemlich barsche Reaktion, zumal als typischer Deutscher, pikiert und in meiner Ehre gekränkt; sah mich automatisch um, ob andere diese schroffe Abfuhr, welche mir zuteilgeworden war, bemerkt hätten. Doch alle wirkten entweder meditierend oder in sich versunken und schienen sich um mich, und mein mir soeben widerfahrenes Geschick, überhaupt nicht zu kümmern.
Irritiert fiel mein Blick auf Meister Zacharias. Er, der mich anscheinend beobachtet hatte, nickte mir freundlich zu - und damit war mein Gefühlsleben, wie urplötzlich, wieder ins Lot gerückt...

Es dauerte lange, ehe ich herausfand, wo sich die verschiedenen Insassen der Lehrstätte den ganzen Tag über aufhielten. Die meisten studierten, entweder in Gruppen oder einzeln, hielten Meditations-Übungen ab oder hatten auch rein weltliche Aufgaben auszuführen, wie zum Beispiel Proviant, sowie andere Bedarfsartikel und Materialien von irgendwoher heranzubringen. Die erste Zeit meines Aufenthaltes an der Stätte des Meisters verlief daher eigentlich äußerst stereotyp, inhaltsarm und dröge. Meister Zacharias selbst bekam ich, außer bei den Mahlzeiten, nie näher zu Gesicht.

Kurz: Ich war eigentlich gänzlich überflüssig.

Ha, da hatte ich das richtige Wort für meinen Zustand gefunden: "Überflüssig"..!

Zuerst dachte ich mir noch nichts dabei, denn ich hatte keinerlei Ehrgeiz oder Ambitionen, etwas zu tun oder zu unternehmen. Auf einmal jedoch überkam mich, eines Morgens, unversehens, eine ungeahnte Energie, und zwar mit solcher Urgewalt, dass ich förmlich erregt wurde. Als Bruder Gustav heimkam, um sich zum Essen nach dem Speisesaal zu begeben, bestürmte ich ihn förmlich mit einem Ausbruch von Forderungen und allerlei intensiv vorgetragenen Fragen:

"Höre mal, lieber Gustav, jetzt habe ich das Faulenzen und Herumliegen aber gründlich satt. Finde ich nicht bald eine Beschäftigung, so packe ich alles zusammen und verschwinde! Die Geschichte wird mir nun doch bald nicht nur langweilig, sondern sogar zu dumm! Soll ich denn hier oben vielleicht mein Leben verdösen und verschlafen? Was sagst Du dazu, he? Ahh... Du antwortest mir einfach nicht..? Das ist ja wirklich eine 'feine Bruderschaft' hier..!!

Eh!!", forderte ich ihn mit vorgestrecktem Kinn heraus und schaukelte mich selbst immer weiter auf, "was soll ich denn hier? Sage mal selbst: Ist mein ganzer Aufenthalt an diesem merkwürdigen Ort nicht überhaupt ein großer Unsinn?!"

Vehement drang ich in ihn ein, ohne von Bruder Gustav auch nur einer einzigen Reaktion gewürdigt zu werden – was mich natürlich nur noch mehr echauffierte; so erhitzte, anstachelte und in Rage brachte, dass ich beinahe ausfällig beleidigend wurde. Meine Stimme wurde laut und überschlug sich fast. Ich schrie förmlich! Doch noch immer tat mein Zimmergenosse, als wäre ich für ihn überhaupt nicht existent. Das trieb das Ärgernis nun wahrlich auf die Spitze und machte mich so wütend, dass ich ein Buch, welches auf dem Holztisch lag, schnappte und nach Bruder Gustav schleuderte: "Da, vielleicht weckt Dich das auf!"

"Nein, das wird ihn auch nicht aufwecken, denn Bruder Gustav *ist* völlig wach!", hörte ich unvermittelt die Stimme Meister Zacharias', der in der Tür erschienen war - gerade, als ich das Buch nach Bruder Gustav warf. Besagter, ziemlich dicker, Foliant schien aber, wie auf geheimes Geheiß, von der Wurfrichtung abzuweichen; fiel auch nicht, sondern *schwebte trudelnd, langsam und gemütlich, gaukelnd wie ein Schmetterling*, dem

Meister entgegen, der es schmunzelnd ergriff. Seine Stimme wirkte ernüchternd auf mich. Ich sah ihn verwundert an – und schämte mich unsagbar!

"Du brauchst Dich nicht zu schämen, Bruder Amo", bemerkte Meister Zacharias verständnisvoll. "Die Krise, die Du eben in ihrem Finale durchmachtest, haben alle, ohne Ausnahme - auch ich -, erlebt, als sie hierherkamen. Diese Krisis zeigt, dass Du zur Tätigkeit bereit bist.

Von jetzt ab werden Dich weder die Höhe, noch Kälteunterschiede, noch sonstige natürliche Hindernisse am definitiven Mitarbeiten behindern können. Du bist mit Lebenskraft, mit Energie, aufgeladen wie eine bis zum Rand gefüllte Batterie. Du musstest dieses Stadium erreichen - ganz allein, ohne jede Hilfe, Unterstützung und ohne jedes Zutun von außen. Daher auch das zugeknöpfte Schweigen aller - auch von Bruder Gustav. Nun fasse Mut; die erste Prüfung, wenngleich allerdings die leichteste, hast Du überstanden!

In dieses Stadium geraten, wirst Du nun, als einfacher Träger, die regelmäßigen Karawanen begleiten, welche, von Zeit zu Zeit, nach bestimmten Stapelplätzen gehen, um dorthin transportierte Utensilien, Nahrungsmittel et cetera für uns abzuholen. In den Zeiten dazwischen wird Dein eigentlicher Unterricht beginnen... Doch lasse Dich davon nicht abschrecken, weil auch dann zuerst alles eintönig sein wird. Du darfst keine Fragen stellen, auch wenn Dir manches, von Deinem jetzigen Standpunkt aus, konfus und verschroben erscheinen könnte. Das alles, was Dir jetzt noch unverständlich ist, dient dazu, Deinen Körper zu stählen, Deine Seele zu schärfen und Dein ewiges, unvergängliches Ich-Bewusstsein so zu stärken, dass Du Dich von nun ab stets unter Kontrolle halten kannst. Später wirst Du dankbar anerkennen, wie effizient diese, von Beginn an eingeflochtenen, Übungen zur Selbstdisziplin gewesen sind.

Nach dem Essen folge mir, da ich Dir gerne, als eine Anerkennung für Dein Bestehen der, wenn auch leichten, Aufnahmeprüfung, einen kleinen Einblick in unsere unendlich zahlreichen Forschungsgebiete gewähren will. Vergiss bezüglich dem indes nicht, dass dies eine besondere Vergünstigung darstellt, die Dir nur zuteilwird, weil wir beiden einst eng zusammengearbeitet haben, Du also schon weiter vorgeschritten bist, als andere

Neuankömmlinge. Zudem weiß ich ja, dass einen gebildeten Deutschen kaum etwas so quält, wie Dinge, bezüglich welcher ihm der Überblick, Sinn, Zweck und innere Zusammenhang zu erkennen verwehrt ist.

Da die meisten führenden Persönlichkeiten des deutschen Volkstums sich vom Uranus [2] aus (re-)inkarniert haben, ist der Hauptcharakterzug der Bewohner des Planeten Uranus dem ganzen deutschen Volkstum eigen - das heißt die deutsche, peinliche Genauigkeit, welche leicht zur Pedanterie ausarten kann; die Zuverlässigkeit, Ehrlichkeit und Ausdauer, die manchmal einfach unerschütterlich erscheinen."

»

Nach dem Essen, welches ich diesmal in einer gewissen gehobenen Stimmung zu mir nahm, winkte mich Meister Zacharias zu sich: "Nun, lieber Bruder Amo, sollst Du, als erste Überraschung, etwas zu sehen bekommen, was Du wohl kaum geahnt haben magst..!"

Damit hakte er mich unter den Arm und wir folgten einem langen Seitengang, in Richtung einer dort befindlichen, abgeschlossenen Türe, bis zum Ende. Was ich nun erlebte, war - besonders damals noch - für mich so etwas Außergewöhnliches und Unfassbares, dass ich tatsächlich glaubte, ich befände mich in einer anderen Welt!

Nachdem wir einen Raum betreten hatten, der ungeheuer ausgedehnt zu sein und nur Bücher und Manuskripte zu enthalten schien, traten wir in einen Saal, der über eine teilweise gläserne Decke, respektive Kuppel verfügte, die offensichtlich eine Felsöffnung abschloss, da von oben her Tageslicht eindrang. Diesen Saal möchte ich, in Ermangelung anderer, mir auch nur annähernd zupassender, Begriffe als "Museum" bezeichnen, das heißt ein "Museum" merkwürdigster Art, wie es wohl sonst kein ähnliches auf der ganzen Welt gibt!

Als ehemaliger Schüler der "Heiligen Männer" bin ich, durch mein inneres Ehrenwort, freiwillig gegeben bei meiner letzten Initiierung, die meinen Lehrgang abschloss, leider nicht berechtigt, jenes "Museum" näher beschreiben zu dürfen! Nur so viel kann ich mitteilen, dass von dort die Möglichkeit gegeben war, das seelische Wachstum - ins Geistige hinein - jedes einzelnen Schülers der Stätte des Meisters mit einem Blick zu erfassen. Ich konnte, unter anderem, auch wahrnehmen, wo *ich* mich, bezüglich meiner Entwicklung, befand. Die Verbindung zwischen diesem "Museum" und den jeweiligen Personen wurde vermittels eines "seelisch-magnetischen" Kontaktes hergestellt - grundsätzlich basierend auf dem verlautbarten Willen jedes Schülers, aus freien Stücken an der Stätte des Meisters Zacharias zu weilen; dort zu einem Initiierten der "Großen Weißen Bruderschaft", und damit einstens selbst zu einem eigenständigen Meister, zu werden.

Nachdem mir in dem "Museum" eine Weile Erläuterndes zuteilgeworden war, um seinen Sinn und sein Potential, zumindest ansatzweise, zu begreifen, begaben wir uns ins Vorzimmer zurück, wo, wie erwähnt, eine unübersichtliche Menge Bücher und Schriftstücke aufgestapelt lagen. Alle Sprachen der Welt waren vertreten. Ich suchte unwillkürlich nach einer separaten Abteilung für deutsche Literatur - jedoch vergeblich...
Gerade wollte ich mich bei Meister Zacharias entsprechend erkundigen, als dieser auch schon - auf meine Gedanken - antwortete:

"Lieber Bruder Amo, es gibt wohl auch in Deutsch geschriebene Bücher hier, sogar in dem Dialekt vergangener Jahrhunderte; doch das ist nicht das Kurioseste an dieser Bibliothek... Das Seltsamste ist, dass Du, wenn Du es verstehst, *jedes Buch* sofort in dem Dir geläufigsten Idiom lesen kannst, ganz gleich, in welcher Sprache es verfasst, respektive gedruckt sein mag. Und ferner, dass Du hier in Büchern lesen kannst, welche die ganze Geschichte unseres Sonnensystems, einschließlich der Entstehung des Menschen, und die Abfolge der nächsten Jahrhunderte, enthalten.
Die 'Historie' der nächsten Jahrhunderte ist jedoch nur insoweit vorhanden, als sie auch mögliche Abweichungen enthält, die, nach logischem Entwicklungsgeschehen des schon zur Geschichte Gewordenen, gemäß der freien Willensentscheidung der Menschheit, eintreten mögen."

»

Was ich da las und erfuhr, war so merkwürdig, dass ich es kaum zu fassen vermochte. Enthalten waren, in Büchern der unmittelbaren Zukunft, die Entdeckung der unzähligen Auswirkungen in der Handhabung des elektrischen Stromes, des Magnetismus der Erde, ferner die Automobile, die Wandelbilder [3], das Fliegen, das Radio, das...

Doch halt..., ich darf jener Zeitepoche nicht vorgreifen, in der diese Mitteilungen veröffentlicht werden! Soviel sei nur noch gesagt, dass ich damals, ausgangs des vorigen Jahrhunderts [4], schon vom 1. und 2. Weltkrieg erfuhr, sowie allem, was letzterem nachfolgen würde. Indes darf ich darüber ebenfalls, wie erwähnt, nichts berichten..! Man versuche deswegen auch erst gar nicht, durch Schreiben an mich, näheres in Erfahrung bringen zu wollen...

*

In mein Zimmer zurückgekehrt, fand ich Bruder Gustav vor, der am Tisch saß und studierte. Ich ging auf ihn mit den Worten zu: "Bitte, Bruder Gustav, verzeihe mein Betragen heute Morgen. Ich schien aber im Augenblick gänzlich die Kontrolle über mich verloren zu haben."

"Schon gut", schmunzelte er, "Du bist ja nicht der Einzige, dem es nach einer Weile so geht. Wir alle haben das durchgemacht - auch ich. Ich habe damals sogar, als diese erste Krisis über mich kam, meinen Stubenkameraden regelrecht vermöbelt! Ich dachte, ich hätte ihn tüchtig verhauen; doch als ich wieder zu mir kam, sah ich ihn lachend am Tische sitzen. Was ich meinen wütenden Schlägen unterzogen hatte, war eine von ihm materialisierte Gedankenform gewesen, die mir als er selbst erschienen war - etwas, was Du mit der Zeit auch wirst bilden können."

"Ohh...", staunte ich nicht schlecht. "Vermagst *Du* es..?"

"Aber natürlich, denn das ist in Wirklichkeit das Einfachste, was es gibt."

"Könntest Du mir mal eine solche herstellen?", bat ich, ob einer solch sensationellen Fähigkeit befeuert.

Gustav schüttelte schelmisch den Kopf und mahnte: "Siehst Du wohl, mein lieber Bruder Amo, wie auch Dich die reine Neugierde packt! Aber was wäre Dir wohl mit einer solchen kleinen

Demonstration gedient, die Dir, zweifelsohne, wie ein Wunder vorkäme? Nichts, solange Du es nicht selbst kannst. Sobald Du aber dazu fähig bist, wirst Du Dich darüber nicht mehr wundern. Dann kannst Du das mentale Kunststückchen ausführen, so lange und so oft Du willst - und wirst dabei herausfinden, dass Du es gar nicht mehr wirst machen *wollen*, weil Dir das mit der Zeit viel zu blass vorkommen wird."

"Ihr seid doch alle zusammen drollige Brüder", erheiterte ich mich über meinen Zimmergenossen und war fürs Erste zufriedengestellt.

"Übrigens, lieber Amo, lege Dich mal bald zu Bett. Morgen trittst Du einen langen Marsch mit der Proviantkolonne nach Tibet hinein an. Es ist eine Strecke von mindestens zehn Tagesmärschen zu bewältigen; ohne Unterbruch nur auf Hochplateaus, auf welchen mit schweren Winter- und Schneestürmen gerechnet werden muss. Und, sollte zwischendurch mal die Sonne scheinen, so kannst Du Dir, wenn Du Dich nicht vorsiehst, den übelsten Sonnenbrand Deines Lebens zuziehen. Folge daher immer genau dem Rat des Leiters der Kolonne. Wenn Du das tust, wirst Du nichts auszustehen oder zu leiden haben.
Indes beachte, dass der Leiter einer Kolonne nur in der liebenswürdigsten Weise auf alles aufmerksam macht! Du brauchst ihm nicht zu gehorchen, doch Du wirst die schmerzliche Konsequenz zu tragen haben, wenn Du es nicht tust - zum Beispiel in Gestalt eines fürchterlichen Sonnenbrandes..!"

"Nette Aussichten sind das", bemerkte ich.

"Doch das ist noch lange nicht alles..! Du wirst noch mehr erleben. Ihr kommt, unter anderem, auch bei einer Stätte vorbei, wo Frauen die Schule zur Meisterschaft absolvieren. Da sei mal extra vorsichtig..!"

"Ahh... Keine Bange, ich bin gegen die Anziehungskraft von Frauen gefeit."

Bruder Gustav pfiff als einzige Antwort etwas über die Lippen, als ob er damit sagen wollte: "Na, wenn Du Dich da mal nicht gewaltig täuschst, mein Junge!"

"Apropos...", nahm ich das Gespräch wieder auf. "Das ist das erste Mal, dass ich höre, dass auch Frauen zur Meisterschaft zugelassen werden."

"Warum sollten sie denn nicht?", entgegnete Bruder Gustav mit einer rhetorischen Gegenfrage. "Sie sind doch genauso Menschen wie wir."

"Gewiss..., ich dachte aber immer, die verschiedenen Beschwerden, die mit ihrer Körperhülle als Frau verknüpft sind, machten es für sie fast unmöglich, eine Anwartschaft zur "Meisterin" ernsthaft in Erwägung zu ziehen..."

"Es gibt doch auch Frauen als Malerinnen, Bildhauerinnen, Dichterinnen und Schriftstellerinnen, nicht wahr?"

"Ja, sicher..., doch das ist schließlich, meines Erachtens, immerhin noch etwas anderes. Sie bleiben damit Frauen und verlieren ihre typisch weiblichen Charaktereigenschaften nicht. Aber als spirituelle *Meisterin*..?! Weiß nicht... Ich kann mir das nicht so recht vorstellen..!"

"Auch das wird Dir mit der Zeit klar werden. Ich will Dir, vorläufig, nur mal den einen oder anderen Wink geben, welcher Dir zum Leitfaden eigenen, weiteren Nachdenkens über dieses Thema dienen mag:
Zunächst einmal darfst Du nicht vergessen, dass sich die Teilung in zwei verschiedene, sich ergänzende, Geschlechter durch die ganze Schöpfung zieht. Wer die Meisterschaft erreicht hat, ist nur insofern über das auf Erden so Wesentliche und Unterschiedliche der Geschlechter hinaus, als dass er den Geschlechts**trieb** gemeistert hat. Wohlverstanden *gemeistert*, nicht jedoch etwa verloren oder eingebüßt..!
Die Meisterung besteht darin, dass jeder Meister, gleich ob männlich oder weiblich, ganz harmlos mit- und nebeneinander leben und existieren kann, wie wir gewöhnlichen Sterblichen das ja auch als Bruder und Schwester, Sohn und Mutter, als Vater und Tochter tun. Der Umgang der Geschlechter, unter den beschriebenen Verwandtschaftsverhältnissen, ist für uns etwas ganz Selbstverständliches, weil das die gewachsene Moral von Jahrhunderten und Jahrtausenden so erfordert und dieser Moralbegriff uns in Fleisch und Blut übergegangen ist. Genauso

ist die Bemeisterung der Geschlechter bei denen, welche die Meisterschaft erlangt haben - ganz gleich nun, ob männlichen oder weiblichen Geschlechts - etwas selbstverständlich Gegebenes; nur befindet sich bei der erlangten Meisterschaft das Verhältnis der Geschlechter zueinander auf einer höheren Basis als zwischen Bruder/Schwester, Sohn/Mutter, beziehungsweise Vater und Tochter. Die Beziehung der Geschlechter auf der Plattform und dem Niveau der Meisterschaft ist echte, wahre Freundschaft und Kameradschaft, also von der Art der wirklichen Bruderschaft im Geiste."

"Das ist mir einleuchtend", bemerkte ich zu dieser Erklärung, "denn dabei fällt das romantisch-erotische Moment des Wunsches zur innigen sexuellen Verschmelzung im Geschlechtsakt, und überhaupt zueinander, fort."

"Und gerade darin irrst Du Dich ganz erheblich! Die Verschmelzung der Geschlechter auf der Basis der Meisterschaft findet auch statt; freilich anders, als unter gewöhnlichen, irdischen Bedingungen. Die Verschmelzung der Geschlechter auf der Grundlage der Meisterschaft ist die gleiche, wie die Verschmelzung der Geschlechter im Himmel, wo bekanntlich erst die wahren Ehen geschlossen werden.
Die Vereinigung der Geschlechter, als Meister oder im Himmel, besteht darin, dass der 'negative' (also der weibliche) Teil vollständig mit dem männlichen ('positiven') Teil der Wesenheiten verschmilzt - zu **einer** Wesenheit im Denken, Handeln und Schaffen. Kurz: Es ist ein Zustand der allerhöchsten Harmonie und Seligkeit, wie wir ihn uns kaum vorzustellen vermögen. Die 'negative Hälfte' gibt nach und veranlasst durch dieses Nachgeben, dass die 'positive Hälfte' sich in seinem Handeln lenken und leiten, in seiner Führungsrolle 'von Oben' segensreich beeindrucken lässt.

Doch vorläufig nur zur Prämisse: Solange wir Männer, und auch Frauen, noch nicht die Meisterschaft erlangt haben, sind wir beide eben noch recht menschlich. Sei daher ja vorsichtig, wenn ihr bei dem Frauenkloster, oder besser ausgedrückt bei der Frauenstätte eines Frauenmeisters, Halt macht! Ich hätte mir dort damals beinahe meine ganze weitere Initiierungs-'Karriere' verdorben - und damit natürlich auch diejenige, der Person des anderen

Geschlechts, die dabei in Frage kam. So, mein lieber Landsmann, sieh Dich also ein wenig vor..!"

Ich musste unwillkürlich über diesen, im ernsthaften Ton vermittelten, Rat herzhaft lachen, weil ich mir niemals viel aus Frauen gemacht hatte. Ich konnte daher wirklich keinerlei Gefahr für mich, im Besuch der Studierstätte der Frauen, erkennen. Je mehr ich jedoch, nachdem ich mich aufs Lager gelegt hatte, über Bruder Gustavs Mahnung und Warnung nachdachte, desto bedeutsamer schienen mir seine Worte zu werden. Dies insbesondere deswegen, weil ich wusste, dass wir bei unserer seelischen Entwicklung ins Geistige hinein noch einmal alles, im Sinne einer Erprobung, respektive Prüfung, durchzuspielen hätten, was je in unserer langen Entwicklungshistorie des menschlichen Daseins eine Rolle gespielt haben mochte. Weiters zog ich den Umstand in Betracht, dass ich ja, auf dem anderen Planeten von dem (der damals schon zur Meisterschaft gelangte) Meister Zacharias zu mir gesprochen hatte, *verheiratet* gewesen war.

Hmm... Das beschäftigte mich nun doch..! Obwohl ich mich auf meine damalige Frau, bei aller Mühe, nicht mehr besinnen konnte, ging mir auf, dass es, nach okkulter Auffassung, heißt, dass für jeden Menschen das polare Gegenstück vorhanden sei - also für einen Mann das seelische Pendant der Frau und für eine Frau die seelisch ergänzende, ihr fehlende Hälfte des Mannes; wie der linke Schuh erst im Verbund mit dem - passenden (!) - rechten zum Paar wird, zu einer voll funktionstüchtigen Einheit.

Gerade, als ich mich entschloss, Bruder Gustav darüber zu befragen, blickte dieser von seinen Büchern auf und antwortete mir lächelnd: "Grüble darüber nur nicht weiter nach. Das wird Dir später von allein aufleuchten. Ehe Du soweit bist, lerne erst innigst das Grundprinzip des Seins zu verwirklichen: 'Liebe den Schöpfer als Deinen Vater und den Gottessohn - wie den größt denkbaren Bruder - über alles [5]; sowie jedes Geschöpf, als Kind Gottes, genau, wie Du Dich selbst liebst.'" [6]

Ich gab mich zufrieden und schlief ein.

10 - Begleitung eines Versorgungsmarsches

Am nächsten Tag fegte ein gewaltiger Schneesturm um die Gebäude der Stätte.

"Aha", bemerkte ich in leisem Beiklang von Triumph zu Bruder Gustav, "da seid ihr 'Weisen aus dem Morgenlande' halt doch mal hereingefallen mit eurer Wetterkenntnis."

"Wieso?", fragte Bruder Gustav ganz harmlos.

"Na, es hieß doch, heute solle ich einen langen Marsch mit einer Kolonne antreten - und nun wird nichts draus."

"Und doch wird etwas daraus, indem Du Dich hübsch nach dem Proviantraum begibst und dort die letzten Handgriffe zum Reiseaufbruch mitleistest. Dann brecht ihr, trotz des Schneesturmes, auf, bis zur ersten Etappe, deren Ziel nur wenige Meilen von hier entfernt liegt. Bis dorthin wird euch kein Schneesturm etwas zu Leide tun können. Im Gegenteil wird euch dieser kurze Marsch recht wohltun und etwas an das raue Außenklima gewöhnen."

Ich packte also meine Siebensachen zusammen und wurde von Bruder Gustav nach dem Proviantraum geleitet. Dort herrschte schon große Geschäftigkeit. Ungefähr dreißig bis vierzig Tibetaner hatten Lasten neben sich stehen, die sie auf den Schultern tragen würden. Die Lasten bestanden in geflochtenen Körben, die übrigens (noch) weitgehend leer waren. Mein Erscheinen wurde weiter nicht beachtet. Gustav führte mich zu einer in Unterhaltung befindlichen Gruppe, wo ich einem sehr großen, schlanken, attraktiven, wettergebräunten Manne vorgestellt wurde, dessen Nationalität ich unmöglich festzustellen vermochte. Was mir aber angenehm auffiel, war eine geradezu unwiderstehliche Herzlichkeit, die von ihm ausströmte. Der Leiter unserer Expedition wurde mir als "Bruder Xerx" vorgestellt, worüber mir seine nationale Abkunft allerdings weiterhin im Verborgenen blieb.

Bruder Xerx schritt mit mir zu einer Gruppe Tibetaner und Sherpas hinüber, welche mich freundlich lächelnd begrüßten.

Dort erhielt ich einen Korb, den ich tragen sollte. Ich wurde nicht weiter eingeführt, da man mich unter den Trägern sofort als einen der Ihrigen betrachtete und die Anrede einfach mit dem englischen "You" geschah, der Sprache, die jedem hier mehr oder weniger gut geläufig war. Es gab sogar tatsächlich Tibeter, die einige Brocken Deutsch beherrschten.

Bruder Xerx hatte sich zu dem Teil unseres Trosses zurückbegeben, bei welchem ich mit ihm bekannt gemacht worden war. Es waren verschiedene Studierende, die ich von den Mahlzeiten an der gemeinsamen Tafel her kannte. Die Tibetaner hatte ich vorher noch nie gesehen. Einige schienen mich aber zu kennen - vielleicht waren es Träger jener Kolonne gewesen, die mich heraufgeführt hatte...

Kaum den Korb inspiziert, der eine extra Schlafdecke aus ungewöhnlich dicker Wolle enthielt, hieß es auch schon, sich jenen auf den Rücken zu schnallen. Nachdem das geschehen war, fand sich Meister Zacharias ein, der eine kurze, meditativ wirkende, Ansprache hielt und uns dann, mit ausgestreckten Armen, segnete, das heißt magnetisch dem Schutze des Höchsten empfahl.

Als wir aus dem Felsengang ins Freie traten, schlug uns eine Wolke feinen Schneestaubes entgegen. Der Wind heulte ganz gefährlich und die Luft war so eisig, dass sie die freiliegenden Hautpartien zu zerschneiden schien. Im Gänsemarsch tappten wir, einer nach dem anderen, wie an einer Perlenschnur aufgereiht, so dicht hintereinander, dass man immer gleich in die Fußstapfen des Vordermannes zu treten vermochte, sobald dieser seinen Fuß entfernt hatte. Das war aber auch notwendig, denn der Schnee wirbelte derart um uns herum, dass wir einander sonst zweifelsohne aus den Augen verloren haben würden.

Binnen einer halben Stunde Stapfens und Pflügens durch den tiefen Schnee, kamen wir auf einen Weg, der einen Abhang hinaufführte. Hier hatte der Sturm die weißen Massen fast ganz fortgeweht, und es ging sich gut. Urplötzlich schienen wir aus den Wolken herauszukommen, denn es hörte auf zu schneien. Unter uns indes brodelte und wogte das finstere Gewölk unverdrossen weiter, um sein Unwetter zu entladen. Zwischen diesem und einer über uns befindlichen ganz grau-schweren Wolkenschicht, schien eine Zone der Ruhe zu herrschen. Der Sturm hatte sich, fast unvermittelt, gegeben, und man hätte vermeinen wollen, dass es wärmer geworden wäre - was wohl aber darauf zurückzuführen war, dass die *gefühlte Temperatur*, wegen des abgerissenen Windes, als angenehmer empfunden wurde.

Die Sichtweite blieb begrenzt, weil der Abhang, den es schräg hinaufging, keinen Blick auf den eigentlichen Gipfel gewährte. Just bogen wir um eine Bergwand herum, als es immer heller und heller wurde. Plötzlich enthüllte sich ein Panorama von unbeschreiblicher Schönheit. Die Wolkenwand befand sich wie abgeschnitten und unter uns lag ein tiefverschneites Gebirgsplateau, dessen Zinnen nicht bis zu unserer Höhe hinaufreichten. Weiter in der Ferne öffneten sich die Berge hinab zu einem Tal, welches aber im dort ausgebreiteten Dunst und Nebel verschwand. Bis zu diesem lag die Hochgebirgslandschaft im blendendsten Sonnenschein präsentiert. Ab und an zogen weißlich-grau und bleiern wabernde Wolkenfelder, wie Schäfchen auf einer Wiese, unter uns dahin, welche die Einstrahlung unseres Tagesgestirns grell reflektierten. Nach oben, und dem Horizont zu, schimmerte alles in einem Tiefblau von überirdischer Zartheit und Pracht.

Unwillkürlich war ich stehengeblieben, um die herrliche Aussicht auf mich einwirken zu lassen. Dass ich damit die hinter mir Kommenden aufhielt, kam mir gar nicht in den Sinn. Erst als ich mich satt gesehen hatte, bemerkte ich dies und verneigte mich mehrmals entschuldigend nach rückwärts. Man winkte mir nur verständnisvoll lachend zu. Auch meine Vorderleute waren nicht weitergegangen. Sie hatten bemerkt, wie das zu Betrachtende mich fesselte und waren ruhig stehen geblieben, um mich nicht zu stören.

Xerx, unser Betreuer-Guide an der Spitze der Kolonne, lachte verhalten und fragte, mir laut zurufend: "Hast Du Dich satt gesehen, Bruder Amo?"

Ich bejahte das, erhobenen Gemüts.

"Wir sind bald am Ziel und dann kannst Du noch länger die Landschaft bewundern."

Und so war es. An einem recht umfangreichen Gebäudekomplex hielten wir und schlugen unser Lager auf. Dort schienen übrigens Tibeter zu wohnen oder vielleicht mit der Verwaltung der Baulichkeiten beauftragt zu sein.

Ich erging mich, nach Ablegen meiner Korblast, noch eine ganze Weile im Freien. Die Sonne schien vom intensivblauen Firmament herab, während sich unter uns, von der grauen Dunstschicht am Horizont her, Wolkenballen formten, welche aufwärts zu uns heraufquollen - ein sicheres Zeichen dafür, dass wir heute Nacht neuen Schneefall bekommen würden. Ganz in das Naturschauspiel vertieft, fühlte ich mich an der Schulter berührt. Mich umwendend stand Xerx neben mir.

"Daran erkennt man den Deutschen, dass er in den Naturschönheiten schwelgt... Aber ich muss Dir gestehen, dass auch ich die Natur und ihren Zauber oft bewundere - obgleich ich damit, von meiner Geburtsstätte her, eigentlich vertraut sein sollte."

"Wo ist denn Deine Geburtsstätte gewesen? Woher kommst Du..?"

"Von dort, wo der Kaukasus in die armenische Hochgebirgswelt übergeht. Meine Eltern waren Kaukasier. Mutter war eine Georgierin und Vater hatte wohl persisches Blut in den Adern. Wie es hieß, stammte er von Nachkommen der persischen Herrscher des Altertums ab." [1]

"Merkwürdig... Und doch kamst Du mir so bekannt und überhaupt nicht fremd vor - trotzdem ich im Kaukasus nie gewesen bin..."

"Dieses, bereits anfänglich gespürte, Verbunden-Sein mag verschiedene Ursachen haben: Entweder kennen, und lieben, unsere Seelen sich schon lange - von jenseitigen Sphären her; das heißt unabhängig von Zeit, Raum und physischer Geburt -, oder aber schöpft sich jenes aus irgendeiner anderen feststofflich-planetarischen Verkörperung. Vielleicht kommen wir uns auch einfach so vertraut vor - denn ich habe dasselbe Empfinden ebenfalls und fühle mich zu Dir hingezogen -, weil unsere Zielbestrebungen gleichgerichtet sind und unser Charakter von denselben Idealen beherrscht wird."

"Durch welches Geschick bist Du denn zur Stätte des Meisters Zacharias gelangt?"

"Auch ich verspürte einen unbestimmten Ruf, genau wie wohl jeder von uns, der jetzt an der Stätte des Meisters weilt. Und so traf ich mit ihm - bei einer seiner Wanderungen durch Belutschistan [2] - zusammen. Ich gehörte damals einem Kloster an; doch war ich niemals ganz befriedigt bezüglich dessen Ausrichtung und den dortigen Befleißigungen. Als ich daher Meister Zacharias sah, wusste ich sofort, wo ich hingehörte und folgte ihm nach."

Inzwischen war es finster geworden und wir begaben uns in das Hauptgebäude, um dort eine Mahlzeit zu verzehren. Dann hielt Bruder Xerx eine Meditation ab, woraufhin wir uns alle auf unser Lager warfen - und (ich zuwenigstens) sofort fest einschliefen.

*

An den folgenden zwei Tagen wurden ziemlich anstrengende Touren zurückgelegt. Wir bewegten uns immer auf dem Hochplateau entlang, welches, wie ein riesiges Gebirgsdach, die verschiedenen Gipfelgruppen mit- und untereinander zu verbinden schien. Bruder Gustav hatte recht getan, mich vor der aggressiven Wirkung der Höhensonne zu warnen. Ehe wir am nächsten Morgen aufbrachen, überreichte mir einer der Tibetaner einen kleinen Behälter mit einer öligen Substanz, verbunden mit der Aufforderung, mir bitte damit das Gesicht, den Nacken, die Hände und Arme einzureiben, um mich vor einem zu befürchtenden, schweren Sonnenbrand zu schützen. Er stellte den Behälter mit dem Öl neben mir ab - aber ich vergaß seinen wohlmeinenden Rat...

Kurz bevor wir am nächsten Morgen aufbrachen, zögerte Bruder Xerx mit dem Abmarsch und sah erwartungsvoll zu mir, der ich mich unter die tibetischen Träger eingereiht hatte. Allmählich sahen auch alle anderen zu mir, so dass ich schließlich ganz verlegen wurde.

Xerx ergriff lächelnd das Wort: "Bruder Amo..., hast Du nicht vielleicht etwas vergessen..?"

Ich sah an meiner Ausrüstung herunter und konnte nichts bemerken. Da deutete er auf die Bank, wo noch der Behälter mit dem Öl stand. Ich entschuldigte mich, rieb mich mit der fetttriefenden Salbe ein und trat dann wieder ins Glied der Trägerkolonne zurück, die auch umgehend aufbrach. Das Öl kam mir anfangs lästig vor; doch nun sah ich, dass fast jeder der Tibetaner im Gesicht glänzte. Jeder hatte sich - selbst diese wetterharten Bewohner der höchsten Gebirgsplateaus - mit dem Fett eingerieben.

»

Übernachtet wurde jeweils in hüttenähnlichen Baulichkeiten, welche stets die gleiche Innenausstattung aufwiesen - nämlich nur das Allernotwendigste. Jene barackenartigen Wohnstätten bestanden zuweilen auch nur aus Wänden abgehobener Grasstreifen, welche einfach übereinandergeschichtet worden waren; worüber dann ein, gegen Fäulnis ziemlich resistentes, Holzdach kam, darüber Steine und zuletzt wieder abgehobene Grasstreifen.
Solche Unterkunftsstätten in Tagesmarschabständen, über die gewaltigen Hochgebirgsgebiete verteilt, waren großartig organisiert. Überall fand man alles in bester Ordnung vor! Freilich musste jede abreisende Kolonne alles wieder in einen trefflichen Zustand versetzen - einschließlich des Herbeischaffens von Feuermaterial (nicht immer Holz, sondern auch brennbaren, getrockneten Viehmist), sowie das Bereitlegen luftgedörrter Früchte.

Zum Abschluss des zweiten Tagesmarsches, nach der Meditation, als die meisten begannen sich zur Ruhe zu begeben, sprach ich Bruder Xerx, der jeden Abend vor dem Einschlafen von Hütte zu Hütte schritt, um jedem eine friedliche und geruhsame Nacht zu wünschen, mit den Worten an: "Sag mir mal, lieber Xerx, wer hält denn all die verschiedenen Unterkunftsstellen so pfleglich in Schuss?"

"Wir selbst, mit Hilfe williger Talbewohner, denen wir ihre landwirtschaftlichen Produkte abkaufen. Du wirst, während Deiner Ausbildungszeit, auch für eine Weile einer solchen Kolonne angehören. Dieser Marsch bildet für Dich den Anfang des Trainierens für eine solche Aufgabe."

»

Am dritten Tag führte unsere Route, während des ganzen Vormittags, bergab. Es wurde merklich wärmer. Wechselte das Wetter bisher immer zwischen blendendem Sonnenschein und einem gegebenenfalls auftretenden Intermezzo kurzer Schneestürme, erlebte ich, gegen Mittag - zum ersten Male seit dem Gewittersturm, nebst Tornado, im Tale, beim Aufstieg zur Stätte - wieder einen *Regen*schauer. Und bald spitzelte, im stellenweise schneefreien Geröll, auch kurzes Buschwerk ans Tageslicht; sogar ganze Grasbüschel, sowie eine, unserer Anemone ähnliche, weißblühende Pflanze. Das Farbenspiel der vital aufsprießenden Natur wirkte zweifellos wohltuend auf die Psyche.
So war unsere Unterkunftsstätte am Abend noch einmal in einem ganz anderen Milieu gelegen. Rings herum sah man grünes Gras und Sträucher; dazwischen bunt blühende, wilde Blumen. In der späten Dämmerung zur Nacht war es so mild - wenigstens kam es mir, durch die Kontrastwirkung der letzten Tage, so vor -, dass wir uns vor dem Bauwerk im Freien aufhalten konnten. Der Mond befand sich im ersten Viertel zunehmend und geisterte vom wolkenlosen Himmel herab. Rings umgaben uns die schneebedeckten Hänge und Hochgebirgsgipfel.
Ich strolchte, ohne innere Zielgebung, etwas im näheren Umfeld herum; ab und zu raschelte und huschte, mir unsichtbar verbleibendes, Getier in der Vegetation. Es waren gewiss Vertreter der Kleintierwelt, die, weil nicht weiter menschenscheu, in diesen Höhen gewöhnlich warteten, bis man fast auf sie trat, ehe sie zur Seite sprangen und fortliefen. Ich drehte, nach einer Weile, wieder um und schlug die Richtung zurück zur Baulichkeit ein, von welcher ein orientierender, milder Feuerschein herüberglomm. Der Mond, so fahl sein Licht auch war, erhellte die Landschaft genügend, um Felsgeröll rechtzeitig ausweichen zu können.

Plötzlich war es mir, als ob ich ein Fauchen hörte. Ich blieb unwillkürlich stehen und lauschte. Da vernahm ich es wieder! Ein Fauchen, warnend, von verhaltener Kampfbereitschaft zeugend. Ich war unschlüssig, was ich nun tun sollte - ob weitergehen, ob zurückweichen oder besser an Ort und Stelle verharren..?

Gott sei Dank hörte ich, parallel zu meinen fiebernden Überlegungen, die Stimme Bruder Xerx', der mich rief. Ich traute mich indes nicht, ihm laut vernehmlich zu antworten, weil ich fürchtete, das mir unbekannte, gereizt fauchende, Tier damit noch mehr zu ergrimmen. Darum blieb ich still, dachte aber intensivst an Bruder Xerx, wünschte ihn herbei. Und tatsächlich - er kam auch...

"Was hast Du, Bruder Amo?", fragte er schon von weitem.

Ich wollte nicht antworten, um ihn nicht zu gefährden, musste aber eigentlich *irgendetwas* tun, da er sonst in derselben Bredouille stecken würde, wie ich. Der Fortgang der Dinge enthob mich einer Entscheidung, denn schon hörte ich ihn neben mir. Er war die Ruhe selbst und wirkte absolut souverän:

"Schon gut, Bruder, Du brauchst keine Bange mehr zu haben. Es ist ein Schneetiger, dessen Pfad Du unwissentlich gekreuzt hast. Da Du noch nicht über jene Aura verfügst, die alle umgibt, die schon mehrere Jahre bei der Stätte weilen, erspürte der Tiger in Dir einen Feind. Uns tut er nichts, weil er weiß, dass wir niemandem irgendwelche Gewalt antun. Komm mal ruhig näher und sieh..."

Herzutretend sah ich, dass Xerx unmittelbar neben der gestreiften Großkatze stand - welche sich ruhig von ihm das Fell streicheln ließ. Mich beachtete das Raubtier einfach nicht.

Beim langsamen Zurückgehen zur Unterkunftsstätte fragte ich Bruder Xerx, ob es nicht doch auch mal vorkäme, dass ein Tiger jemanden von der Stätte anfallen würde.

"*Theoretisch* wäre das freilich möglich, namentlich dann, wenn einer von uns eine solche Katze beim Fressen ihrer Beute stören würde. Solche Dummheit unterlassen wir aber. Und wenn gesättigt, respektive nicht hungrig, tun uns die wilden Tiere nichts, welche durch die von uns ausstrahlende Aura beruhigt und besänftigt werden."

"Fühlt ihr gegen alle Tiere so friedlich?"

"Ja, warum?"

"Weil mir wieder einmal - was Du bestimmt als 'typisch deutsch' bezeichnen würdest - ein tüftelnder Gedanke aufflackert, mit dem ich nicht recht ins Reine kommen kann: Warum müssen die Tiere sich gegenseitig zerreißen und töten, um sich zu ernähren? Ist das nicht grausam?!"

Bruder Xerx schaute mich verständnisvoll an: "Du hast recht - das ist wieder einmal 'typisch deutsch'! Ebenso könnten wir aber die Frage stellen: 'Warum fließt das Wasser bergab und nicht bergauf? Warum - und wie - bindet uns die Schwerkraft an den Erdenglobus und fallen wir nicht in den Weltraum?' Damit wir uns, in unseren Entscheidungen, frei bewegen können, müssen wir zwangsläufig in einer Umgebung existieren, die gewissen Gesetzmäßigkeiten unerschütterlich unterworfen bleibt. Einige solcher Gesetzmäßigkeiten sind die von mir erwähnten Beispiele, aber eben auch die Nahrungskette in der Tierwelt. Das lässt sich nicht ändern."

"Hmm... Trotzdem bleibt es eine Grausamkeit...", sinnierte ich.

"Ja und nein! Grausam nur von Deinem jetzigen Standpunkt. Nicht grausam vom Blickwinkel der Tiere selbst betrachtet. Ein Tier, besonders auf einer noch tiefen Entwicklungsstufe, empfindet das Sterben nicht wie wir. Es kennt keine Todesfurcht, die nur bei höheren Tieren ab und zu anzutreffen ist - am häufigsten bei Haustieren, die im ständigen Kontakt mit Menschen stehen. Was sollte wohl aus dem Milliardenheer von Würmern, Spinnen, Käfern, Wanzen und Mücken werden, wenn sie nur an Altersschwäche zu sterben hätten? Außerdem erfüllen die 'Seelen' solcher Tiere, die noch *sehr* unentwickelt sind, mit ihrem Sterben eine Entwicklungsaufgabe für sich."

Nach einer kurzen rhetorischen Pause fuhr er fort: "Du siehst, dass Exemplare der niedrigsten Gattungen am zahlreichsten vorhanden sind. Tiere haben zunächst nur eine 'Gruppenseele', aus welcher heraus dann eine individuelle Einzelseele zu reifen beginnt. Jener Vorgang erfolgt durch Zusammenfügen von vielen Einzeltierseelen ihrer Art zu einer höheren - welche aber auch wieder ihre eigene Gruppenseele besitzt, aus der, durch Verschmelzung mehrerer solcher Seelen, dann eine Seele noch höherer Tierspezies hervorgeht.

Aus dieser Entwicklung *von unten herauf* bildet sich zunächst eine 'Naturseele', aus der dann eine Menschenseele entsteht, die also ganz irdischer Natur ist, aber als Kleid des Geistes vergeistigt werden kann und somit ein ständiges Kleid des jeweiligen individuellen Menschengeistes bleibt - inklusive der vollen Erinnerung an alle Entwicklungsstufen durch die Schöpfung. [3]

Beachte bitte die klare Unterscheidung zwischen dem, was **Geist**, beziehungsweise **Seele**, begriffsbestimmungsmäßig, bedeutet! Der Menschengeist nämlich, ist unmittelbar aus Gott hervorgegangen! Keinem Tier, auch dem höchststehenden nicht, wohnt ein individueller Geist Gottes inne..! Und, wenn Du einmal einen Menschen beobachtest, kannst Du manchmal schon durch dessen äußerliche Schale, sein Betragen oder seine Reaktionsmuster, wahrnehmen, welche Hauptingredienzien aus dem Tierreich seine Seele aufweist [4], die, wie erwähnt, nur das durch die Erdentwicklung herausgebildete 'Kleid' darstellt, welches erst mit der 'Geistigen Wiedergeburt' ganz eins mit dem Menschengeist wird.

Daher ist die menschliche Seele wohl, nach dem irdischen Tode, unsterblich; doch sie kann, im Verlaufe von Millionen von Erdenjahren, im Jenseits immer noch der Zerstörung, dem sogenannten endgültigen 'Zweiten Tod', verfallen, welcher dann den eigentlichen, wirklichen Tod, das gänzliche Ausgelöscht-sein, nach sich zieht. Der *Geist* aber, in einer davon betroffenen Menschenseele, wird damit **nicht** eliminiert, da Geist niemals vernichtet werden kann.

Ein solcher Geist kehrt wieder zu Gott zurück - indes *ohne* die Erfahrung seiner individuellen menschlichen Entwicklung. Doch das wird Dir später ebenfalls klarer werden, als wie ich es hier, in wenigen Worten für Dich zusammengefasst, ausdrücken könnte. Im Verlaufe Deiner bevorstehenden, jahrelangen Studien wird Dir das, wie auf einmal, von selbst einleuchten. Siehst Du nun ein, warum es so ist, dass, je tiefer stehend das Tierreich ist, desto größer die fundamentale Zahl der Kreaturen sein muss?

Weil deren 'Seelen' als Basis für die Seele eines höher entwickelten Tieres und von diesem wieder mehrere Seelen als Fundament einer Seele einer noch höheren Tierart und so fort, bis zur Menschenseele hinauf, zu dienen haben. Der unvergängliche, ewige Geist dagegen tritt in eine Seele erst dann ein, wenn eine solche, im Verlaufe oft langwieriger

Entwicklungsprozesse, zu besagter Menschenseele hinauf-
gewachsen, das heißt herangereift ist. [5]

Vielleicht erinnerst Du Dich, dass gerade eure deutschen
Witzblätter, wie mir einst Meister Zacharias zeigte, unbewusst für
die Zeichner, diesen Gedanken des seelischen Aufstiegs in ihren
Tierbildern wiedergeben, indem den Zeichnungen bestimmter
Menschentypen die passenden Tiergestalten zugeordnet sind, die
sich aber wie Menschen gebärden. Solche animalischen
Karikaturen sind besonders in Deutschland beliebt (gewesen) und
zeigen, wie im Grunde - unbewusst für die meisten - gerade das
deutsche Volk instinktiv-mystisch veranlagt ist. Doch lassen wir
es dabei bewenden..."

"Nur noch eine Frage, lieber Bruder Xerx! Danach hätte ja
Professor Darwin [6] mit seiner Entwicklung der Arten, der
Evolutionstheorie, ganz recht?"

"Ansatzweise ja, wenn er nur die fortschreitende positive, sich
entwickelnde, Mutation der Körper- und Seelenform gemeint
hätte... [7] Beide sind ja irdischen Ursprungs. Falsch dagegen
liegt Darwin in der Annahme, dass sich der Menschengeist
ebenfalls von unten herauf entwickelt hätte. Das stimmt nicht!
Jeder Menschengeist kommt direkt von der göttlichen Urquelle
des Seins und durchdringt die Materie *von oben* her.
Geist, als Partikel und Emanation des Höchsten, ist göttlich und
benötigt kein Wachstum, keine Läuterung. Seine 'Evolution'
besteht im Durchbrechen der seelischen und körperlichen Hülle,
in der ein Menschengeist wirkt, das heißt im Sinne einer
seelischen und körperlichen Vergeistigung. Dieser Vergeis-
tigungsprozess ist das, was wir auf Erden (von unserem irdischen,
individuell erreichten Standpunkt aus betrachtet) als 'seelische
und geistige Entwicklung' bezeichnen, welche aber, wie erklärt, in
Wirklichkeit keine Reifung **von unten herauf** ist, sondern ein
Hineindringen, also ein Entfalten, **von oben her** darstellt."

Ich hatte genug zum Nachdenken für eine ganze Weile, grübelte
noch lange über das Gehörte nach, ehe ich endlich in einen tiefen,
traumlosen Schlaf versank, aus dem ich morgens wundervoll
gestärkt erwachte.

»

Am nächsten Tage ging es, bei ungetrübtem Sonnenschein, weiter durch die freundliche Gegend. Das Tal weitete sich zu einem Plateau mit frischem Grasbewuchs, welcher, wie ein ausgebreiteter Teppich der Natur, mit blühenden, bunten Blumen, gleich einem verzierenden Muster, wirkte. Auch einige Weidenbäume standen an den Ufern von Bächen und kleinen Flussläufen, die aus den, in die Seitentäler hineinragenden, Gletschern entsprangen. Gebüsch vielerlei Art unterbrach in belebenden Tupfern den Landschaftscharakter; selbst vereinzelte Birken tauchten auf.

Spätnachmittags bogen wir in ein abzweigendes Tal ab, das bald, auf moderate Weise, bergaufwärts führte. Vor uns, noch im Hintergrund, türmte sich abermals, fast kerzengerade, eine riesige Gebirgswand steil auf, deren Hänge tief unter Schnee begraben lagen. Um die Hochgipfel wogten dunkle Wolkenbänke, welche aber nicht weiter ins Tal hinab vordrangen. Die Sonnenstrahlen wurden so intensiv von den eisigen Mauern reflektiert, dass jenes ziemlich breite Tal in ein überirdisch grelles Licht gerückt zu sein schien.

Da sein Grund sich in gebrochenem Wellenmuster abwechselnd hob und senkte, vermochte man nicht weit vorauszusehen.

Als es begann finster zu werden, tauchten vor uns, fast unmittelbar an die Gebirgswand gelehnt, massive Baulichkeiten auf. Es nahm sich aus, wie ein verschachteltes Lama-Kloster.

Endlich angekommen durchs Tor ziehend, wurde uns ein schönes, großes Gebäude für die Nacht zugewiesen. Der Empfang gestaltete sich offenherzig und freundlich, doch es war schon zu dämmerig-zwielichtig, um die Bewohner deutlicher wahrnehmen zu können. Mich interessierte dies auch im Moment leidlich wenig, weil wir einen, mich recht ermüdenden, Tagesmarsch hinter uns gebracht hatten und ich mich deshalb zuvorderst danach sehnte, die Beine hochlegen zu können...

11 - Befremdliche Begegnung mit dem "Zweiten Ich"

Nach einer gut verbrachten Nacht erwachte ich gestärkt, gerade bevor ich geweckt werden sollte. Als ich ins Freie trat, wurde es Tag. Es war nicht kalt; der Himmel bezogen, zeigte ein grelles Morgenrot - indes kein günstiges Zeichen für gutes Wetter..! Man schien auch mit dem Abmarsch zu zögern, denn, obwohl wir, nach dem Frühstück, schon in Bereitschaft waren, ließ sich Bruder Xerx immer noch nicht sehen. Es fühlte sich aber niemand beunruhigt.

Endlich erschien er und bat um Aufmerksamkeit: "Heute werden wir nicht weit vorwärtskommen, da ein schweres Unwetter zu erwarten steht. Von jetzt an geht es wieder ins Hochgebirge hinein und wir müssen den dort oben zu erwartenden schweren Schneesturm vorüberziehen lassen. Wir werden nur zu der drei Wegstunden entfernten 'Karawanserei Mu' marschieren und uns dort für einen dreitägigen Aufenthalt vorbereiten. Hier können wir nicht bleiben, weil eine andere Karawane erwartet wird, der wir den Platz räumen müssen."

Bald nach unserem Aufbruch setzte ein leiser Nieselregen ein. Der Himmel verfinsterte sich zunehmend. Es ging wieder bergauf, und nach etwa einer halben Stunde war der Regen mit Schnee untermischt, eine weitere Viertelstunde später befanden wir uns schon im schönsten Schneefall. Dicht fiel er indes nicht; dazu war es absolut windstill.

Nach etwa drei Stunden trafen wir vor dem, auf einem ausgedehnten Plateau gelegenen, Karawanenhof Mu ein, wo der fallende Schnee liegengeblieben war und eine knapp zehn Zentimeter hohe Decke geschaffen hatte. Es dauerte nicht lange und wir waren häuslich eingerichtet; jeder ging seiner privaten Beschäftigung nach und bereitete entweder Feuer, kochte Wasser, saß lesend in ein Buch versunken oder unterhielt sich. Einige der tibetischen Träger schienen sich Schnurren zu erzählen, denn sie lachten ab und zu.

Mir war keine besondere Aufgabe zugeteilt worden, und so begann ich draußen herumzustrolchen. Die Außentemperatur empfand ich keineswegs als bedrohlich kalt - eher nur kühl, beinahe angenehm... Jetzt ließ der Schneefall fast ganz nach. Das tiefhängende Gewölk hob sich und man konnte die Umgebung sehen. Wir befanden uns im oberen Teil eines, vom Hochgebirge nach unten tief einschneidenden, weiten Tales, das irgendwo unter uns in diversen Schluchten und Mulden auslief. Auf der rückwärtigen Seite stiegen imposante, schneebedeckte Hänge an. In einem Moment durchbohrte sogar ein Sonnenstrahl die unheilschwanger kumulierten, dräuenden Wolkengebilde und zauberte Lichtwirkungen hervor, die ich einfach nur als "grandios" zu bezeichnen in der Lage bin.

Binnen kurzem aber schloss sich die Wolkendecke wieder und es wurde, als völlig überraschendes "Kontrastprogramm", absolut finster! Plötzlich zuckte ein Blitz aus der dunkelgrauen Suppe. Unmittelbar darauf folgte ein furchtbarer Donnerschlag, dessen Echo mehrfach von den Felswänden zurückgeworfen wurde. Im Handumdrehen entfesselte sich ein Ungewitter, wie es wohl nur im Hoch-Himalaya möglich ist!

Ehe ich mich versah, war alles in ungestüm aufwirbelnden Schneestaub gehüllt. Der Sturm heulte wie ein wildes Tier, weitere Blitze zuckten gespenstisch im Halbminutentakt; Donner rollten krachend in nur wenigen Sekunden Abstand und es wurde schneidend kalt!

Schnell wollte ich zu den Gebäuden der Karawanserei zurückkehren - doch ich wusste nicht mehr, in welche Richtung ich gehen sollte..! Dabei stachen die scharfen, aufgepeitschten Eisnadeln spitz in meine Haut; der Wind warf mich beinahe um und die grellen Blitze, deren Reflektionen sich an der Kristallstruktur der Schneeflocken brachen und in allen Farben des Regenbogens glitzerten, blendeten mich fast. Während ich so, völlig konfus und orientierungslos, herumstakste, entlud ein besonders greller Blitzstrahl die atmosphärische Spannung – in seinem unmittelbaren Gefolge ein dröhnend-böllernder Knall, dass die Erde erzitterte! Ich hatte das Gefühl, von irgendwas, oder irgendwem, erschlagen zu werden, als mir die Sinne schwanden...

o o o

Verwirrt kam ich zu mir – ich lag ausgestreckt auf einem Lager in der ummauerten Herberge, ohne dass ich hätte sagen können, *wie* ich hierher gelangt sein mochte... Neben mir saß eine Person, welche sich mit jemand anderem unterhielt. Diese mir unbekannte Gestalt hatte allerdings ihr Gesicht von mir abgekehrt, sodass ich sie nicht weiter erkennen konnte. Sie hielt, irgendwie besorgt und liebevoll, meine Hand. Es war eine weiche Hand, welche die meine umschloss - und es war mir, als ob ein warmer, labend-exquisiter Strom von ihr auf mich überfloss. Ich hörte, wie der Sturm draußen um das Gebäude heulte. Im Raum selbst saßen die Träger, sich teilweise leise unterhaltend, lesend oder betend. Plötzlich wurde mir bewusst, dass in dem Gespräch zwischen der auf meinem Lager sitzenden Person und Bruder Xerx *über mich* geredet wurde – allerdings in einer Sprache, die ich nicht verstand. Ich war müde und schlief wieder ein...

»

Als ich aufwachte, erfuhr ich, dass ein neuer Tag angebrochen sei, aber ein gewaltiger Schneesturm herrsche, so dass wir noch dableiben müssten. Ich richtete mich auf und sah Bruder Xerx auf mich zukommen. Er reichte mir die Hand: "Amo, mein Lieber, wie ist es Dir zumute?"

Als ich ihm wahrheitsgemäß berichtete, bemerkte er: "Weißt Du, dass Du vom Blitz getroffen wurdest?"

"Waaas..?", dehnte ich erstaunt.

"Ja, in der Tat! Doch er tat Dir nichts..!"

"Ist das nicht eigentlich sonderbar? Das ist doch nicht normal - ich müsste jetzt eigentlich mausetot sein!" [1]

"Nicht sooo außergewöhnlich... Es kommt oftmals vor, dass ein Blitzstrahl keinen Schaden anrichtet - nämlich dann, wenn man keine Furcht hat, vom Blitz getroffen zu werden. Und Du hattest keine Angst, da Du Dir der Gefahr, in welcher Du schwebtest, überhaupt nicht bewusst warst und - im Weiteren -, ohne es zu wissen, schon ein gewisses Vertrauen besitzt, dass Du, als

Schüler eines Meisters, irgendwie auf besondere Weise geschützt bist."

"Werden denn solche Schüler nie vom Blitz getroffen..?"

"Doch schon..., es mag auch geschehen - aber nur dann, wenn jemand kein Vertrauen und damit auch nicht jenes absolute Unbesorgt-sein besitzt, wie Du es hattest. Vielleicht ist es Dir nicht bekannt, dass, zum Beispiel, Kinder lange nicht so häufig vom Blitz erschlagen werden, wie Erwachsene. Ja, es kommt, wenn eine Mutter ihr Kindchen auf dem Arm hält, durchaus vor, dass die vom Blitz ereilte Mutter getötet werden mag, das Kindlein aber nicht die geringste Schramme erleidet."

"Wie ist denn *sowas* möglich..?!"

"Zwischen den elektromagnetischen Gesetzen, auch denen der Erdschwere, besteht - nach okkulter Anschauung - ein gewisses korrelatives Verhältnis zueinander, welches, bei einer bestimmten Geisteseinstellung, durch den Menschen unbewusst beeinflusst werden kann. Aber auch davon wirst Du bei Deiner weiteren Ausbildung mehr erfahren."

Ich gab mich damit zufrieden. Indes, ehe ich mich wieder auf meiner Ruhestätte entspannte, fiel mir die unbekannte Person ein, welche gestern auf dem Rand meines "Bettes" gesessen hatte. Umgehend fragte ich Bruder Xerx danach.

Er sah mir gespannt in die Augen und bemerkte, meine Reaktion wachsam abwartend: "Es war Dein 'Zweites Ich'." [2]

Ich begriff nicht: "Mein *was* oder *wer*, bitte..??"

Bruder Xerx sah das und fuhr erklärend fort: "Es war Deine letzte Frau von Deiner früheren Inkarnation auf dem anderen Planeten, auf dem Du mit Meister Zacharias so eng befreundet warst; eure Wege sich dann aber, durch Deine Heirat, trennten..."

Ich wusste eigentlich nicht so recht, was ich darauf erwidern sollte, fragte aber schließlich, um überhaupt etwas zu sagen, in recht banalem Ton: "Nanu, wo kommt die denn auf einmal her?"

Die Frage musste so plump gewirkt haben, dass Bruder Xerx sich vor Lachen schüttelte: "Du scheinst ja gerade keine so große

113

Meinung von Deiner ehemaligen Frau, in diesem Fall auch Deinem 'Zweiten Ich' zu haben..!"

"Nicht, solange mir schleierhaft bleibt, wie diese ehemalige Frau, respektive mein 'Zweites Ich' aussieht, damit ich mir eine erinnernde Vorstellung von ihr machen könnte."

"Du wirst ihr kurz vor unserem Abmarsch begegnen. Sie hält sich zurzeit hier - in einem Nachbarraum - auf. Sie gehört eigentlich dem Frauenkloster an, wo wir eine Nacht blieben, ehe wir weiterzogen..."

Aha..., also *das* war das Frauenkloster gewesen, vor dem mich Bruder Gustav gewarnt hatte..! Ich war deshalb wirklich neugierig, wie mein 'Zweites Ich', beziehungsweise meine bessere Hälfte einer vergangenen Lebensspanne auf einem anderen Planeten, aussah...

Doch ich musste mich noch etwas in Geduld üben. Der Schneesturm ließ zwar in der nächsten Nacht nach; doch erst am Tage darauf, gegen Mittag, begann es aufzuklaren - und zwar so langsam, dass die am Nachmittag scheinende Sonne noch nicht viel von dem gefallenen Schnee wegzutauen vermochte.

Die folgende, sternenübersäte Nacht wurde es bitterkalt. Am nächsten Morgen jedoch war es fast ganz windstill, und es erwärmte sich schnell.

Gegen Mittag begab ich mich ins Freie. Es war ein Hochgenuss für einen Naturfreund, wie ich es bin. Die Lichtreflexe auf den tief verschneiten Hängen waren einfach phantastisch! Ab und zu verbarg eine leichte, schnell ziehende, weißlich-graue Wolke die Berggipfel, welche aber, binnen Kurzem, wieder gegen den lichtblauen Himmelshintergrund sichtbar wurden. Dazu durchrollte des Öfteren ein wuchtiges Dröhnen die Landschaft. Die Herkunft dieser Geräuschkulisse blieb mir nicht lange ein Rätsel - es waren Lawinen, die in die tieferen Täler hinabstürzten. Die mir, in diesem Zusammenhang, aufkommende, nahebei mystisch anmutende, Gemütslage nahm sich aus, wie einer anderen Welt entstammend.

Erst gegen Abend beruhigte sich das beständige Niedergleiten der Lawinen und kam schließlich gänzlich zum Stillstand, weil, infolge des wiedereinsetzenden Frostes, die Schneefelder erneut zu einer festen, kompakten Masse zusammenfroren.

»

Die Nacht verging und es hieß, dass wir am Nachmittag aufbrechen würden, um vier Wegstunden weiter, nach einer anderen Karawanserei, zu ziehen; womit wir ein langsam ansteigendes Hochplateau erreichten, auf dem dann das Weiterschreiten nicht mehr so beschwerlich sein würde - zumal für mehrere Tage das allerschönste Wetter zu erwarten sei. Wir machten uns also langsam fertig zum Abmarsch. Gegen Mittag waren wir bereit und warteten nur noch auf Xerx, unseren Kolonnenführer. Als jener kam, musterte er unser Gepäck, die Lasten, sowie auch uns selbst und begab sich hernach an die Spitze der Reihe.

Ich dachte gar nicht mehr daran, dass ich ja, vor dem Weitermarsch, noch meine ehemalige Frau sehen sollte. Gerade als ich meinen Korb auf die Schultern hob, fühlte ich mich am Arm berührt. Ich wandte mich um und sah in ein ernstes Gesicht, welches mich ruhig, aber sehr freundlich anblickte. Ich war so erstaunt, dass ich nichts zu sagen vermochte - schaute meinem Gegenüber einfach nur in die Augen. Kein Wort wurde gewechselt und doch überfiel mich, während dieser stummen Kommunikation, ein eigentümliches Gefühl. Trotz besten Willens allerdings (ich mochte mir noch so große Mühe geben) gelang es mir nicht, aufschlussreich Konkreteres aus ihrem Antlitz herauszulesen – ob sie nun hübsch oder hässlich, empathisch-liebevoll oder derb, grob und ungehobelt, geistreich, ja, *durchgeistigt* oder stupide, profan und langweilig sein mochte... Allein – ich fühlte mich wie "magnetisch" zu ihr hingezogen; starrte sie daher nur, geradewegs gebannt, an.

"Lasst es damit für dieses Mal genug sein", hörte ich eine Stimme neben mir. Es war Bruder Xerx, der, unbemerkt für mich, herzugetreten war und meinem Fokus, vermittels verständnisvoller Geste, bedeutete, mich nun allein zu lassen.

Bevor ich noch irgendetwas zu sagen vermochte, hatte sich meine ehemalige Frau auch schon entfernt.

"Nun, wie gefällt Dir Dein 'Zweites Ich'?", hörte ich Bruder Xerx, wie durch Watte, fragen.

Weil ich mich noch immer wie gelähmt, und merkwürdig unfähig, irgendetwas Vernünftiges zu erwidern oder zu tun, befand, klopfte er mir kameradschaftlich auf die Schulter und der Bann wich. Mir aufmunternd zunickend, begab er sich nach der Spitze unserer Marschkolonne, die sich umgehend in Bewegung setzte.

Ich stapfte wacker - indes zunächst wie in einem Traum befindlich - mit.

Erst allmählich trat mir das eben Erfahrene voll ins Bewusstsein..! Doch seltsamerweise konnte ich über dieses besondere Zusammentreffen nicht klar denken; mein Gehirn zermarternd, versuchte ich, mir irgendwelche prägnanten Züge in der Physiognomie meiner ehemaligen Frau, per Erinnerung, zurückzurufen. Es funktionierte einfach nicht..! Ich sann und grübelte nach, sie mir noch einmal vorstellbar zu machen - vergeblich..!

War das vielleicht deswegen, blitzte es in mir auf, weil diese, meine ehemalige Frau, gleichzeitig mein "Zweites Ich" war? Ja, das mochte ein plausibler Grund und verständliche Ursache für mein Problem sein...

Hmm... Aber warum dann alles so verschwommen..? Da sollten mir die Dinge doch eigentlich erst recht bekannt und vertraut vorgekommen sein, oder..?!

Ich kam darüber, im Moment, zu keinem vernünftig-logischen Schluss und musste - vorerst - kapitulieren! Über meine Grübeleien hatte ich nicht auf unseren Weg geachtet, spürte jedoch beiläufig, dass es immer weiter bergauf ging. Es war angenehm in der Sonne. Der Schnee lag stellenweise zwar tief, doch war er zuweilen vom Sturm auch gänzlich wieder fortgeweht worden. Die Luft empfand ich als extrem ozonreich und vitalisierend; es wehte dabei nur eine leichte Brise.

Nach etwas mehr als vier Stunden langten wir tatsächlich wieder bei einer Karawanenherberge an. Der Lasten ledig, bereiteten wir unser Mahl und unsere Lagerstätte. Ich war schnell mit meinen Arbeiten fertig und ging, wie ich es immer tat, wenn ich beim Rasten Zeit hatte, vor der Baulichkeit spazieren.

Weiterhin hatte ich keine Klarheit über die Begegnung mit meiner ehemaligen Frau, alias meinem "Zweiten Ich"; ergab mich jedoch in diesen Umstand und tröstete mich mit dem Gedanken, es würde schon alles seine Richtigkeit haben und eine Erklärung sich wohl mit der Zeit von alleine irgendwie eröffnen.

Über dies nahte Bruder Xerx, lächelte mich spitzbübisch an und fragte: "Na, wie bist Du Dir denn so vorgekommen, in gegenüberstehender, stummer Zwiesprache Deiner selbst?"

"Oh..., recht einfältig und dumm. Ich konnte - und kann - mir keinen rechten Reim darauf bilden..."

Bruder Xerx lachte, in seiner heiteren, frohen Art, laut auf: "Willst wohl jetzt gern etwas mehr über die Dir verborgenen inneren Verflechtungen, bezüglich des Vorgefallenen, hören."

"Mir wäre, in der Tat, nichts lieber, als das... Nämlich einen Aufschluss darüber zu erhalten, wie es kam, dass ich beim Zusammentreffen mit meinem 'Zweiten Ich' so gar nichts Aufrüttelndes und Aufwühlendes gespürt habe. Es hat sich alles nahezu gleichgültig abgespielt. Das irritiert mich zutiefst..!"

"Siehe, lieber Amo, das hat seinen bestimmten Grund - wie alles, was sich in Verbindung mit unserer seelisch-geistigen Entwicklung, um uns und in uns, abspielt. Die große Gleichgültigkeit und das Desinteresse, welches Du empfandst, findet seine Ursache in dem Umstand, dass Du Dir im Wesentlichen eigentlich noch selbst ein Rätsel bist.
Du bist in die Reifungs-Schule des Meisters Zacharias eingetreten, aber noch nicht recht vorwärtsgekommen. Noch bist Du gleichsam in der Vorbereitung - und erst wenn wir von dieser Reise zurückgekehrt sind, wird Deine wirkliche Unterweisung beginnen. Daher konntest Du in den Zügen Deines Ichs auch nichts erkennen. Dein Inneres ist buchstäblich noch nicht recht profiliert, unzureichend strukturiert und einfältig, das heißt spirituell kaum erfahren.
Damit sei aber keineswegs festgestellt, dass Dein 'Zweites Ich', welches mit Dir, im letzten Leben, auf einem anderen Planeten, einstmals in ehelicher Gemeinschaft zusammenlebte, nicht weiter entwickelt sein könnte, als Du es jetzt gerade bist..!
Im Gegenteil - sie ist Dir sehr, sehr weit voraus! Doch erst wenn Du Dich ihrem schon erreichten Entwicklungsstadium zu nähern beginnst, wirst Du das Leben in den Zügen Deiner ehemaligen Frau - als Deinem 'Zweiten Ich' - bemerken. Sie ist in Wirklichkeit

nämlich von einer Schönheit, die Du Dir überhaupt nicht vorstellen kannst, weil Du sie nicht wahrzunehmen vermagst. Wenn Du erst so weit wie sie vorgeschritten sein wirst, wird auch Dein Äußeres, Dein Körper, von einer fast überirdischen proportionellen männlichen Herrlichkeit sein. [3] Und - hast Du Dein 'Zweites Ich' im Erkennen erst erreicht, so werdet ihr beide die 'Ewige Ehe' eingehen, die nie mehr getrennt werden kann, und ihr werdet euch dann so ähnlich sein - äußerlich, wie auch im harmonischen Handeln miteinander -, dass ihr Fernstehenden oftmals als eine einzige Person erscheinen werdet, was ihr auch seid, wenn ihr in himmlischer Harmonie zusammenarbeitet. Aber ihr werdet - im Wirken nach außen - dennoch zwei Individualitäten bleiben, da ihr beide, trotz größter Harmonie, zwei kosmische Kräfte seid und bleibt, die in einer Einheit verkörpert sind; zwei kosmische Kräfte, welche aber getrennt, zum Wirken auf verschiedenen Daseinsebenen, unbedingt nötig sind." [4]

"Offen gestanden, ich werde aus diesen Worten nicht klug..."

"Das glaube ich Dir gern - und doch wird Dir einst, explizit dann, wenn Du in die Praxis der Dinge eingetaucht bist, alles so selbstverständlich erscheinen und vorkommen, dass Du Dich noch wundern wirst, warum Dir das nicht früher schon einzuleuchten vermochte."

"Nach Deinen Ausführungen zu urteilen, hätte ich also mein 'Zweites Ich' nicht *wirklich* gesehen, obgleich das Gesicht unverhüllt war...(?)"

"Ja und nein! 'Ja' insofern, als ihr Antlitz tatsächlich durch keinen materiellen Schleier verborgen war; 'nein', weil Du es nicht richtig zu sehen vermochtest, da Dein ganzes Weltbild noch verschwommen und ohne jeden wahrhaftigen konzeptionellen Zusammenhang ist.

Angenommen, Du besteigst einen hohen Berg und siehst von jenem ins Tal hinab.
Du wirst wohl von dem Weitblick überrascht sein, doch von dem, was sich Deinem Blick feilbietet, hast Du so lange keinen rechten Begriff, bis Du nicht weißt, *wo* sich dieser Berggipfel befindet und welche Gegend es ist, die vor Dir ausgebreitet liegt.

Bist Du aber über die Örtlichkeit geographisch und geschichtlich, vielleicht auch in Bezug auf die Geologie der Gesteinsablagerungen, das vorherrschende Klima, Flora und Fauna dieser Gegend unterrichtet, siehst Du in besagtem Panorama wirklich bisher Ungeahntes.

Du bemerkst vielleicht Schlachtfelder - ob historischarchäologisch bedeutend oder nicht -, paläontologisch interessante Plateaus, die einst von Urwelttieren bevölkert waren und so weiter. Zuvor konntest Du den Dschungel, welcher einen Reichtum an Tieren aller Art birgt, in dem seltene tropische Pflanzen wachsen und gedeihen, nicht richtig einordnen. Du siehst das alles erst, wenn Du die erforderlichen Kenntnisse besitzt. Der Ausblick von dem Berggipfel wird erst dann vielgestaltig und vollkommen sein und mag noch andere Faszinationen, als nur landschaftliche allein offenbaren, wenn Du alle möglichen diversen Aspekte des Ganzen mit einzubeziehen verstehst... Weißt Du nun, was ich meine?"

"Mit anderen Worten: Nur Gleiches kann Gleichartiges erkennen", entgegnete ich.

"So ungefähr...
Siehe, wenn Du, als Laie, in eine Versammlung von Wissenschaftlern gerätst und bist mit dem Wissenszweig und seinen Raffinessen nicht vertraut, begreifst Du kaum ein Wort von der dort gepflegten Konversation! Es wäre, als ob man in einer völlig fremden Terminologie zu Dir spräche. Ebensowenig verstündest Du die Begeisterung dieser speziell Gelehrten für deren abstrakte Begriffe, an denen Du nicht das Geringste wirklich Interessante zu entdecken vermöchtest."

"Also glaubst Du, dass ich später, wenn ich weiter fortgeschritten bin, überhaupt erst erkennen werde, was sich hinter der mir gänzlich unverständlich gebliebenen Physiognomie meines 'Zweiten Ichs', meiner ehemaligen Frau, verbirgt..?"

"Ja, so ist es."

Damit hatte ich erneut genügend Stoff zum Nachdenken und Grübeln...

12 - Der Fakir

Der Rest der Reise verlief ohne besonders erwähnenswerte Zwischenfälle und endete, zwei Tage später, an unserem Ziel, einem mit üppiger Vegetation - Bäumen, Sträuchern und Blumen - bewachsenen Hochgebirgstal, in welchem sich mehrere Ortschaften, mit verhältnismäßig regem Leben, angesiedelt befanden.

Es schienen sich dort Abkömmlinge aller mittelasiatischen Rassen zu begegnen - ich fand hochgewachsene Sikhs aus Nordindien, Burmanesen, Tibeter, Chinesen, Turkomanen [1] und undefinierbare Volksvertreter aus den Hochgebirgstundren des südlichen Sibiriens.

Unters Volk mischend, besuchte ich verschiedene Basare. Das bunte Durcheinander von Menschen, vor dem Hintergrund schneebedeckter, hoher Gebirgsmassive im Süden, bot ein faszinierendes Bild. Aus dieser Richtung waren wir gekommen, wobei der letzte Tagesmarsch einen sehr steilen Abstieg im Gefolge gehabt hatte.

Die Sonne schien vom wolkenlosen, sattblauen Firmament - doch war es nicht heiß, da eine Nordbrise wehte, gerade genug, um die Zweige der Bäume und Sträucher leise zu bewegen; allein die schlanken, dünnen Äste der Weiden schwankten im Winde anmutig hin und her.

Abends fanden sich die Mitglieder unserer Reiseexpedition allesamt wieder in der Karawanserei zusammen. Bruder Xerx schien sehr beschäftigt zu sein. Ebenso die anderen, die emsig Bündel gehandelter Waren verluden. Mir hingegen war keine Aufgabe zugeteilt. Als ich mich darüber "beschwerte", denn auch ich wollte mich gerne nutzbringend betätigen, bedeutete mir Bruder Xerx mit orakelhafter "Präzision":

"Sieh Dich nur recht um..! Das ist vorläufig für Dich wertvoller, als Lasten zu verschnüren und zu verstauen. Vielleicht lernst Du bei Deinen Inspektions-Spaziergängen noch so mancherlei..."

Er sagte jenes so bedeutungsschwanger, wie von einem augenzwinkernden Vorauswissen erhellt, dass ich das Gefühl hatte, etwas Besonderes erleben zu **sollen**.

Und tatsächlich war das auch der Fall, denn am dritten Tage, spätnachmittags, bummelte ich in einem Vorort umher, folgte, wie ein gemütlicher Wanderer, dem mäandernden Lauf eines sprudelnden Gebirgsflüsschens, welches sich vehement aus dem Hochgebirge im Süden in die nordwärts gelegenen Ebenen schlängelte. Am grasbewachsenen Ufersaum gab es in Gruppen stehendes Gestrüpp, einzelne Bäume, Ansammlungen einer exotischen Gattung der Trauerweide, sowie verstreute, kleine Birkenwäldchen.
Dieses Hochgebirgstal war klimatisch besonders begünstigt, zumal sich auch heiße Quellen in der Nachbarschaft befinden sollten. Als ich so am Ufer entlangschlenderte, stieß ich plötzlich auf einen Fakir [2], der, auf einem kleinen Teppich, in der typischen Lotus-Stellung verharrte und sinnend, mit nur halb geöffneten Augen, ins – vermeintlich – Leere starrte, beziehungsweise im Samadhi-Zustand [3] innere göttliche Visionen auslotete.

Ich wollte gerade leise zurücktreten, um ihn nicht zu stören, als er mich - auf Englisch - ansprach: "Bleibe nur ruhig hier, Bruder. Du bist mir nicht unbekannt, denn Du kommst von der Stätte des Meisters Zacharias, mit dem ich oftmals in Verbindung stehe."

Ich weilte nun schon lange genug in Asien, um zu wissen, dass jenes "in-Verbindung-stehen" auf mancherlei Weise möglich sein kann - teils durch persönliche Besuche, teils aber auch auf "nur" seelisch-geistige, das heißt telepathische Weise. Darum erwiderte ich zunächst nichts.

Der fremde Yogi forderte mich, stattdessen, auf: "Setze Dich bitte... Hier, mir gegenüber..."

Nachdem ich seiner Einladung Folge geleistet hatte, fuhr er fort: "Ich habe Dir etwas mitzuteilen, was Deine allfällige, zu erwartende Zukunft anbetrifft.
Du wirst ein langes Leben führen, gegen Ende Deines irdischen Daseins auf einem anderen Erdteil wohnen und Dich dort intensiv angeregt fühlen, Deine spirituelle Philosophie denen zu enthüllen, die auf diesem anderen Kontinent zwar ansässig sind, ursprünglich indes aus Deinem deutschen Heimatland einwanderten.

Du wirst das deswegen tun, weil gegen Ende Deines Lebens die ganze Welt durch ein furchtbares Ereignis gehen wird, welches, nach schwersten Leiden, endlich eine bessere Welt gebären wird. Du wirst diejenigen, die aus Deiner eigenen Heimat stammen, trösten und aufrichten wollen. Und Du wirst ganz Recht daran tun, denn daraus mag noch einmal sehr viel Gutes erwachsen..!"

Ich schwieg und wartete auf weitere Enthüllungen. Solche kamen auch - doch befassten sich jene mit meinem bevorstehenden, privaten Entwicklungsgang und berührten Probleme und Reifungsphasen, die ich bei meinem weiteren Studium unausweichlich durchqueren würde, über welche ich, an dieser Stelle, aber nicht weiter ausführen möchte, da sie Fernstehenden doch verständnislos bleiben müssten.

Seltsamerweise sah ich, während der prophetischen Rede des Fakirs, jeden einzelnen Entwicklungsschritt, den er beschrieb, visuell vor mir und erlebte ihn sozusagen schon im Voraus.

"Ich gebe Dir diese Aufklärung auf Wunsch des Meisters Zacharias", schloss er ab, "damit Du weißt, was Dich erwartet, ehe Du, vollends ausgebildet, die Stätte des Meisters verlassen kannst."

Als mein Gegenüber, der Yogi/Fakir, daraufhin wieder in scheinbare Teilnahmslosigkeit verfiel, bedankte ich mich und ging, durch das raschelnde Gras eine kleine Schneise ziehend, fort. Nachdenklich kehrte ich zur Herberge unserer Karawane zurück; nachdenklich deshalb, weil das, was ich zu lernen und zu bemeistern haben würde, mir fast undurchführbar erschien!

Ich legte mich frühzeitig aufs Ohr und grübelte immer noch über das Gehörte nach, als, überraschend, Bruder Xerx an mein Ruhelager trat. Er sah mich in seiner, für ihn so typischen, freundlichen Weise an und bemerkte: "Sei nur nicht entmutigt, Bruder Amo; was Dir jetzt so undurchführbar erscheint, wird sich im Laufe Deiner Ausbildung ganz von alleine ergeben."

Mich bei Bruder Xerx für seine Ermunterung bedankend, schlief ich ein.

Der Schlaf war tief und scheinbar traumlos. Als ich am Morgen erwachte, durchströmte mich ein Gefühl des Ernstes und der Entschlossenheit, alles zu lernen und an Prüfungen zu bestehen, was notwendig sein mochte, um ebenfalls ein Meister zu werden

- allein zu dem Zweck, unerkannt und unauffällig meinen Mitmenschen, im Dienste Gottes, als dem Herrn der Schöpfung, helfen zu können.

Leicht zu erahnen, dass der Schöpfer so viel als möglich aktive Mitarbeiter in seinem "Weinberg", dem "Missionsland Erdball", benötigt! [4] Gott sollte daher fortan mein Ein und Alles sein - und ich wollte versuchen, den Rest meines Lebens, aus freien Stücken, Ihm völlig zu weihen, um das auszuführen, was zum Besten aller dienen könne.

Ich *wollte* - ganz freiwillig, ohne mich dahingehend gezwungen zu sehen - ein rechter und tüchtiger "Soldat" des Himmlischen Vaters werden, der gegebene Anordnungen ausführt, ohne zuvor bedingend nach einem "warum" oder "weshalb" zu fragen. Ich kam mir somit vor, wie ein Rekrut des Höchsten, wie ein künftiger Kämpfer - zugleich aber auch in der Demut eines Zahnrädchens im Getriebe eines gewaltigen, universal-kosmischen Werkes. Meine ganzherzige Weihe entsprang, kurzum, einzig meiner Hingabe und Liebe an IHN.

Am nächsten Mittag traten wir mit unseren Lasten den Rückweg an, der uns durch dieselben Gegenden führte, wie beim Hinmarsch; beim Frauenkloster jedoch legten wir keinen Halt ein, sodass ich keine Gelegenheit fand, mein "Zweites Ich" nochmals zu Gesicht zu bekommen.

Glücklich, und ohne Zwischenfall, gelangten wir zurück zur Stätte des Meisters Zacharias...

13 - Unterricht zum Initiierten

Jetzt begann für mich eine Zeit der Ausbildung, die ich nie vergessen werde, da sie den scheinbar eintönigsten und geisttötendsten Abschnitt meines ganzen Lebens darstellte. Warum schreibe ich "scheinbar"? Weil jenes Durchlebte keineswegs vergeblich, sondern im Endeffekt hochnützlich war! Ich bezweifle, ob mehr als eine Handvoll derer, welche diese Zeilen lesen, die erste Ausbildungszeit überstanden haben würden... Mir wäre es vielleicht ebenfalls kaum gelungen, wenn ich, als einstiger deutscher Offizier, nicht gewusst hätte, dass diese so banal daherkommende Ausbildung in Wirklichkeit etwas ganz anderes bezweckte, also einem tieferen Sinn folgte - nämlich das Erzwingen eines Gehorsams des Körpers auf Anregung der Seele und des Geistes, der Individualität, hin.

Man verstehe die "hierarchische" Rangordnung:

1. Geist / "göttlicher Funken" / individualisierter Lebenskeim

^

2. Seele / Astralleib / ~ Psyche / "Gefühlskörper"

^

3. Physis / unser feststofflicher, schwermaterieller Erdenkörper

Ergo: Erst wenn der irdische Fleischesleib absolut unter Kontrolle gefügt ist, kann damit begonnen werden, die Seele, als "Vehikel" des göttlichen Funkens, zuverlässig an die Führerschaft des Geistes zu binden. Die Dinge müssen zwangsläufig Schritt für Schritt geschehen, langsam - aber gründlich...
Zugleich mit dem Training des Körpers und, in einer zweiten - parallelen - Mission, der Seele, erfolgte indes auch ein Erwachen der Individualität, welche sich immer mehr ihres göttlichen Ursprungs und Eins-Seins mit Gott, dem Schöpfer selbst, bewusst wurde..!
Voll erwacht, erkennt der Geist, die Individualität, erst wirklich, dass er/sie völlig eins mit Gott ist, sozusagen ein von Gott

festgehaltener Gedanke, der aber ewig bestehen bleiben wird, da Gott ja selbst ewig ist.

Sämtliche Schleier, von denen der Geist, zu seinem eigenen Besten, bisher umhüllt gehalten wurde, fallen alsdann ab und vor dem Individuum liegt - ausgebreitet wie ein Panorama - alles, was es bis jetzt erlebte, getan und wie es gehandelt hat; alle Leben und Existenzen auf Erden, und gegebenenfalls auch extrasolaren Planeten, sowie sein Walten in anderen Daseinsebenen des sogenannten Geistigen Reiches... [1]
Man versteht dann vollauf, *warum* man dieses und jenes hatte erleiden müssen und amüsiert sich fast über seine eigene Beschränktheit, die einem solches nicht hatte verständlich erscheinen lassen, sodass man sich widersetzte, rebellierte und damit nur weitere Probleme, Beschwerlichkeiten und Nöte erschuf...
Indes: Mit diesem Wissenszuwachs zugleich, durchströmt jeden so Erwachten auch eine überwältigende Flut von Mitleid und Liebe für die noch nicht zu solcher Erkenntnis vorgedrungenen Menschen - Brüder und Schwestern -, dass ihn/sie nur noch ein einziger Wunsch beseelt:
Helfen, helfen, helfen..!

Doch nun (gottähnlich geworden) weiß man auch, dass nur zu raten ist; beraten und unterweisen - aber nie etwas zu *erzwingen*! Und so erlebt man oft, wie sich jene Mitmenschen, denen man gern die ganze, als Wahrheit erkannte und umfassend verstandene, Schöpfung zugänglich machen möchte, nicht darum scheren - weil ihnen noch die Wertschätzung dafür fehlt.
Hat uns der Wunsch des Helfens zum Bewusstsein gebracht, *warum* Gott die Menschheit so liebt (die sich mehrheitlich - wie oben erwähnt - kaum wirklich um Ihn bekümmert), wird uns auch klar, wie unendlich groß der Schmerz des Schöpfers sein muss, wenn Er von diesen, seinen Geschöpfen, nichts weiter als Desinteresse, Undank und schärfste Abweisung zurückerhält.

Zum Abschluss meiner Ausbildung, als ich "Meister" geworden war, verstand ich auch, warum der Schöpfer, aus Sich heraus, Wesen gebildet, geformt, hatte und in Erscheinung treten ließ - nämlich, um seinem unendlichen Liebesdrang Ausdruck verleihen zu können. Denn, was nützten Ihm selbst alle Freuden und

Schönheiten, wenn Er sie immer nur allein genießen müsste; nicht auch andere daran teilnehmen lassen könnte..?

Nur so konnte Seine grenzenlose Liebe zur grenzenlosen Glückseligkeit auswachsen.

Ich verstand aber auch den kosmischen Schmerz, den derselbe Kreator empfinden muss, wenn Er sieht, wie sich die von Ihm geschaffene Menschheit eigenwillig von allen Möglichkeiten, an dieser Glückseligkeit zu partizipieren, absperrt - aus ignoranter Dummheit, Starrsinn und Arroganz...

Er darf daran nichts ändern, weil wahre Glückseligkeit nur durch freiwilliges Eingehen darauf, und keinesfalls durch Zwingen, erreicht werden kann. In dem Augenblick, da Gott irgendeinen Zwang ausüben würde, hätte er den Menschen auch schon den freien Entscheidungswillen genommen und sie ihrer Anwartschaft beraubt, je seine Mitschöpfer und vollmächtigen Helfer werden zu können.

Darum müssen auch besonders "ehrgeizige" Engel, das personifizierte Gute und Heilige, erst einmal Erdenmenschen geworden sein, ehe sie nicht nur einfach automatisch das Rechte und Reine tun und verkörpern, sondern es ebenfalls aus freier Wahl, und damit als wahrhaftige *Kinder Gottes*, wirken. [2]

Erst somit können sie von angewiesenen, ausführenden Boten zu vollständigen Gotteskindern werden - wenn ihnen an einem solchen Entwicklungsschritt gelegen ist -, welche, in die Eigenständigkeit entlassen, selbsttätig handeln und schöpfen.

*

Diese Einleitung ist vielleicht, zum wirklichen Verständnis des Nachfolgenden, angebracht. Oftmals taucht ja die Frage auf, warum ziehen sich die "Meister", "Eingeweihten" und sogenannten "Heiligen" aus dem Erdengetriebe zurück, anstatt, wie jeder andere Mensch auch, in und mit der Welt zu leben?

Nun, als "Eingeweihter" unter den Menschen zu leben, hätte gar keinen Zweck, da sie entweder ausgelacht, von zynischen Reportern verhöhnt, von der Priesterschaft als Schwindler hingestellt oder von Politikern bedrängt werden würden, sie auf korrupte Weise bei Wahlen zu begünstigen. Nur wer sich selbst bemüht, gottähnlich zu werden, erkennt einen "Meister" als solchen; nur dem offenbart sich ein "Meister" als solcher. Doch die sogenannten "Heiligen" leben, im Übrigen, gar nicht sooo isoliert und von der Welt abgeschlossen, wie man gemeinhin denken mag.

Ich selbst wohne, zum Beispiel, in meiner Gegend als gewöhnlicher Siedler, der seine kleine, reizvoll ins Gebirge eingebettete, Farm bestellt; offiziell geologische und naturwissenschaftliche Studien betreibt, ab und zu mal in den Corner-Store geht, um Einkäufe zu erledigen, mit den im Laden herumsitzenden Farmern plaudert und scherzt - ohne dass auch nur irgendjemand eine Ahnung hätte, dass *ich* "der Eremit" bin, der euch Aufschlüsse über geistige Geheimnisse gibt!

Glaubt ihr etwa, liebe Leser des "Geistigen Lebens", es hätte Wert, über das, was ich euch hier berichte, und von den "okkult" geheißenen Offenbarungen, welche ich übermittle, im Corner-Store mit den herumsitzenden Farmern zu reden (obgleich sich einige tiefe Denker darunter befinden, die übrigens in mir etwas vermuten, ohne aber zu wissen, was es ist)..?

Ich führe also quasi ein Doppelleben: Das eines biederen Farmers und Wissenschaftlers, der vielleicht manchen ein bisschen schräg erscheint, aber lustig mit den Lustigen, traurig mit den Traurigen, heiter mit den Heiteren und so weiter und so fort ist [3]; ferner aber auch noch das Leben des Einsiedlers, des "Meisters", den ihr körperlich nicht zu sehen braucht, da er euch nur Geistiges zu geben hat und - während der gemeinsamen Gebetsmeditationen an den Freitagabenden [4] - geistig bei euch und in euch ist.

Wichtig, in diesem Zusammenhang, zu erwähnen: Betet aber niemals zu mir, sondern immer nur zu Gott! Außerdem bete ich mit euch nur, um euer Gebet zu bestärken, nicht um für euch eine ablassartige Vergebung der Sünden zu erwirken. O nein! Wegen eurer sündigen Verfehlungen und Schwächen müsst ihr *euch selbst* an Gott wenden! Es ist dazu niemals ein Vermittler nötig. [5]

Übrigens bin ich nicht der einzige "Eingeweihte", der in Amerika lebt. Es gibt verschiedene in den unterschiedlichsten Berufen. Auch sie sind unerkannt und bestreiten eine zweifach ausgerichtete Existenz - nämlich diejenige eines gehorsamen Bürgers, fleißigen Arbeiters, freundlichen Nachbarn; und das Leben des "Meisters", welches auf geistigem Gebiete liegt - von dem der Leser im Verlaufe dieser Mitteilungen einen noch tieferen Einblick erhalten wird.

Kann man solche "Eingeweihten" erkennen? Der Durchschnittsmensch bestimmt nicht! Der spirituell Orientierte ja! Solche, die Okkultismus und Mystik studieren [6], mögen unter Umständen einen "Meister" zumindest erahnen, ebenso gottgläubige und fromme Menschen, welche sogar gelegentlich einmal den Besuch eines "Eingeweihten" erhalten, ohne es zu wissen.

Woran erkennt man denn einen "Meister"?

Am leichtesten lässt sich diese Frage wohl durch Aufklärung darüber beantworten, was ein wahrer Adept niemals tut oder tun würde:

Ein solcher wird niemals okkulte Kurse veranstalten, niemals Hotel-Suites bewohnen, niemals Ansprüche auf irgendetwas erheben, niemals sich rühmen, Aufschlüsse über Vorleben geben zu können, niemals (lediglich zur Befriedigung der Neugierde) Wunder wirken - vor allem aber wird er in seinem Auftreten ein sehr bescheidener, schlichter Mensch sein; ja, sich absolut unauffällig benehmen, das heißt keine besondere Beachtung der Welt oder seines Umfeldes erstreben.

Es tut auch wirklich nichts, wenn ihr uns nicht seht oder bei euch habt. "Eingeweihte" wollen nur aufklären, fördern und helfen, aber keine Wundermenschen oder gar Wunderapostel sein! Die Hilfe eines solchen kommt, unwahrnehmbar, für jeden, sobald er/sie aus eigener Kraft strebt, sich geistig und seelisch zu entwickeln. Das aber muss jeder allein tun. Braucht er Hilfe, so bete er, wie schon einmal betont, nicht etwa zu irgendeinem "Heiligen Mann", sondern nur direkt zu Gott, wie zu einem Vater. Kommt dann Hilfe durch einen "Meister", so erfolgt jene, letztendlich, nur auf **Gottes** Geheiß. Das ist dann das Richtige. [7]

An dieser Stelle, zur Einführung des Ausbildungsganges, noch etwas anderes:

Warum, so mögen manche fragen, all diese beschwerlichen Übungen, Ausbildungen und Exerzitien, um ein "Initiierter" zu werden, wenn man dasselbe auch langsam und allmählich durch seelisches und geistiges (natürliches) Wachstum erreichen kann? Dieser Einwand ist gut!

Die Antwort darauf kann jeder selbst finden, wenn er sich, stellvertretend für die Gemeinschaft, die nachstehenden Fragen vorlegt:

Warum fährt jemand im Pullmanwaggon [8] und zahlt mehr, wenn er im gewöhnlichen Eisenbahnwaggon, billiger, genauso schnell zum selben Ziel gelangt?

Warum quält sich jemand ab, ein *aktiver* Baseballspieler werden zu wollen, wenn er das Spiel doch ebenso von der Tribüne eines Baseball-Stadions aus beobachten könnte?

Warum zahlt jemand für ein Auto mehrere tausend Dollar ($), wenn er einen guten Wagen für einen Bruchteil eines teuren erstehen kann, welcher ebenso gut fährt, wie der teure?

Warum will jemand das Leben bequem in einem Schaukelstuhl träumend genießen, während ein anderer seine Lebenserfüllung darin findet, mit dem Motorrad ausgiebige, abenteuerliche Reisen zu unternehmen?

Also..: Jeder hat eben seine eigenen, individuell geprägten, gewachsenen Anschauungen vom Dasein; hat Wünsche und verfolgt Bestrebungen, deren Ursprung weit, weit in seiner Entwicklung zum Menschen zurückliegen und auch etwas mit den Eigenschaften und dem Betätigungsdrang seiner Seele zu tun haben, die bekanntlich ihren Aufstieg aus dem Tierreich nahm. [9]

✳✳✳

Meine Ausbildung begann damit, dass ich nach einem neuen Quartier verlegt wurde; einem anderen Flügel des, wie ich nun sah, viel ausgedehnteren Unterkunftskomplexes der Stätte des Meisters Zacharias, als es mir anfänglich erschienen war.
Mein Leben gestaltete sich sehr stereotyp. Es begann zeitig am Morgen: Jeder bewohnte eine kleine, spartanisch eingerichtete, das heißt komfortlose Stube, die sich, für europäische Begriffe, mehr wie eine Gefängniszelle ausnahm. Nachdem wir uns in einem besonderen Raum gewaschen und gereinigt hatten, in welchem Wasser in Kübeln bereitstand, die jeder abwechselnd - eine Woche hindurch, abends - zu füllen hatte (im Sinne eines Stubendienstes für alle zur selben Klasse gehörenden Studierenden), ging es nach einem größeren Raum, wo gemeinschaftlich das Frühstück eingenommen wurde, welches stets frugal-bescheiden zu nennen war und aus irgendeinem Brei

(Getreide, Hirse oder ähnliches), nebst nachfolgendem Obst bestand.

Daraufhin begann in einer weiteren Räumlichkeit der Unterricht. Die ersten Monate hindurch war es keinem der Schüler erlaubt, auch nur *eine* Frage an den Lehrer zu stellen! Ebenso durfte er sich nichts notieren - er hatte nur gespannt zuzuhören. Eine jede Unterrichtssequenz wurde jeweils drei Tage hindurch wiederholt, sodass sich das Gehörte einprägte. Am Ende eines solchen Schulungstages, in seinen eigenen vier Wänden, durfte man allerdings für sich Aufzeichnungen des Gehörten anfertigen. Nur abends, kurz vor dem Schlafengehen, war es gestattet, sich - etwa eine Stunde hindurch - mit seinen "Kommilitonen" zu unterhalten. Der Zweck dieser Ausbildung war offensichtlich *innerlich* ruhig und aufnahmefähig zu werden, den Mitteilungsdrang allmählich unter Kontrolle zu bringen und zu lernen, alles durch pure Aufmerksamkeit, also Konzentration, zu erfassen und zu behalten.

Unsere Klasse bestand aus sieben Schülern.

Wie ich später erfuhr, setzten sich Klassen generell immer nur aus einer bestimmten Anzahl von Studierenden zusammen - je nach dem Charakter des Lehrgegenstandes. Ich verstand das aber erst später, als ich in die Mysterien der Bedeutung der Zahlen als "Vibrations-Oktaven" [10] eingeführt wurde.

Meine sechs Mitschüler waren Orientalen, welche, an und für sich schon, verschlossener als wir Okzidentalen [11] sind. Diesen fiel das ganztägige Schweigen überhaupt nicht schwer. Mir anfangs auch nicht sonderlich; aber nach etwa drei Wochen überkam mich ein solcher Drang mit jemandem sprechen zu können - auch am Tage -, dass ich, kompensativ, vielfach in meiner Klause Selbstgespräche führte.

Man störte mich dieserhalb nicht, obgleich mein Befinden und Verhalten im "Museum" automatisch vermerkt, meine Situation und Stand der Ausbildung überwacht wurde. Mit dort war ich "magnetisch", das heißt energetisch verbunden, und all mein Handeln zeichnete sich synchron und parallel zur tatsächlich stattfindenden Entwicklung auf und wurde, wie in einem "Führungszeugnis", gespeichert.

Wohl hatte mir Meister Zacharias dieses "Museum" einst gezeigt [12] und auch die Funktionsweise desselben erklärt, doch jetzt dachte ich daran nicht mehr. Ich machte überhaupt verschiedene, bizarre und verquere Charakterphasen durch. Obgleich doch mein Eintritt in die Schule des Meisters absolut freiwillig erfolgt war, bäumte sich manchmal irgendetwas in meinem Inneren gegen die Reglementarien und Verschriften auf, welche mich - anscheinend meinen Willen beschneidend und ihm zuwiderlaufend - umgaben.

Sobald ich indes wieder im Unterrichtszimmer mit den sechs Orientalen zusammensaß und sah, wie diese mit allem, was um sie herum vor sich ging, höchst zufrieden zu sein schienen, schämte ich mich. Dennoch vermochte ich mir nicht immer zu helfen - wenn die in mir schwelenden Konflikte an die Oberfläche spülten, rebellierten jene in mir..! Geschah dies, war es mir, als ob (abends, bei unserem "Erholungsstündchen") meine Mitstudierenden besonders freundlich, wenn nicht sogar herzlich, zu mir waren - als ob sie mich trösten, aufmuntern oder für das, was ich als defizitär erlebte, entschädigen wollten.

»

Nachdem ich den, mir fast zum Halse herauswachsenden, eintönigen Unterricht, auf diese gratwandernde Weise, viele Wochen oder gar Monate, "durchgehangelt" hatte, wurde ich eines Mittags, nach der Hauptmahlzeit, zu Meister Zacharias beordert.

Kaum trat ich in sein Zimmer, kam er mir mit ausgestreckten Armen entgegen, umgriff freundschaftlich meine Schultern und führte mich zum Besucher-Sitzplatz:
"Ich verliere Dich nie aus den Augen, lieber Bruder Amo, auch wenn Dir das manchmal so erscheinen mag. Ich weiß, wie Dir zumute ist! Um Dir ein wenig zu helfen, habe ich Dich zu mir gebeten. Da Du meinem Herzen besonders nahestehst und ich, aus eigener Erfahrung, weiß, wie schwer - gerade für Europäer - diese Form des Unterrichtes ist, will ich Dir Gelegenheit geben, Dich mir gegenüber aussprechen zu dürfen. Ich kann Dir das gestatten, da Du durch Dein Vorleben weit genug vorgeschritten bist, dass Dir eine solche gelegentliche Unterbrechung und Abweichung von den Regeln dieser Stätte, die ich allein hier vornehmen darf, nicht schaden wird. Also, was liegt Dir auf der Seele und möchtest Du gerne 'loswerden'..?"

Sonderbar! Wie oft hatte ich die letzten Wochen hindurch den innigsten Wunsch verspürt, mit jemand Berufenem, betreffend meine Probleme, kommunizieren zu dürfen; doch jetzt, wo ich es konnte, hatte ich kein Verlangen mehr danach.

Meister Zacharias sah mich lächelnd an: "Ich weiß, dass Du, im Moment, innerlich ganz zufrieden zu sein scheinst. Das ist darauf zurückzuführen, dass Du in meiner Nähe weilst und meine liebevolle Anteilnahme Dich direkt umgibt, so dass Du sie sogar mit Deinen gewöhnlichen Sinnen wahrnehmen und empfinden kannst - wie dies sonst nur durch Dein Unterbewusstsein geschieht, beziehungsweise Dein *Über*bewusstsein [13], welche Verbindung herzustellen, bei Dir allerdings noch nicht voll ausgebildet ist.
Also... Denke jetzt mal ganz ruhig nach, was Du für spezielle Anliegen auf dem Herzen hast..."

Ich schwieg, weil mir wirklich augenblicklich nichts einfiel.

Nach einer Weile erkannte der Meister meine Situation und fuhr seinerseits fort: "Nun, so werde ich Dir helfen, weil ich weiß, wie auch mir anfänglich zumute war...
Was Dich, als Europäer, am meisten quält, ist der Umstand, dass Du nicht recht begreifen kannst, was der Unterricht, den Du derzeit genießt und der Dir manches Mal geradezu lächerlich vorkommt, wohl mit der Ausbildung zu einem "**Meister**" zu tun haben soll. Stimmt's?"

Ich nickte: "Ja, es ist so, wie Du es sagst..."

"Sieh: Könnte, zum Beispiel, ein Baumeister - trotz seiner Genialität - etwas fertigbringen, wenn er nicht gleichzeitig geschulte Arbeitskräfte für sein Projekt zur Verfügung hätte? Nein!
Er sollte, überdies, mit deren Wirken und Aufgaben voll vertraut sein, ehe er seine genialen Pläne verwirklichen kann; denn er muss wissen, was, und wieviel, er von seinen Arbeitern verlangen darf.
Mit anderen Worten: Er ist gut beraten, nicht nur deren Können und Wissen, sondern auch ihre ganze Einstellung, Denkweise und Motivation zu verstehen und zu berücksichtigen. Wer die Anlage dafür nicht hat, muss sie zuvor erlernen. Notwendig dafür sind:

-> Der Wunsch, seine wohldurchdachten Zielsetzungen zu verwirklichen;

-> mit Hilfe anderer, die ganz verstanden sein müssen, um die beste, eifrigste Arbeitsleistung zu erzielen;

-> weiters gehört dazu ein wirkliches Empfinden von Bescheidenheit und Anpassungsfähigkeit, um die Hilfe der Mitwirkenden freudig und selbstlos zu erhalten;

-> schließlich Ausdauer, die niemals erlahmt.

Auf das Erlangen dieser vier [14] wichtigen Vorbedingungen aller erfolgreichen Taten, kommt es also zuerst an:

1. Wunsch und Wille;

2. Vertrauen zu den Mitwirkenden;

3. Eigene Demut und die Fähigkeit zur Empathie;

4. Konsequente Beharrlichkeit.

Und das sind gerade die Eigenschaften, die Dein jetziger, so eintöniger Unterricht bei und in Dir erwecken soll..!
Schon durch bloße Teilnahme an dem Unterricht - und als Essenz Deiner momentanen, abwechslungslosen Lebensweise - werden die Belehrungen für die erwähnten Eigenschaften intuitiv Deiner Seele zuteil. Du magst das kaum bemerken...
Infolge Deiner Anstrengungen in Deinem Vorleben wird diese spezielle Unterrichtsvariante für Dich aber nicht mehr allzu lange dauern. Und um Dir den Übergang zu erleichtern, sollst Du wieder eine Proviantkarawane begleiten. Diesmal indes musst du doppelt vorsichtig sein, da wir jetzt mitten im Himalaya-Winter stehen, der hier oben furchtbare Wetterunbilden mit sich bringt. Es kommt vor, dass die (gefühlte) Temperatur [15] zuweilen bis gegen Minus 70, 80° Celsius fällt und der Höhensturm trotzdem weiterweht. Auch die Schneemassen, welche in dieser Jahreszeit niedergehen, sind oft ganz ungeheuerliche. [16] Dazu kommen die gelegentlichen Schneestaublawinen. Du musst Dich also ganz genau nach dem Leiter der Transportkolonne richten und seine Anweisungen aufs Wort befolgen.

Es wird wieder Bruder Xerx sein, den Du ja sehr gern hast, nicht wahr..? Weißt Du auch warum?"

"Ich spüre wohl irgendein 'magnetisches Band' der Zuneigung und Sympathie; aber wodurch es geknüpft ist, weiß ich nicht. Weiß denn Bruder Xerx den Grund..?"

"Ja, er weiß es - und er bat mich, Dir diesen freiweg mitzuteilen. Er war - in Deinem Vorleben auf dem anderen Planeten - Dein Lieblingsbruder. Ihr wart unzertrennbar - bis zu Deiner Ehe..."

Ist das nicht merkwürdig, dass man alle früheren Verwandten, Freunde und Bekannten anscheinend immer wieder trifft - und zwar noch im Jenseits, und dann wieder hier auf Erden?!"

"Das ist nicht *so* merkwürdig, wie Du glaubst...
Ein jeder Mensch ist eine Individualität; als solche ein besonderer Funken Gottes - und damit ewigwährend wie Gott. Gottes Intention ist nun, seine unzähligen Geistesfunken genauso autark zu machen, wie Er selbst, um intelligente, freudige, aber auch absolut zuverlässige Mitarbeiter zu haben. Er könnte sich jeden Augenblick solche in Unzahl erschaffen - doch diese wären dann nur unfreien "Automaten" gleich, um, wie ein verlängerter Arm Seiner Selbst, exakt das zu tun, was sie tun sollen. Gott indes will **freie** Mitarbeiter! Deswegen muss jeder von Ihm als Individualität abgesonderter Funken erst eigene Erfahrungen sammeln.
Durch Verwandte, Bekannte und Freunde werden nun Begegnungen und Verbindungen in seine seelische und spirituelle Entwicklung, zum absolut freien Mitarbeiter Gottes, hineingestreut, welche sozusagen die *Typen* der ganzen übrigen Menschheit charakterisieren. Kein Individuum braucht dabei alle Menschen, im Einzelnen, in seinem Entwicklungs-Dasein zu treffen, sondern nur deren typische Vertreter. Solche sind dann die Verwandten, Freunde und Bekannten, welche jeder Mensch hat und in seinem Leben trifft. Die Bindungen - böser und guter Art -, welche er auf diese Weise knüpft, sind seine dauernden Examensproben zur endlichen Reife eines wirklich freien und aktiven Mitarbeiters Gottes.
Mit Verwandten, Freunden und Bekannten bleiben wir, durch unsere früheren Beziehungen, auch im Jenseits, noch lange verbunden - solange, wie wir immer noch an unserer

Vervollkommnung arbeiten müssen. Haben wir durch sie - und mit ihnen - gänzlich das einzige Gebot Gottes für absolute Freiheit begriffen, so dass die Seele und der Geist in solcher Individualität die Wiedergeburt erlebt, sind beide Parteien aus jedweder (früheren) Verkettung zueinander befreit.
Aber nicht eher!
Das einzige Gebot Gottes für Gewinnung absoluter Freiheit lautet bekanntlich: '**Liebe Gott über alles und deinen Nächsten wie dich selbst!**'" [17]

"Hmm... Mit anderen Worten: Wir müssen die Last unserer 'buckeligen Verwandtschaft', sowie leidige Bekanntschaften dauerhaft mit uns herumschleppen?"

Ein Schmunzeln flog über des Meisters Lippen: "Ja und Nein! Du bist sie im Augenblick Deiner **Wiedergeburt** [18] los... Aber dann wirst Du sie erst recht nicht im Stiche lassen, sondern ihnen vorwärts zu helfen versuchen, weil Du dann einsiehst, dass *sie* die einzig richtigen Hindernisse in Deinem Lebens-entwicklungsgang für Deinen Sieg und Dein Eingehen in die wirkliche Freiheit gewesen waren."

"Na schön... Trotzdem wird man offensichtlich von seinen unfreundlichen 'Freunden' und, durch fleischliche Abstammung begründete, Verwandtschaften [19] noch lange gepiesackt und muss sich also von ihnen ausnutzen lassen..!"

Meister Zacharias lachte leise: "Du bist mir ja ein wahrer Eremit, Du..!
Nein, nein, das habe ich nicht gesagt! Sie sind sozusagen ein unverzichtbares Segment und Element Deines Lehrprogramms!
Lerne an ihnen - in Bezug auf Dein Entwicklungs- und Reifeziel - zwischen Wichtigem und Unwichtigem zu unterscheiden! Was unwichtig ist, lasse fallen.
Seinen Nächsten lieben heißt nicht, ihm beständig 'Zuckerbrot' zu geben oder 'Honig um den Bart zu schmieren', sondern ihm auch einmal ordentlich die Meinung zu sagen und ihn 'links liegen zu lassen', wenn er es in seinem Eigensinn verdient. Doch *was* das Richtige ist, das hast Du selbst in Deinem Herzen zu entscheiden. Das gehört zu Deiner Lebensschulung! Entscheiden musst Du selbst lernen!"

Nach diesem trat eine Pause in unserer Unterhaltung ein. Ich war nachdenklich geworden. Es war mir plötzlich, als ob ich hellseherisch all die Bindungen wahrnähme, die uns mit magnetischer Gewalt an Mitmenschen und Umstände fesseln; Bindungen, welche nur durch unsere Selbstbefreiung, infolge Entwicklung der Seele durch den Geist, bis zu beider Vereinigung - der seelischen Wiedergeburt - gelöst werden können.

"Du hast absolut recht", hörte ich die Stimme des Meisters wieder anheben. "Ich kenne Deine Gedanken, mit denen Du Dich zurzeit beschäftigst...

Du siehst dabei gleichzeitig aber auch, dass niemand einfach vor dem fortrennen kann, was für seine Entwicklungslinie, per zu sammelnder Erfahrungen, bestimmt ist. Darum kann man nur wie ein tapferer Soldat des Lebens, durch Selbstüberwindung, diese Bindungen lösen - womit wir von allen Belastungen immer freier werden.

Ein General braucht sein Gepäck nicht mehr zu tragen, wie ein gewöhnlicher Soldat. Dafür hat ein General aber größere Aufgaben, voller Verantwortung, und mit zum Teil erheblicher Tragweite, zu bewältigen. Indes - wie erwähnt - hat jeder *seine* Verstrickungen *selbst* zu lösen. Würden sie für ihn gelöst werden, so wäre er unfrei, denn er hätte die Lösung ja nicht aus eigener Initiative und vermittels der dazu notwendigen Kämpfe, Bestrebungen und Ausdauer erzielt.

Allerdings ist der Mensch dabei nicht ohne Beratung..! Er hat einen Leitfaden, der unfehlbar ist, wenn er beachtet wird; nämlich wiederum das Gebot: 'Liebe Gott über alles und deinen Nächsten wie dich selbst!' Dann ist alles möglich. Dann erreichen wir die 'Wiedergeburt'.

Dazu möchte ich Dir auch gerne definieren, was eigentlich Liebe ist...

Liebe bedeutet Zuneigung, Sympathie, Mitgefühl, Opferung für den anderen - aber stets *aktiv*, nie passiv! Das heißt, zum Beispiel, Du opferst Dich, aus eigenem Antrieb, für jemanden auf, weil Du ihn/sie liebst - nie aber im Sinne des ungewollten sich-ausnutzen-lassens! Es geht also um *aktive* Zuneigung, Sympathie, Mitgefühl, Opferung - wobei wir uns nicht im Geringsten darum zu scheren brauchen, wie unser Umfeld darüber urteilen mag. Maßgebend ist unser eigenes Befinden!

Siehst Du nun, lieber Bruder Amo, wie wichtig es ist, zu solcher richtigen Auffassung zu gelangen? Das ist, was Du jetzt, in dem scheinbar so eintönigen Unterricht, fundamental lernst!"

Ich nickte nur stumm, weil ich zutiefst verstand, dass Meister Zacharias gänzlich richtig lag.

"Du kannst ja noch keine rechte Begeisterung empfinden", beantwortete der Meister meine unausgesprochenen Gedankengänge. "Da Du jedoch, an und für sich, in Sachen Fortschritt, schon, weitestbesehen, über eine ordentliche Basis verfügst, will ich Dir, zu Deiner Aufmunterung und geistigen Erfrischung, einen kleinen Blick in die Zukunft gewähren. So höre und achte genau darauf..:

Die Welt steht unmittelbar vor einer ungemein wichtigen Entscheidung. Die ausschlaggebenden Faktoren sind dabei wir Menschen - als die einzigen, wirklichen, direkten Ausstrahlungsfunken Gottes; als Individualitäten. Wir werden in den nächsten Jahrzehnten vor Entscheidungen stehen, die Sein oder Nichtsein, Wohl oder Wehe, für den gesamten bewohnten Globus im Gepäck haben mögen. [20]

Die leitenden Kräfte, welche, durch ihre Wiedergeburt, schon bewusste, freiwillige Mithelfer Gottes geworden sind, benötigen zu ihrem enormen Werk, das ihnen bevorsteht, weitere Hilfe. Nun – theoretisch bedürfte Gott natürlich keinerlei Unterstützung! Er könnte leichthin alles so haben, wie Er es wollte. Doch die Menschen sollen eigenständig denken und handeln lernen! Deswegen sollen und müssen sie die furchtbare Krisis, die der Welt in kurzem bevorsteht, überwinden.

Gelingt ihnen das nicht, so mag auch diese Erde, wie einst ein anderer Planet, der vor der Erde Träger einer Menschheit gewesen war, zerspringen und in Bruchteile explodieren, wie es jetzt die Asteroiden zeigen, die zwischen der Mars- und Jupiterbahn, in kleinen und großen Brocken, zu finden sind. Als Trümmerfeld; Überbleibsel eines einstigen Planeten, welcher der Sitz einer Menschheit war und der von ihnen - durch ihre Arroganz, ihren Unglauben, ihre gegenseitigen Kriege - vernichtet wurde [21]. Sie kehrten sich nicht um den einzigen wahren Führer und guten Hirten, der nur Sympathie, Mitgefühl und Opferung, kurz: Liebe ist; der niemals zwingt, nur berät, hinweist und jedem seinen Willen lässt. Selbst den freien Willen, Alternativen wählen zu wollen - ohne ihn deswegen einsperren oder hinrichten zu lassen.

Ein anders handelnder Mensch bringt sich ja, von allein, sowieso um sein Glück, weil er in sich beschränkt bleiben wird und infolgedessen die natürlich-kosmischen Barrieren niemals zu durchbrechen vermag - außer auf dem von Gott gezeigten Weg, das heißt durch eigene Bemühungen, welche letztendlich, zur Erlangung der Wiedergeburt, unabdingbar erforderlich sind.

Benannte 'Wiedergeburt' bedeutet gleichzeitig auch die Befreiung vom allerletzten Druck, vom Gesetz der bedingenden, natürlich-kosmischen Plattform, welche der sich entwickelnden Seele, zum sie belehrenden Widerstand, aufoktroyiert ist. Eine andere Befreiung davon gibt es nirgends im ganzen Kosmos; genau, wie es nirgends einen anderen Führer gibt als nur Gott allein! Dieser größte und über alles beste Lenker in jedem Geschick ist nicht unnahbar, sondern für jeden sofort zu sprechen, der sich direkt an ihn wendet. Niemand braucht dafür einen *menschlichen* Vermittler - weder einen Beamten, Magistraten, noch einen Geistlichen... Der einzig wahre Mittler und die 'Brücke' zwischen dem unsichtbaren Gott und den physisch Gebundenen ist *göttlich*, Gottes Sohn, der Christus Jesus [22]. Es genügt für den schlichtesten Menschen, nur das feste, heiße, unerschütterliche Bestreben, mit Gott verbunden sein zu wollen und Ihm, sowie dem Sohn, dem guten Hirten, aus freien Stücken freudig zu folgen - wodurch seine baldige Wiedergeburt schon in die Wege geleitet und mithin gesichert ist."

Meister Zacharias schwieg eine Weile, um seine nun folgenden Worte besser einwirken zu lassen:
"Siehe, Bruder Amo... Für den, in Kurzem, bevorstehenden seelischen und geistigen Entscheidungskampf der Menschheit, betreffend den Weiterbestand selbst dieses Planeten, brauchen wir 'Wiedergeborene'; Wiedergeborene, die absolut freiwillig, aus Liebe zu Gott, Seine Wünsche erfüllen. Ja, wir benötigen noch viel mehr Mitarbeiter - nicht um unseres Willens, sondern um des Vorteils der Mitarbeiter selbst wegen. Kurz: Wir möchten noch möglichst Tausende, wenn nicht Hunderttausende und Millionen, dafür gewinnen, sich bereit, und mit heiligem Ernst, in den Dienst des allein wirklichen Führers - des gesetzgebenden, ergo des, nur allzu natürlich, höchst autorisierten 'Leitsterns' -, nämlich **Gottes Selbst**, zu stellen. Aus diesem Grunde werden in den nächsten

Jahren und Jahrzehnten mehr Kenntnisse über die 'Weiße Bruderschaft' in die Welt hinausgelangen.

Gleichzeitig wird die Menschheit im nächsten halben Jahrhundert Entdeckungen und Erfindungen machen, welche jetzt noch märchenhaft und phantastisch anmuten. Die Menschen werden fliegen lernen. Sie werden lernen, sich ohne besondere Drahtleitungen miteinander zu verständigen und so weiter und so fort... Sie werden aber jede ihrer Erfindungen auch immer wieder in den Dienst der Zerstörung, des Krieges, zu stellen verstehen! Wann war das, im Verlaufe der Menschheitsgeschichte, je anders gewesen..." Im Moment huschte ein Schatten der Trauer über das Antlitz des Meisters - doch schnell fing er sich wieder.

"Und hier ist es, wo die ersehnten Millionen mithelfen sollten - an der Errettung der Menschheit vor ihrer völligen Vernichtung.

Jeder dieser Helfer muss zuerst an sich selbst arbeiten, um sich fortschreitend zu vervollkommnen..! Sie sollen - generiert aus ihrer Spiritualität - konkret, durch das tadellose Beispiel und Ideal ihrer Lebensführung, wirken. Sprich, in wenigen Worten: Sie sollen brillieren in der Umsetzung des Gebotes Jesu, als Motto ihres gesamten Seins: 'Liebe Gott über alles und deinen Nächsten, wie dich selbst!' - da haben wir es wieder..!

Und Du, lieber Amo, wirst gegen Ende Deiner irdischen Laufbahn mit der Aufgabe betraut werden, durch eine Vermittlung, die sich wie von allein ergeben wird, Deine engeren Landsleute in einer bestimmten Gegend der Welt zu belehren, damit jene zur hellen Erkenntnis dieses vom Herrn bekräftigten Liebe-Grundsatzes kommen! Deinen deutschen Volksgenossen, denen Du ein Vorbild sein sollst, wirst Du ans Herz legen, dass sie **keinem anderen Führer, keinem Götzen (!)** dienen und gehorchen sollen, als nur dem Gott der Liebe - nie aber einem Gott der Einkerkerung und der fanatischen Indoktrinierung, sondern einem Gott der Lösung von allen Fesseln und des Belassens und Stärkens des freien Willens in jedem einzelnen Menschen.

Je intensiver nun Deine jetzigen Anstrengungen sind, desto größer wird Dein Gewinn unter Deinen Landsleuten in einer bestimmten Weltgegend sein. Du kannst, alsdann, zu einem Helfer und leuchtenden Fanal für jene werden! Und wenn diese Deinen Mahnungen und Ratschlägen folgen, werden sie zu den Erstlingen der Erlösten gehören können. Ihnen soll - so sie gerne und freiwillig Deine Worte beherzigen - auch in der bevorstehenden schweren Zeit nichts geschehen. Je selbstloser sie wirken werden, je tiefer sie die Erkenntnis des Lehrsatzes der Priorität der Liebe erfassen, umso schneller wird ihr eigener Fortschritt sein, werden sie zu den Auserwählten gehören, den Auserwählten für die Ewigkeit. Auserwählt von Gott selbst - als dem einzigen, wahren Führer [23], der keine Anmaßung kennt und wünscht, sondern nur über alles geliebt sein möchte. Und nur aus Liebe soll unserem Himmlischen Vater gefolgt werden."

Wieder trat eine Pause ein, und vor meinem geistigen Auge tauchte, wie eine Vision, das Bild meines jetzigen Lebens auf - wie ich versuche, meine Landsleute zu belehren. Ja, dieser Wunsch wallte in mir auf, wie ein eruptiver, feuriger Lavastrom, dass sich möglichst viele, möglichst alle, die meine Zeilen - jetzt, wie dereinst - lesen würden, zum einzigen und alleinigen Führer, zu Allvater Gott, umwenden mögen.

"Doch, lieber Amo", wurde ich aus meiner visionären Zukunftsschau gerissen, "Du wirst bei Deiner Aufgabe nicht allein dastehen..! Auch Du wirst Hilfe haben - und zwar ebenfalls direkt von Gott, der nur durch uns, wir 'Älteren Brüder der Menschheit', als Instrumente, wirken wird. Alle, die Deine - niemals irgendwie zwingenden - Unterweisungen aufgreifen, werden unmittelbar Gottes Segen teilhaftig, welcher, via die so Gewonnenen, abermals, weiter und weiter, im Sinne eines positiven Domino-Effektes, unter Nachbarn, Verwandten, Freunden und Bekannten ausgegossen wird... Und so kann, von einigen Wenigen, die zuerst von Dir hören und lesen werden, ein lebendiger Erlösungsstrom ausgehen, der sich mit anderen solcher Ströme vereinigen soll, die überall auf der Erde unter die Menschheit geleitet werden.
Darum nicht nachlassen in Deinem Streben - so langweilig und eintönig Dir alles erscheinen mag! Nur dann wirst Du einst, als Frucht Deiner Mühen, in Deinem hohen Alter, diejenigen, welche Deinen Belehrungen folgen, begeistern können, gleich Dir, in ihren Befleißigungen, aus- und durchzuhalten; niemals nachzulassen im Gebet, niemals nachzulassen im Helfen und niemals zu erlahmen, sich völlig in den Dienst des einzigen Führers des gesamten Kosmos zu stellen - Gott, dem Sammelpunkt aller Liebe."

Nach einer Stille, welche ich nicht unterbrach, fuhr Meister Zacharias sinnierend fort: "An Gott soll, und kann, sich jeder

höchstselbst mit seinen Anliegen wenden. Keine ordinierte Mittelsperson, kein Religionsführer oder Sektenguru ist dafür nötig. Und alles, was Dieser verlangt, ist kein 'Du musst', sondern nur ein freundliches 'Du solltest' - also empfehlend; bittend um Liebe, um Zuneigung, um Sympathie für die Mitmenschen und dadurch und damit für Sich Selbst.
Sogar der Höchste kümmert sich also zunächst um die anderen - Er sei darin immer unser Vorbild! Daher, lieber Bruder Amo: Dir steht noch eine hohe Aufgabe bevor. Erweise Dich ihrer würdig, indem Du die jetzigen Schwierigkeiten, die anfangs nur so schwer *erscheinen*, freiwillig auf Dich nimmst. Du wolltest, durch Deinen Eintritt in diese Stätte, ein Kämpfer Gottes, ein 'Soldat' [24] der Ewigkeit werden. Nun, wohlan, werde es! Du kannst und wirst es erreichen!" [25]

Die letzten Worte sprach Meister Zacharias mit feierlicher Stimme. Er hatte sich von seinem Stuhl erhoben; stand wie erstarrt und sah verklärt aus, sodass ein Glanz ihn umgab.
Ich fühlte mich durch seine Ansprache tief inspiriert und gestärkt. Er gab mir seine Hand und ein elektrisierender Strom floss auf mich über - eine Kraft und Energie, welche nicht *von* ihm kam - sondern *durch* ihn floss; von höherer Seite, die ihren Ursprung in Gott Selbst haben musste..!

Ehe ich entlassen wurde, teilte mir Meister Zacharias noch mit, dass ich, ausgangs der folgenden Woche, einen Transport begleiten würde, welcher derselben Route folgte, wie der letzte, den ich begleitet hatte.

Ich begab mich nach meiner Stube zurück, wo mich eine bleierne Müdigkeit überrollte. Ich kämpfte zwar dagegen an, doch vergeblich...
Ich schlief ein. Plötzlich befand ich mich in einer Gegend, die ich nicht kannte. Ich war ein einfacher Farmer, aber auch, nebenbei, ein Wissenschaftler; geachtet von allen Umwohnenden, aber diesen teilweise doch ein Rätsel. Da hörte ich eine Stimme (war es die geistige Stimme meines Ichs?):

"Das ist der Platz, von dem aus Du, in Deinen Lebensabendjahren, Deine letzte große Aufgabe erfüllen sollst."

Es war - vorausschauend - genau der Ort, an dem ich mich jetzt, mit meinem treuen Hund Philos, als steten Begleiter, befinde; übrigens ein Tier, dessen Seele sich so außergewöhnlich entwickelt, dass sie, nach dem Tode, mit zwei oder drei anderen, ähnlich gereiften Tierseelen zusammen, das Fundament für eine Menschenseele abgeben kann, in welcher sich ein freier Geist, als menschliche Individualität, zu entfalten beginnen wird...

Der Zwergplanet Ceres im Asteroidengürtel – Überbleibsel eines ehemaligen Planetensystems Mallona/Phaeton?

(Vgl. Anm. [21] im Text)

14 - Winter auf dem "Dach der Welt"

Bei dem Transport, den ich diesmal begleitete, zeigte das Wetter seine winterliche Seite, denn es war zwar durchschnittlich schön, aber bitterkalt. Trotzdem ich dick "eingepackt" war, fror ich manches Mal extrem. Bruder Xerx war sehr besorgt um mich und erkundigte sich des Öfteren nach meinem Befinden. Er selbst war "verhältnismäßig" leicht gekleidet und schien unter der Kälte beinahe gar nicht zu leiden, was mich wunderte. Ich befragte ihn deswegen eines Abends vor dem Einschlafen darüber...

"Sag mal, lieber Bruder Amo, was ist Deiner Anschauung nach eigentlich 'Kälte'?", antwortete er mir zunächst mit einer Gegenfrage.

"Hmm... Die einzige Definition, derer ich mich recht entsinne, ist: 'Ein bestimmter Zustand, der uns umgebenden Atmosphäre, welche weniger Wärme aufweist'."

Bruder Xerx lachte auf. "Das ist glänzend! Danach wäre also der Tod zu beschreiben als ein Zustand, der kein Leben mehr aufweist, und das Leben als ein Zustand, der keinen Tod aufweist. Sehr gut, vorzüglich!"

Er lachte erneut so herzlich, so frei, dass ich unwillkürlich mitlachen musste. Auf einmal erschien mir meine Erklärung selbst recht komisch: "Nun, wenn Dir mein Versuch einer Umschreibung so belustigend und nahebei lächerlich vorkommt, gib mir mal die Deinige."

"Herzlich gern, wenn Du das möchtest.
Nach meiner Auffassung, infolge Belehrung, ist 'Kälte' ein Status der Atmosphäre, der durch eine physikalische Veränderung derselben verursacht wird, die, wie bei vielen Vorgängen auf Erden, ihren Ursprung vorherrschend eigentlich im Geistigen hat.
Die Bedingungen für eine Veränderung der Situation der Atmosphäre, bis hin zur wahrnehmbaren Kälte, können oftmals allein durch irdische Rahmenbedingungen und Verhältnisse verursacht sein, gewiss - manchmal aber treten solche Veränderungen auch ohne irdisch-naturgesetzlich nach-vollziehbare Begründung auf."

"Wie lässt sich Deine Deutung aber mit den *rein* physikalisch basierten Erklärungsmodellen zusammenreimen? Warum treten solche Statusveränderungen der Atmosphäre hauptsächlich auf Bergeshöhen, sowie in den Polarzonen und nicht am Äquator auf..?!"

"Weil die Erde verschiedene seelische und geistige Situationen 'kristallisiert' im Globus festhält, wodurch bestimmte Gegenden jeweils anders geartete seelische und geistige Zustände besitzen. Um Dir jene korrelative Wechselbeziehung deutlicher zu erklären: Auf Bergen und in den Polargegenden versuchen im Erdball physikalisch verdichtete, zu Schwermaterie gefestete seelische und geistige Kräfte allerhitzigster Art am leichtesten zu entkommen. Daher werden dort, von rein geistiger Seite aus betrachtet, auch am häufigsten - in den Polargegenden beinahe dauernd - Zustandsverhältnisse der Atmosphäre geschaffen, die wir als 'Kälte' empfinden. Doch das wird Dir später, im Verlaufe Deiner Unterweisung, bedeutend klarer werden, weil Du das von mir heute Enthüllte dann von einer anderen Warte, einer solideren Basis des Grundwissens aus, erklärt erhalten wirst - einem Standpunkt, den ich Dir jetzt noch nicht klarmachen könnte und wenn ich die ganze Nacht zu Dir darüber spräche..."

Ich gab mich zufrieden und dachte über das Gehörte nach. Doch da kam mir eine weitere, allfällige Naturerscheinung in den Sinn, welche durchaus eine gewisse Nähe zum Thema aufwies. "Schläfst Du schon, Bruder Xerx?"

"Nein, willst Du noch etwas wissen..? Dann frage nur ruhig."

"Nach Deiner mir, bezüglich der Kälte, gegebenen Erklärung mögen vielleicht auch die Wolkengebilde eine ganz andere Bedeutung haben, als wir glauben..?"

"Das stimmt... Was wir als Wolken wahrnehmen, scheinbar bedingt durch rein physikalische Vorgänge, hat ebenfalls seine Ursprünge im Geistigen. Daher kommt es auch, dass manche Menschen unter Wetterunbilden mehr zu leiden haben, als andere - sowohl körperlich-gesundheitlich, als auch im Sinne einer äußeren Bedingung. Oder hast Du noch niemals gehört, dass manche Landwirte vom Unglück verfolgt zu sein scheinen, da ihnen stets die Ernten verregnen, verhageln, verdorren oder anderweitigen, wetterbedingten Umständen zum Opfer fallen? Zwischen Wetterunbilden, Krankheiten an Anpflanzungen und Auftreten von Tierplagen ist ebenfalls ein Zusammenhang, dessen Ursprung geistiger Natur ist. Für uns auf Erden, die wir nur irdisch denken und urteilen, ist eine solche Kausalität nicht immer erkennbar oder nachweisbar - manchmal allerdings muss selbst der verstockteste Materialist zugeben, dass es zumindest 'kurios' anmutet, dass manche Menschen dieserhalb zu wahren 'Pechvögeln', beziehungsweise auch 'Glückspilzen' zu mutieren scheinen...

Nur seelisch und geistig Fortgeschrittene ahnen, dass Gott diejenigen liebt, die er züchtigt; das heißt sie niemals die Welt recht lieben lässt, weil die so Geschlagenen ja auf der Erde nur vorübergehend zu weilen brauchen und ihre Hauptarbeit dann im Seelischen und Geistigen, nach dem irdischen Tode, zu suchen ist und auch gefunden wird!" [1]

*

Der Transportmarsch verlief weitgehend ereignislos, doch tat er mir gesundheitlich sehr gut. Ich gewöhnte mich schließlich auch an die Kälte und litt nicht mehr so stark darunter - wie ich später erfuhr, hauptsächlich deswegen, weil mir Bruder Xerx eine seelische und geistige Stärkung durch Gedankenübertragung hatte zuteilwerden lassen, die mich in eine bessere Harmonie mit der durch die niedrige Temperatur verursachte Zustands-veränderung der Atmosphäre setzte. Auf solche Weise ist es jedem Menschen möglich, in gewöhnlicher Sommerkleidung, die eisigsten Witterungsbedingungen zu ertragen, ohne zu frösteln oder sich ein Glied zu erfrieren. Kälte und deren Empfinden sind atmosphärische und seelisch-geistige Statusverhältnisse, welche nur "gleichgeschaltet" zu werden brauchen, was durch den menschlichen Willen, im Zuge von Meditation und Versenkung, möglich ist. Doch das muss erlernt sein. Und so etwas ist mühsam - nur wenige würden es durchmachen wollen.

Diesmal lag unser Endziel weiter nördlich, schon am Ausläufer der südsibirischen Tundren. Es war dort auch kalt, doch lange nicht so arg, wie im Hochgebirge des Himalayamassivs.

Unser Aufenthalt dauerte länger als geplant, denn es setzte ein viertägiger Blizzard ein, der Schneestaub in einem solchen Ausmaß aufwirbelte, dass man keinen Meter [2] weit sehen konnte. Die rasend beschleunigten, beinahe mikroskopischen Eiskristalle, bohrten sich wie Nadeln ins Fleisch des Gesichtes. Besagtem Blizzard folgte eine Periode des allerschönsten Wetters. Trotz der mehrtägigen, meteorologischen Unbilden war der Rückweg nicht sonderlich durch Schneemassen behindert, weil der Sturm den alten und neu gefallenen Niederschlag in Schluchten und Spalten verweht und die eigentlichen Felspartien fast frei gefegt hatte. Nur in den Hochtälern war der Pfad zum Teil beschwerlich, da es dort Stellen gab, wo die "weiße Pracht" haushoch, respektive "-tief" lag; doch unser Transportführer geleitete seine ihm anvertraute Marschkolonne intuitiv so durch derartige Gefahrenzonen, dass wir höchstens einmal bis zu den Hüften durch den Schnee waten mussten.

15 - Liebe-Offenbarung im Frauenkloster

Diesmal rasteten wir im Frauenkloster selbst, da weiter keine Karawane durchkommen würde und deshalb ausreichend Platz für uns vorhanden war. Nur einmal, wie rein zufällig, dachte ich an die zurückliegende Begegnung mit meiner ehemaligen Frau. Dann vergaß ich sie wieder, denn ich hatte unter den Trägern mehrere Tibetaner und Inder kennengelernt, die schon weit vorangeschritten sein mussten; ich empfand einen wahren Genuss, mich mit ihnen zu unterhalten.

Am Abend wurde ich zu Bruder Xerx gebeten, der mir etwas mitteilen wollte. Als ich bei ihm eintrat, saß dort, mit dem Rücken mir zugekehrt, eine Gestalt, der ich weiter keine Beachtung schenkte.

"Ich habe Dich herrufen lassen, Bruder Amo, weil ich glaubte, Du möchtest vielleicht wieder einige Fragen stellen wollen..."

"Oh...", entgegnete ich erstaunt, "danke Dir, Bruder Xerx, aber ich habe diesmal wirklich keine besonderen Anliegen im Sinn..."

"Auch jetzt nicht..?" Mit diesen Worten fasste er die neben ihm sitzende Person an der Schulter, wobei sie mir nun ihr Gesicht zukehrte.

Sogleich erinnerte ich mich: Das war ja meine frühere Frau! Wiederum verspürte ich indes weiter keine innere Bewegung dabei. Sie, die ja in Wirklichkeit nichts weniger als mein "Zweites Ich" war, lächelte mich an.
Ich erwiderte diese Geste spontan - aber mehr unverbindlich; wie halt zu einer entsprechenden Reaktion verpflichtet.

"Hast Du denn gar keine Sehnsucht, mit Deinem 'Zweiten Ich' vereint zu sein?!", fragte mich meine Ehegefährtin aus vergangener Zeit, mit einer Stimme, so voller Süße, Sympathie und Anteilnahme, dass - völlig unvermittelt - mein ganzes Inneres zu beben und zu vibrieren begann.
So gewaltig war die emotionale Resonanz, dass es mir auf einmal war, als ob sich eine neue Welt vor mir auftäte. Es ist schwer, die

Gefühle zu beschreiben, die mich plötzlich in Beschlag nahmen. Am ähnlichsten waren sie jenen Gefühlsstürmen, die in uns brausen, wenn wir, in den Jugendjahren, die erste Liebe erleben. Jeder wird sich gewiss noch erinnern, wie ihm da zumute war..! Das bloße Zusammensein mit der geliebten Person schien der Erfüllung jedes Lebenswunsches gleichzukommen. Man fühlte sich zu einer Einheit verschmolzen. Die übrige Welt war nur noch Umrahmung für das unbeschreibliche Glück, mit dem geliebten Wesen vereint zu sein.

Nun, so war mir zumute - nur ungleich stärker, kolossaler, unvergleichlich aufrührerischer! Der Kern meines Wesens geriet im Nu in Wallung, in eine unbeschreiblich euphorische, nein, beseligende Stimmung. Ich sah auf einmal überhaupt nur noch mein "Zweites Ich". Nichts anderes war mehr von so existenzieller Bedeutung. Bruder Xerx schlüpfte, von einer Sekunde zur anderen, in die Rolle eines Komparsen oder Statisten und das Übrige schrumpfte zur relativen Bedeutungslosigkeit einer requisitenhaften Hintergrundkulisse. Ich befand mich vollständig eingebunden in die Magie des Ereignisses!

Meine frühere Frau, mein "Zweites Ich", besah mich immer noch glücklich lächelnd, breitete sodann die Arme aus und zog mich an sich.

Welch unvorstellbare Seligkeit durchflutete mich da! Ich weiß nicht, wie lange wir uns umarmt hielten. Es schien eine Ewigkeit zu sein, die mich so "hinwegschwemmte", dass ich ganz vergessen hatte, ja noch auf Erden zu weilen. Die physische Existenz wurde zu einer nebensächlichen Erinnerung degradiert, die man möglichst schnell vergisst.

Als wir uns losließen und gegenseitig glücklich lächelnd betrachteten, fiel mir auf, dass die Gesichtszüge meiner früheren Frau, meines "Zweiten Ichs", nicht mehr verschwommen waren, wie damals, bei unserer ersten Begegnung, sondern dass ihr Antlitz so engelschön war, wie es kein Maler lieblicher hätte zeichnen können! Gleichzeitig ging eine Strahlung von ihrem Gesicht aus, als ob der ganze Kopf von einem aurischen Lichterglanz umflort wäre.

"Bist Du aber unbeschreiblich schön..!", entfuhr es mir so staunend-überwältigt, wie einem Sigurd/Siegfried, aus der

Nibelungensage, im Angesichte des errungenen Drachen-schatzes.

"Du aber auch", kam es zurück. "Sieh nur mal in den Spiegel dort an der Wand..!"

Ahh..., tatsächlich, da hing ein kleiner Spiegel... [1] Ich schaute hinein und war völlig verblüfft. Was war denn das? So hatte ich ja mal - bestenfalls! - in jungen Jahren ausgesehen; damals, als frischgebackener, schneidiger Gardeoffizier in der Armee. Nur sah ich jetzt irgendwie weit anziehender aus als in längst vergangener Zeit, weil auch von mir (von meinem Spiegelbild) eine Aureole abstrahlte. Ich starrte lange ungläubig zu dem, was sich mir dort, in einem Glorienschein, offenbarte..!

"Das kannst Du alles gewiss nicht verstehen", mischte sich Xerx ein. "Ich könnte es Dir erklären, doch Schwester Pija [2] kann das viel besser. Ich werde euch darum für eine Weile allein lassen..."

Damit verließ er den Raum, und ich war mit meinem "Zweiten Ich" allein. Gewiss unterhielten wir uns, jedoch war ich von ihrer puren Anwesenheit so bezaubert, dass es mir völlig entglitt, worum sich unsere Unterhaltung überhaupt drehte... Ich glaube indes kaum, dass wir viel miteinander sprachen. Der vielen Worte zu machen, war nicht nötig, weil wir beiden Zurückgebliebenen uns hauptsächlich in eine telepathische Konferenz eingetaucht befanden, welche das Wesentliche, ohne das Medium der Sprache, zu vermitteln fähig war.
Soviel aber konnte ich auf jene Weise erfahren:
Meine frühere Frau (Xerx hatte sie "Pija" genannt [2], registrierte ich wie nebenbei) stand vor dem Abschluss ihrer Entwicklung, welche hier, das heißt im Bannkreise des Planeten Erde, und mithin dieses Sonnensystems im Ganzen, stattgefunden hatte.
Neue, gewaltige Aufgaben harrten ihrer; Aufgaben, von denen sich ein Uneingeweihter keinen Begriff machen kann. Projekte kosmischer Natur, wo Eingeweihte und Vollendete (vollendet bezüglich ihrer Lebensbahn im Bereich des Irdischen) in die Seligkeit des Herrn, als niemals mehr untreu werdende Knechte, [3] eintreten, die nichts weiter, als nur dienen wollen - in Bescheidenheit und völliger Unterwerfung unter den Willen Gottes. Es bedeutet nichts weniger, als ein Einssein mit Gott oder das schon öfter besagte "Wiedergeboren-Sein" [4].

Mein "Zweites Ich" konnte, als so "Graduierte", in die allergrößte Seligkeit eingehen, verzichtete jedoch darauf und erklärte warten zu wollen, bis ich ebenfalls soweit sei; was, schon im Bereich des Absehbaren, gar nicht mehr allzu lange dauern würde.

Ich wehrte flehentlich ab. "Nein, Liebes, lasse Dich bitte nicht durch mich aufhalten!"

Meine frühere Frau schüttelte aber energisch und voller Liebe ihren Kopf, bemerkte, diesmal mit engelgleich-klarer Stimme: "Nein! Ich verlasse Dich nicht! Du bist ich, und ich bin Du! Wir beide sind eine Einheit. Ich warte! Ich versäume nichts weiter und bin sonst restlos glücklich... Nichts kann mich sowieso mehr anfechten. Ich werde dieses, mein Leben, obgleich schon 'wiedergeboren', so lange fortsetzen, bis Du das Deinige abgeschlossen hast.
Du hast von Meister Zacharias gehört, was Deine Bestimmung noch sein wird... Erfülle diese Dir übertragene Vorsehung erst - und dann wird es auch Dir möglich sein, bald die Wiedergeburt zu erreichen. Vereint verlassen wir dieses ganze Wirkungsfeld für immer - für größere Aufträge, die wir, in einer wundervollen Zukunft, zusammen, als Einheit im Handeln, aber in alle Ewigkeit als zwei getrennte Individualitäten, beschreiten dürfen. Dabei jedoch werden wir niemals mehr anders, als nur eins im Denken und Handeln sein. Das wird ein Zustand der Seligkeit für uns - als Geistige Einheit - werden, von dem wir uns jetzt noch nicht einmal eine auch nur annähernd zupassende Vorstellung auszumalen vermögen..."

Ich konnte darauf nicht antworten, zu sehr war ich innerlich aufgewühlt.

In die entstandene Pause hinein fuhr mein geliebtes Gegenüber fort: "Wir werden aber bis zur endgültigen Vereinigung nicht ganz getrennt sein. Ich bemühe mich, öfters (im Geiste) bei Dir zu weilen, wenn Du 'träumst'; auch während Deiner Studien und Deinem Forschen nach Wahrheit und Erleuchtung...
Sicher, ich könnte Dir wohl helfen - aber nur, wenn Du danach fragst. Bedenke indes: Auch Du musst die Lösungen auf viele Problemstellungen **selbst** finden lernen, so, wie ich sie gefunden habe.

Und noch etwas: Unser Schicksal ist von nun an inniglichst seelisch und geistig miteinander verbunden, ja, verwoben. Falls Du jetzt, nach dieser Zusammenkunft, wo ich mich Dir als Dein "Zweites Ich" vollends offenbarte, die Wiedergeburt nicht erreichst, komme auch ich nicht weiter. Im Reich Gottes gelangen wir nur durch Arbeiten füreinander vorwärts, das heißt für andere und nicht für uns selbst; verstehst Du, wie ich das meine..? Jeder ist aufgerufen **an sich** zu arbeiten und **für andere**..!"

"Ich werde die Wiedergeburt erreichen! Das gelobe ich Dir! Ich will mit Dir, möglichst bald, für immer vereint sein, Du, mein Alles."

Pija lächelte beglückt, aber auch mitleids- und verständnisvoll. Sie schien zu spüren, dass meine innige Liebe für mein "Dual" sich mit Gefühlen für meine einstmalige Ehefrau vermischten. Sie bemerkte daher - ruhig, sachlich, aber doch innig und herzlich sprechend:

"Höre noch kurz zu, ehe wir uns wieder trennen! Ich sagte, dass ich ab und zu im Geiste und seelisch bei Dir sein werde, um Dich zu stärken, aufzuklären und zu unterweisen, wenn Du solches wünschst - aber das alles darf Dich nicht in Deinem irdischen Lauf hindern. Solange Du Mensch bist, musst Du als Mensch leben und wirken.
Solltest Du also noch jemanden kennenlernen, den Du ehelichen möchtest, tue das ruhig... Dadurch erleidet Dein Verlangen nach endgültiger Vereinigung mit Deinem "Zweiten Ich", mit mir, keine Einbuße. Es besteht ein himmelweiter Unterschied zwischen einer irdischen Ehe und einer solchen, die wir Wiedergeburt und Wiedervereinigung zweier Ichs, des positiven und negativen, des männlichen und weiblichen Teils des Ich, nennen. Das ist dann die "Himmlische Ehe", welche für alle Ewigkeit unlösbar sein wird. Wenn Du Dich auf Erden nochmals verheiratest, so sei aber auch zu Deiner Frau, die Du Dir zum irdischen Weibe erwählst, obgleich sie nicht Dein "Zweites Ich" ist, stets ein liebevoller Ehegatte und treusorgender Gemahl. Vergiss nicht: Auch *sie* hat einen Partner ihres Ichs irgendwo. Im Falle der Vermählung zweier Menschen, die keine himmlischen Partner sind, ist eine solche Ehe trotzdem sehr wertvoll für beide Teile, denn so lernen sie das Zusammenleben.

Die wahre, gleichsam fusionierende, Verbindung, welche nie mehr unterbrochen wird, geschieht, mit seinem "Dual", erst im "Himmel" - wenn beide Teile eines Ich sich für immer verschmolzen haben. Und jedes menschliche Wesen hat so einen Partner - wenn man auch nicht weiß, wo er, respektive sie sich gerade in der Entwicklung befindet und ob er/sie zur nämlichen Zeit gerade auf Erden inkarniert ist oder nicht."

Xerx trat ein, kam zurück: "Schwester Pija, Bruder Amo - ihr beiden 'Himmlischen Eheleute'..! Ist es nicht an der Zeit, dass ihr, zunächst wieder, voneinander scheidet..?"
Und mir alleine zugewandt: "Du weißt jetzt alles; an Dir liegt es nun, möglichst bald das Ziel der Wiedergeburt zu erreichen und damit dann wirklich die niemals mehr endende 'Himmlische Ehe' zu schließen."

Bevor wir uns trennten, kam Pija nochmals auf mich zu und umarmte mich inniglich, wobei es mich so unbeschreiblich wunderbar durchflutete, wie es ähnliches an Gefühlen sonst auf Erden nirgends gibt...

*

Am nächsten Morgen konnte ich mich - merkwürdigerweise - an das Erlebnis vom Abend zuvor nicht mehr erinnern! Erst als wir aufbrachen und sich Bruder Xerx - im Vorübergehen mir bedeutungsvoll zuzwinkernd - nach vorne an die Spitze der Kolonne begab, um uns anzuführen, war es mir plötzlich, als ob ich etwas wüsste, woran ich mich aber, im Detail, beim besten Willen, nicht zu besinnen vermochte. Erst später kehrte die volle Reminiszenz zurück.

Vielen Lesern, die meinen Ausführungen bisher gefolgt sind, mag jenes, was ich über das Zusammentreffen mit meinem "Zweiten Ich" berichtete, nicht nur phantastisch, sondern sogar geradezu unglaubhaft vorkommen! All diese Zweifel erübrigen sich indes für diejenigen, welche die Neu-Offenbarungsschriften Jakob Lorbers gelesen haben. So heißt es dort an einer Stelle:

"Da keine Menschenseele, wenn sie einmal aus den Elementen des Naturreiches gebildet wurde, ihre Persönlichkeit je mehr verliert, wird auch bei einem solchen geistig wiedergeborenen

152

und vollendeten Paar der Mann, sowohl wie das Weib, ewig eine gesonderte Persönlichkeit bleiben.

Aber infolge der ursprünglichen, geistigen Zusammengehörigkeit wird zwischen ihnen - in alle Ewigkeit - eine ganz besondere, einzigartig wohlgestimmte und höchst wonnevolle gegenseitige Ergänzung und Wechselbeziehung bestehen.

Ein Lebenszusammenklang wird sich ergeben, würdig des großen Meisters, welcher in der Tiefe seiner Schöpferliebe, vor Urzeiten, sein Werk erdacht und es mit unergründlicher Weisheit und Macht, auf wunderbarsten Wegen, zur Vollendung geführt hat.

Wohl dem Paar, das so, im großen Schöpfungsganzen, eine ewige Lebenszelle bilden darf - vom Schöpfer selbst eingereiht in sein unvergängliches Reich! Für uns alle, ohne Ausnahme, hat die Ewige Liebe diese Seligkeit vorgesehen - wir dürfen uns nur willig der heiligen Führerhand überlassen..." [5]

Man mag nun vielleicht fragen, woher es kommt, dass ich - als ein sogenannter "Eingeweihter" aus einer indischen Meisterschule - so genau mit dem österreichischen "Schreibknecht Gottes", Jakob Lorber und seinen Offenbarungswerken, vertraut bin...

Das ist einfach deswegen der Fall, weil alle wahren Schulen zur Meisterschaft über sämtliche geistigen Bestrebungen und Mystiker vollständig auf dem Laufenden sind. Das ist ja ihr Studiengebiet - und ihre Lebensaufgabe..!

Dafür unterwerfen sie sich den verschiedensten schweren Disziplinen und Prüfungen - um die "Meisterschaft" zu erlangen. Nicht um über die Menschen zu herrschen, sondern um die geistige Entwicklung der Menschheit zu überwachen und dafür zu sorgen, dass spirituelles Suchen und Streben immer wieder in den einzigen großen Strom, der zu Gott zurückführt, einmündet.

Wie eine solche "Überwachung" erfolgt..?
Darüber werden nun die restlichen Mitteilungen Auskunft geben - soweit mir das möglich und erlaubt ist...

16 - Ausbildung, Examina und der "Innere Zirkel"

Es sei dabei - grob besehen - auf zwei mögliche Wendungen verwiesen:

-> Die Erringung der Meisterschaft ist **schwer,** sehr schwer - aber für niemanden unmöglich, auch nicht über diesen wirklich anspruchsvollen, anstrengenden Weg.

-> Doch für die Mehrzahl der Menschheit gibt es **leichtere** Wege - und das sind die Lehren ihrer jeweiligen Religionsstifter.

Die Abendländer sind der Gnade teilhaftig geworden, Gottes eingeborenen Sohn [1], als des GOTTES höchst denkbaren Abgesandten - auf Erden "Jesus" genannt (was auf hebräisch bedeutet: "Jahweh ist Rettung") - unter sich gehabt zu haben; und durch Ihn quasi von IHM, das heißt GOTT Selbst, belehrt worden zu sein! Jesus, der Christus, der "Messias", Sein "Gesalbter" [König des Gottesreiches], subsummierte uns die Erfüllung "des ganzen Gesetzes und der Propheten" im Halten des einfachen Liebe-Gebotes. [2]

Diejenigen nun, welche - wie ich - den Pfad zur Meisterschaft durch ungeheuer schwere Arbeit gesucht und gefunden haben, taten das nur zu dem Zweck, Gott als willigste Instrumente, sozusagen als seine "Paladine", zur Verfügung zu stehen. Deshalb haben wir - als solche "Werkzeuge und Knechte des Herrn" - Aufträge zu erfüllen, zu denen wir uns, aus freien Stücken, durch die schwere Schulung präparierten.

Unsere Aufgaben einem Außenstehenden vollumfänglich zu erläutern, welcher diese harte Schulung nicht durchmachte, ist ebenso unmöglich, wie es nicht gelänge, einem Laien auf dem Gebiete der Technik und Mechanik die Finessen des Berufes eines Feinmechanikers in seiner technischen Terminologie erklären zu wollen.

Ich gebe euch, liebe Landsleute, im Nachfolgenden - und das ist meine letzte Mission in diesem irdischen Dasein, welches, Gott sei's gedankt, bald abgeschlossen sein wird - einen groben Überblick, betreffend meines weiteren Ausbildungsprozesses, der euch gleichzeitig auch mit meinen Zielen vertraut machen wird, wie sie von mir, und vielen anderen, verfolgt werden, die ebenfalls zur Meisterschaft gelangt sind...

»

Meine Lehrzeit, die aufs Allergründlichste durchgeführt wurde, krempelte nicht nur meine ganze bisherige Denkweise, sondern auch mein Leben völlig um.

Der Unterricht war anfänglich immer noch eintönig, doch wurde er bald interessanter! Mir stand jetzt zum Lernen und Nachschlagen eine Bibliothek zur Verfügung, wie sie wohl niemals sonst öffentlich irgendwo bestanden haben mag. Selbst die berühmteste Bibliothek aller Zeiten - diejenige im alten Alexandria, ehe sie verbrannte [3] - könnte unmöglich mit jener verglichen werden, die uns gegeben war! Außer dieser Bibliothek lernten wir aber auch bald - es kostete mich jedoch fast ein Jahr, ehe ich das gründlich beherrschte - uns des "Ätherstoffes" [4] zu bedienen, der im Orient "Akasha" [5] genannt wird. Vermittels dessen gelingt es bestimmte Vorgänge aus der ältesten Vergangenheit der Menschheit für uns wahrnehmbar formen zu können - und auch manches zu gestalten, was sich erst noch in der Zukunft entwickeln wird.

Ich schreibe hier durch mein "Medium", den Herausgeber des "Geistigen Lebens", ausdrücklich *entwickeln*, denn ist es, infolge des freien Willens der Menschheit, auch uns "Meistern" nicht möglich, jede Einzelheit der Zukunft lückenlos korrekt vorauszusehen. Indes, die Richtlinien, im Großen und Ganzen, lassen sich erkennen - ähnlich, wie sich beim irdischen Denken, durch Folgerungen aus weit zurückliegenden Ursachen (welche uns aus der "Akasha-Chronik" [-> 5] wahrnehmbar sind), die daraus ergebenden kausalen Konsequenzen erschließen lassen.

Doch auch hier schon ist es beinahe unmöglich, mehr zu sagen, da die rechte Verständigungssprache dafür fehlt.

Lasst mich, an dieser Stelle, liebe Landsleute, eine frohe Botschaft für die Menschheit einflechten: Was immer die Zukunft bringen mag - niemals kann jemand, der Gott über alles liebt, davon überwältigt werden! Alle kommenden Gerichte erreichen nur diejenigen, die sich entweder gleichgültig verhalten, überhaupt nichts glauben oder seelisch und geistig "tot" sind.

Daher folgt alle den Weisungen eurer jeweiligen Religion [6] und vertieft euch in diese - bereichert durch ergänzende Aufschlüsse und Belehrungen der Mystiker, welche, in der Regel (man wende Unterscheidungsvermögen an), jeweils Gottgesandte sind, um das religiöse Gefühl in Seele und Geist des Menschen nicht ganz verkümmern zu lassen.

*

Es brauchte viele Jahre allerernstesten Studiums, Einstimmens und Einstellens der Seele, gleichsam einer gründlichen Neujustierung, ehe ich das erste Examen ablegen durfte.
Es war nicht allzu schwer - ich bestand es, ohne damit kokettieren zu wollen, spielend.
Das zweite Examen war schon eine andere Nummer: Ich musste beweisen, dass ich gelernt hatte, mein Gefühlsleben nicht nur im Wachzustand unter völliger Kontrolle zu haben, sondern dieses Regiment auch im Schlaf ausüben zu können! Und das ist, fürwahr, wirklich nicht leicht!
Ich wurde in "Magnetischen Schlaf" versetzt und bekam ein Traumgebilde projiziert, welches mich auf jede Weise emotional aufs Schärfste versuchte..! Manchmal fürchtete mein geistiger Lehrer, ich würde die Probe vielleicht nicht bestehen können - doch immer, nach anfänglichem Wanken, bekam mein Erlebnisbewusstsein, mein Ich, wieder Halt über mein Gefühlsleben und wies alle Verlockungen zurück. Nach jeder bestandenen Prüfung fühlte ich gleichzeitig, wie ich erneut ein Stück gewachsen war.

Der, bei weitem, interessanteste Unterricht war zweifelsohne jener, den man vielleicht - analog dem bekannt gewordenen "Geopolitischen Forschen" - als "Geospirituelle Exploration" bezeichnen könnte.
Wieder unter Benutzung des ätherischen Stoffes Akasha lernte ich die Evolution der Erde kennen und sah, wie sich ein Erdzeitalter, eine Epoche aus der anderen herausbildete. Wie ich bei diesen "Geospirituellen Untersuchungen" sehen und beobachten konnte, gab es eigentlich nicht so sehr eine "Entwicklung", als vielmehr eine "Entfaltung" [7] der Schöpfung - wobei sich Einblicke in göttliches Walten boten, gegen die alle

wissenschaftlich geprägten Bestrebungen unserer Gelehrten wie ein Sandkastenspiel anmuten.

Besagtes "Geospirituelles Erkunden" zeigte mir, unter anderem, auch, dass Gott in Seiner Schöpfung stets nach simplen Prinzipien arbeitet und wir diese, in Seinem Wirken, nur nicht zu erkennen vermögen, weil wir beim gewöhnlichen Ausloten überall Schwierigkeiten und Hemmungen vermuten, wo in Wirklichkeit maximale Einfachheit herrscht (was, im Übrigen, geradezu das Mysterium allen göttlichen Schaffens zu sein scheint).

Bei meinem "geospirituellen" Unterricht erfuhr ich, unter anderem, auch, was die Eiszeiten verursachte und warum sie überhaupt eintraten. Ferner wurde mir logisch erfassbar, weshalb bestimmte Tierarten auf einmal fast gänzlich verschwinden mussten, weiters warum ein großer Planet, der einstens zwischen den Bahnen der Planeten Mars und Jupiter um die Sonne kreiste, zerbarst und nun nur noch als ein Trümmerfeld, als die Asteroiden, seine ursprüngliche Bahn um die Sonne beschreibt. [8]
Ich erhielt Einblick in die *Ursachen* dieser ungeheuren Katastrophe, welche ein weit entwickeltes und fortgeschrittenes Menschentum einfach in Nichts auflöste! Mir wurde bewusst, *warum* jene Zivilisation unweigerlich auf eine solche Katastrophe zusteuerte: Weil nämlich auf dem zersprungenen Planeten die Menschen, trotz dauernder Warnung, falsche Wege gegangen waren. Wege, welche auch unsere törichte Menschheit gerne einschlagen möchte - was aber durch Erdkatastrophen (gewaltige Beben, Vulkanausbrüche, Tsunamis und so weiter), Kriege und Hungersnöte, sowie Epidemien und Pandemien immer rechtzeitig vermieden werden wird, damit diese Erde nicht ebenfalls dem Schicksal des zerborstenen Planeten anheimfallen mag.

Ich ersah daraus, dass an allem Verheerenden, welches die Erde heimsucht, die Menschen selbst schuld sind. Würden sie die von Gott gezeigten Pfade wandern, könnte das irdische Leben ein anderes, viel besseres, viel leichteres für die gesamte Menschheit sein! Doch der Geist muss sich in völliger Freiheit in seinem seelischen Gewand entfalten - daher muss es auch das geschilderte Ungemach für die Menschen geben, wenn diese durchaus nicht die rechte Entwicklungsrichtung beibehalten wollen...

Ich bekam einen erleuchtenden Einblick in die inneren Kausalitäten und Korrelationen des Seins; nahm wahr, welch innige Verflechtungen selbst dort bestehen, wo man keinerlei Zusammenhänge ahnt. Es sind Wechselbeziehungen, die teils reifungsbedingt, teils deswegen so sein müssen, weil die sie betreffenden Elemente einmal zueinander drängen und neue Werke bilden und formen werden, wovon sich die jetzige Menschheit noch gar keinen Begriff zu machen versteht.

Mir wurde im Verlaufe der Jahre gezeigt, zu was für einem unbegreiflich machtvollen Geschöpf jeder Mensch werden könnte, wenn er den Weg gehen würde, der ihm von Gott selbst gezeigt ist. Doch gleichzeitig sah ich auch die unzähligen Entwicklungs-Linien, die zu dem erwähnten Endziel führen, so dass also in seinem geistigen Entfaltungsprozess dem Menschen ein gewaltiger Spielraum für eine Auswahl - gemäß seinem freien Willen - belassen ist. Niemals jedoch kann der Mensch der leitenden und führenden Hand Gottes entschlüpfen - wenn er sich das möglicherweise auch einbildet.

Bei all diesem klaren Erfassen der Hintergründe, empfand man fast Mitleid mit jener Menschheit, die so ins Blaue hineinlebt und sich um nichts kümmert; außer darum, dass man sich möglichst viele irdische Güter anhäuft, die einem doch nichts nützen, da man sie beim Sterben allesamt zurücklassen muss..!

»

In ziemlich regelmäßigen Zeitabständen jedoch, wurde der theoretische Unterricht unterbrochen, um ganz simple Arbeiten zu verrichten. So gehörte ich, verschiedene Male, sogenannten Arbeitskolonnen an, welche ein oder mehrere Übernachtungsstätten im Hochgebirge mit Feuerungsmaterial und Lebensmittelvorräten zu versehen beauftragt waren; Unterkünfte, wie ich in solchen selbst, bei meinen beschriebenen Transport-Touren, schon öfter pausiert gehabt hatte.

Kurz, der Unterricht mutierte niemals zur kopflastigen Einseitigkeit. Die seelische Entwicklung war die Hauptsache; doch wurde auch großes Gewicht darauf gelegt, dass der irdische Körper geeignet blieb, mit der Entwicklung der Seele Schritt zu halten - insofern, dass dieser sich den Entfaltungskräften der Seele anpasste. Viel Wert wurde bei dieser physischen und psychischen Reifung auf eine einfache Lebensweise, auf reichlichen Aufenthalt im Freien, besonders auf die Einwirkung der wunderwirkenden Strahlen der Höhensonne, gelegt, gegen deren manchmal geradezu tödliche Intensität (in Form übelster Verbrennungen) man sich durch bestimmte Vorsichtsmaßnahmen schützte.

Für einige Zeit wurde ich auch mit der Beaufsichtigung und Verwaltung jenes seltsamen "Museums" betraut [9], in welchem von jedem Schüler des Meisters ein bestimmtes "Replikat" vorhanden war, welches mit dem Studenten selbst in einem "magnetischen Rapport" stand, sodass sich an der Nachbildung, wie auf der Festplatte einer elektrisch betriebenen Aufzeichnungsmaschine, jede Entwicklungsphase widerspiegelte. Ließ der betreffende Schüler in seinen Bemühungen nach, so wurde seine "Doublette" verschwommen. Es war, als welke sie dahin. Machte jedoch jemand Fortschritte, so sah sie konturengeschärft und frisch aus.

Ab und zu war es den Schülern auch gestattet, das "Museum" selbst zu besuchen und sich, anhand ihrer Nachbildung, höchstpersönlich davon zu überzeugen, wie weit oder wie wenig sie vorgeschritten waren. Leider ist es mir nicht erlaubt, mehr über die Funktionalität und das detaillierte Aussehen dieser "Replikate" zu verraten, da sie von willensstarken Menschen - wenn auch nur in abgeschwächter Weise - kopiert und damit ungeheures Elend angerichtet werden könnte, sollte der Kreator einer solchen "Doublette" ein skrupelloser Charakter sein.

Es hat schon Phasen in der Kulturgeschichte der Völker gegeben, in denen solche Einrichtungen an Höfen von Herrschern gang und gäbe waren und zu allerlei Staats- und sonstigen Intrigen benutzt wurden. Das war übrigens auch einmal am Hofe eines der vielen Duodezfürsten [10] in der alten Heimat der Fall, als es noch die unzähligen kleinen Fürsten- und Herzogtümer gab.

»

Je weiter ich in der Entwicklung fortschritt, desto faszinierender gestaltete sich der Unterricht..!

Ab und zu gewannen wir, vermittels des ätherischen Stoffes Akasha, Einblicke in gegenwärtige oder zukünftige Entwicklungen (letztere natürlich nur in Form von möglichen bis wahrscheinlichen Wendungen). Diese Vorführungen hatten etwas

Ähnlichkeit mit den heutigen Filmen in Kinos - außer, dass sie durch Gedankenkraft der jeweiligen Lehrer oder des Meisters selbst kreiert und belebt wurden. Oft, wenn ich jetzt von Erfindungen, die daran geknüpften Erwartungen, sowie damit verbundene wissenschaftliche Erklärungen und Erläuterungen lese, wünschte ich, jene Gelehrten würden nur ein einziges Mal mit dem ätherischen Akasha vertraut werden und arbeiten können. Aber erst, wenn die Gesamtmenschheit auf einer höheren Stufe der Ethik und Moral, und damit bei einem wirklichen Verantwortungsgefühl, angelangt sein wird, kann das Geheimnis von Akasha der Allgemeinheit geoffenbart werden.

»

Nachdem ich drei der Examina bestanden hatte und somit schon in gewisser Beziehung herangereift war, wurde ich erstmalig in den sogenannten "Inneren Zirkel" zugelassen, wo die Lehren und Unterweisungen die esoterische [11] Seite des Lebens und Seins berührten.

Was ich hier erleben durfte, nähme sich für die Leser so phantastisch aus, dass ich es kaum erwähnen möchte; somit, an dieser Stelle, bloß andeutungsweise wage, weil ich weiß, dass dieses Buch ohnehin nur von solchen gelesen wird, die mit wirklichem Ernst an das Erforschen der seelischen und geistigen Reifung herantreten.

Bei meinem ersten Zusammentreffen mit den Gliedern des "Inneren Zirkels", wurde ich, als Neuling, als Novize, von Meister Zacharias (die anderen brauchten das nicht mehr) in sogenannten "Magnetischen Schlaf" versetzt, wobei ich hellsehend wurde und auf einmal nicht mehr die Stätte des Meisters als solche wahrnam, sondern nur noch einen Nebel in wunderbar friedlicher Umgebung - voller, um mich herum, synästhetisch spürbarer [12] Farbsinfonien und entzückendster, sphärischer Klänge.

Gleichzeitig sah ich aus der Höhe Wesenheiten herabsteigen, deren bloße Gegenwart mich mit einer unbeschreiblichen Wonne erfüllte. Es waren Entitäten - teils weit vorgeschrittene, verstorbene ehemalige Menschen, teils hohe sogenannte "Interplanetarische Individuen", die noch niemals Mensch gewesen waren -, welche sich zu uns setzten, mit uns kommunizierten und berieten.

Über welche Themenbereiche..?

Betreffend Einflüssen, die von Bewohnern der anderen Planeten auf unsere Erde ausgeübt werden und über die Folgen, welche die jeweiligen Handlungen der Erdenmenschen auf jene Planeten, deren Menschen und Einrichtungen, haben. Jawohl, so eng ist die Verzahnung des ganzen Kosmos unter- und miteinander, dass auch wir, mit unseren (Un-)Taten, durch die dabei erzeugten Vibrationen, auf Akasha und auf noch feinere Ätherstoffe derart einwirken, dass die Schwingungen bis auf die übrigen Planeten des Sonnensystems überschwappen - ja sogar noch weiter, von kosmisch-universeller Dimension sind.

Bei solchem Unterricht eröffneten sich Weiten des Erforschens für den denkenden Menschen, von denen sich ein Uneingeweihter überhaupt keine Vorstellung zu machen vermag. So langweilig am Anfang der Unterricht gewesen war, zog er mich doch nun - abwechslungsreich und brillant - vollständig in seinen Bann! Tatsächlich war er *so* einzigartig, dass ich überhaupt nicht mehr genug davon bekommen konnte! Ein Heißhunger nach mehr, immer mehr Kenntnissen solcher Art hatte mich, wie eine Leidenschaft, erfasst. Ich wunderte mich, dass dieser Umstand unter meinen Mitstudierenden nicht auffiel. Keinerlei Anzeichen verriet mir etwas Entsprechendes...

Indes war mein Verhalten natürlich *nicht* unbeachtet geblieben...

Mein gieriger Appetit nach Wissen hatte sich zu einer Passion gesteigert, welche darin bestand, dass ich mich so oft wie möglich selbst in magnetischen Schlaf versetzte - was ich jetzt, nach meinem dritten bestandenen Examen, konnte -, um eigene Erkenntnisse in feineren Daseinsebenen zu sammeln. Das war durchaus gestattet, ja sogar ein Teil des allgemeinen Lehrpensums in den höheren Semestern.

Bei mir allerdings überschritt dieses Tun eine bestimmte Grenze, sozusagen eine "rote Linie"...

»

Eigentlich war ich schon halbwegs darauf gefasst und eingestellt, als mich eines Tages Meister Zacharias zu sich entbot.

Er empfing mich ausgesucht freundlich und seine Herzlichkeit ließ wirklich nichts zu wünschen übrig. Nach einigen einleitenden, teilnahmsvollen Floskeln steuerte er jedoch zielstrebig auf den "wunden Punkt" zu:

"Lieber Bruder Amo! Ich bin mit Deinen Leistungen sehr, sehr zufrieden, und in drei bis vier Jahren wirst Du die Meisterschaft erreicht haben. Zurzeit jedoch machst Du einen Zustand durch, von dem Du anscheinend selbst nichts weißt; jedenfalls diesen nicht als unerwünscht empfindest. Daher muss ich Dich darauf aufmerksam machen: Du darfst Dein *Suchen* nicht übertreiben und zur *Sucht* mutieren lassen! Du weißt, was ich meine..."

Trotz einer gewissen Befürchtung und Vorahnung fühlte ich mich unangenehm getroffen und schwieg zu diesem, wohl sehr trefflichen, Wortspiel.

Zacharias ließ bedeutungsvoll ein paar Sekunden verstreichen, bevor er fortfuhr: "Du willst die Meisterschaft erreichen. Nur derjenige kann aber einstmals ein Meister sein, der sich selbst bemeistert – und nicht bemeistert **wird**!
Ein fast unersättlicher Drang nach Wissen hat von Dir Besitz ergriffen, wie irgendeine Leidenschaft des gewöhnlichen Lebens oder eine berauschende Droge. Du benimmst Dich beinahe wie ein süchtiger Trunkenbold, der nur dauernd seinen alkoholorientierten 'Durst' stillen muss. Von dieser Passion musst Du geheilt werden. Du bist vielleicht zu schnell vorwärtsgekommen, zu schnell reif geworden. Daher muss der Reifungsprozess, bis zur Vollreife, das heißt bis zur Zeit, die dafür erforderlich ist, etwas gebremst werden, damit Du wieder Dein natürlich wachsendes, ausbalanciertes Gleichgewicht erhältst.
Du wirst daher Deinen Unterricht für zwei Monate unterbrechen und eine Trägerkolonne nach Tibet begleiten."

Hatte ich bisher immer nur Liebe und Zuneigung für Meister Zacharias empfunden, so stieg jetzt plötzlich Zorn in mir gegen ihn auf; Wut, weil ich etwas gewaltsam unterbrechen sollte, was mir lieb und teuer geworden war und das ich selbst für völlig berechtigt und absolut edel und selbstlos hielt.

Der Meister spürte natürlich diese meine Gefühlswallung und sprach mit milder, väterlicher Stimme: "Lieber Amo! Tue Dir nur keinen Zwang an. Verleihe - vorübergehend - diesem Ungestüm ruhig Ausdruck, um die Spannung zu beseitigen, welche Dich nicht erkennen lässt, inwieweit Du tatsächlich schon **be**meistert bist, wo Du doch Meister sein solltest...

Dein - an und für sich - hehres und ernstes Forschen ist aber nun nicht mehr Mittel zum Zweck, sondern Selbstzweck für Dich geworden; und zwar so stark, dass Du in ein Abhängigkeitsverhältnis geraten bist! Die Eindrücke der Außenwelt werden Dich ablenken, körperlich erfrischen, seelisch stärken - und Du wirst Deine Balance wiedererlangen, das heißt in Deine 'Mitte' zurückfinden.

Du weißt doch, durch Dein bisheriges Studium, dass niemals ein Mensch die Schöpfung per intellektuellem Forschen allein erfassen und begreifen kann. Nur durch selbstlose Liebe eröffnen sich ihm alle Geheimnisse der Welten und des gesamten Kosmos. Erst wenn Intellekt und Gefühl, durch Wiedergeburt im Geiste, durch Erlangen der wahren Kindschaft Gottes, vereinigt sind, durchschaut der Verstand, der Intellekt, alles als *Intuition*, zu welcher er, durch Zusammengang mit der Liebe des Herzens, infolge der Wiedergeburt im Geiste, gelangt ist.

Du hast die Wiedergeburt im Geiste aber noch nicht erreicht - und so wirst Du von Deinem Verstand permanent in einer Spirale gefangen gehalten. Das Herz arbeitet dabei auch mit, aber noch ungeordnet - derzeit bei Dir im Sinne einer Leidenschaft. *Darum*, lieber Amo, sollst Du Dein Studium unterbrechen. Du wirst mir später für diese Entscheidung noch sehr dankbar sein.

Darüber hinaus wirst Du gänzlich verändert zurückkehren - zumal Dir, auf dieser Reise, ein besonderes Erlebnis bevorsteht.

Bist Du mir noch böse? Hmm..?"

Dabei lächelte mich Meister Zacharias so liebevoll an, dass mich eine Welle innigster Freundschaft erfasste; spontan stand ich auf und eilte auf ihn zu.

Er erhob sich ebenfalls vom Sitz und umarmte mich.

17 - Karawane nach Tibet und die Insel der Schlangen

So machte ich mich also wieder, als Träger, nach - vom Karakorum-Gebirge ostwärts, gegen China gelegenen - Groß-Tibet auf.

Meine Studiengenossen fanden daran weiter nichts Erstaunliches, da jeder wusste, dass er, bei ernstem Streben, letztlich doch das Ziel erreichen würde - wobei es wahrlich auf einige Monate früher oder später nicht ankam... Man kennt beim Studieren auch keinerlei Ehrgeiz jemanden übertrumpfen zu wollen, sondern nur das Verlangen seinen Kommilitonen entgegenkommend, freundlich und herzlich zu begegnen.

Wieder leitete Bruder Xerx die Kolonne. Er hatte so etwas Frisches und Unverwüstliches an sich, dass man schon Lebensmut und -freude empfand, wenn er jemanden ansah, anlächelte oder gar ansprach.

Wir schlugen diesmal eine neue Richtung ein, eine alternative Route, welche sich nicht ausschließlich an den Hochplateaus orientierte, sondern auch durch verschiedene Täler, mit prangender Blumenpracht und artenreicher Fauna, führte. Manche jener besagten Taleinschnitte machten auf mich einen geradezu pittoresk-entzückenden Eindruck – besonders die tieferliegenden, wo es auch üppigen Baumwuchs gab. In einer dieser romantischen Senken befand sich ein See, welcher, hufeisenförmig, von einem dichten Wald umgeben war.

Der nördliche Ufersaum stieg indes, in einer steilen Felswand, kerzengerade aus dem Wasser empor. Etwa dreihundert Meter von dieser Klippe entfernt, gab es eine, mit vitaler, strotzender Vegetation bewachsene, Insel. Vermittels mehrerer Boote, die wir am Strand des Sees vorfanden, setzte unsere Karawane auf besagtes Eiland über.

Ich war mit Bruder Xerx im ersten Boot. Als er an Land gestiegen war, hieß er mich, ihn zu begleiten - die anderen sollten in den Booten bleiben, bis er sie rufen würde. Gespannt folgte ich Xerx auf den Fersen. Nach knapp zehn Minuten, etwa in der Mitte der Insel, verhielt er im Schritt, kniete nieder, verfiel in Meditation und später in Gebet.

Da er mir keine Andeutung gemacht hatte, warum er das tat, blieb ich zunächst neben ihm aufrecht stehen. Schließlich wurde ich des Abwartens müde, und schlenderte etwas seitwärts. Dabei kam ich bald ans Ufer der langgezogenen Insel. Über den glitzernden Wasserspiegel blickend, fiel mir plötzlich eine lebhafte Bewegung an der Oberfläche des Sees auf. Es nahm sich aus, als ob sich dutzende, vielleicht gar hunderte Aale im Wasser tummelten. Deutlicher hinsehend nahm ich wahr, dass jene überall vom Zentrum der Insel in den See glitten und davonschwammen. Auch in meiner unmittelbaren Nähe drängten sich mehrere Exemplare in die Fluten, sodass ich sie näherem Augenschein unterziehen konnte.

"Oh...", dachte ich bei mir, "das sind ja überhaupt keine Aale, sondern Schlangen!"
Ich sah mich nach Bruder Xerx um, der, da mein Fokus anderweitig ausgerichtet gewesen war, unvermittelt hinter mir auftauchte und mich anlächelte: "Verstehst Du jetzt, warum ich betend meditierte?"

"Du hast die Schlangen von der Insel vertrieben..?"

"Ich *persönlich* weniger... Dennoch richtig geschlussfolgert, mein Lieber", schmunzelte er spitzbübisch, in seiner ewig freundlichen Art.

"Aber warum sind wir denn auf diese Insel übergesetzt, wenn es hier so viele Schlangen gibt? Wir hätten doch ebenso gut auf dem Festland bleiben können..?"

"Und wieder hast Du ganz recht damit..! Doch ich wollte die Karawane hier übernachten lassen, weil ich Dir, gerade auf dieser Insel, etwas zeigen will, was ganz wundervoll anschaulich zu Deinem Studium von den Lebensfunken-Wesenheiten - auch Natur- oder Elementargeister genannt - passt.
Dieses weitgehend unscheinbare Eiland ist nämlich eine Örtlichkeit, wo einstens eine Stadt stand, die durch Erdbeben und Unwetter vernichtet wurde, da ihre Bewohner zu sündhaft geworden waren [1]. An solchen Stätten sammelt sich gewöhnlich gern alles giftige Ungeziefer, weil dort eine Aura herrscht, die entsprechenden Lebensfunken-Wesenheiten, wie Schlangen, Skorpionen und giftigen Spinnen, am angenehmsten ist.

Heute Nacht nun will ich Dich in magnetischen Schlaf versetzen, denn Du sollst *praktisch* etwas erleben, was Du *theoretisch* schon lange begriffen hast..."

Ich war neugierig auf das, was ich erfahren sollte! Wie mir Bruder Xerx erklärte, ist die beste Zeit für so ein Experiment etwa um die Mitternachtsstunde herum. Ich wusste ja, von meinen Studien her, dass die Mitternacht sehr bedeutungsvoll ist, hatte aber noch nie darüber genauer nachgedacht, *warum* das wohl der Fall sei... Ich nahm diese Belehrung einfach intuitiv als selbstverständlich und richtig hin. Da wir bis Null Uhr noch reichlich Zeit hatten, ließ ich mich mit Bruder Xerx in eine längere Debatte darüber ein, deren Ergebnis er, für mich, zum Schluss folgendermaßen zusammenfasste:

"Steht die Sonne diametral entgegengesetzt eines gegebenen geographischen Punktes, so übt sie so gut wie gar keinen Strahlungsdruck mehr auf diesen aus. Die Folge ist, dass die 'elektromagnetischen Strahlungsvibrationen' [2] der Sonne praktisch ausgeschaltet sind und sich deswegen die 'Eigen-Schwingungen' der Erde umso stärker und ungehinderter ausbreiten können.
Ermangels dieses hindernden Sonneneinflusses wird uns oft berichtet, dass die meisten Spukgeister sich genau um Mitternacht zeigen und Menschen erschrecken. Besonders die sogenannten 'erdgebundenen Geister' können sich mit Leichtigkeit - gerade dann - den noch auf Erden Weilenden bemerkbar machen. Die Mitternachtsstunde ist aber, weiters, ebenfalls der Zeitabschnitt, in welchem sich die (durch den Strahlendruck der Sonne am Tage niedergehaltenen) Emanationen der statischen Elektrizität des menschlichen Körpers am leichtesten ungehindert über den ganzen Leib verteilen können. Deshalb ist der Schlaf um Mitternacht herum der stärkendste und lässt sich auch der 'magnetische Schlaf' am kräftigsten herbeiführen."

Das klang mir vollkommen schlüssig.
Ich kam nun, am Ort dieses "fernöstlichen Sodom und Gomorrha", auf untergegangene Kulturen zu sprechen. Auch darüber gab mir Bruder Xerx einen interessanten Aufschluss:

"Ist es nicht eigentlich auffallend - und das mag Archäologen auch schon merkwürdig vorgekommen sein, obgleich sie sich weiter nichts dabei dachten, als es auf einen Zufall zurückzuführen -, dass man bei Nachgrabungen in den Ruinen untergegangener historischer Orte sehr häufig auf weitere, darunter befindliche, Ruinen stieß? Ein Beweis, dass gewisse Plätze eine Art 'magnetische Anziehungskraft' auszuüben scheinen, so dass sich Menschen, wenn eine Stadt zerstört wurde oder zwischenzeitig an Bedeutung verlor, gerne wieder an derselben Stelle aufs Neue ansiedelten. Oft liegen unter den Ruinen einer Stadt Rudimente von drei, vier und noch mehr ehemaligen Kulturen verborgen [3]. Was hat es nun mit solcher Anziehung für eine Bewandtnis? Sie ist tiefreichender, als wir denken mögen!

Du, lieber Amo, weißt ja bereits, dass wir Meister - unter anderem - daran beteiligt sind, die Gesamtentwicklung der Menschheit zu überwachen. Nun, Meister, die heute längst weiter vorgerückt sind und in anderen Sonnensystemen wirken, haben einst gewisse Plätze auf Erden energetisiert und somit für Menschen - ohne deren Wissen - besonders attraktiv gemacht. So kommt es, dass sich Siedler, auf der Suche nach dem rechten Platz für eine zu gründende Niederlassung, immer wieder zu den Stellen hingezogen fühlen, an denen schon einmal eine Stadt stand - weil dieser Ort sozusagen von Meisterhand, zu eben diesem Zweck, präpariert wurde.

Meistens sind das Gebiete, welche mit besonderen Aufgaben und Charakteristiken derer verbunden sind, die eine neue Stadt dort gründen wollen. So war es auch hier, auf dieser Insel, wo einst, in prähistorischer Zeit, verschiedene Kulturen ihren Mittelpunkt hatten. Jede Kultur aber ging durch eigene Schuld wieder zugrunde..."

"Wie kommt es nur, dass die Menschheit niemals recht aus ihren Erfahrungen und Fehlern lernt? *Muss* das so sein, dass Kulturen fast regelmäßig erwachsen, um hernach unterzugehen oder ausgelöscht zu werden?"

"Hmm... Ja und nein..!

'Ja' deswegen, weil auf dieser Erde nichts von Dauerbestand sein kann; sie ist ja nur eine 'Durchgangsstation' für uns irdische Menschen, um, von ihr aus, zur direkten Kindschaft Gottes zu gelangen - weshalb sich auch auf unserer Erde der bedeutendste Spross Gottes Selbst als Menschensohn inkarniert hatte. [4]

'Nein', weil die Menschheit, wenn auch langsam, endlich einmal, leidgeprüft, lernen wird, wenigstens nicht immer *alles* an geistigen Schätzen einzubüßen, was sie in einer Kultur aufgebaut hat.

In nicht allzu ferner Zukunft werden durch gewisse global verbreitete Erfindungen, welche teilweise sogar schon in wenigen Jahrzehnten gemacht werden dürften, die verschiedenen Kulturen auf unserer Erde einander nähergebracht werden, womit eine Art, die Menschen sämtlicher Nationen einander seelisch und geistig durchdringende, 'Einheitszivilisation' geschaffen wird. [5] Ehe solches Szenario aber Realität werden kann, wird die gesamte Menschheit, welche durch ihren technischen Fortschritt auf ein gemeinsames Zivilisationsniveau gehoben sein wird, noch durch schwere, furchtbare Leidenszeiten gehen müssen, da leider kaum berechtigterweise zu erwarten steht, dass sie in ihrem seelischen und geistigen Progress mit den errungenen Erfindungen und Entdeckungen Schritt hält.

Sind diese Schrecknisse vorüber, wird endlich aber doch eine Möglichkeit bestehen, dass das erworbene Zivilisations- und Kulturgut nicht mehr ganz verschwindet. Indes wird das nur gelingen können, wenn die Population unseres Globus in ihrer Gesamtheit - geläutert durch Qualen und Schmerzen - zur Erkenntnis ihrer hohen Mission als Kinder Gottes gelangt. Es muss dabei jedoch zu einem *allgemeinen, umfassenden* religiösen Erwachen kommen! Geschieht entsprechendes nicht, muss die Menschheit später noch einmal all das Entsetzliche erneut durchmachen - nur um ein grausiges Potential verstärkt..."

Wir schwiegen darauf, und jeder hing seinen abschweifenden Gedanken nach.

Bruder Xerx war allerdings wesentlich konzentrierter, als ich annahm, denn ich wurde - nicht von ungefähr - schläfrig und fühlte mich plötzlich wie angehoben und schwerelos...

Zur gleichen Zeit veränderte sich die Umgebung für mich.

ooo

< *Die Bäume, samt dem üppigen Gras der Insel, verschwanden und wichen, mit Ochsen- und Pferdegespannen befahrenen,*

168

gepflasterten Straßen. Ab und zu rollten auch, von Kriegern in wallenden Gewändern gelenkte, Streitwägen über diese befestigten Verkehrswege.

Die Bewohner schienen zufrieden zu sein und friedlich ihrer Beschäftigung nachzugehen. Goldener Sonnenschein erwärmte das Land. In der Ferne überspannte eine Brücke den See, von der Insel zum jenseitigen Ufer führend, wo sich eine große Stadt ausdehnte. Auf der Insel indes schien der Sitz der Regierung zu liegen - unter Pinien verborgen, befanden sich herrliche, aufwendig gestaltete Bauwerke. >

Nachdem ich das Bild hatte auf mich einwirken lassen, wechselte die Szenerie zu einem neuen...

< *Es war dunkel und stürmisch. Überall herrschte Unruhe. Die Gassen wimmelten von, mit Streitäxten, Lanzen, Schwertern, Pfeil und Bogen bewehrten, Soldaten. Bald darauf sah ich, wie ein anderes Heer einrückte, welches, in einem barbarischen Gemetzel, die verbliebenen bewaffneten Verteidiger auf den Straßen und die Bewohner in den Häusern tötete oder gefangen nahm und nachfolgend versklavte.* >

o

Unvermittelt endete diese klar empfangene Vision und zeigte sich mir wieder die Insel, wie sie jetzt war - verödet, das heißt ihrer einstigen Bevölkerung entblößt; mit einem Urwald aus hohem Gras und Bäumen bewachsen...

"Du hast soeben eine der ehemals hiesigen Kulturstädte und deren Untergang gesehen", sprach mich Bruder Xerx an; ich war wieder ganz in die Gegenwart zurückgekehrt. "So sind insgesamt sechs Städte, als Mittelpunkt besonderer Kulturen, verschwunden, deren Ruinen nun über-, beziehungsweise untereinander ruhen. Es genügt, dass Du, im 'magnetischen Schlaf', eine jener Zivilisationen gesehen hast.
Wessen Du nun jedoch noch Zeuge werden sollst, ist die letzte hier ansässige Bewohnerschaft dieser Insel, welche, in Folge ihrer Sittenlosigkeit, die unter den nacheinander aufgesprungenen Kulturen immer übler einriss, unterging. Jedes Mal vererbte sich, statt Anstand, zivilisiertem Miteinander und Ehrenhaftigkeit, geile Verderbtheit - bis diese ein geradezu unerträgliches Ausmaß

erreichte, welches in ein erschütterndes Erdbeben einmündete, durch das die Kulturstätte für immer vernichtet wurde.
Nun 'schlafe wieder ein' und beobachte, was sich Dir zeigen wird..."

Damit fühlte ich mich erneut "magnetisiert". Abermals überblendete meine Umgebung.

ooo

< *Auf einem Straßenmarkt wurden Sklaven verkauft.*
Ich sah Karawanen kommen, die gefesselte Menschen mit sich führten, auf die Wächter mit Geißeln einschlugen. Schon unterwegs zum Ziel waren, unter den herzlosen, brutal ausgeführten Peitschenhieben, junge Mädchen und Jünglinge blutüberströmt zusammengebrochen. Geschah solches, wurden die Todgeweihten von ihren Jochstangen entkettet und blieben blutüberströmt, unter Schmerzen zuckend, neben dem Wege liegen, während die Karawane selbst weiterzog. Die verbliebenen Sklaven warfen trostlose Blicke der Verzweiflung auf die achtlos, wie Kadaver, weggeworfenen Gefährten. Die Aufseher kümmerten sich nicht mehr um sie - sie würden alsbald ihren schwersten Verletzungen erliegen und in der Wildnis verbluten oder - schaurig - von Aasgeiern, schon bei noch lebendigem Leibe, angepickt werden... >

Szenenwechsel...

< *Wieder war der, jetzt im hellsten Sonnenschein liegende Marktplatz fokussiert, auf dem die eingetroffenen Sklaven meistbietend verkauft wurden. Es wurde gehandelt und gefeilscht... >*

Erneut wechselte die Kulisse...

< *Diesmal zeigten sich wundervolle Baulichkeiten; großer Wohlstand schien ausgebrochen. Und doch war eigentlich nirgends Zufriedenheit darüber wahrzunehmen. Es überwog eine allgemeine Depression unter den Leuten... Alles Leben auf den Straßen wirkte irgendwie monoton. Überall bewegten sich, unter die Bevölkerung gestreut, Uniformierte, die respektvoll behandelt wurden – doch man fürchtete sie mehr, als dass man sie wirklich achtete! >*

|Klick|...

< Die Menschen schienen sehr fröhlich zu sein. Überall herrschte ausgelassene Heiterkeit auf den Straßen und Plätzen. Die Stadt hatte nun ein anderes Aussehen. Es gab keine Prachtbauten mehr, sondern einfache Häuser, die nahebei eher Hütten glichen - nichtsdestotrotz dominierte aber anscheinend ein gewisser Wohlstand. Jener mutierte indes zu einer immer mehr einreißenden orgiastischen Zügellosigkeit. Frauen gingen sehr freizügig und erotisch aufreizend gekleidet, spielten offenbar eine führende Rolle im Inselleben. >

|Klick|...

Abrupt versank das Gesehene in einem Nebel und die Insel tauchte so auf, wie wir sie beim Betreten angetroffen hatten - voller Schlangen und sonstigem Gewürm. Aber hinter jedem Tier schien eine, nur schemenhaft wahrnehmbare, menschliche Form zu "hocken". Diese eher schwammig umrissenen menschlichen Wesenheiten, mit den jeweils deutlich hervortretenden Tier-Charakteristika, hausten in den Geröll- und Schutthaufen der ruinösen Überreste gewaltiger, ehemaliger Baulichkeiten. Die "Tätigkeit" dieser Wesen erübrigte sich scheinbar lediglich im Herumlungern und ihrer baren Existenz.

o

Plötzlich war mir, als ob mich ein frischer Luftzug umfächelte. Ich wurde ruhelos und erwachte. Es dauerte eine Weile, ehe ich mich wieder in der Gegenwart orientieren konnte.
Bruder Xerx saß mir gegenüber und registrierte stillschweigend meine Reaktionen.
Er sprach mich nicht an, sodass ich schließlich selbst das Wort ergreifen musste: "Ich kann an den Traumbildern eigentlich nichts Besonderes finden. Was bedeuten sie..?"

"Sie sollten Dir etwas vorführen, was du theoretisch zwar schon weißt, praktisch aber noch nie beobachtet hast. Die Traumbilder reflektierten die Existenzebenen der jeweiligen Zeitabschnitte. Die Menschen sind die Geister der entsprechenden Kulturepoche, welche an die gleiche Örtlichkeit gebannt sind, weil sie

1. die Gegend besonders anhänglich liebten <u>und</u>

2. sich noch nicht um weitere Fortentwicklung bemühten.

Du hast also die Bewohner und Verhältnisse von mehreren ehemals hier existierenden Kulturen gesehen, deren Seelen noch immer an die hiesige Stätte ihres irdischen Wirkens - in einem 'Übergangsstadium' - gebunden sind.
Teilweise wissen sie noch nicht einmal um ihren Status als 'Tote'.
Wie Dir bekannt, kann es in manchen Fällen Jahrhunderte, sogar Jahrtausende währen, ehe manche Menschen 'aufwachen' und zum Bewusstsein ihres ewigen seelischen Seins kommen.
Es gab aber auch Seelen darunter, welche wohl wissen, dass sie (als Erdenmenschen) schon längst verstorben sind, aber sich durch ihre Taten oder Familien-, sowie Freundschaftsbande, örtlich gebannt befinden und, via ihre Erlebnisvorstellungen, die Umgebungsverhältnisse ihrer Zeitepoche festgehalten haben.
Jede Blütezeit der Kulturen dieser Inselgegend ist also noch als seelisches 'Weltvorstellungs-Äquivalent' vorhanden und für die Geister derjenigen, die in einer der nämlichen Epochen lebten, real existent.
Das letzte Bild, welches Dir vorgeführt wurde, stellte die Erscheinungsform für jene dar, die nun hier an dieser Stelle - durch immer noch wunschgemäßes Gebunden-sein an die Epoche und Verhältnisse ihrer einstigen Lebenszeit - ihre örtliche, seelische 'Hölle' gefunden haben.

-> Das, was Du verschwommen *hinter* jeder Tiergestalt sahst, war die wirkliche und ursprüngliche Menschenform der Verstorbenen, in der diese sich untereinander sehen und erkennen.

-> Die tierische Form selbst, die Du wahrnahmst, war die entsprechende Gestalt der Seelen, wie sie Dir - der Du noch unter den Lebenden weilst - bezüglich ihrer Einstellung, infolge ihrer (Un-)Reife und gemäß ihrem misslichen geistigen Erweckungszustand, erscheinen.

"Aha..., wie Du schon feststelltest: In der Theorie wusste ich das ja alles schon, aber es war doch interessant, es jetzt praktisch demonstriert bekommen zu haben..."

"Ja, das hilft beim weiteren Studium... Es bewies Dir, wie vielgestaltig und plastisch die verschiedenen Aggregatzustände der sogenannten Materie sind; denn alles Seelische ist ja, wie Du weißt, *auch* etwas gewissermaßen Materielles - nur natürlich von einer unendlich feineren, ideoplastisch-formbareren Beschaffenheit.

Solche gestaltlichen Seinsebenen, mit ihren Kulturepochen, durchdringen die Örtlichkeit wie Wasser die Poren eines Schwammes. Sämtliche, der von Dir gesehenen, Kulturen existieren, räumlich bewertet, an demselben Ort - ohne dass aber eine von der anderen eine Ahnung hätte und ohne, dass sie sich gegenseitig überlagern, 'ins Gehege kämen', respektive bemerkten, beeinflussten oder störten."

"Könnte - nur mal angenommen - eine Seele aus 'Ära Nummer 2' in die örtliche Vorstellungswelt von, zum Beispiel, 'Ära Nummer 4', die sich ebenfalls hier befindet, eindringen?"

"Ja..., aber nur, wenn sie sich des Kulturabschnittes, in dessen seelische Phase sie Zutritt finden möchte, bewusst wird. Sonst sind diese Seins-Epochen, obgleich örtlich ineinandergeschoben, soweit voneinander getrennt, wie Raumkluften zwischen Sonnensystemen gähnen."

"Befinden sich solche - ineinander verschachtelten - seelischen Kulturepochen über allen Ruinenfeldern ehemaliger großer Städte?"

"Nicht nur über Ruinenfeldern, sondern auch über noch *bestehenden* Städten - ohne dass die Bewohner der Jetzt-Zeit einer solchen Stadt davon auch nur die geringste, blasseste Ahnung verspürten! Daher kommen in allen Städten mit jahrhundealten Gebäuden, häufiger sogenannte Spukerscheinungen vor, als in solchen jüngeren Gründungsdatums. Alle alten Metropolen, wie zum Beispiel Rom, Athen, Istanbul (Konstantinopel / Byzanz), Paris, Lissabon, Madrid, Wien, selbst Frankfurt am Main, Dresden, Berlin und so weiter, beherbergen mehrere - deutlich abgegrenzte, seelisch noch vorhandene - bedeutendere epochale Abschnitte ihrer Geschichte örtlich in ihrer Mitte, ohne dass die gegenwärtige Bewohnerschaft irgendetwas davon weiß. Besonders intensiv sind Zeitabschnitte erhalten, in denen eine Stadt, oder ein Land, eine kräftig ausgeprägte Ära aufwies. So ist, etwa in Wien, die Glanzzeit unter den Habsburgern, als Kaiser des

Römischen Reiches deutscher Nation, noch seelisch lebhaft vorhanden."

"Haben denn weniger bedeutende *Übergangs*epochen auch ihre seelischen Aura-Seinszustände erhalten?"

"Nicht alle, sondern nur solche, welche in den Menschen ihrer Zeit einen genügend gravierenden Eindruck hinterließen, so dass sie persönlich jene Epoche seelisch tief beeindruckt erlebten. Vergiss nicht, dass die Zustände des Jenseits - als Himmel und/oder Hölle - nur durch das Erlebnisbewusstsein der Menschen, oder besser definiert: durch die menschlichen, individualisierten Seelen, geschaffen sind. So erklärt sich auch der scheinbare Widerspruch, dass es vor der Erschaffung der Menschen noch keinen Himmel und keine Hölle (als polare Gegensätze) geben konnte - was ganz einleuchtend ist, weil ja eben noch keine bewussten Wesen dafür existierten."

Ich dachte beim Einschlafen noch lange über das geführte Gespräch nach.

Unsere Karawane setzte am nächsten Morgen ihren Marsch fort, erreichte glücklich ihren Bestimmungsort und trat, etwa eine Woche später, wieder ihren Rückweg an; diesmal - warum, weiß ich nicht - den Weg über die höheren Plateaugebiete nehmend...

18 - Letztes irdisches Treffen der "Himmlischen Eheleute"

Der Rückmarsch über die Hochplateaus gestaltete sich zweifellos schwieriger, als der Hinweg. Wir befanden uns kurz vor Beginn des Monsuns [1] und über den südlichen Hochgipfeln hingen bereits die finsteren, schweren Wolkenbänke, welche den Beginn der Regensaison ankündigten - in unserer Höhenlage, von über 6.000 Metern, allerdings den Beginn der Zeit gewaltiger Schneestürme.

Wir waren kaum vier Tage unterwegs, als wir in einen solch schweren Blizzard gerieten, der uns drei Tage an unsere primitive Unterkunftsstätte, in einer Hochgebirgssenke, kettete. In den Pausen zwischen den Schneefällen setzten heftige Höhenstürme ein, die den gefallenen Schnee von den Zinnen herunterwehten, so dass es aussah, als ob von jedem Gipfel eine Rauchfahne blies - eine nach Nordosten weisende Schliere aus feinstem Schneestaub, der, vom Sturm fortgeweht, noch eine Weile schwebend in der Luft hing.

Nach einer ziemlich beschwerlichen Wanderung, diesmal durch tiefe Schneedriften, kamen wir an der Karawanserei Mu vorbei, vor welcher mich seinerzeit ein Blitzstrahl niedergestreckt hatte [2]; ließen sie aber seitwärts liegen, da auch diesmal, im nahen Frauenkloster, gerade keine andere Karawane rastete, was es uns gestattete, zwecks Übernachtung, bis dorthin weiterzuziehen. Die Räumlichkeiten waren in diesem Kloster, wie schon erwähnt, bequemer eingerichtet und die Stapelplätze, zum Lagern der mitgebrachten Lasten, angenehmer zu bestücken.
Gerade als wir durch den Torweg der Frauenstätte zogen, kam Bruder Xerx, von vorn, zurück. Er nickte mir freundlich zu, als er bei mir vorbeiging und bemerkte: "Bruder Amo, bist Du vorbereitet?"

"Vorbereitet..., auf was?"

"Hast Du vergessen, was Dir Meister Zacharias sagte, als er Dich auf diesen Marsch schickte?"

Ich grübelte nach, konnte mich aber an nichts Herausstechendes im Einzelnen erinnern...

Erst als ich mich auf der Matte in meinem Zimmerchen ausstreckte (das Frauenkloster war groß und so geräumig, dass für jeden von uns Trägern eine kleine Klause reserviert werden konnte, wenn nicht gerade zwei Karawanen gleichzeitig übernachteten - was diesmal aber nicht der Fall war), fiel mir ein, dass Meister Zacharias, vor Reiseantritt, zu mir gesagt hatte, dass ich "verändert zurückkehren würde - zumal mir noch ein besonderes Erlebnis bevorstünde".
Anscheinend stand ich vor jener angekündigten außergewöhnlichen Erfahrung... Hmm...

Ich war müde und schlief bald ein.
Ob ich träumte, weiß ich nicht. Jedenfalls hatte ich am folgenden Morgen das Gefühl, besonders tief geschlafen zu haben und befand mich, infolgedessen, auch frisch und gestärkt. Es schneite noch heftig und so wusste ich, dass wir warten würden. Ich nahm mir ein Schriftstück meiner Studienlektionen zur Brust, um mich darin zu vertiefen. Der Gedanke, zuvor noch etwas essen zu wollen, kam mir überhaupt nicht in den Sinn.
In dieser Minute trat eine Dienerin des Klosters in den, nur durch einen Teppichvorhang lose verhüllten, Einlass der Stube und teilte mir, in gebrochenem Englisch, mit, dass ich ihr folgen solle, da ich zum Frühstück eingeladen sei.

"Oh..., ja, gerne...", raffte ich mich auf.
Ich ging davon aus, Bruder Xerx wolle, bei einem Frühstück, vielleicht etwas mit mir besprechen. Nachdem wir mehrere Gänge und Fluchten durchschritten hatten, trat meine Führerin beiseite und schlug die Portiere vor einem Zimmer zurück, in dem, auf einem Teppich, nach orientalischer Sitte, jemand saß, der mir den Rücken zukehrte.

"Komm nur herein und setze Dich mir gegenüber", forderte mich die sitzende - weibliche - Person auf. Die Stimme klang wundervoll weich und einschmeichelnd.

Ich tat wie geheißen und befand mich erneut meinem "Zweiten Ich" gegenüber.
"Pija..! Ich wusste doch, dass mir diese süße Stimme bekannt vorkam..."

Meine einstige Frau strahlte von einer unbeschreiblichen Schönheit und Lieblichkeit. In solch ein überaus entzückendes, dabei aber doch von einem freundlichen Ernst verklärtes, Gesicht hatte ich noch nie zuvor geblickt.

"Du bist ja **noch** schöner geworden!", entfuhr es mir verblüfft.

"Denkst Du?", kam es bescheiden lächelnd zurück. "Doch hier, fasse zu und trinke Deinen Tee. Während Du isst, kann ich Dir das mitteilen, was ich Dir, zum Letzten, gerne sagen möchte..."

"...*Zum Letzten* sagen möchte..?", irritierte mich ihre Wortwahl.

"Ja, *zum Letzten*..! Du weißt, dass meine irdische Entwicklung so gut wie abgeschlossen ist, dass ich aber nicht weiter fortschreiten **möchte**, ehe Du nicht mindestens ebenfalls so weit gekommen bist, wie ich, sodass wir den Weg in die Unendlichkeit anderer Wirkungssphären **gemeinsam** antreten können.
Ich werde warten - doch das heutige Zusammensein ist das letzte auf Erden in diesen Körpern! Wenn wir uns das nächste Mal sehen - in einigen Jahrzehnten - wirst auch Du so weit sein, wie ich es jetzt bin; und ich erwarte Dich, in Deiner Sterbestunde, wenn Dein Ich in Deinem Seelen- **und sodann auch Geisteskleid** der unbrauchbar gewordenen Physis entsteigt."

Wieder ergriff mich jenes wundervoll beseligende Gefühl und Empfinden für meine ehemalige Frau, wie ich es bei meinem vorherigen Zusammentreffen mit ihr schon einmal empfunden hatte. Sie spürte das wohl auch und warf mir einen so liebevollen Blick zu, dass ich ihn wie einen Strom reinster Wonne empfand, der mich, gleich einem elektrischen Energiestoß, durchzuckte.

Sie reichte mir die Hand, drückte sie zart und fuhr, mir dabei fest in die Augen sehend, fort: "Höre, mein innig geliebter Partner in der Ewigkeit des Seins! Lasse Dich bitte durch nichts mehr von Deinen Studien ablenken - aber versuche bitte auch nicht, Deinen Fortschritt zu *erzwingen*, wie Du es in letzter Zeit getan hast.
Die Meisterschaft erringen heißt: Wirklich Meister **sein**! Und da musst Du, vermittels Deiner Liebe und Deiner erlangten Weisheit, die ausführende Kraft und Macht des Heiligen Geistes in Dich einziehen lassen - durch jene 'Gleichschaltung' und Harmonisierung wirst Du dann erst völlig eins mit den sieben Haupt- und Grundgeistern Gottes, nämlich Liebe, Weisheit und

Wille. Dabei aber auch Ordnung, Ernst, Geduld und Barmherzigkeit..! [3]

Wenn Du nun Deinen Fortschritt *erzwingen* willst, wie es Dir in den letzten Monaten Deines Studiums unterlief, so mangelt es Dir noch an Geduld und Barmherzigkeit.

Nun, mangelnde Geduld versteht sich, im gegebenen Fall, von alleine - warum aber auch ein Defizit an Barmherzigkeit..? Dies deswegen, weil Du Dich, in Deiner Ungeduld, nicht der Barmherzigkeit Gottes anvertrautest und

→ zum Ersten Deinen Mitstudierenden,

→ zum Zweiten Seinem höheren Plan für Dich,

zu Deinen eigenen Ungunsten, vorauseilen wolltest..!

Liebes 'Dual', glaube mir, der Weg zur irdischen Vollendung ist so schmal wie die Schneide eines Schwertes..! Wir denken manchmal, wir handeln recht - während wir das in Wirklichkeit noch lange nicht tun..! Denn Fanatismus ist mangelnde Geduld und mangelnde Barmherzigkeit. Ich wollte Dich darauf aufmerksam machen, weil ich weiß, dass Du mit mir, und ich mit Dir - wir - bald miteinander vereint sein werden.

Wie gesagt, heute ist unser letztes Zusammentreffen in unseren irdischen Körpern. Wenn Du fertig gefrühstückt hast, kannst Du mich auf mein Studierzimmer begleiten, wo ich Dich noch auf mancherlei Fährnisse, bezüglich Deiner künftigen Ausbildung, aufmerksam machen möchte. Das darf ich tun - Dir raten -, weil wir wissen, dass wir, wenn auch noch nicht seelisch-geistig vereint, doch schon eine solche Einheit vor uns sehen. Iss und trink jetzt und nimm Dir dazu Deine Zeit..."

Ich tat das, kaute aber jeden Bissen eher mechanisch herunter, weil sich das Gefühl eines "elektrischen Stromes" verstärkte, je länger ich in Pijas Gegenwart verweilte. Es war ein absolut beglückendes Empfinden, für das es wirklich keine adäquaten Worte der Umschreibung gibt. Die ganze übrige Welt versank in Nichts vor der Beseligung mit meinem "Zweiten Ich" zusammen sein zu dürfen!

Das ist auch nicht allzu verwunderlich, weil ein Verschmelzen von "Positiv" und "Negativ" [4], das heißt zweier, bisher durch gegensätzliche Polarität getrennt existierender, Wesen zu einer

Einheit, tatsächlich den Himmel darstellt... Jene Einheit wird, wenn wiedergeboren, in den seligsten Gefilden der eigentlichen Lebenswelt (von uns allgemein als "Jenseits" bezeichnet), nur noch in vollster Harmonie schöpferisch tätig werden - fürderhin über die Gegensätzlichkeiten des Seins erhoben -, obwohl die Eins gewordene Wesenheit weiterhin aus zwei getrennten Persönlichkeiten bestehen bleibt, welche aber nun eine einzige *Individualität* bilden, der die kosmischen Kräfte des Daseins, zum Wirken in der Unendlichkeit des Raumes, in vollem Umfang zu Gebote stehen. [5]

"Ich ahne schon, was Du meinst...", bezog ich mich auf ihren Fingerzeig betreffs meines geübten "Lern-Fanatismus".

"Natürlich ahnst Du es - Du, mein 'Zweites Ich'", antwortete mir mein Gegenüber mit einem liebevollen Lächeln. "Ganz klar wird Dir das aber erst sein, sobald auch Du die Schule der Meister absolviert haben wirst und damit vor der Wiedergeburt im Geiste stehst."

"Es ist doch schwieriger, als ich anfangs dachte", warf ich ein.

"Scheinbar nur, denn umso mehr Du, im Verlaufe Deiner Ausbildung, in das Dir Geoffenbarte involviert wirst, erwachsen Dir auch die Verständniskräfte, sodass Du dann alles ganz natürlich zu erfassen und begreifen vermagst.
Daher nie mehr etwas erzwingen wollen, auch nicht Deinen Fortschritt - wenn es auch mir zuliebe geschehen sollte...
Willst Du, mein liebes, liebes 'Zweites Ich', mir das versprechen?"

Damit stand sie auf. Auch ich erhob mich fast synchron.
Wortlos kam Pija auf mich zu, umarmte mich und drückte mich mit einem Kuss so fest an sich, dass ich vor Beseligung fast die Besinnung verlor.
Hernach begaben wir uns auf ihr Studierzimmer, welches, dem Standard unserer modernen Zeit gemäß, kaum dem gewählten Begriff entsprach. Es war, wie alle Stuben in den Klöstern und Karawansereien, sehr spartanisch eingerichtet; verfügte indes über einige Fächer an der Wand, die Bücher und Manuskripte aller Art enthielten.

"Wie schon erwähnt, darf ich Dich auf manches aufmerksam machen", eröffnete meine ehemalige Ehefrau mir. "Und das will ich auch tun!

Zunächst möchte ich Dir mitteilen, dass Dir Dein ferneres irdischen Leben - ich meine damit, wenn Du die Schule der Eingeweihten abgeschlossen hast und ins gewöhnliche Dasein zurückgekehrt sein wirst - recht ereignislos anmuten wird! Öde und langweilig aber nur vom Standpunkt gewöhnlicher Menschen aus betrachtet. In Wirklichkeit wird Dir indes eine Aufgabe zuteilwerden, die, so unscheinbar sie zu Anfang wirken mag, doch die größten segensreichen Folgen in der Zukunft nach sich zieht. Du weißt, dass es oft nur ein kleines Häufchen Schnee ist, welches, beim Heruntergleiten, verheerende Lawinen auslösen kann. Nun, so wird Deine Tätigkeit sein - zuerst ganz unscheinbar, kaum beachtenswert, und doch fähig, später Millionen von Menschen zu einer inneren Transformation zu veranlassen.

Jene Bewegung selbst wirst Du, im größeren Ausmaß, nicht mehr wahrnehmen, da Du dann schon von Deinem Erdendasein befreit sein wirst. Aber Du wirst - was Deine Aufgabe ist - den Anlass, den Initialfunken, zu dem Wandel gespendet haben.

Es wird aber noch lange dauern, ehe Du günstige Gelegenheiten finden wirst, Deine Aufgabe zu lösen. Die ersten diesbezüglichen Versuche werden nicht gelingen, sollten aber dennoch unternommen werden, da auch sie - trotz des allgemeinen Misslingens - 'Vibrationen', Schwingungen, auslösen werden, welche manche erreichen dürften, die sonst davon nie etwas zu hören bekommen hätten.

Erst kurz vor Deinem irdischen Tode wirst Du jemanden finden, dem Du die Geschichte Deiner Entwicklung schildern kannst und mit dem Du - auch nach Deinem irdischen Ableben - auf eine Weise, die sich dann von allein ergeben wird, noch in Kontakt bleiben kannst.

Sieh aber zu, dass stets niemand anderes, als nur die betreffende Person allein, Deine Botschaften erhält, weil dieser Mann, obgleich noch mit diversen menschlichen Fehlern und Schwächen behaftet, grundsätzlich aber integer, zuverlässig und vertrauenswert ist und niemals das, was Du ihm anempfiehlst, irgendwie missbrauchen würde.

Schon vor Deinem Tode wirst Du der betreffenden Person viele Deiner Beratungsbotschaften nur *indirekt* zugehen lassen, damit Du, als Medium und Werkzeug, im Verborgenen bleiben kannst -

denn vergiss nie: An Dir, als Individuum, liegt nichts! Du bist nur ein Vermittler der 'Weißen Bruderschaft', deren Schulungsweg Du durchlaufen hast - sonst nichts... Diese Vorgehensweise werden wir - das heißt in diesem Fall auch Du - nach Deinem Heimgang entsprechend weiter fortsetzen."

"Hmm... Dann sehe ich also einem ziemlich langweilig und dröge verlaufendem weiteren Leben entgegen...", meinte ich etwas enttäuscht.

"Durchaus nicht! Die Menschheit wird in kurzem durch eine furchtbare Periode von Krieg, Mord, Brutalität und Schrecken gehen. Du wirst dabei auch eine Rolle spielen, indem Du als geistiger Berater wirkst. Obgleich das keine der besagten Katastrophen verhindern kann, werden durch Dein Tun doch gewisse Imponderabilien [6], die sehr wertvoll für die Zukunft sind, gerettet bleiben."

"Könntest Du mir dazu nicht mehr ins Detail gehen und mir irgendetwas Spezifischeres enthüllen?"

Pija schmunzelte: "Da haben wir es, Du großer Junge, Du! Du bist nun selbst schon ein halber Eingeweihter, und noch immer hast Du die Geduld nicht richtig erlernt... Wenn ich Dir schon alles im Voraus verrate, wo bleibt denn dann Dein Eigenverdienst..?"

Ich sah das ein und schwieg betroffen.

Mein Gegenüber musste über meine gezeigte Miene herzlich lachen, kam auf mich zu, umarmte mich wieder und sagte, halb neckisch: "Du Lieber, es ist Zeit, dass ich Dir zur Seite stehen und Dich stützen kann, wenn Du schwach in der Geduld werden willst."

Schnell gelang es mir, ihre Erheiterung zu teilen.
Meine Liebste gab mir dann aber doch noch mancherlei interessante Aufschlüsse über die Zukunft, welche später auch alle eintrafen.

Der Abschied fiel uns diesmal schwer - auch ihr...
Es war ja ein Abschied für immer in diesen, unseren physischen "Hülsen"! Ich erfasste noch nicht (sie freilich wusste es wohl - doch fühlte sie meinen Schmerz mit), dass unser ferneres

Zusammensein in den geistigen Sphären unendlich entzückender sein würde, als es je im irdischen Miteinander sein könnte.

»

Den Rückweg nach der Stätte des Meisters Zacharias legte ich in tiefer Niedergeschlagenheit zurück. Bruder Xerx beobachtete mich öfters, überließ mich aber meinem Kummer. Der Marsch war diesmal ungeheuer beschwerlich. Noch niemals bisher hatte ich solche wütend tobenden, manchmal von Blitz und Donner untermalten, Schneestürme auf dem Hochplateau der Welt erlebt! Einmal konnten wir den ganzen Tag kaum vier Meilen vorwärtskommen! Nicht selten reichte der Schnee bis an die Hüften und die Kälte war entsetzlich. Trotzdem blieb aber jeder guten Mutes, und es gab - seltsamerweise und Gott sei Dank - keine erfrorenen Glieder zu beklagen...

19 - Die Meisterschaft wird erreicht

Von nun an widmete ich mich wieder ganz meinem Studium; und zwar folgte ich willig allen gestellten Anforderungen, wenn diese mir auch noch so schrullig oder verschroben vorkamen. Merkwürdigerweise zeigte sich später immer, dass es so am besten für mich gewesen war.

Der Unterricht ging jetzt mehr ins Spezielle.

Ich möchte ihn vielleicht als die Anwendung des exoterisch [1] Beobacht- und Wahrnehmbaren auf dem esoterischen Gebiet der Erkenntnis definieren. Mit anderen Worten: Es wurden zunächst die äußerlich offensichtlichen, aber auch die internen Zusammenhänge zwischen einem Gegenstand und der Außenwelt festgesteckt, dann - eine Stufe tiefer - die inneren Bindungen *seelischer* und *geistiger* Natur herausgeschält und daraus die Schlussfolgerung gezogen. Dabei ergab es sich regelmäßig, dass eigentlich das Geistige, das Geplante, das Erstrangige darstellte, und dass jenes, in der materiellen Kreation, erst als vollendet erachtet werden konnte, wenn die sekundäre Schöpfung bis zur äußeren Form durchgeführt war; somit das "Außen" alles zur Entfaltung gebracht hatte, was im Primären einst seinen Ursprung nahm, das heißt als Ideenbild, im ersten Formungsprozess des ursprünglichen Gedankens aus Gott heraus, schon die anfänglichsten Umrisse zeigte.

Sehr interessant waren die inneren Zusammenhänge in der Daseinssphäre des "Soll" [2], das heißt auf dem weiten Gebiet humaner Moral, als Stützgerüst für die seelische Entwicklung und geistige Entfaltung der menschlichen Individualität, im Befreiungsprozess aus der Welt des "Muss" [2], der gerichteten Erscheinungswelt.

Das oberste Gesetz des "Soll" gilt auch für das "Muss": Niemals eine sich entwickelnde Seele (und somit sich entfaltende Geistindividualität) zu zwingen..!

Wie schwer wird dadurch das Lenken der menschlichen Geschicke! Die Menschheit darf sich nur auf sich allein gestellt zur Selbständigkeit entwickeln! Jede Richtungsweisung kann daher auch nur ein Anleiten im Sinne sanften und leisen Führens sein - was sofort zu unterbinden ist, sobald sich die befreiende Seele dagegen auflehnt, sollte sie solches Lenken als Zwang empfinden. Die Aufgabe von uns Eingeweihten ist es nun, durch unser Beispiel und unsere Liebe für die Menschheit, als Knechte Gottes, dieses fast ganz unmerkliche Leiten und Führen in die Tat umzusetzen. Was für eine Sisyphos-Arbeit ist das oftmals, obwohl uns zahlreiche höhere, rein spirituelle Wesenheiten zur Seite stehen; uns unterstützen und die entsprechende Richtung zur Kenntnis geben...

Wir Adepten sind manchmal am Verzweifeln - doch niemals dürfen wir dem Raum geben und etwa "den ganzen Bettel hinschmeißen", unsere Mission verwerfen..! Dafür sind wir ja "Eingeweihte" und haben unser ganzes Ewiges Sein als Schwur geopfert; gelobt, immerdar für das Gute, für Gott zu wirken. Wenn wir dabei oftmals tiefe Einblick in das Schicksal der Menschheitsentwicklung tun dürfen, lernen wir fortwährend deutlicher die wirklich endlose Güte und Liebe Gottes erkennen; der niemals in Seiner Liebe und Fürsorge erlahmt und sich nicht selten gerade derer annimmt, welche es - scheinbar - am wenigsten verdienen und zu würdigen wissen. [3]
Die noch irrende Seele erfährt die nötige Führung, sobald sie beginnt ihre missliche Lage zu erkennen und freiwillig entsprechende Anstrengungen zu unternehmen. Wie gewaltig ist die göttliche Tragödie der Menschheitsbefreiung aus dem urgeschaffenen "Muss-Schöpfungszustand" in den ewigen "Harmonie-Seinszustand" hinein.
Solches Forschen nach den inneren Zusammenhängen im Sein, nach der Seele und dem latenten, noch schlummernden Geist hinter/in allem Gottgeschaffenen, zieht sich durch den ganzen Unterricht in den Schulen der Meister. Wir lernen den Sinn der Farbenpracht und des Duftes der Blumen begreifen, den Zweck des Giftes in Pflanzen, Schlangen, Spinnen und Tieren aller Art; die Aufgabe des Käfers und Wurmes, der Mikrobe und Bazille...
Solch Erkenntnisse werden uns aber nicht nur bezüglich des Mikrokosmos zuteil - auch die Wunder und Geheimnisse des Makrokosmos werden uns entschlüsselt, sodass wir die tiefe Bedeutung der Sonnensysteme, Galaxien und des geheimnisvollen Raumes, der eines der allertiefsten Mysterien birgt [4], die ein Mensch je zu ergründen versuchen mag, verstehen können.

*

Es vergingen Monate, ehe ich wieder eine Karawane begleitete. Ab und zu hatte ich das aber auch weiterhin zu tun, um zu verhüten, dass ich zu einseitig wurde und verkrustete. Jene Gefahr für einen absolvierenden Studenten an der Schule der Eingeweihten ist nämlich nicht zu unterschätzen! Noch oft war es mir, als ob ich verzweifeln müsste, da ich meine Lebensaufgaben und Lebensprobleme wohl nie vollkommen in den Griff bekommen würde - aber immer überwand ich schließlich doch solche Stimmungen der aufkeimenden Resignation.

Im Abendland (auch in Amerika) hat man ganz falsche Vorstellungen über "Meister", "Eingeweihte" und deren Wirkungsfeld... Man sieht in ihnen leicht bloße "Wundertäter", weil sie sogenannte "Wunder" zu vollbringen imstande sind. Wenn ihr indes wüsstet, wie wenig wir, so wir erst einmal alle Examina überstanden haben und wieder ins Leben hinaustreten, an "Wundern" interessiert sind..!
Es gibt nämlich weit höhere Aufgaben, als wundersam erscheinende Phänomene zu erzeugen!
Es gilt, Menschenseelen zu führen und zu leiten! Nicht oktroyierend, sondern allein im Geiste des Verständnisses, der Freundlichkeit, Zuneigung und Liebe; und zwar derart, dass diese sodann ihr Ziel erreichen, welches die Geistige Wiedergeburt ist - möglichst sogar noch hier auf Erden..! [5] Das wird, auf dem Gebiete des Seelischen und Geistigen, **viel** höher bewertet als die größte Heldentat auf Erden!
Eine Seele ist etwas **ungemein** Wertvolles [6]; so wertvoll, wie die allerkostbarste und allerseltenste Blume, welche in die Reife ihrer vollen Blüten- und Farbenpracht, ihres exquisitesten Duftes eintritt. Die "Blüte der Seele" entspricht, in dieser Metapher, das Eingehen der Seele in den Geist, womit der Geist sich der Seele fortan als unvergänglichen Geistkörper, als sein "Vehikel", für alle Ewigkeit bedienen kann.
Doch wie ungeheuer schwer ist es, eine solche Leistung fertig zu bringen, das heißt auch nur **eine(n) einzige(n)** Menschenbruder, respektive -schwester bis zur Geistigen Wiedergeburt - noch hier auf Erden - zu leiten!
Außerdem dürfen wir Meister uns auch niemals irgendein spezielles Individuum zum Ausbilden *aussuchen*, sondern wir

haben genau **die** Arbeit aufzugreifen, die uns, von höheren Wesenheiten, als notwendig und wichtig für die Welt und deren Weiterentwicklung, zugewiesen wird.

All das ist, umfassend, schwerlich zu erklären. Man könnte stundenlang darüber debattieren und würde doch das Gebiet nicht völlig erschöpfen, fast nur streifen, weil es zu komplex ist; weiters Probleme der allerverschiedensten Art damit verknüpft und verwoben sind, welche auch erst wieder verständlich gemacht werden müssten.

Wir Eingeweihten haben durch unsere herausfordernde Schulung gelernt, im Ätherstoff Akasha sofort alle in Betracht kommenden Aspekte bei einer uns gestellten Aufgabe zu überblicken und danach unsere Dispositionen zu treffen.

Ein Beispiel mag das Gesagte erläutern:

Angenommen, uns würde der Auftrag erteilt (auf welche Art und durch wen, ist dabei nebensächlich, wenn er nur von höherer Stelle kommt, was wir Eingeweihten sofort herausfinden können) uns einer bestimmten Person anzunehmen, die, bei mangelhafter Vorsicht, einen lebensgefährlichen Unfall erleiden mag.

Auf Schutzengel, welche ihn/sie - wie jeden Menschen - umgeben [7], hört die betreffende Person nicht...

Bezüglich gegebener Mission wird gezeigt, wie man sich dem Schützling nähern kann und wie man sich seiner/ihrer widmen soll. Wir Meister überblicken auch sofort, *warum* gerade diese Person etwas Besonderes darstellt, welches sie einer Sonderbeachtung würdig macht. Wir sehen, dass sie, in späteren Jahren *möglicherweise* ("möglicherweise", weil ja die entsprechende Entschließung durch ihren freien Willen in Betracht zu ziehen ist) eine Gelegenheit finden wird, eine zukunftsweisende förderlich-gute Stilrichtung betreffend der Kunst in die Wege zu leiten. Geschieht das, so würde damit die kulturelle Richtung eines Teiles der Menschheit anders, höher hinauf, gelenkt werden können.

Versteht ihr jetzt den tiefen Sinn der Warnung des Heilandes, dass jeder Augenblick des Lebens von Wichtigkeit ist, das heißt von schicksalswendender Bedeutung sein kann? [8]

»

In der Zwischenzeit durchlief ich weitere Examina. Eines bestand ich nicht und musste deshalb den ganzen Kursus nochmals wiederholen. Das Leben verlief entsetzlich eintönig, aber ich spürte es nicht mehr, da man fast gar keinen "Leerlauf" hatte, über sich selbst und seine Verhältnisse nachzudenken.

Im Zusammenhang mit den Studien, ging nun eine fühlbare Progression der seelischen Fähigkeiten und damit ein Ausprägen der Geistesgaben vor sich. Es überkam mich eine wundervolle Ruhe, aus der mich nichts mehr herauszulocken vermochte. Ebenso hatte ich Stunden gewaltiger innerer Erhebung und Erleuchtung; Augenblicke, in denen der Individual-Geist, also mein eigenes, unsterbliches Ich, von meiner Seele, meiner irdischen Persönlichkeit, vollkommen Besitz ergriff. In solchen Momenten erfuhr ich die ganze Welt durchgeistigt; sah über Raum und Zeit hinweg - ein Zustand, der anfänglich ein bloßes "Träumen" zu sein schien, aber bedeutend mehr war, wie ich bei weiterem Wachstum bald herausfand.

Diese kostbaren Augenblicke vermehrten sich mit den Monaten und Jahren und wurden beinahe zu einem Dauerzustand, aus dem ich aber von Zeit zu Zeit, durch diverse Störungen, wieder herausgerissen wurde; infolgedessen dann das irdische Sein in der Öde der Stätte, mitsamt seinem stereotypen Tagesablauf und monotonen Studien, wahrlich wie eine *Hölle* erschien!

Etwas bäumte sich, in solchen Situationen, geradezu panisch in mir auf, als ob es ein Riesenfehler wäre, solch einen grausam defizitären Lebensstil zu pflegen. Es waren jene ungebetenen Zustände allerdings nichts anderes, als die letzten Kämpfe der rein irdischen Persönlichkeit (welche die Seele, als ihre Hülle, ihr "Vehikel" zum aktiven Wirken in der Welt, benützt), um, wenn möglich, die unsterbliche Individualität, mein ureigenes, ewiges Ich, der Seele zu entfremden. Mir waren diese auf- und niederringenden Zugkräfte genau spürbar...

*

Nachdem ich lange keine Karawane mehr begleitet hatte und schon glaubte, das nicht mehr nötig zu haben, wurde ich zu Meister Zacharias gerufen, der mich in seiner nie wankenden Herzlichkeit begrüßte:

"Bruder Amo, Du hast in den letzten Monaten gute Fortschritte gemacht und näherst Dich immer mehr Deinem Ziele, dem Endexamen, womit Du dann endgültig die "Meisterschaft" erringst. Noch ist es freilich nicht so weit - doch man kann den Zeitpunkt schon fühlen..!
Ich habe Dich heute zu mir gerufen, weil ich Dich bitten möchte, noch einmal eine Karawane zu begleiten. Du wunderst Dich vielleicht, dass ich *bitten möchte* sagte. Das geschieht, weil Du jetzt schon so weit vorgeschritten bist, dass Du nicht mehr lediglich durch die Regularien der Schulstätte gelenkt zu werden brauchst. Du kannst es also ablehnen, den Transport zu begleiten... Ich möchte Dir aber persönlich - aus gutem, wohlmeinendem Grunde - empfehlen, Dich dafür zu entscheiden."

Er hielt inne und blickte mich forschend-fragend an.

Ich reagierte spröde, denn ich hatte keine rechte Lust dazu, weil ich gerade jetzt so vorzüglich mit meinen Studien vorankam. Mir graute ein wenig vor den verschiedenen, mit solchen Transportreisen verbundenen, Unbequemlichkeiten. Und doch wollte ich Meister Zacharias auch nicht enttäuschen...

"Ich verstehe Dich gut", ergriff der Meister wieder das Wort, "verstehe Dich vollkommen... Doch tue mir den Gefallen; tue es mir zuliebe, die Karawane zu unterstützen."

"Warum?", fragte ich im Tonfall einer gewissen Verblüffung.

"In Deinem eigenen Interesse, lieber Bruder! Du weißt, wie gern ich Dich habe. Du bist jetzt, in Deiner Entwicklung, beim letzten kritischen Wendepunkt angelangt! Das ist das letzte Mal, dass Dich eine Art verhaltener Trotz überkommt und Du erneut, wie im Rausch, permanent nur noch die sich Dir eröffnenden Schönheiten erleben möchtest, welche mit dem beginnenden Wiedergeburtsprozess der Seele einhergehen.
Amo, das ist eine echte Gefahr und kein Lapsus; glaube es mir! Du könntest in Deinen Bestrebungen geradezu 'verknöchern', steif und lieblos werden! Du möchtest, am besten ohne Unterbruch, nur noch in den wunderbaren Gefilden der Ekstase weilen - doch Vorsicht: Dabei würdest Du den Blick für alles andere verlieren - auch *warum* Du die ganzen Jahre hindurch studiert und Dich abgequält hast.

Wofür hast Du das getan? Erinnere Dich..!
Doch nur - wie Du feierlich gegenüber Dir selbst gelobtest - für
Gott!
Du willst, wie jeder Eingeweihte, künftig ein Helfer, ein Diener
Gottes sein und Dein Ego dabei ganz außer Betracht ziehen!
Erinnerst Du Dich dieser freiwillig gegebenen Versicherung?"

Ich nickte und empfand, Meister Zacharias hatte auch diesmal
wieder, wie eigentlich immer, völlig recht! Und ich war froh, dass
er mich auf meinen leicht zu begehenden Fehler aufmerksam
gemacht hatte! Denn, wäre ich in dieser Phase meiner
Entwicklung verknöchert, wäre ich vielleicht ein Eingeweihter
geworden, ja, aber nur ein egozentrischer, besitzergreifender
"Meister", einer der glaubte, er hätte alle Kenntnisse der Welt,
berufen zum Herrschen über die, welche ihm anhangen und
folgen!
Statt Gott und der Menschheit zu *dienen*, wäre ich ein geistig weit
vorgeschrittener, anmaßender, arroganter Pinsel und aufge-
blasener Fatzke geworden. Das wäre aber auch alles gewesen!
Allmählich hätte ich immer mehr die Bedeutung meiner Mission
aus den Augen verloren und mein - im Gefolge - eitler Stolz hätte
mein Herz allmählich zu einem hochmütigen Stein verhärtet.

Der innere Kampf dauerte - bei solch markierter Erkenntnis - auch
nicht lange: "Ich sehe, dass ich nochmals vor einer gefährlichen
Klippe in meiner Laufbahn stand. Ich danke Dir, dass Du mich
rechtzeitig darauf hingewiesen hast! Ich begleite selbstredend die
Karawane..."

Meister Zacharias' Augen strahlten vor Freude über meinen zügig
gefassten Entschluss. Er umarmte mich erneut und drückte mich
fest an sich: "Du wirst diesmal ein ganz neuartiges Erlebnis
haben. Du wirst die Welt, wie Du sie bisher wahrnahmst, zum
letzten Male so sehen. Wenn Du das nächste Mal hinaus ins
Erdenleben trittst, bist Du ein Meister und Eingeweihter und die
Welt, mit ihren allzu menschlichen Belangen, wird bedeutungslos
für Dich geworden sein! Schon diesmal wirst Du bemerken, wie
wenig Dich das Irdische überhaupt noch anzugehen scheint..."

Damit war ich entlassen.

»

Am Morgen trat die Karawane ihre Wanderung an; folgte einer der mir schon bekannten Strecken. Meister Zacharias hatte es vorausgesehen: Es boten sich manchmal einzigartige Naturszenen, die mich merkwürdigerweise aber nicht mehr sooo zu entzücken vermochten, wie früher. Fast war ich traurig darüber, dass mir der Blick für die Schönheiten der Berge, ihrer Flora und Fauna, verlorengegangen schien. Dann kamen aber doch wieder Augenblicke, in denen ich von der, durch die Sonnenstrahlen hervorgezauberten, Farbenpracht auf den blitzenden und glitzernden Schneemassen der Hochfirne überaus begeistert war. Ich konnte mir das alles nicht so recht erklären...

Drei Abende später, als wir in einem Karawanenhof, in einer tiefen Talmulde, übernachteten, wo es keinen Schnee gab und auf den Grasflächen sogar zarte Blumen blühten, erhielt ich indes den benötigten Aufschluss. Wir konnten uns noch, infolge der verhältnismäßig lauen Luft, eine Weile vor dem Herbergs-Gebäude aufhalten, als Bruder Xerx auf mich zukam:

"Ich weiß, was Dich quält, lieber Amo! Du bist Deiner selbst nicht mehr sicher! Du weißt nicht recht, was Du von Dir halten sollst! Die Gefühle und Empfindungen sind so... widersprüchlich... Stimmt's?"

Als ich bejahte, legte er seinen rechten Arm um meine Schulter und erklärte, wie weltverloren in die Ferne blickend: "Siehe, Du bist jetzt etwa in einem Zustand, in dem jemand seine altgewohnte Heimstätte für immer verlässt. Du bist innerlich erregt und aufs Höchste gespannt, was sich Dir nun alles, unter den neuen Verhältnissen, bieten wird, in welche Du einzudringen im Begriffe stehst.

Beim Verlassen eines liebgewordenen Zuhauses besucht man wohl noch einmal alle Orte, die einem bisher von Bedeutung waren - aber es ruht nicht mehr jener Zauber auf ihnen, den man früher empfunden hatte. Man hat sich durch den bevorstehenden Fortzug schon seelisch von den alten Plätzen losgesagt und getrennt. Es ist noch alles überall wie früher - aber es strömt nicht mehr die magische Bedeutung von ehemals aus...

Wir, die wir die Schlussexamina abgelegt haben, mussten ebenfalls sämtlich diesen Status durchqueren. Sobald Du die Meisterschaft erreicht haben wirst, stehst Du über so manchem, wie ein Erwachsener über den Spielstätten seiner Jugend. Jene sind zwar immer noch dieselben, haben aber nicht mehr die alte, seinerzeit empfundene Qualität."

So musste es wohl sein...

Ich empfand wohl noch alle Naturschönheiten als solche - doch konnten sie mich erst für sich einnehmen, wenn mein Geist in einer Art "übersinnlicher Verfassung" war; das heißt, wie man es, als Alltagsmensch, manchmal - ansatzweise vielleicht - in verträumten Momenten inneren Friedens, Glücksempfindens, der tiefen Erfüllung und Ruhe erleben mag.

Kurz: Im gegenwärtigen seelischen Entwicklungsstadium konnte dieser Globus, mit seinen Erscheinungen, in mir nur dann noch ein inneres Feuer der Faszination entfachen, wenn ich letztere vermittels "transzendentalem Blick", verbunden mit der entsprechenden Gefühlseinstellung, umfasste. Diesen Zwiespalt in mir selbst verspürte ich während der gesamten Dauer der Reise...

Schließlich zog ich die einzig richtige Konsequenz aus diesem Erlebnis: Ich stellte fest, dass ich mich in der Phase völliger seelischer Loslösung von dieser Welt befand.

Und so war es auch..!

*

Nach der Stätte des Meisters Zacharias zurückgekehrt, widmete ich mich wieder mit Eifer meinen Studien - aber die durchgeistigten Zustände, die mich vor Wochen völlig absorbierten, hatten eine andere - reifere - Form angenommen. Die Momente der Erhebung und Erleuchtung waren zwar noch die gleichen wie einst, doch stand ich nun mit meiner Individualität scheinbar darüber und nahm mehr eine "beobachtende Position" ein.

Diese Dinge widerfuhren mir analog dem Gleichnis Jesu von der "Heimkehr des *verlorenen Sohnes* in sein Vaterhaus". [9] Dieser "verlorene Sohn" entsprach der Seele, die nun in den vergeistigten Zustand überging; erhoben, *ent*hoben, der Sklaverei der materiellen Sinnenwelt - zur völligen Wiedergeburt im Geiste, womit dann die Erlösung stattgefunden hat, die Lebensschule als beendet angesehen werden darf. Dann gibt es kein Zurück mehr - und der Mensch ist für immer gerettet!

191

»

Doch die Vorbereitung zum "Finale" war eine absolute Herausforderung! Manchmal war ich abermals wiederholt am Verzweifeln - aber immer trieb es mich wieder vorwärts, bis endlich der Zeitpunkt des Endexamens gekommen war, welches sich gewöhnlich über Wochen erstreckte.
Einzelheiten können natürlich nicht mitgeteilt werden, doch so viel sei angedeutet, dass auch der erste Teil des Examens, oder besser der Examina, als Abschlussprüfung nicht leicht war. Er bestand in dem zu erbringenden Nachweis, dass man über die absolute Kontrolle bezüglich des Körpers verfügte - gleich, ob im Wach- oder Schlafzustand!
Sogar Träume muss man unter Kontrolle zu halten verstehen; dabei aber auch Träume selbst erzeugen können und sie sodann als solche erkennen - das heißt über die Luzidität [10] verfügen, zwischen eigens induzierten Träumen und bloßer Einbildung zu unterscheiden.

Bestimmt leicht nachzuvollziehen, dass ein solches Examen, ohne vorheriges, jahrelanges Training, nicht bestanden werden könnte. Aber auch der zweite Teil der Examina war extrem schwierig. Er begann, recht maßvoll, mit dem Heraustreten der Seele aus dem irdischen Körper. [11] Jenes, auf eigenen Wunsch, zu initiieren war lange genug vorher geübt worden und für uns Prüfungskandidaten wirklich nichts Außergewöhnliches oder Besonderes mehr. Dann folgten indes die Mammutaufgaben, die unsere Seele allein, ohne den physischen Körper, der wie leblos dalag, durchzuführen hatte! Anforderungen, welche, wenn sie hier angeführt würden, nicht nur für unmöglich gehalten, sondern einfach für reine Fantasy und nicht real existent erachtet werden müssten.
Es ist bei diesen Examina nicht notwendig, dass man die Probleme alle perfekt und lückenlos bewältigt. Es kommt nur darauf an, die Mittel und Wege zu kennen, die anzuwenden und einzuschlagen sind, um die Lösung schließlich erreichen zu können. Die Prüfungsresultate werden also unter dem gleichen Gesichtswinkel beurteilt, wie der Beweggrund, das zugrundeliegende Motiv, zur nachfolgend beabsichtigten Handlung. [12]

Es kommt fast niemals vor, dass irgendeiner der Kandidaten das Endexamen nicht besteht, weil niemand zugelassen wird, bei dem, nach Ansicht des Meisters einer Stätte, nicht mindestens eine Zwei-Drittel-Garantie bestünde, das Examen erfolgreich zu absolvieren.

Kaum jemals gelang es einem Prüfungskandidaten die Examina zu 100 %, also völlig fehlerfrei, zu durchlaufen. Das macht aber nichts... Es kommt ja nur auf die grundlegende Richtungslinie der Gesamtergebnisse der überstandenen Prüfungen an.

Man stellt sehr wohl auch die gewaltige innere Erregung in Rechnung, in welcher sich jeder Student bei diesen Examina befindet, die so bedeutungsvoll und wichtig sind, wie keine anderen auf der ganzen Welt.

Die Entscheidung, ob "Bestanden" oder "Durchgefallen" ruht einzig und allein in den Händen des Meisters jeder Stätte. Die Meister aller Stätten stehen miteinander im Rapport und legen die Normen der Examina fest, die dann, mit lokalen Abweichungen, für alle Stätten weltweit maßgebliche Gültigkeit besitzen.

20 - Als Eingeweihter hinaus ins Alltagsleben

Im Zuge des Bestehens der Endprüfung war die Meisterschaft erreicht.

Meister Zacharias eröffnete uns, anlässlich einer geselligen Feierstunde, dass es uns jetzt freistünde zu gehen und eventuell eigene Stätten zu gründen, da kaum genügend Meister herangebildet werden könnten, als Helfer für und in der Welt zu wirken, die, als solche, vor großen erschütternden Krisen stand. Wir erhielten nützliche Hinweise, wie solche Stätten einzurichten wären, welche Hilfsmittel dafür gebraucht würden und wie wir uns derselben bedienen sollten. Der feierlichste Augenblick war indes jener, als wir in die Bruderschaft der Meister, besser bekannt als die "Große Weiße Bruderschaft", aufgenommen wurden und gezeigt bekamen, auf welche Weise wir telepathisch sofort mit allen Meistern in Verbindung treten können, um Anschauungen auszutauschen, Rat einzuholen und eventuell auch Hilfe zu erlangen.

Ich hielt mich noch einige Monate an der Stätte des Meisters Zacharias auf, der jetzt mit mir - als Eingeweihtem - viel offener sprechen konnte als früher, wo mir doch so manches, bis zur Erringung der Meisterschaft, vorenthalten bleiben musste.
Zacharias hatte sich einem ganz bestimmten Aspekt der Leitung und Führung der Menschheit gewidmet, wobei er besonders die Geschicke des deutschen Volkes im Auge behielt. Alles, was Deutschland seitdem durchgemacht hat, war mir schon damals gezeigt worden. Ich sah aber auch, *warum* dem so sein musste...
Bei seiner Forschungsarbeit war ich ihm, in der erwähnten Zeit, als Assistent behilflich - und damals geschah es, dass er mich formell darum bat, dass ich mich, während der letzten Jahre meines irdischen Lebens, den ausgewanderten deutschen Kreisen in den Vereinigten Staaten von Amerika widmen sollte; einem Land, welches, wie eine moderne "Arche Noah", Vertreter aller Nationen der Welt in seinen Grenzen aufgenommen hatte, um aus diesen einen ganz neuen, freiheitlich-demokratischen, stolzen, verantwortungsbewussten, aber auch gottverbundenen Menschheitstyp zu formen.

**

Nach Verlassen der Stätte des Meisters Zacharias, reiste ich emsig umher.
Zunächst begab ich mich nochmals nach meiner alten Heimat, um meine Vermögensverhältnisse endgültig zu regeln. Ich hielt mich längere Zeit in Berlin und anderen Städten des zusammengewachsenen Kaiserreiches auf.
Große Veränderungen waren inzwischen eingetreten. Prosperierender Wohlstand war ins Land eingezogen. Jeder schien glücklich und zufrieden zu sein; Künste und Wissenschaften blühten. Eine Großindustrie war im Entstehen begriffen. Der aufschwingende Überseehandel florierte. Das neu begründete Kolonialreich, mit seinen Besitzungen in Afrika, China und Ozeanien, hatte begonnen, sich eine adäquate Handelsflotte aufzubauen. [1] Gleichzeitig zeigten sich aber schon deutliche Tendenzen zum Egoismus, welcher sich hauptsächlich aus einem beginnenden Klassenhass zwischen Arbeiterschaft und Unternehmertum generierte. Ferner breitete sich - auch in der Summe des zuvor genannten - das Gangrän eines ausschließlich materialistisch geprägten Weltbildes aus.
Hochmut zog ein. Man kam sich erhaben vor; zu eigenständig, autark und "besserwissend", um noch ernsthaft an einen Gott zu glauben! Damals verwurzelten schon die Ursachen für all das Übel, welches in den kommenden Jahrzehnten über das Deutsche Reich hereinbrechen sollte..!

Das deutsche Volk ist durch sein Gemüt wohl, wie kein zweites, veranlagt, Gott zu begreifen und zu verstehen, hat es doch die meisten Mystiker aller Völker hervorgebracht - nebst dem großen Religionsreformator Martin Luther.
Anstatt sich aber nun dieser hohen Aufgabe stets bewusst zu bleiben, sich weiter zu verinnerlichen und Gott zuzukehren, strebte Deutschland nach ausseits und ließ sich durch äußeren Glanz und Pracht blenden. Es wurde, damit zusammenhängend, von dem Wunsche nach Macht, Herrschertum und hegemonialer Weltgeltung erfasst. So wurde das wahre Aufgabengebiet des deutschen Volkes allmählich immer mehr in den Hintergrund gedrängt - nämlich auf seelischem und geistigem Gebiet der Welt ein Vorbild zu sein!

»»

Von Deutschland aus begab ich mich wieder für einige Jahre nach Asien, bereiste dann Südafrika, Mittelamerika (Guatemala und Mexiko). So ich dort jeweils eine Zeitlang weilte - teils als Gast bei anderen, vorgeschrittenen Menschen - hielt ich in religiösen Studienkreisen, im Sinne der Förderung bestimmter Lehrbereiche, Vorträge. Zumeist indes wahrte ich den Status eines gewöhnlichen, unauffälligen, weitgehend unbeachteten Ansiedlers; lediglich mit Ackerbau und persönlichen Erforschungen, sowie regelmäßiger Meditation beschäftigt. Dem Laien würde es einfach unverständlich bleiben, wenn ich ausführlicher über die unzähligen Arbeitsgebiete von uns Meistern berichten würde - zumal diese manchmal über unseren Planeten hinausreichen und dann wieder, simpel erscheinend, nur im Überwachen bestimmter pflanzlicher Entwicklungsphasen bestehen oder mit dem Regulieren unterirdischer Elementarkräfte zu tun haben.

Schließlich ließ ich mich in Montana, in den Vereinigten Staaten von Nordamerika, als schlichter Farmer nieder. Ich kaufte mir ein gutes Stück Land und baute darauf ein einfaches Farmhaus, wo ich, fern der Öffentlichkeit und unbemerkt, meine Studien und Meditationen fortsetzen konnte. Denn auch als Meister studieren wir noch - nur nicht mehr passiv, wie Lernende, sondern aktiv, als Leitende, wobei Zeit und Raum keinerlei Hindernisse darstellen.
Ich wartete auf eine günstige Gelegenheit, meine Endmission zu erfüllen - nämlich meinen deutsch-, schweiz- oder österreichstämmigen Landsleuten die Botschaft und Gewissheit zu übermitteln, dass es noch mehr als Singen, Turnen, Gemütlichkeit und Wohlergehen gibt; dass es in uns Deutschen, dank der naturgegebenen Volksanlage, liegt, in die **Tiefe** der Gotteserkenntnis vorzudringen!
Doch es schien, als ob sich keine geeignete Persönlichkeit finden würde, vermittels welcher ich meine diesbezüglichen Bestrebungen, die zuvorderst in der Schilderung meiner eigenen Entwicklungserlebnisse lagen, umsetzen könnte.

Ich probierte - mehrmals - entsprechende Publikationen zu veröffentlichen, versuchte mich in der Herausgabe von

Broschüren oder dem Halten von Vorträgen. Letztere wurden in den sogenannten "besseren Gesellschaftskreisen" des Deutschtums in den USA weitestgehend abgelehnt; ebenso auch in freidenkerischen Zirkeln.

Wenn ich wirklich einmal, im Rahmen religiöser Vereinigungen, sprechen konnte, liefen die Zuhörer, teilweise schon während der Veranstaltung, ungesittet aus dem Saal und stellten sich an die Bar, um Bier zu trinken; andere schliefen gelangweilt ein. Besagte Broschüren indes fanden überhaupt keinen Absatz. Zeitungsartikel wanderten, in deutschsprachigen Veröffentlichungen hierzulande, ungelesen in den Papierkorb...

Das ging so, bis ich mit Bruder Felix in Kontakt kam.

Dieser ist der einzige deutsche Zeitungsmann in Amerika, der geeignet war, das zu erfassen, was ich meinen Landsleuten als Botschaft übermitteln wollte. Er hat viel gewagt und damit sogar seine Existenz aufs Spiel gesetzt. Lasst ihn daher nie im Stich!

*

Damit wären nun meine biographischen Erzählungen, die "Mitteilungen des Eremiten", zum Abschluss gebracht.

Ich könnte noch vieles mehr - und detaillierter - berichten, doch seid ihr mehrheitlich noch nicht reif dafür..! Auch die Zeit - als solche - ist es noch nicht...

Insoweit ihr ausreichend betucht sein solltet, lasst es euch angelegen sein, durch finanzielle Unterstützungsleistungen, den Fortbestand der Zeitschrift "Geistiges Leben" zu sichern. So können euch, von Zeit zu Zeit, durch Bruder Felix, noch weitere Botschaften von mir übermittelt werden; Botschaften, deren Tragweite ihr noch gar nicht zu ermessen vermögt! Euch Deutschstämmigen wird eine Gelegenheit geboten, aus eurer neuen, freien Welt, den USA, unendlich segensreich auf eure Landsleute in der alten, von einer menschenverachtenden Diktatur geschundenen und vom zerstörerischen Krieg gebeutelten, Heimat einwirken zu können!

Denkt daran! Seid euch dessen stets bewusst - und euch wird ein Segen zuteilwerden, wie er nur denen zukommen kann, die im Einklang mit göttlichen Gesetzen **wirken und zur Tat**

schreiten! Seid daher alle, die ihr diese Zeilen lest, der Gnade des Himmelsvaters empfohlen!

Doch - nehmt dies nicht nur zur Kenntnis, sondern **handelt** auch danach..!

- NACHSPANN -

21 - Abschiedsworte und zukünftiges Wirken

Diese Mitteilungen des Eremiten erschienen fortlaufend in der, auf Anregung des Eremiten geschaffenen, Monatsschrift "Geistiges Leben".

Ende August 1943 erhielt der Herausgeber des "Geistigen Lebens" einen Brief, abgestempelt in Kalispell, Montana, in dem ihm kundgetan wurde, dass der Eremit am 22. Mai 1943 seinen irdischen Lauf abgeschlossen habe. Der Brief war in Maschinenschrift abgefasst und unterzeichnet mit "Bruder John". Er enthielt noch ein weiteres, beiliegendes Kuvert, welches mit der Aufschrift versehen war "Für Bruder Felix", inhalts der letzten irdischen Zeilen des Eremiten. Beide Zuschriften seien nachfolgend wiedergegeben:

»

Das in Maschinenschrift abgefasste Anschreiben von "Bruder John" lautete (übersetzt aus dem Englischen):

> Hiermit erfülle ich den letzten Wunsch des Dir bekannten Bruders Amo, indem ich Dir beiliegenden Brief übersende, den ich auf dem Tisch neben der Leiche desselben vorfand.
Am 20. Mai erhielt ich einen Brief von Bruder Amo (welcher in seiner Nachbarschaft aber unter einem anderen Namen, und nur als einfacher Farmer bekannt war), in dem er mich bat, ihn am 23. Mai sicher zu besuchen.
Ich tat das.
Als ich, vor Betreten seines schlichten Farmhauses, wie immer, klopfte, erhielt ich keine Antwort, hörte aber seinen russischen Windhund Philos leise wimmern. Ich klinkte die Türe auf, die unverschlossen war, und fand meinen Freund auf dem Sofa ausgestreckt liegen - tot! Neben dem Sofa saß Philos, der bei meinem Eintritt mit dem Schweif wedelte und mich mit freundlichem Winseln begrüßte, ohne aber seinen Platz neben dem Sofa zu verlassen.
Bruder Amo lag friedlich da, gleich, als ob er schliefe und einen herrlichen Traum hätte. Seine Gesichtszüge waren überirdisch verklärt.

Auf dem Tisch fand ich einen Briefbogen für mich, der alle Anweisungen für die Beerdigung und Disponierung über seine geringe Habe, nebst Grundstück, enthielt; ferner diesen Brief für Dich, den ich Dir hiermit übersende. Ich möchte Dich aber darauf aufmerksam machen, dass es der Wunsch Bruder Amos ist, wie er mir auf dem Briefbogen noch schrieb, dass Du sowohl dieses, mein Anschreiben, wie auch seine Mitteilungen sofort vernichtest, sobald Du sie für Veröffentlichungen in Deiner Zeitschrift verwertet hast.

Mit der Übersendung dieses Briefes habe ich die mir von Bruder Amo übertragene Aufgabe erfüllt, und Du wirst wahrscheinlich niemals mehr etwas von mir hören.

Übrigens: Dass der Brief in Kalispell [1] abgestempelt wurde, ist mehr ein Zufall, da ich mich gerade hier befinde und nach Anweisung von Bruder Amo diesen Brief so absenden soll, dass er erst ein knappes Vierteljahr nach seinem Ableben in Deinen Besitz gelangt.

Die Beisetzung Bruder Amos erfolgte gemäß seiner Instruktion. Näheres soll ich nicht bekanntgeben. Für Philos ist ebenfalls Sorge getragen.

Dir, lieber Bruder Felix, alles Gute wünschend...

Bruder John <

Der Briefumschlag mit der Aufschrift *"Für Bruder Felix"* enthielt folgende Zeilen:

> Lieber Bruder Felix!

Wenn diese Zeilen in Deinen Besitz gelangen, habe ich meinen Erdenlauf schon seit Wochen beendet und damit meine irdische Aufgabe gelöst. Vor mir liegt nun ein neues, gewaltiges Betätigungsfeld in der anderen Welt, welches aber - nie und nimmer - meine seelische und geistige Verbindung mit Dir und den Lesern des "Geistigen Lebens", das auf meine Anregung hin geschaffen wurde, je unterbricht.

Daher meditiert nur weiter an jedem Freitag [2], wie vom "Geistigen Leben" empfohlen. Im Geiste meditiere ich - nach meinem irdischen Ableben - weiter mit euch allen! Auch sonst sind die Verbindungen zwischen euch und mir keineswegs gekappt! Bruder Felix wird auch fernerhin, von Zeit zu Zeit, Mitteilungen von mir erhalten.

Sobald der Zweite Weltkrieg vorüber ist, werde ich Botschaften senden, die - inhaltlich - gerade für euch Leser des "Geistigen Lebens" besonders wertvoll sein dürften! [3] All diese Original-Botschaften müssen aber, sobald sie abgeschrieben sind, sofort verbrannt werden. Eher darf keine Veröffentlichung erfolgen.

Ich bin glücklich, meine irdische Laufbahn beendet zu haben und für immer von hier erlöst zu sein; damit gleichzeitig meine Mission, die mir noch zu erfüllen oblag, ausgeführt zu haben - dank Deiner selbstlosen Mitarbeit, lieber Bruder Felix und dank der treuen Mithilfe der Leser des "Geistigen Lebens".

Der Segen des Herrn wird allen zuteilwerden - was ein jeder noch persönlich herausfinden wird. Darum haltet treu zusammen, im Geiste echter christlicher Nächstenliebe und ehrlicher Gemeinschaftsarbeit für das große und hehre Ziel: Gott, dem Allmächtigen, selbstlos zu dienen!

Zum Schluss noch die Versicherung, lieber Bruder Felix, dass ich mich gefreut habe, mich Dir - noch als irdischer Mensch - letztes Jahr, während Deines Weilens in Montana, zeigen zu können; obwohl ich, mit meiner Seele, freilich vorher schon oft bei Dir gewesen bin, ohne dass Du es bemerkt hattest.

Der Segen des Herrn sei mit Dir..!

Dein aufrichtiger Bruder Amo <

Vorausgeschickt sei, dass der Schriftleiter anfänglich, als der Eremit um die Erlaubnis bat, über seine Erlebnisse im Himalaya an die Zeitung berichten zu dürfen (bei welcher der Herausgeber dieses Buches seinerzeit als Redakteur angestellt war), wirklich nichts weiter im Sinn hatte, als den Abonnenten und Käufern der Zeitung interessanten Lesestoff zu bieten.

Nachdem der Eremit zur Kenntnis gab, eine Schule der Eingeweihten absolviert zu haben, machte das auf den Schriftleiter zunächst keinen besonderen Eindruck, weil er, durch seine Zugehörigkeit zur "Theosophischen Vereinigung" [4], seit Jahrzehnten an das Vorhandensein von "Meistern" gewöhnt war.

Daher scherte sich der Verfasser und Editor auch nicht nachdrücklich um den Familiennamen des Einsenders, sondern erlaubte ihm, unter dem Pseudonym "Der Eremit" zu schreiben, solange er in seinen Zuschriften keine politischen Ansichten einflocht oder entsprechende Debatten loszutreten beabsichtigte. Die spätere Korrespondenz zwischen dem Redakteur und dem Eremiten spielte sich so ab, dass der Eremit in jeder Zusendung schrieb, an welche Adresse ihm das nächste Mal geantwortet werden möge. Diesem Wunsche entsprechend, lernte der Schriftleiter die jeweilige (ständig wechselnde) Adresse auswendig und zerriss den Brief, nachdem er dessen Inhalt redaktionell behandelt hatte. Er konnte sich später auf keine der besagten, verschiedenen Adressen mehr besinnen.

Offensichtlich waren jene, solche von Freunden des Eremiten, bei denen er sich die eingelaufene Post abholte oder von ihnen, über den sicherheitshalber eingebauten Umweg, zuschicken ließ.

Da diese Vorsichtsmaßnahmen weiter nicht störten und alles ganz reibungslos ablief, lag kein zwingender Grund vor, den Eremiten nach seinem wirklichen Vor- und Familiennamen zu befragen.

Auch während des einstündigen Zusammenseins, worüber im nachfolgenden Kapitel berichtet wird, interessierte es den Schriftleiter nicht, sich in dessen persönliche Angelegenheiten einzumischen - zumal diese gemeinsame, mit fesselnder Unterhaltung verbrachte, Stunde ohnehin wie im Fluge verging...

22 - Fahrt über den Bozeman-Pass

Die oben angeführte persönliche Begegnung mit dem Eremiten ereignete sich am Sonntag, den 6. September 1942 (vor dem "Labor-Day", am Montag, den 7.9. [1]), nach Beendigung eines Besuches des Schriftleiters auf einer Ranch in Montana und einer damit verbundenen Reise durch den Yellowstone Nationalpark, was für ihn die letzte längere Autofahrt, vor Einführung der Benzin-Rationierung infolge des Krieges, darstellte.

Das Treffen fand in einem Personenwaggon (Coach) der Northern Pacific Railroad statt und währte so lange, wie der Coast Express zur Fahrt von Bozeman, über den gleichnamigen Pass [2], nach Livingston benötigte. Dies dauerte etwas mehr als eine Stunde, weil an dem Abend gerade ein Militär-Extrazug vorausfuhr, der, infolge seiner Länge und Schwerfälligkeit, anscheinend länger zur Überwindung der Steigung benötigte als sonst üblich.

Die Abfahrt des Coast Express von Bozeman erfolgte, wegen des erwähnten vorausfahrenden Militärzuges, mit Verspätung. Schon bei Antritt seiner Montana-Reise hatte der Redakteur das Gefühl gehabt, dass damit ein besonderes Erlebnis verknüpft sein würde. *Was*, ahnte er freilich kaum, da ihn der Eremit nicht vorab in Kenntnis gesetzt hatte. Aber, anscheinend durch Gedanken-übertragung, steigerte sich, im Verlaufe seines Weilens in diesem Bundesstaat, das verstärkte Empfinden, dass er irgendwie und irgendwo den Eremiten treffen würde!

In Bozeman den Zug besteigend, wurde ihm diese Erwartung fast zur brennenden Gewissheit. Trotz der, um diese Jahreszeit, üblichen Zugüberfüllung (wegen Beendigung der Schulferien), gab es überraschenderweise mehrere freie Plätze im Waggon. Gerade hatte der Schriftleiter sich niedergelassen, als neben seiner Sitzbank plötzlich eine wahre Hünengestalt auftauchte. Zuerst nahm er sie nur aus den Augenwinkeln wahr - als sie ihm jedoch die Hand auf die Schulter legte, drehte der Zeitungsmann sich um.

Die Rechte des Unbekannten streckte sich ihm lächelnd entgegen, verbunden mit den Worten in deutscher Sprache, welche, wie man merkte, dem Redenden aber nicht mehr so geläufig zu sein schien: "Bruder Felix, bleibe ruhig auf Deinem Platz sitzen."

Gleichzeitig pflanzte sich der Hüne neben den Schriftleiter nieder.

Sofort fühlte der so Angesprochene: "Das muss der 'Eremit' sein..!"

Ohne, dass ein lautes Wort gewechselt worden wäre, schmunzelte sein Nebenmann nickend.

Der Eremit war schlicht gekleidet, sah aus wie ein Durchschnittsfarmer, war von einer gewinnenden, herzlichen Liebenswürdigkeit und hatte absolut nichts Geheimnisvolles oder Wichtigtuerisches an sich, wie man es bei den, hier in Amerika durchs Land reisenden, indischen Swamis öfters vorzufinden pflegt. Die persönliche Note des Eremiten trug das Gepräge von Schlichtheit, Einfachheit und Aufrichtigkeit.

Das sich im Folgenden entwickelnde Gespräch ergab sich, aufgrund des bescheidenen Wesens des Eremiten, ganz von allein. Die beiden unterhielten sich - ohne auch nur einmal ins Private abzudriften - über allgemeine Themen von Bedeutung, aber auch ganz spezielle Inhalte. Im Verlaufe des Dialogs gab der Eremit, unter anderem, Aufschlüsse von ganz ungeahnter Tragweite, woran der Schriftleiter nicht im Traum gedacht hätte. Vieles davon kann noch nicht bekannt gegeben werden - und wenn es dereinst geschieht, wird es in Form von gewöhnlichen Artikeln erfolgen.

Gar manches von dem Mitgeteilten hat sich aber schon genau so erfüllt. Das mit Abstand Interessanteste indes stellten gewährte Einblicke in kosmische Verhältnisse dar, wie sie wohl noch nie vorher einem Nichteingeweihten zuteilgeworden waren. Der Redakteur, der sich seit über 40 Jahren - aufs Intensivste - mit diversen Problemen okkulten Forschens beschäftigt hatte, konnte in dieser einen Stunde des Zusammenseins mit dem Eremiten mehr hinzulernen, als es ihm wahrscheinlich (selbst bei erschöpfendem Studium) für den ganzen Rest seines Lebens möglich gewesen wäre. Jede Aufklärung wurde dabei so gefällig gegeben, dass sie nie die Form einer, mit erhobenem Zeigefinger verabfolgten, oberlehrerhaften Bevormundung aufwies.

Ab und an legte der Eremit, im Verlaufe des Gespräches, seinen Arm um den Schriftleiter und sprach zu ihm wie ein Vater zum Sohne. Obgleich der Eremit schon im 97. Lebensjahr stand, sah er, dem Äußeren nach, nicht anders aus als ein rüstiger Mann in den Sechzigern! Er war etwa 1,85 Meter groß [3], kräftig, etwas

untersetzt und bartlos. Seine Bewegungen zeugten von drahtiger, jugendlicher Flexibilität; lachen konnte er so herzhaft und erfrischend, dass es geradezu ansteckend wirkte, denn die nächstsitzenden Fahrgäste mussten zuweilen mitlachen, wenn der Eremit seine ungezwungene Heiterkeit zum Ausdruck brachte.
Sobald er im Gespräch jedoch etwas Wichtiges erwähnte, kam die ganze Majestät seines Wissens und seiner Persönlichkeit zum Durchbruch. Nicht etwa infolge Prahlens, nein, sondern durch die Art, *wie* er sprach - langsam, wuchtig und jedes Wort betonend. Man hätte sich da direkt vor ihm fürchten können; und manchmal lief es einem wie ein kalter Schauer über den Rücken, wenn er von Dingen erzählte, von denen sich ein Durchschnittmensch nicht das Geringste träumen lässt. Seine Erklärungen betreffend den Verlauf der menschlichen Geschichte (im Hinblick auf die, der Menschheit zum Ziel gesetzten, Entfaltung ihrer geistigen Anlagen), gaben Aufschlüsse, welche ein gewöhnlicher Sterblicher für eine schiere Unmöglichkeit halten würde.

Auch Ausblicke in die Zukunft (worüber der Redakteur aber nur sporadisch, bei passenden Gelegenheiten, in Artikeln und kurzen Hinweisen, schreiben wird) vermittelten so ganz andere Bilder, als wir es uns alle gemeinhin vorzustellen pflegen.
Wie der Eremit in seinem Abschiedsbrief äußerte, wird er dem Schriftleiter des "Geistigen Lebens" auch später noch Botschaften zukommen lassen, von denen dieser, zur gegebenen Zeit, und unter den dafür geeigneten Umständen, nach eigenem Gutdünken Publikationen fertigen darf. Für die Echtheit solcher möglichen, direkten Mitteilungen bürgt ein mit dem Eremiten, beim Zusammentreffen im Zuge, vereinbartes Kennzeichen.

Nun mag die Frage berechtigt erscheinen: "Warum diese Geheimnistuerei?!"
Eine ähnliche stellte der Schriftleiter selbst beim Zusammentreffen mit dem Eremiten: "Warum hältst Du Dich eigentlich so versteckt?"

Jener lächelte daraufhin und klopfte ihm auf die Schulter: "Ich weiß sehr wohl, lieber Bruder Felix, dass Du es weißt, warum ich es tue... Ich denke, Du fragst nur noch einmal im Interesse Deiner Lesergemeinde, die gerne aus mir einen Heiligen fabrizieren will, wie man sich solch einen Heiligen eben vorzustellen pflegt. Daher eine etwas ausführlichere Antwort..:

Dir ist bekannt, dass unsere innere Reifung nichts mit Firlefanz, Blendwerk oder Wichtigtuerei zu tun hat; auch nichts mit Wahrsagen, Hellsichtigkeit oder mit dem Wirken von auffälligen Wundern. Das Grundgesetz jeder seelischen Entwicklung und geistigen Entfaltung ist Rücksicht und Hochachtung vor dem freien Willen des Nächsten und daher auch Vermeidung jeder Beeindruckung von außen - was einer geistigen Vergewaltigung gleichkäme. Und das ist eine der schwersten Sünden, die ein Eingeweihter begehen könnte. Jede Entwicklung und Entfaltung muss beim Menschen **von innen heraus** erfolgen und nicht einzig angeregt durch die Neugierde bezüglich Äußerlichkeiten, wie, zum Beispiel, das Produzieren diverser parapsychologischer Psi-Phänomene, Siddhis [4] oder ähnliches.

Wir Eingeweihten geben unser Wissen der Welt frei - und bar jeder Intention, etwa im Fokus öffentlicher Aufmerksamkeit stehen zu wollen - preis; Erkenntnisse, um die wir selbst haben schwer ringen müssen.
Wir bieten sie der Welt an, ohne auch nur die geringste Belohnung dafür zu erwarten. Wer diese Erkenntnisse studiert und dann begreift, wird von innen heraus, also auf die einzig rechte Weise, wachsen und sich prächtig entwickeln. Eine andere Möglichkeit des wahren Fortschritts gibt es nicht!
Das alles ist so einfach..., vielleicht *zu* einfach für nicht denkende, dafür aber okkult-sensationslüsterne Menschen..!
Nun, wie Jesus Christus betonte, dass Sein Reich nicht von dieser Welt sei und dieses Reich auf Erden niemals mit äußerem Gepränge komme [5], so ist es meine Pflicht, bescheiden im Hintergrund zu bleiben.
Hätte ich das bis jetzt nicht getan, was glaubst Du wohl, lieber Bruder Felix, der Du ja selbst Zeitungsmann bist, was sich die Reporter von Illustrierten und Journalen, die ja meistens nur auf das Sensationelle gierig aus sind, bezüglich mir und meinen bekannt gegebenen Erkenntnissen 'zusammengeschustert' hätten?
Im Mindesten hätten sie alles lächerlich gemacht und/oder entstellend zerpflückt...

Wie jeder Gelehrte für sich das Recht in Anspruch nehmen darf, in der Abgeschlossenheit zu studieren und zu leben, reklamiere auch ich meinethalben, so zu leben, wie ich es für richtig halte – nämlich bescheiden im Hintergrund zu bleiben!

Nun zum Schluss noch etwas anderes, worüber Du mich auch noch gerne fragen möchtest, dennoch aber zögerst, da Du mir - rücksichtsvollerweise - nicht lästigfallen willst:

Du möchtest wissen, was ich von den vielen sogenannten indischen Heiligen halte, die, besonders in den USA, herumreisen und Vorträge halten. Auch hierüber hast Du für Dich schon die richtige Antwort gefunden, obgleich Du sie von mir selbst nochmals, zum Beweis, hören möchtest.

Wie Du Dir denken kannst, beanspruche ich kein Recht, über irgendjemanden 'den Stab zu brechen', wenn selbst Gott, der Herr, es zulässt.

Nur soviel sei festgestellt: 'Imitations-Heilige' können leicht an ihrem Auftreten erkannt werden. Sie sind fast immer arrogant (wissen angeblich alles), zwingend (Kurse kosten klingende Münze), anmaßend (sie stellen ihren gut bezahlenden Schülern Zertifikate für deren 'Vollendung' aus), herausfordernd (sie geben fast nie etwas freiweg preis) und eingebildet (sie bekleiden sich mit indischen Turbanen, um - insofern es sich um eine unlautere Absicht handelt - mehr Eindruck zu schinden).

Doch ich fälle kein individuelles Urteil über Einzelne, ermesse nur grob pauschal; gebe nur bekannt, woran man - in der Regel - Echtes und Unechtes erkennen kann. An denen, die zu solchen Indern laufen, liegt es dann allein, das Wertvolle und Wahre vom Talmi zu unterscheiden! Wir Menschen sind hier auf Erden, um **selbst** entscheiden zu lernen! [6] Wie könnte ich mir da wohl anmaßen, für die anderen zu bewerten, indem ich ihnen sage, der oder jener ist falsch, so oder so müsst ihr denken, handeln oder eben nicht...

Nein; ich habe kein Recht, irgendeinen meiner Brüder zu beurteilen, denn wie schnell wird ein - vielleicht unberechtigtes - *ver*urteilen daraus..!"

Mittlerweile näherte sich der Zug Livingston und die Bremsen wurden schon anzogen.

"Möchtest Du vielleicht gerne noch eine persönliche Frage stellen?"

Nach kurzem Besinnen verneinte der Schriftleiter.

"Nun, so will ich Dir, aus freien Stücken, noch einen Aufschluss über Deine Zukunft geben - doch Du musst mir versprechen, mit keinem Dritten jemals darüber zu reden..."

Nachdem jenes geschehen, schied, mit einem Händedruck, der Eremit.

Sein letzter Blick durchdrang den Zeitungsmann schier... Wie ein energetischer Strahl...

23 - Nachdrücklich Erwähntes

Eine ernste Mahnung des Eremiten sei hier extra betont wiedergegeben, da sie zu wichtig war/ist, um in den Bericht des stattgefundenen Zwiegesprächs nur so - wie nebenbei - eingeflochten zu werden:

"Mache den Lesern [des 'Geistigen Lebens' - und mithin auch uns allen] folgendes klar:
Niemals werde ich mich, nach meinem Ableben, in einem spiritistischen Zirkel, während einer Séance, durch irgendein Medium melden!
Würde Dir solches mitgeteilt, sei versichert: Es liegt eine Täuschung vor! Botschaften werde ich nur Dir, auf besondere Weise, zugehen lassen!
Daraufhin wurde dann zwischen dem Eremiten und dem Schriftleiter das schon erwähnte Zeichen vereinbart, an dem eine Botschaft, als vom Eremiten kommend, erkannt werden konnte. Dieses Siegel ist nur dem Redakteur bekannt und geht mit ihm ins Grab.

Ferner erteilte der Eremit noch nachstehende Warnung: "Nie sollte es jemandem einfallen, zu mir, als einem vermeintlichen Vermittler zu Gott, zu beten!
So etwas gibt es nicht! Zu Gott muss jeder allein beten und kommen. Der Weg zu Ihm ist das andächtige Gebet! Es braucht kein auswendig gelerntes oder einstudiertes zu sein, sondern kann in einer einfachen Zwiesprache zwischen dem Betenden und Gott bestehen. Der Maßstab eines jeden rechten Gebetes ist der 'rote Faden', nämlich: 'Liebe Gott über alles und deinen Nächsten wie dich selbst!' [1] Ich, der ich euch als 'Der Eremit' bekannt bin, bin für euch nichts weiter als ein Freund und Berater gewesen..."

Auf die Frage, ob denn Menschen, die keine Gelegenheit hätten, die Schulen der Eingeweihten zu besuchen und die Initiierung zu erreichen, benachteiligt seien, antwortete Meister Amo:

"Jeder Christ - und sonstige Gläubige -, der ehrlich und aufrichtig den Geboten seiner Religion folgt, kommt genau so weit wie jemand, der durch eine Schule der Eingeweihten gegangen ist.

211

Warum ich diese dann absolviert habe..?
Weil es mich interessierte, fesselte und ich mich dahingehend gerufen fühlte; genau wie irgendein Mensch zu einem bestimmten Beruf. Mich lockten, meinem Naturell gemäß, die Gefahren und das Abenteuerliche bei der Erringung der Meisterschaft - und dann war ich ja auch, durch meine ganze vorherige Entwicklung, in diese Richtung gedrängt worden...

Wem jene Gelegenheit unerfüllt bleibt, braucht sich nicht zu grämen, sondern sehe in dem ihm bestimmten individuellen Weg die Vorsehung seines Himmlischen Vaters für ihn. Das Einzige, worin wir - nach Erlangung der Meisterschaft - den Vorzug haben, ist, dass uns ganz gewaltige Aufgaben übertragen werden. Man stelle sich deren Lösung, trotz Initiierung, aber nicht so leicht vor! Nun, ihr habt eure Alltagspflichten – auch diese sind oft nur schwer zu bewältigen..."

Im Folgenden noch einige Antworten auf Fragen, welche von Abonnementen und Käufern des "Geistigen Lebens" schon öfters gestellt wurden:

Dass der Schriftleiter für längere Zeit keine weiteren Botschaften vom Eremiten erhalten hatte, lag in den Zeitverhältnissen begründet, um den Redakteur nicht in die Versuchung zu führen, von solch Erhellungen (betreffend des Kriegsverlaufes) etwas zu veröffentlichen. Dies hätte, infolge divergierender Ansichten und Parteilichkeit innerhalb der Leserschaft, leicht zum Anstoß führen können.
Der Eremit hatte es dem Schriftleiter anheimgestellt, aus ihm zugehenden, eventuellen weiteren Mitteilungen oder Kundgaben, zu veröffentlichen was er für richtig hielt.

So **fühlt** er die geistige Anwesenheit Meister Amos übrigens ab und zu beim Schreiben von Artikeln. Er empfindet eine höhere Inspiration..!
Doch kürzlich erhielt der Redakteur sogar einen **externen** Beweis dafür, dass der Eremit bei ihm sein muss:

Nach einem Vortrag in New York, kam eine Dame (Leserin des "Geistigen Lebens") auf ihn zu, erklärte, sie sei medial veranlagt und habe während seiner Ansprache jemanden neben ihm stehen sehen, der wie ein Farmer gekleidet war; welcher, groß und bartlos, einen sehr freundlichen und durchgeistigten Gesichtsausdruck gehabt hätte.

Auch noch einige der restlichen Zuhörerrinnen, die von sich behaupteten hellsehend zu sein, wollten die eben beschriebene Gestalt neben dem Schriftleiter beobachtet haben - wobei die Angaben besagter Frauen unabhängig voneinander abgegeben und bestätigt wurden.

Tatsächlich empfing der Schriftleiter die meisten Mitteilungen des Eremiten telepathisch - nachdem die erste entsprechende Sendung, wie eingangs erwähnt, geglückt war.

Diese Übertragungen erfolgten fast regelmäßig so, dass der Herausgeber, wenn er viel auf seiner Schreibmaschine zu tippen hatte, die Botschaften Meister Amos - irgendwie - unter den von ihm gefertigten Manuskripten vorfand.

✳✳✳

Bruder John, der die Nachricht vom Ableben des Eremiten an den Schriftleiter übermittelte, hat sich, wie er ankündigte, bei diesem nicht mehr gemeldet - doch etwa neun Monate später las Letzterer, in der Beilage der Sonntagsausgabe einer englischsprachigen amerikanischen Zeitung, einen Artikel über Reisende in Peru, denen, nahe dem Anden-Kamm Cordillera de Vilcanota, plötzlich eine Person begegnet sei, die sich "Bruder John" genannt hätte [2], um sie vor dem Weitergehen zu warnen. Und wirklich ging kurz hernach eine verheerende Lawine nieder..!
In dem Bericht hieß es, dass man Bruder John, als man ihm danken wollte, nicht mehr finden konnte - er blieb wie vom Erdboden verschluckt.
Ob es derselbe Bruder John war, der dem Redakteur die Nachricht vom Tode des Eremiten zur Kenntnis brachte, weiß dieser nicht - doch ist es schon möglich...

213

24 - Wie sich dieses Buch fortsetzt...

Felix Schmidt hat die, des Öfteren erwähnten, weiteren Mitteilungen Bruder Amos, welche er von ihm, auf besondere Weise, hauptsächlich ab März 1947, erhielt, zusammengefasst. Ich werde dieses Büchlein - betitelt mit: "Des Eremiten Lehr-Botschaften" - noch nachlegen, um dem interessierten Leser das komplette Werk des initiierten Meisters, "aus einem Guss", als zweibändige Gesamtauflage verfügbar zu machen...

Aus dem dortigen Inhaltsverzeichnis:

Auch dieses Buch beinhaltet explizit **keine** "*Geheim*-Lehre", da Bruder/Meister Amo seine Aussagen nie okkult oder esoterisch verpackte, sondern jedem Interessierten klar heraus, öffentlich und gut verständlich, preisgab. [1]

Anmerkungen und Hinweise des Überarbeiters

Anm. zum Vorwort (zur 2. Auflage; 1949):

[1]   D.h. der ursprüngliche Original-Titel dieses Buches lautete "Mitteilungen eines Eremiten".

Anm. zum Kapitel 1:

[1]   Der hier, und im späteren, "Plauderonkel" (in seiner Eigenschaft als Redakteur der "Plauder-Ecke" besagter Zeitung), bzw. "Schriftleiter" o.ä. genannte Editor des Buches, Felix Schmidt, hat die "Ich-Form" in der folgenden Berichterstattung ganz dem Eremiten, Bruder/Meister Amo, überlassen - sich selbst in eine verfremdende 3. Person gesetzt.

[2]   Der Name "Montana" leitet sich vom spanischen Wort *montaña* ("bergig") ab. Mit knapp 381.000 km² ist Montana der viertgrößte Bundesstaat der USA, jedoch sehr dünn besiedelt; um 1940 lebten dort nur etwa 560.000 Einwohner.
Der Ausdruck "Felsengebirge" steht für die "Rocky Mountains".

[3]   Der Eremit war somit Geburtsjahrgang 1845 oder 1846.

[4]   19. Juli 1870 bis 10. Mai 1871.

Anm. zum Kapitel 2:

[1]   Bruder Amo spricht hier das Verhältnis zum Christen**tum** / der Christen**heit** an, nicht die liebende Verbundenheit mit Jesus Christus, die jeder persönlich haben sollte.

Anm. zum Kapitel 3:

[1]   Vgl. Kapitel 1: "Ein deutscher Mystiker stellt sich der Öffentlichkeit vor".

[2]   Sen starb demnach um 1928/29 (je nach Posteingang der Zuschrift); er wäre somit etwa Geburtsjahrgang 1808/09 gewesen.

[3]   Im Ersten Weltkrieg, der von 1914 bis 1918 andauerte, kamen rund 17 Millionen Menschen um. Die **Spanische Grippe**, die 1918 plötzlich

auftrat und bis 1920 weltweit wütete, raffte, je nach Schätzung, 20 bis mehr als 100 Millionen Menschen dahin!

[4] Vier 8.000er und 63 (eigenständige) 7.000er - die Messergebnisse der damaligen Zeit waren noch ungenau; d.h. die von mir gewählte Beschreibung erfolgte - die ursprüngliche präzisierend - **nach heutigem** Wissensstand.
Außerhalb des Himalayas gibt es auf unserer Erde keine weiteren "Achttausender".

[5] Als **Buch des Dzyan** oder **Buch Dzyan** wird in der Esoterik, und insbesondere der modernen, maßgeblich von Helena Petrovna Blavatsky angestoßenen, Theosophie, ein fiktives, angeblich sehr altes und geheimes Buch bezeichnet, von dem es heißt, dass es in Tibet, von Adepten einer geheimen Bruderschaft, aufbewahrt werde.
Der Umstand, dass Lionell in diesem Buch Studien anstellte, beweist indes keineswegs, dass er, Sen, die "Heiligen Männer" oder der spätere Bruder Amo, Mitglieder der erst 1875 gegründeten "Theosophischen Vereinigung" gewesen waren, bzw. irgendwann geworden wären.

[6] Im Sanskrit bedeutet "Rishi" (महर्षि) soviel wie "Weiser" oder "Erleuchteter Weiser".

[7] Im Buch von Franchezzo, aufgezeichnet von M. Kahir: "Ein Wanderer im Lande der Geister", Kapitel XIX (19), wird dem Leser erhellt, dass es, bzgl. der Entwicklung der Seelen, eine Vielzahl geistiger Schulen gibt, die gleichberechtigt nebeneinanderstehen und wohl den jeweiligen Entwicklungsstand einer Seele zu berücksichtigen wissen.

Dieses, im "Himmel", vollkommene System von schulischen Wegen, bzw. Möglichkeiten, findet auf Erden seine jeweilige Entsprechung in Gestalt getrübter, oft missverstandener Lehren. Es gibt, z.B., Schulen, welche eine leibliche (Re-)Inkarnation vorziehen, andere, die eine Unterweisung in den Sphärenwelten priorisieren usw.

Über allem steht jedoch die Tatsache, dass der Opfertod Jesu Christi am Kreuz weit mehr **(!)**, als nur "religionsstiftende" **Bedeutung für die gesamte Menschheit** hat.

Anm. zum Kapitel 4:

[1] 1796/7.

[2] Angehöriger asketischer Glaubensgemeinschaften in islamischen Ländern und in Indien. Muslimischer Heiliger.
Siehe auch Anmerkung [2] zum Kapitel 12: "Der Fakir".

[3]   1798/9.

[4]   1802.

[5]   Der Titel und Name "Meister Zacharias" ist die ausgeschriebene Variante des erfundenen Pseudonyms "Meister Z" im Original - es besteht eine Wahrscheinlichkeit, damit den Real-Namen getroffen zu haben. Meister Zacharias war zur Zeit der Berichterstattung Bruder Amos, also 1940 ff., etwa 155 bis 160 Jahre alt.

[6]   Gemeint sind die Zustände in Nachkriegs-Europa und besonders Nachkriegs-Deutschland.

[7]   Lord Horatio Herbert Kitchener (* 24.6.1850, † 5.6.1916 im Nordatlantik).

[8]   Archangelsk, Russisches Reich.

[9]   Beim Untergang der "HMS Hampshire" überlebten nur 12 von 655 Seeleuten der Besatzung.

[10]   Dies trifft auch auf mich zu, wie ich in einem Reading am 9. Februar 1994 für mich erfuhr.

[11]   Im Sinne eines "Sthagmudra", einer schützenden Versiegelung, welche einem Gegenstand, bzw. Ort auferlegt wird, um zu verhindern, dass er entdeckt oder betreten werden kann (vgl. auch das Buch "Das Tal der unsterblichen Meister" von Aaravindha Himadra; betreffs dem Tal der Amartya, irgendwo nördlich vom indischen Sikkim in den Bergen Tibets, bzw. China gelegen).

Anm. zum Kapitel 5:

[1]   In Indien und Pakistan titelähnliche Bezeichnung für "Europäer".

[2]   Vgl. Galaterbrief (des Paulus) 2 : 20; Römerbrief (des Paulus) 14 : 8.

[3]   Vgl. Matthäus 6 : 7.

Anm. zum Kapitel 6:

[1]   Yeti = "Fels-Tier"; Migö (in Tibet) = "Wilder Mann" oder auch Gang Mi = "Gletschermann".

Anm. zum Kapitel 7:

[1]   Im Original steht 4,000 Fuß, entsprechend 1.312 Metern.

[2]   Vgl. 1. Mose 1 : 31 bis 2 : 3.

[3]   D.h. Gott "ruht" von seinem speziellen Schöpfungswerk (der Erschaffung materieller Welten; des "schwermateriellen", "feststofflichen" Kosmos, zur Grundlage der Rückführung der gefallenen Geister) - ist aber, darüber hinaus, natürlich ein beständig **tätiger**, präsenter Gott.

[4]   Entsprechend z.B. der Bezeugung Lahiri Mahasayas, anlässlich der Heilung des blinden Ramu, nicht selbst zu heilen, sondern durch den Unendlichen (d.h. Gott) in ihm zu wirken, welcher über unbegrenzte Möglichkeiten verfügt seine heilende Urkraft zu entfalten (vgl. die "Autobiographie eines Yogi" von Paramahansa Yogananda, Kap.: "Meine vereitelte Flucht zum Himalaya").

[5]   Ebenso eine oft geäußerte Feststellung Bruno Grönings (1906 – 1959), des großen deutschen Heilers und Lehrmeisters.

[6]   Damit erhellt sich, dass die durchschnittliche Gesamt-Studiendauer etwa 7 Jahre betrug / beträgt.

[7]   Damit ist **nicht** der später im Buch erwähnte Planet "Phaeton", resp. "Mallona" gemeint, da es sich offensichtlich um eine Zeit nach Christus handelte.

[8]   Im Original steht "Gott Selbst". Da mir solch eine Aussage immer wieder Kopfzerbrechen bereitet, habe ich die benutzte Wortwahl inspiriert bekommen; somit ist, zudem, die Wendung "Gottes Sohn" mit dem griech. Urtext von Johannes 1 : 1 – 3 in Einklang gebracht!
Vergleiche hierzu auch die Anmerkung [1] zum Kapitel 16: "Ausbildung, Examina und der 'Innere Zirkel'".

[9]   Man bedenke, dass dieses Gebiet auf zirka 36 oder 37° nördlicher Breite liegt, also etwa auf der Höhe von Nord-Tunesien, der italienischen Insel Sizilien oder des griechischen Peloponnes.

Anm. zum Kapitel 8:

[1]   Aufgrund des zuvor geschilderten Berichtes, incl. aller Unwägbarkeiten, ist die Lage der Stätte wohl - vorsichtig - in erstaunlichen 6.800 bis 7.200 Metern Höhe zu verorten.

[2]   Vgl. Johannes 14 : 2.

[3] Vgl. Matthäus 22 : 35 - 40; Markus 12 : 28 - 34; Lukas 10 : 25 - 28.

[4] Als Oktave (seltener Oktav, von lateinisch "octava" = "die Achte") bezeichnet man in der Musik das Intervall zwischen zwei Tönen, das acht Tonstufen einer diatonischen Tonleiter umspannt (Bsp.: von "C" bis zum [inclusive] "hohen C" sind es 8 Tonstufen). Möglicherweise wird hier der Begriff "Oktave" nur sinnverwandt verwendet, um ein abgeschlossenes System zu bezeichnen (?).

[5] Die sieben Stammtöne sind c, d, e, f, g, a und h - einbezüglich des hohen c, wären es 8 – entsprechend dem Wort Oktave.

Die sieben Grundfarben entstehen durch Überlappung von drei Grundfarben, drei daraus resultierenden Schnittmengen aus zwei Farben und einer Schnittmenge aller drei Farben – in der Regel also: Rot, Grün, Blau / Gelb, Magenta, Cyan / Weiß.
Eine alternative Variante, etwa beim Mischen von Wasserfarbe: Rot, Blau, Gelb / Lila, Orange, Grün / Schwarzbraun.
Die sieben Regenbogenfarben - z.b. bei Aufspaltung des Lichtspektrums via ein Prisma - sind: Rot, Orange, Gelb, Grün, Blau, Indigo und Violett.

[6] Der kleinste Buchstabe im griechischen Alphabet. Damit gemeint ist, dass etwas nicht im Geringsten / kein Bisschen verändert wird, abweicht usw.

[7] Vgl. Jesaja 1 : 18; 1. Korintherbrief 6 : 9 bis 11; Offenbarung 7 : 14; Bhagavad Gita 9 : 30, 31.

Anm. zum Kapitel 9:

[1] Gemeint sind sogenannte "Elementarwesen", "Naturgeister". Vgl. z.B. "Der Sphärenwanderer" von Herbert H. G. Engel, Kapitel 75: "Geheimnisvolles Feenland".

[2] Gemeint ist/sind hierbei die sphärische(n) Existenzebene(n) dieses 7. Planeten unseres Sonnensystems. Der Uranus ist, im Mittel, etwa 2,85 Milliarden Kilometer von der Sonne entfernt (entsprechend ca. 19 AE) und zählt mit seinen 51.100 Kilometern Durchmesser zu den "Eisriesen" mit einem enorm dicken Gaspanzer und niedriger mittlerer Dichte (unter 1,3 g/cm³). Biologisches Leben, **nach irdischem Muster**, ist dort somit nicht denkbar.

[3] Das heißt Kino, Videos, Film und Fernsehen.

[4] Damit gemeint sind die Jahre vor dem Jahrhundertwechsel 1900.

[5]   Im Original stand Gott als Vater und Bruder lieben. Diese fast blasphemisch wirkende Verkürzung habe ich aufgespalten in: Gott als Vater und seinen Sohn, der als Jesus über die Erde ging, als unseren älteren, großen Bruder (lieben).

[6]   Vgl. Matthäus 22 : 35 - 40; Markus 12 : 28 - 34; Lukas 10 : 25 - 28.

Anm. zum Kapitel 10:

[1]   In der Zeit des Persischen Reiches gab es 4 Großkönige mit dem Namen Xerxes:
Xerxes I. (519 - 465 v. Chr.), sowie, ihm folgend, noch Artaxerxes I. bis III. (letzterer starb im Jahre 338 v. Chr.).

[2]   Belutschistan ist eine geographische Region, die sich über den Osten Irans, den Süden Afghanistans und den Südwesten Pakistans erstreckt, dabei eine Fläche von etwa 700.000 km² einnimmt.

[3]   Vgl. Herbert Engel: "Der Sphärenwanderer", Kapitel 75: "Geheimnisvolles Feenland".

[4]   Vgl. Herbert Engel: "Der Sphärenwanderer", Kapitel 58: "Origenes und eine Zukunftsvision".

[5]   Das Wachstum des seelischen Vehikels des Geistes erfolgt also aus dem Tierreich von unten herauf - **nie** jedoch geschieht es, im Sinne fernöstlichen Seelenwanderungs-Glaubens, dass eine Menschenseele (bei schlechtem Betragen zur Bestrafung) ins Tierreich zurück inkarniert, denn es geht in der Entwicklung **immer nur vorwärts/aufwärts, nie rückwärts/abwärts** (vgl. auch, z.B., Herbert Engel: "Der Sphärenwanderer", Kapitel 67: "Ein Denkmodell" [die Aussage Iréams hierzu]; Jakob Lorber: "Das Große Evangelium Johannes'", Band 6, Kap. 61 : 3 und, parallel dazu, Walter Lutz: "Die Grundfragen des Lebens", Kapitel 78: "Wiederverkörperung [Reinkarnation]", Unterkapitel: "Fälle wiederholter Einkörperung irdischer Menschen auf Erden")!

Kurz: Es braucht die Komplexität des Menschengeistes und der **Menschen**-Seele, evtl. begangenes Unrecht adäquat "ausbügeln" zu können. Nie könnte die "Seele" (bzw. Teil einer Gruppenseele) eines Tieres solches leisten; nie wird der göttliche Funken einer Tierseele eingegeben.

[6]   Der Brite Charles Robert Darwin (* 12.2.1809, † 19.4.1882) gilt, wegen seiner wesentlichen Beiträge zur Evolutionstheorie, als einer der bedeutendsten Naturwissenschaftler.

[7]   "Ansatzweise", weil die Entwicklung, d.h. Evolution, keinesfalls zufällig oder allein nach dem Gesetz des Stärkeren erfolgt(e), sondern, von "höherer Warte" überwacht, zielgerichtet und gesteuert!

Anm. zum Kapitel 11:

[1]   Ein Blitz entlädt in Sekundenbruchteilen etwa eine elektrische Spannung von 100 Millionen Volt, bei einer Stromstärke von leichthin 100.000 Ampere.

[2]   In Bezugnahme auf den Begriff des "Zweites Ich" möchte ich gerne die Anmerkung [13] zum Kapitel 63 ("Stätte des Hochmuts") aus dem Buche Herbert H. G. Engels "Der Sphärenwanderer" fast vollumfänglich einfügen (statt nur darauf zu verweisen), weil diese Fingerzeige, betreffs des Verständnisses, recht hilfreich sein könnten:

Skizziert werden dort vier hierzu kursierende Annahmen, von denen allerdings hier nur die ersten beiden von Belang sind:

1. Dualseelen (Zwillingsseelen, "Zweites Ich") - Teilung

Der Glaube, dass Gott alle Seelen als Einheit schuf, um sie sodann in einen weiblichen und einen männlichen Teil zu scheiden, welche sich, bedingt durch ihre Trennung nach dem Sturz der Geister, die Zeiten hindurch, unentwegt suchen, um sich, nach genügender Reifung und Entwicklung, wieder zu finden und zu vereinen.

2. Dualseelen - Bestimmung

Zwei getrennt erschaffene Seelen werden von Gott, als zupassendste und beglückendste Verbindung, von Anbeginn der Schöpfung an, füreinander bestimmt. So sie die Trennung voneinander, durch den Sturz der Geister, erlebten, geht ihr natürliches Bestreben dahin, sich wieder zu finden und zu vereinen.

Für Punkt 1. und 2., die "Himmlische Ehe", gemeinsam gilt: Wie bei zwei Magneten, wird die Anziehungskraft zueinander an Intensität zunehmen, umso näher sie sich kommen.

3. (...)

4. (...)

Als vollendetes Dual / entwickelte Seele können sie in einer (Gesamt)-Erscheinung auftreten, welche den Engeln ähnlich ist, die sich uns Menschen i.d.R. übergeschlechtlich, aber auch - wahlweise - männlich oder weiblich, zeigen können (vgl. auch Matthäus 22 : 23 - 32; Markus 12 : 18 - 27 und Lukas 20 : 27 - 38).

[3]   Die Aussage bezieht sich hochwahrscheinlich explizit auf den Seelenkörper - vgl. hierzu auch die Anmerkung [1.2] zum Kapitel 15: "Liebe-Offenbarung im Frauenkloster".

[4]   D.h. das produktive, energetische Zusammenwirken des "negativen" und des "positiven" Teils, mit all seinen verschiedenen, bereichernden (individuell-persönlich gewichteten) Aspekten, welche zur dualen Integrität beitragen.

Wie beim "Taijitu" (), dem Zeichen für Yin und Yang, symbolisiert, sind in einer (Dual-)Seele verbindende Attribute in den polaren Paarsegmenten vorhanden, welche jeweils eine ganz eigene, darauf gründende, besondere Dynamik generieren.

Hierzu vielleicht noch ein anschauliches Bild:
Der Mensch hat einen Leib und ein Gehirn, erlebt sich als Eins. Doch hat er zwei Hände, eine linke und eine rechte Hand. Die linke wird von der rechten Hirnhemisphäre gesteuert; die rechte von der linken Hirnhemisphäre. Und doch erleben Sie, lieber Leser, sich nicht geteilt, sondern als Einheit.
Die rechte Hand wäscht sich mit der linken und umgekehrt – zwei Hände braucht es dazu, duale genau zueinander passende Gegenstücke eines Leibes. Wird eine Hand verletzt leidet der ganze Leib, obwohl doch nur eine Hand schmerzt.
Es gibt keine bessere und schönere Hand für die rechte, als eben die zu ihr passende linke – und umgekehrt.
So ist die von Gott für den Mann zubestimmte Frau, dessen großes Glück - und umgekehrt. Zwei und doch - irgendwie - eins. Ein, beglückendes, Mysterium – geschaffen von einem genialen Kreator...

Der "springende Punkt" hierbei liegt auf der Hand: Die beiden "Himmlischen Eheleute" müssen **eines Geistes** sein, um eine vollends beseligende Harmonie, ohne jedweden inneren "Spannungsriss", zu verwirklichen.
Kurz: Darum ist dieserhalb die "Geistige Wiedergeburt" zwingende Voraussetzung...

Anm. zum Kapitel 12:

[1]   Turkomanen, Turkmenen, sind Angehörige eines der zahlreichen Turkvölker Vorder- und Zentralasiens.

[2]   Mit der Bezeichnung "Fakir" (Arabisch: فقیر [faqīr] = "arm") ist zuvorderst ein mohammedanischer Sufi-Asket gemeint. Fakire waren meist wandernde Derwische, die den Islam lehrten und von Almosen lebten. Der Begriff wurde zu einem gemeinsamen Ausdruck in Urdu, Bengali und Hindi für einen Bettler. Fakire sind somit, in erster Linie, Muslime (später auch Hindus), welche einen Eid auf Armut und Hingabe geschworen und allen Beziehungen und Besitztümern entsagt haben.

[3]   Yogischer Zustand der Vereinigung mit Gott / dem Göttlichen.

[4]   Analog des Bedarfs an Arbeitern im Weingarten des Gleichnisses Jesu (vgl. Matthäus 9 : 37, 38 und Lukas 10 : 2).

Zum   Begriff   "Missionsland"   vgl.   auch   Herbert   Engel: "Der Sphärenwanderer", Kapitel 22: "Seelenerhebende Geschenke".

Anm. zum Kapitel 13:

[1]   Vgl. zum Thema Re-Inkarnation auch die Anmerkung [7] zum Kapitel 3: "Erste Kunde über die 'Eingeweihten'".

[2]   Im Neuoffenbarungswerk Jakob Lorbers (1800 - 1864), des steiermärkischen "Schreibknechtes Gottes", wird die Erde als "Lebenshochschule" für besonders strebsame Geister bezeichnet.
Wenn der Abschluss dieser Schulung, in deren Gefolge die "Geistige Wiedergeburt" steht, erreicht ist, hat das Individuum die volle, vollkommen selbständige Gottkindschaft erlangt (vgl. Walter Lutz, "Die Grundfragen des Lebens", Kapitel VII, bes. 29. und 33.; Jakob Lorber, "Die Geistige Sonne" und "Das Große Evangelium Johannis'").

Die Irin Lorna Byrne berichtet uns ihr Enthülltes - nämlich, dass Elija, der Prophet des Alten Testamentes, welcher einer ihrer besonderen geistigen Führer ist, ein Menschengeist mit einer Engelsseele ist - was insgesamt besehen nicht häufig vorzukommen scheint (Lorna Byrne: "Engel in meinem Haar" und fortfolgende ihrer autobiografischen Bücher).

[3]   Vgl. 1. Korinther 9 : 19 - 23. So wurde der Apostel Paulus dem Sklaven zum Sklaven, dem Juden zum Juden, dem Griechen zum Griechen, dem Schwachen zum Schwachen, um, wenn möglich, Menschen für die Gute Botschaft, das Evangelium, zu gewinnen; d.h. indem er Menschen dort "abholte", wo sie standen.

[4]   Offensichtlich ein Angebot, eine Vereinbarung, welche, über Felix Schmidt, zwischen Bruder Amo und den Lesern des "Geistigen Lebens", im Verlaufe der Kundgaben des Eremiten, getroffen wurde, um die Gottverbindung daran Interessierter zu bestärken.

[5]   Vgl. 1. Timotheus 2 : 5, 6a. Jesus Christus, der Sohn Gottes, als entsprechendes Lösegeld, **der** Mittler zwischen Gott und den Menschen.

[6]   Okkult meint "verborgen", "geheim"; deswegen Okkultismus die Lehre übersinnlicher Wahrnehmungen und Fähigkeiten beinhaltet, welche allerdings nicht, per se, auch gleichzeitig als dunkel betrachtet werden muss.
Jesus sagte ja, kurzgefasst, einmal: "Was man zu euch im Verborgenen spricht, das predigt von den Hausdächern." (Matthäus 10 : 26, 27 und Lukas 12 : 2, 3)
Finster wird Okkultismus also immer dann, wenn jener als elitäre, geheime Kunst betrieben wird - insofern ein Themenbereich entsprechend bezeichnet werden muss, weil allgemeines Desinteresse an einem solchen Wissenszweig besteht, allerdings nicht.

Als im "Stephanskirchener Kreis" um Bruno Gröning der Autor des Buches "Kräfte des Geistes", Alfred Hosp, einmal die Sprache auf den Begriff *"okkult"* brachte und diesen auch zu definieren wusste, entgegnete ihm Bruno Gröning: "Soso, 'Geheimlehre'..! Bei Gott gibt es keine Geheimnisse! Das haben nur die Menschen, in ihrer Überheblichkeit, erfunden, um sich selbst, gegenüber anderen, hervorzutun. Merke Dir, was ich jetzt klarstelle..: Die Zeiten der Geheimniskrämerei sind endgültig vorbei! Es wird nun in aller Öffentlichkeit, ohne Umschweife, gesagt, was der Mensch benötigt und was Gott will." (Kapitel: "Die zweite Begegnung")

[7]   Im Buche Herbert H. G. Engels "Der Sphärenwanderer" klärt - entsprechend - Iréam (sein wichtigster transzendenter Mentor) den Autoren im Kapitel 13: "Eine unerwartete Zurechtweisung" auf:

*"Nie wird es Dir verwehrt sein, Bitten für die Mitmenschen über das große Gotteslicht zu senden - anders nicht! Du schädigst Dich dann nicht. **Dort** wird entschieden, was gut oder nicht richtig ist und was folglich an Bitten gegebenenfalls gewährt oder auch nicht erfüllt werden kann."*

[8]   Der Begriff leitet sich von George Mortimer Pullman ab, einem amerikanischen Unternehmer. Dieser entwickelte besonders luxuriös ausgestattete Schlaf-, Speise- und Salonwagen für die Schiene.

[9]   Vgl. Kapitel 58: "Origenes und eine Zukunftsvision" im Buche Herbert Engels "Der Sphärenwanderer".

[10]   Stufenleiter mit acht charakteristischen Schwingungsmustern für jede Zahl / Ziffer **(?)**. Möglicherweise auch im übertragenen Sinne eines in sich geschlossenen Systems gemeint und nicht zwangsläufig auf die "8", resp. "1/8" bezogen.

[11]   Orientale / Okzidentale = Morgen- / Abendländer.

[12]   Siehe Kapitel 9: "Erste Zeit; und ein besonderes 'Museum'".

[13]   Das **Unter**bewusstsein ist unser verborgener Speicher für Erinnerungen, Erlebnisse, tiefe Gefühle; aber auch für Sehnsüchte, Hoffnungen und Ängste, sowie Motive, Glaubenssätze usw. Das **Über**bewusstsein hingegen, greift auf Inhalte der Seele, resp. des "Höheren Selbst" zurück. Diese spirituelle "Essenz" ist sozusagen die erhabene Intelligenz des Menschen mit einer eigenen Persönlichkeit und außergewöhnlichen Fähigkeiten, welche weit über unsere bewussten Möglichkeiten und Begabungen hinausreichen.

[14]   Im Original steht "drei" - ich habe die Eigenschaften noch etwas feiner aufgesplittet, sodass ich dadurch auf nun "vier" gekommen bin.

[15]   Der Windchill (englisch), bzw. die Windkühle beschreibt den Unterschied zwischen der gemessenen Lufttemperatur und der *gefühlten* Temperatur in Abhängigkeit von der Windgeschwindigkeit.

[16]   Im Gegensatz zum Ost-Himalaya erhält das Karakorumgebirge, während des aus Norden wehenden Winter-Monsuns, auch relativ hohe Niederschlagsmengen.

[17]   Vgl. Matthäus 22 : 35 - 40; Markus 12 : 28 - 34; Lukas 10 : 25 - 28.

[18]   Da uns der Begriff der "Wiedergeburt" (des Geistes), die "Geistige Wiedergeburt" in der Folge des Buches noch einige Male begegnen wird, dies zur Erklärung:

Dem, im Schutze der Nacht, zu Ihm gekommenen Nikodemus sagte Jesus: "Du musst zuerst *wiedergeboren* werden." (Johannesevangelium 3 : 3 bis 8).
Die im Buche erwähnte "Wiedergeburt" findet sich auch in den Neuoffenbarungsschriften Jakob Lorbers (z.B.: "Die Grundfragen des Lebens" von Walter Lutz; Kapitel VII / 33: "Am Vollendungsziel der Wiedergeburt" -> "Das Große Evangelium Johannes'") und bezieht sich ebenfalls, wie von Meister Zacharias und der "Weißen Bruderschaft" vertreten, auf die Bemeisterung der Seele durch den innewohnenden Geist.

Stellen Sie sich - zur Bebilderung - eine Kutsche vor:
Der physische Leib sei verglichen mit dem Wagen. Ihm vorgespannt ist ein Pferd, welches der Seele (mit ihren Trieben, Wünschen, Intentionen usw.) entspricht. Auf dem Kutschbock sitzt der Wagenlenker - in diesem Gleichnis mit dem Geist zu assoziieren.
Nur wenn der Kutscher - verständig und wach - sein Pferd gut anzutreiben und zu lenken weiß, dieses ihm auch gehorsam ist und willig alles

ausführt, was von ihm verlangt wird, kann das Ergebnis eine komfortable Reise, ohne Komplikationen, werden.

Ist der Kutscher hingegen gefesselt, durch Umstände beeinträchtigt, sein Pferd störrisch und eigenwillig, das Gefährt daselbst ggf. defekt oder blockiert (was hier allerdings nicht die erstrangig zu beachtende Rolle spielen soll), bewegt sich entweder gar nichts, wild und ungeordnet durcheinander oder in die falsche Richtung.

[19] Da die Begriffe "Freunde und Bekannte" hier einige Male erwähnt werden, ist insoweit klarzustellen, dass damit Bekanntschaften und "Freundschaften" gemeint sind, die man - in einer intensiveren Ausprägung - nicht sucht; die sich also eher *aufdrängen*, einseitig erfreulich verlaufen und daher teilweise als lästig empfunden werden.

[20] Gemeint ist die Versuchung (wenn, z.b., ein Aggressor "nichts mehr zu verlieren hat"), durch den Gebrauch von Atomwaffen einen weltvernichtenden Krieg auszulösen.

[21] Bzgl. der Asteroiden, bzw. Planetoiden im Asteroiden-Gürtel gibt es, von wissenschaftlicher Seite her, zwei Hypothesen:

1. Der Planetoiden-Gürtel entstand durch das, aus welchem Grunde auch immer initiierte, Auseinanderbrechen / die Zerstörung eines, in dieser Sonnenumlaufbahn, zuvor dort existierenden Planeten

2. oder sie bilden die Reste, bzw. Bruchstücke, jener primordialen Körper (Planetesimale), aus denen, vor knapp 4,6 Milliarden Jahren, auch die übrigen Planeten aus der protoplanetaren Scheibe entstanden, welche jedoch, durch das starke Gravitationsfeld Jupiters, daran gehindert wurden, sich entsprechend zu einem einzigen großen Himmelskörper zusammenzuschließen.
Indes sei hierzu bemerkt, dass durchaus darüber spekuliert wird, dass Jupiter im frühen Sonnensystem eine weit sonnennähere Bahn eingenommen hat und erst später, von Saturn, in seinen jetzt beschriebenen Umlauf gezogen wurde, in welchem er die Bildung eines mutmaßlichen "Asteroidenplaneten" hätte beeinflussen, bzw. stören können.

Betrachten wir jetzt nur einmal die Hypothese 1., welche ja, im Bericht, als die Wahrheit des Geschehenen herausgeschält wird, so erlesen wir im Buche Leopold Engels: "Mallona - Der Untergang des Asteroiden-Planeten" über gleichnamigen Weltkörper, der, modernerseits, auch "Phaeton" genannt wird:

-> Der Planet befand sich, dort geschätzt, in einer Umlaufbahn "etwa 70 Millionen Meilen von der Sonne entfernt" - was, bei Zugrundelegung einer "Deutschen Meile" á 7,5 km, rund 525 Millionen Kilometern entspricht.

Diese Schätzung des Autors darf getrost, ja muss, auf die zirka 415 Millionen Kilometer korrigiert werden (entsprechend 2,77 AE [Astronomischen Einheiten] oder ungefähr 55 Millionen "Deutschen Landmeilen", um Leopold Engels Maßeinheit noch einmal aufzugreifen), welche die heutigen Gesteinsobjekte Ceres und Pallas einnehmen.

Damit hätte sich Phaeton/Mallona exakt auf der nach Titius-Bode erwarteten Umlaufbahn befunden, sowie auch noch innerhalb des äußersten Randes der "Habitablen Zone" in unserem Sonnensystem. Ein Phaeton-, bzw. Mallona-Jahr würde, auf dieser Umlaufbahn, gut 4½ Erdjahren entsprechen.

-> Der Planet wird, festgestellt per Psychometrie, in o.g. Buche, weiterhin mit einer etwas geringeren, als der irdischen Schwerkraft beschrieben, d.h. er war wohl etwas kleiner als unsere Erde.

-> Sein Achsneigungswinkel war geringer als die irdisch gewohnten 23½°, was zu weniger deutlich ausgeprägten Jahreszeiten führte.

-> Mallona/Phaeton verfügte über eine dichtere Atmosphäre, samt höherem Luftdruck, was, trotz des größeren Abstandes zur Sonne, zu konstanten und recht warmen, ja teilweise sogar heißen äußeren Lebensbedingungen geführt hat, bzw. haben soll.

-> Desgleichen wurde in dem Buch erwähnt, dass die Zahl der heute aufzufindenden Asteroiden(-Trümmerteile) nur einen Bruchteil der Reste des einstigen Planeten ausmachen. Diese, heute [Juli 2023] bekannten, mindestens 1,3 Millionen Bruchstücke, ergäben, zusammengefügt, nur insgesamt etwa 5 % der Masse des Erd-Mondes, was einem Zwergplaneten-Durchmesser von 1.600 km entspräche.
Zu schätzen wäre der Durchmesser Phaetons/Mallonas indes auf wohl mindestens - siehe weiter oben - ~ 8.000 km (Erde = 12.756 km).

-> Dem Bericht der psychometriebegabten Gewährsfrau Leopold Engels gemäß, verfügte Mallona/Phaeton über 3, nach Jakob Lorber 4 kleine Monde (möglicherweise die größten der heutigen Asteroiden: Ceres, Pallas und Vesta; Nr. 4 = spekulativ).

Kurze Anmerkung hierzu: Ich habe das vorgenannte Buch Leopold Engels (welches erst *nach* den Belehrungen des Meisters Zacharias entstand [veröffentl. 1911]) bereits mehrfach gelesen und muss sagen, dass ich für dessen unterstellten Wahrheitsgehalt - schon die reale Existenz des außerirdischen Ringes, als Basis für die beschriebene psychometrische Beurteilung - **nicht** die Hand ins Feuer legen würde!

Die Grundlage für die vorgenannte Lehre des zerborstenen Planeten auf der Asteroidenbahn, wurde (bereits) durch **Jakob Lorbers Schriften** gelegt. Vielfach wird in zusammenfassenden Beschreibungen jedoch der ernüchternde Originaltext nicht ausgeschrieben – was ich hier allerdings, zur Desillusionierung, tue.

Die Aussagen des sich (nach unserem heutigen Wissensstand) selbst enttarnenden **Pseudo**-Jesus/Gottes dazu im "Großen Evangelium Johannes'", Band 8, Kapitel 75 : 6 – 12 lauten:

"[075,06] Wir hatten zu Anfang der sechsten Periode gesehen, wie ein Weltkörper von innen heraus zerstört, und wie mit Adam diese Erde zum Lebenskämmerlein im Großen Schöpfungsmenschen wurde. Ich aber werde euch nun den Stand jener zerstörten Welt zeigen, und zwar wie sie früher war, und wie sie jetzt aussieht; dann aber werde Ich euch auch zeigen, in welchem Verhältnis diese Erde ehedem zum 'Großen Menschen' stand, das heißt nur in geistiger Entsprechungsweise, aber nicht in der materiellen Wirklichkeit.

Da euch aber solches ohne eine bildliche Versinnlichung mit puren Worten nicht gezeigt werden kann, so werde Ich euch nun durch Meinen Willen die Sonne, mit all ihren Planeten, in einem kleinen Maßstab demonstrieren, und ihr werdet bei dem Anschauen solch eines Bildes Meine Worte bald und leicht erfassen, und so denn habt nun alle wohl Acht!"

[075,07] Als Ich solches ausgesprochen, da entstand im freien Luftraum eine Kugel von einer Handspanne Durchmesser; diese stellte die Sonne dar. In möglichst annähernd guten Verhältnissen der Größen und Entfernungen – für welche letztere der Saalraum freilich zu klein war, um sie in voller verhältnismäßiger Richtigkeit darzustellen – wurden auch alle Planeten mit ihren Monden dargestellt, und zwar so, wie damals, als der zu Anfang der sechsten Periode [a] zerstörte Planet mit seinen vier Monden noch nicht zerstört war. Ich erklärte allen die Stellungen der Planeten, benannte sie sowohl in der jüdischen wie auch in der griechischen Sprache, und sie sahen den Planeten, von dem nun die Rede ist, zwischen Mars und Jupiter schweben und seine vier Monde um ihn kreisen.

An Größe kam er dem Jupiter gleich [b], nur hatte er mehr Festland als der Jupiter [c] und auch einen höheren Luftkreis über sich [d] und eine stärkere Polneigung [e] und darum auch eine schiefere Bahnlinie um die Sonne [f].

[075,08] Als alle das nun wohl begriffen hatten [g], da sagte Ich weiter: "Sehet, also stand die Ordnung, von jetzt an zurückgezählt, vor ungefähr viertausend Jahren [h]. Dann aber geschah die euch angezeigte Zerstörung dieses Planeten. Wie, und warum, sie geschah, das habe Ich euch schon gesagt. Nun aber sehet, wie es mit dem Planeten nach der erfolgten Zerstörung aussieht!"

[075,09] Alle sahen jetzt nach dem Planeten, der sich nun in viele größere Stücke auseinanderteilte. Nur die vier Monde blieben ganz; da sie aber

ihren Zentralkörper verloren hatten, so gerieten sie in Unordnung, und sie entfernten sich voneinander mehr und mehr - auch aus dem Grunde, weil sie durch die Berstung des Hauptplaneten einen sehr merklichen Stoß erhalten hatten.

[075,10] Die Stücke des Planeten aber zerteilten sich in dem sehr breiten Raum zwischen der Mars- und Jupiterbahn. Eine große Menge kleinerer Trümmer entfernte sich auch über die beiden angezeigten Bahnen [i], und es fielen etliche in den Jupiter, etliche in den Mars, etliche sogar auf diese Erde, in die Venus, in den Merkur und auch in die Sonne.

[075,11] (Der Herr:) "Ja, sogar die körperlich sehr riesenhaft großen Menschen [j] wurden bei der Berstung des Planeten in großer Anzahl in den freien Himmelsraum hinausgeworfen, gleichwie auch die anderen Kreaturen. Einige verdorrte Leichname schweben noch im weiten Ätherraume [k] umher, einige sitzen und liegen tot und ganz verdorrt in ihren Häusern, die auf den größeren Planetentrümmern noch bestehen [l]; etliche von jenen Menschenleichen fielen sogar auch auf diese Erde, auf welcher sie aber schon nach wenigen hundert Jahren aufgelöst wurden, und so auch in andere Planeten.

[075,12] Dieses Planeten große Meere verteilten sich bei der Berstung auch mit ihren Einwohnern aller Art und Gattung in größere und kleinere Tropfen, von denen einige viele Stunden Durchmaß haben [m]; auch festeres Erdreich in sich bergen und auch von manchen Tieren noch bewohnt werden [n]. Auf den vier Monden aber leben noch die früheren Geschöpfe, nur in einem schon mehr verkümmerten Zustand [o], ebenfalls auf etlichen der weniger zahlreichen größten Überbleibsel des Planeten, aber in einem noch mehr verkümmerten Zustande [p]; auf den kleineren Trümmern indes waltet kein organisches Leben - außer dem, der Verwitterung und langsamen Auflösung."

Erklärung zu..:

[a]   Vgl. 1. Mose 1 : 24 bis 31 und 2 : 7, 8. Der Anfang der "sechsten Periode" wäre demnach gekennzeichnet durch das Auftreten von Landtieren auf der Erde.

[b]   Das ist absolut unwahrscheinlich - eine solche "Super-Erde" wäre für höheres Leben unbewohnbar.

[c]   Der Gasriese Jupiter hat weder Festland noch Wasseroberfläche!

[d]   Gemeint ist eine Atmosphäre -> vgl. zu [c] - daher völlig verkehrt!

[e]   Nach Leopold Engel eine *geringere* Achsneigung als die Erde (23,5°). Die Achsneigung Jupiters beträgt 3,1°.

[f] Ein Zusammenhang einer größeren Achsneigung von Planeten mit einer ellipsoideren Umlaufbahn um die Sonne, findet sich in unserem Sonnensystem **nicht** bestätigt.

[g] Um die Zeitenwende hätte kaum jemand für ein heliozentrisches Weltbild oder andere, grundlegende kosmologische Zusammenhänge das nötige Verständnis aufgebracht, welches "Jesu" Zuhörern (hier der Römer Markus, Lazarus und andere seiner Apostel und Jünger), zu besitzen, leichthin unterstellt wird.

[h] D.h. vor der biblischen Erschaffung Adams um 4006, bzw. 4026 v. Chr. wie James Ussher oder, im zweiten Fall, z.B. die Zeugen Jehovas dies berechneten.

[Der Pseudo-]Jesus und Jakob Lorber bestimmen den Übertritt von der Seelenpflanzschule Mallona/Phaeton zur Erde auf die genannte Zeit um etwas vor 4006/4026 v. Chr. Leopold Engel schreibt in seinem Buch "Mallona - der Untergang des Asteroiden-Planeten" vom "Tertiär", also der Zeit zwischen 66 Millionen bis 2,6 Millionen Jahren vor unserer Zeitrechnung; erwähnt aber, im fast selben Atemzug, den Höhlenbären, welcher chronologisch um 120.000 bis 10.000 v. Chr. angesiedelt werden muss. Es stapeln sich (leider) die Widersprüche...
Darüber hinaus hätte eine solche Katastrophe in unserem Sonnensystem auch deutliche Spuren hinterlassen - ähnlich, wie man dies für den Asteroideneinschlag mutmaßt, der vor 66 Millionen Jahren zum Aussterben der Dinosaurier beitrug. Solches ist für das Jahr > 4000 v. Chr. nicht verbürgt!

[i] Wenn sich anteilig nur eine relativ geringe Masse des einstigen Planeten Mallona/Phaeton aus dem Bereich des heutigen Asteroiden-gürtels entfernt hat, so ist der hypothetisch zuvor gewesene Planet viel zu klein, um ernsthaft als Lebensträger in Erwägung gezogen zu werden. Die Ende Juli 2023 bekannten 1,3 Millionen Planetoiden ergäben, zusammengesetzt, nur einen Globus von etwa 5 % der Größe des Erdmondes (siehe auch weiter oben).

[j] Große Lebewesen wären bei geringerer Schwerkraft eines Planeten auch zu erwarten.

[k] Gemeint ist der "leere" Weltraum zwischen den festen Körpern.

[l] Wenn es sich bei (1) Ceres, (2) Pallas und (4) Vesta um die ehemaligen Monde Mallonas/Phaetons handeln sollte - auf was für größeren (atmosphärelosen [!]) Trümmerteilen sollte es geschehen sein, dass noch "verdorrte Leichen auf ihnen herumliegen, bzw. in ihren Häusern sitzen"??

[m] Eine Wegstunde = etwa 4 – 5 Kilometer; d.h. die durchschnittliche Wandergeschwindigkeit (zu Fuß) eines Menschen pro Stunde.

[n] Das solch atmosphäreberaubte Trümmerstücke heute noch von niederen Tierarten *bewohnt* seien, welche die Katastrophe überlebt hätten, kann nur als völliger Unsinn gelten.

[o] Auf (1) Ceres (ø 939 km; per Definition ein "Zwergplanet"), (2) Pallas (ø 545 km), (4) Vesta (ø 525 km) und vielleicht (10) Hygiea (ø 407 km), als viertgrößtem Objekt im Planetoidengürtel, lebt gewiss nichts (wiewohl (1) Ceres, gemäß Daten der Dawn-Mission, über ein großes Salzwasserreservoir, tief unter der Oberfläche verborgen, verfügt).

[p] Bestimmt lebt auch auf den noch kleineren Trümmern von unter 100 Kilometern Durchmesser kein Wesen mehr - auch kein noch so "verkümmertes"!

Dass diese, heute nachweislich **falschen**, Aussagen vom Herrn Jesus, gemäß Jakob Lorber dem inkarniert gewesenen GOTT Selbst, kommen sollen, macht doch **sehr** stutzig! Achtsamkeit ist in spirituellen Dingen offenbar unerlässlich..! (Bzgl. des so enttarnten Pseudo-Christus vgl. auch Matthäus 24 : 23 – 25 und Markus 13 : 21 – 23)

[22] Vgl. z.B. 1. Timotheus-Brief 2 : 5, 6a; Johannes 14 : 6b.

[23] Ich habe die häufige Verwendung des Wortes "Führer" in der Überarbeitung nur sparsam limitiert, da ich die Bezeichnung bezüglich der Zeit, für welche sie prophetisch besonders zu gelten hatte, für ausgesprochen angebracht hielt - einer Zeit, in welcher, im Deutschen Reich, ein Mann auftrat, der sich die Führerschaft über ein Volk anmaßte und es, gleich einem Götzen, **ver**führte und ins Verderben leitete! Wir erinnern uns: Die Mitteilungen des Eremiten begannen 1940, inmitten des vom "Führer" Adolf Hitler entfesselten 2. Weltkrieges.

[24] Der Begriff "Soldat" ist insoweit unrichtig, als er ursprünglich einen Kämpfer für sein Vaterland bezeichnet, der für seine Dienste be**sold**et wird. Der Gottliebende erwartet eine solche Gegenleistung indes nicht.

[25] Zum qualvollen Leidwesen eines Schriftstellers oder Lektors haben Meister Zacharias und Bruder Amo das System der Schulstätte gründlich verinnerlicht - nämlich alles 3 x (oder noch öfter!) zu wiederholen. Ich habe in dieser Überarbeitung des Textes eine minimierende Mäßigung dieser ständigen Wiederholungen erreicht, sie aber grundsätzlich - als "O-Ton" des Buches - bestehen lassen.
Während bei mündlichen Unterweisungen bekräftigende Wiederholungen wichtiger Passagen eine gängige und wohldurchdachte Praxis sind, bedarf das geschriebene Wort solcher nur selten, da Wichtiges, zur besonderen Kenntnisnahme, **hervorgehoben** werden kann.

Anm. zum Kapitel 14:

[1]   Vgl. "Der Sphärenwanderer" von Herbert H. G. Engel, Kapitel 73: "Das ursprüngliche Menschenbild" (die letzten beiden Absätze).

[2]   Im Original steht "drei Fuß" = 91,5 Zentimeter.

Anm. zum Kapitel 15:

[1]   Dies mag

1. ein tatsächlicher, materieller Spiegel gewesen sein, da wir uns ja, vor Ort, in einem *Frauen*kloster für Einweihungsschülerinnen befinden und solch Accessoire dort ggf. statthaft ist

oder

2. ein imaginativer "Spiegel" sein, welcher, aus diesem Grunde, eine Wiederspiegelung der Seele zeigte, also dem uns innewohnenden Aspekt, der, für gewöhnlich, den physischen Augen unsichtbar ist. Vgl. auch Kapitel 9: "Erste Zeit; und ein besonderes 'Museum'" - die "kristallisierte", d.h. (feststofflich?) materialisierte "Gedankenform" des Bruder Gustav; welche Fähigkeit (eine solche herzustellen) jener als keine besonders herausragende bezeichnete, da sie die Schüler der Stätte schon recht früh erlernten...

Betreffs des Aussehens der Seele in einem physischen Körper (man könnte in diesem Fall auch sagen, des der Physis innewohnenden "Astralleibs") vgl. Gerda Johst: "Das ungeschliffene Juwel", Kapitel: "Die Beschaffenheit der Seele".
Bzgl. dessen, wie (aus diesem Grunde) Engel Menschen sehen, vgl. Gerda Johst: "Im Sternenglanz der Ewigkeit", Kapitel: "Der Heilige Geist und seine Engel" -> die letzten beiden Absätze.

[2]   "Pija": Im Original ist weder der Name genannt noch eine entsprechende Wendung erwähnt, sondern habe ich zu diesem Stilmittel, des Gebrauchs eines von mir **erfundenen** Namens, gegriffen, um dem Bericht, in der Folge, eine persönlichere, weniger abstrakte Note zu verleihen.

[3]   Vgl. Lukas 17 : 10; "Knechte", bzw. "Sklaven", die aber auch gleichzeitig Richter und (Mit-)Erben des Königreiches Gottes sind (1. Korinther 6 : 2, 3; Matthäus 25 : 34; Offenbarung 5 : 9b, 10).

[4]   Vgl. Anmerkung [18] zum Kapitel 13: "Beginn des Unterrichts zum Initiierten".

[5]   Mit Verweis auf die Schriften Jakob Lorbers, des steierischen "Schreibknechtes Gottes", in "Bischof Martin", "Robert Blum" und "Die Geistige Sonne", las ich den zitierten Passus im Buche Walter Lutz': "Die Grundfragen des Lebens", Kapitel IX, 45, Unterabschnitt: "Die Ehe des Vollendeten".

In diesem Kontext wird auch immer wieder die Antwort Jesu auf eine Fangfrage der Sadduzäer - als hierzu passend und erfüllend - angeführt (vgl. Matthäus 22 : 23 bis 32; Markus 12 : 18 bis 27 und Lukas 20 : 27 bis 40).

Anm. zum Kapitel 16:

[1]   Der Streitpunkt, ob Jesus Christus Gottes Sohn oder, auf eine mystische Art und Weise, Gott Selbst war, beschäftigt die Gemüter schon seit dem 2. nachchristlichen Jahrhundert. Origenes wehrte sich vehement gegen die aufkommende Lehrmeinung des Letzteren, welche ab dem vierten Jahrhundert zur Kirchendoktrin einer zunächst Zwei-, später Dreieinigkeit/Dreifaltigkeit auswuchs.

Nun ist ja der Begriff "Sohn" schon ein solcher, der für unser erdverbunden-menschliches Verständnis adaptiert ist. Denken Sie, lieber Leser, nur einmal an die Größe des Universums (insoweit es von uns kleinen Weltenbürgern bisher leidlich eruiert, bzw. für uns sichtbar ist) und Sie werden verstehen, wie unmöglich es ist, Gott/Göttliches als Mensch wirklich vollumfänglich zu begreifen.

Es ist spirituell eingestellten Menschen bekannt, dass jeder Seele ein göttlicher Geist**funken** innewohnt, bzw. von Gott (aus Ihm Selbst heraus) eingepflanzt / eingegeben wurde.
In den Neuoffenbarungsschriften Jakob Lorbers wird diesbezüglich erwähnt, dass sich das **"Urlebenszentrum"** Allvater-Gottes Selbst in der Seele und dem Leibe Jesu Christi sichtbar verkörpert hat (vgl. "Die Grundfragen des Lebens", Walter Lutz, Kapitel V / 17 / "Der All-Gott in Christus").

Unstrittig ist Jesus eine

- maßgebliche, erhebliche Ausströmung aus Gott Selbst,

- aber auch – seit seiner Erschaffung – ein ganz und gar eigenständiges **Wesen**

- und war auf Erden der "Menschensohn".

Die Bibel enthüllt uns Jesus Christus als Gottes "eingeborenen Sohn" (vgl. Sprüche 8 : 22, bes. aber Johannes 1 : 14; 3 : 16 - 18; 1. Johannesbrief

4 : 9), den "**einziggezeugten Gott**" (Johannes 1 : 18), Ebenbild des unsichtbaren Gottes und Erstling aller Schöpfung (Kolosser 1 : 15). Er befand sich, während der Zeit seines irdischen Dienstes, in einer "1:1-Gemeinschaft" mit dem Vater (Johannes 10 : 27 - 38; 14 : 6 - 11).

Ohne Anmaßung zu üben, über letztendliche kosmische Kenntnisse zu verfügen, stehe ich daher persönlich klar zur Erkenntnis und Lehre des Origenes: Jesus ist Gottes Sohn; Erster Seines Schöpfungswirkens - *ein* Gott, aber <u>nicht</u> GOTT Selbst..!

[2]   Vgl. Matthäus 22 : 40; 7 : 12.
Alles wird dadurch so leicht verständlich und ist sooo logisch:
Verurteile nicht, und du wirst nicht verurteilt werden || Gib, und dir wird gegeben werden || Vergib deinem Nächsten, und dir wird vergeben werden usw.
Kurz: So, wie du willst, dass man dir tue, so handle auch selbst oder – in der Negation – so, wie du nicht willst, dass man dir tu, das füg' auch keinem andren zu..! (So der chinesische Weise Kung Fu Tse und Tobit 4 : 15a) -> **Liebe = Empathie**...

[3]   Die bedeutendste Bibliothek der Antike entstand Anfang des 3. Jahrhunderts v. Chr. in der kurz zuvor in Ägypten gegründeten griechisch-ägyptischen Hafenstadt Alexandria. Der Zeitpunkt ihrer Zerstörung ist ungeklärt. Die Annahmen reichen von 48 v. Chr. bis ins 7. Jahrhundert n. Chr. Oft geäußert wird die Ansicht, dass sie im 3. Jahrhundert n. Chr. einem Großbrand (des gesamten Palastviertels) zum Opfer fiel.

[4]   Der Äther, griechisch: αἰθήρ (aithér), bedeutet soviel wie "der (blaue) Himmel". Er wurde, im ausgehenden 17. Jahrhundert (im physikalischen Sinne), als eine hypothetische Substanz, als Medium für die Ausbreitung von Licht postuliert. In der heutigen spirituellen Terminologie entspricht der Äther - jenseits der irdischen vier Elemente Feuer, Wasser, Erde und Luft - einem fünften (feinstofflichen) Element; beim physischen Menschen anzusiedeln etwa als "Emulgator", bzw. Bindeglied zwischen dem materiellen Körper und dem Astralleib.

[5]   Akasha, Sanskrit: आकाश, steht synonym für "Raum" oder "Äther" (vgl. Anm. zuvor).

Die "Akasha-*Chronik*" bezeichnet die Vorstellung von einem übersinnlichen "Buch des Lebens", welches, in immaterieller Form, ein allumfassendes "Weltgedächtnis" enthält.

[6]   Im Sinne des lateinischen Ursprungsbegriffes "Re-Ligio", d.h. "Rück-Verbindung" (mit/zu Gott).

[7]   Im Gegensatz zur Entwicklung bedeutet Entfalten das Ausprägen etwas potentiell schon Vorhandenem, schon zuvor Erdachtem und Gelenktem; also, z.B., die Entfaltung der Schmetterlingsflügel, nach dessen Schlupf aus der Raupen-Verpuppung.

[8]   Bzgl. des schon einmal erwähnten Planeten "Phaeton", bzw. "Mallona" siehe auch die Anmerkung [21] zum Kapitel 13: "Beginn des Unterrichts zum Initiierten".

[9]   Vgl. Kapitel 9: "Erste Zeit; und ein besonderes 'Museum'".

[10]   Ein "Duodezfürst" ist ein Herrscher über ein sehr kleines Fürstentum (von lat. "duodecim", d.h. übertragen etwa: "Herrscher über den zwölften Teil [eines Landes]).
Solche zersplitterten Mini-Herrschertümer bildeten sich, durch den Zerfall des Deutschen Reiches bedingt, nach dem Dreißigjährigen Krieg (1618 bis 1648), zahlreich auf deutschem Boden, was zu einem völlig uneinheitlichen Staatsgebilde führte, welches von ausländischen Mächten leicht zu lenken war.

[11]   D.h. "verborgen", "geheim"; nur "Eingeweihten", bzw. Strebenden, entsprechend tiefgründig Interessierten usw. zugänglich, resp. begreiflich.

[12]   Zum Begriff der Fähigkeit der Synästhesie: Synästhetiker können z.B. Farben riechen, Klänge sehen usw.

Anm. zum Kapitel 17:

[1]   Erinnert an den Bericht und Grund für die Zerstörung der Städte Sodom und Gomorrha; vgl. 1. Mose Kapitel 18 und 19.

[2]   Entweder sind damit Resteinflüsse des sogenannten "Sonnenwindes" gemeint, welcher ansonsten durch das Erdmagnetfeld von seiner schädigenden Auswirkung auf die Oberfläche unseres Globus ferngehalten wird, d.h. nur im Gebiet der Arktis und Antarktis für die Polarlichter (Aurora borealis) sorgt - oder aber eine noch subtilere Sonnenenergitik "feinstofflicher" Natur...

[3]   Bzgl. des 1873 durch Heinrich Schliemann entdeckten Troja weiß man - beispielsweise - heute von mindestens zehn Siedlungsschichten (Troja I bis Troja X).

[4]   Analog Jesaja 11 : 1 und ff.; denn irgendwie ist der "Reis aus dem Stumpf/Stamm ja nicht nur Spross" und Trieb, sondern auch ein Teil dessen selbst.

Vgl. auch Anmerkung [1] zum Kapitel 16: "Ausbildung, Examina und der 'Innere Zirkel'".

[5]   Man denkt bei dieser Voraussage leicht an die fortgeschrittene Globalisierung unserer Zeit; schnelle Flugverbindungen, Fernsehen via Satellitenempfang, (Mobil-)Telefon und weltweites Internet...

Anm. zum Kapitel 18:

[1]   Der Sommer-Monsun (die Regenzeit in Indien) fällt in die Monate Juni bis Oktober. Somit die berichtete Erfahrung etwa Anfang Juni eines Jahres stattgefunden hat.

[2]   Vgl. Kapitel 11: "Befremdliche Begegnung mit dem 'Zweiten Ich'".

[3]   Vom Engel Raphael im 7. Band des "Großen Evangelium Johannes'" des Jakob Lorber aufgeführt und beleuchtet (dort: Kap. 18 und 20).

[4]   Das ist - ich bekräftige es nur noch einmal - nicht *bewertend* gemeint, sondern bezieht sich auf den gebenden (+ / Plus), bzw. den empfangenden (- / Minus) polaren Teil einer späteren Ganzheit.

[5]   Dass die vereinten Duale zur vollkommenen Schöpfermächtigkeit zurückfinden, bezeugt uns Jakob Lorber im "Großen Evangelium Johannes'", Band 2 und 3; vgl. auch "Die Grundfragen des Lebens" von Dr. Walter Lutz, Kapitel XI / 80 -> "Höchste Seligkeitsfülle in der Himmlischen Ehe" und "Am großen Ziel".

[6]   D.h. Einflüsse, Stimmungen, bzw. Gefühle o.ä. von unberechenbarer, unwägbarer, nicht vorhersehbarer Wirkung.

Anm. zum Kapitel 19:

[1]   D.h. der Allgemeinheit verständlich; in weiten Kreisen allgemein bekannt.

[2]   Vielleicht könnte man den erwähnten "Muss-Zustand" mit einem Labyrinth vergleichen, in welchem man eine Aufgabe zu erfüllen hat - vornehmlich die, aus jenem wieder herauszufinden.

Das "Soll" entspräche, in diesem Gleichnis, Hinweisschildern mit der Aufschrift |"Exit / Zum Ausgang"> und der Aufgabe, den gesuchten und gefundenen Weg auch einzuschlagen, sowie ihn beharrlich zu verfolgen und in seinen Bemühungen nicht zu ermatten.

[3]   Vgl. Matthäus 9 : 12, 13; Markus 2 : 17; Lukas 5 : 31, 32.

[4]   Man denke dabei nur an die, der Wissenschaft und Forschung noch völlig unverstandene und mysteriös erscheinende, "Dunkle Materie" und "Dunkle Energie", welche den Löwenanteil des materiellen Kosmos ausmachen.

[5]   Vgl. die Aufklärung Raels an Aphraar im Buche von Robert James Lees "Reise in die Unsterblichkeit", Band 3: "Vor dem Himmelstor", Kapitel: "Im Vorhof".

[6]   Die irische Mystikerin Lorna Byrne beschreibt diese ganz besondere Wertigkeit der Menschenseelen in ihren autobiografischen Büchern mehrfach; die Seelen übertreffen, an Herrlichkeit, wegen des ihnen innewohnenden "göttlichen Funkens", noch diejenige, der von ihr fast ständig geschauten Engel.

[7]   Jeder auf Erden weilenden Seele ist von Gott ein Schutzengel zugeteilt. Von diesen zu unterscheiden sind dem Menschen evtl. beigestellte Schutz**geister** oder Geistführer.
D.h. grundsätzlich sind die Begriffe "Schutz**engel**" und "Schutz**geist**" nicht leichthin beliebig austauschbar, denn es besteht eine Trennung zwischen der Welt der Engel und der Geister, d.h. im Jenseits lebender, der Erde abgeschiedener, Menschenseelen, welche eine andere Erschaffung Gottes sind.

[8]   Vgl. Matthäus 24 : 42 - 44; 25 : 1 - 13; Markus 13 : 32 - 37; Lukas 12 : 35 - 40.

[9]   Vgl. Lukas 15 : 11 - 32.

[10]   D.h. Klarheit, eine klare Bewusstheit über seinen Zustand.

[11]   Ein Phänomen, entweder im Sinne einer Außerkörperlichen Erfahrung (AKE; engl.: OBE = Out of Body Experience) oder einer Bilokation.
Ersteres entspricht ggf. mehr einem subjektiven Empfinden und wird von außenstehenden Personen nicht gestaltlich wahrgenommen; letzteres erscheint für Dritte wahrnehmbar, substantiell fest materialisiert und in unserer dinghaften Welt voll handlungsfähig - entsprechend dem Begriff "Bi-Lokation" = "An-zwei-Orten-gleichzeitig-sein".

[12]   Vgl. Hebräerbrief 11 : 17 - 19.

Anm. zum Kapitel 20:

[1]   Seit 1884/85 erwarb das Deutsche Reich, besonders in Afrika, koloniale "Schutzgebiete", womit der Aufbau einer eigenen Handelsflotte im großen Stil nötig wurde und einherging. Der Besuch Bruder Amos in der alten Heimat ist daher etwa um 1895/1900 herum anzusiedeln - der drohende 1. Weltkrieg, noch in relativer Ferne.

Anm. zum Kapitel 21:

[1]   Kalispell ist eine erst 1891 gegründete Kleinstadt im Nordwesten des US-Bundesstaates Montana.

[2]   Vgl. Anmerkung [4] zum Kapitel 13: "Beginn des Unterrichts zum Initiierten".

[3]   Veröffentlicht von mir (Uwe Laubach, BoD): "Des Eremiten Lehr-Botschaften", bzw. (als Teil des zusammenfassenden Gesamtbandes): "Des Eremiten Geschichte – und seine Lehre".

[4]   Die 1875, unter medialer Federführung von Helena Petrovna Blavatsky (1831 - 1891), gegründete "Theosophische Gesellschaft" ist eine okkulte Organisation, welche beträchtlichen Einfluss auf nachfolgende esoterische Bewegungen genommen hat.

Anm. zum Kapitel 22:

[1]   Der Arbeiter-Tag, bzw. "Labor Day"/"Labour Day" wird seit 1894 in den USA und in Kanada am 1. Montag im September als gesetzlicher Feiertag begangen. Der Festtag entspricht dem "Tag der Arbeit" in Deutschland (und anderen Ländern) am 1. Mai jeden Jahres.

[2]   Der Bozeman-Pass, ein Rocky-Mountain-Bergpass, überquert eine Höhe von 1.738 Metern; er liegt etwa 21 Kilometer östlich von Bozeman und 24 Kilometer westlich von Livingston, im Südwesten Montanas. Die Northern Pacific Railway eröffnete 1884 einen 1,1 Kilometer langen Tunnel unter dem Pass; 1945, also *nach* dem geschilderten Ereignis, nördlich davon, einen zweiten.

[3]   Im amerikanischen Original steht "etwa 6 Fuß und ein Zoll".

[4]   Eine übernatürliche Fähigkeit, die (von Yogis) ggf. durch verschiedene transzendentale Disziplinen erlangt wird.

[5] Vgl. Johannes-Evangelium 18 : 36 und Lukas 17 : 20, 21.

[6] Vgl. "Der Sphärenwanderer" von Herbert Engel, Kapitel 51: "Unterredung in einer Kongresshalle" und die zu den Worten Iréams gegebene Anmerkung [2].
-> Diese selbst "errungene" Unterscheidung zwischen Gut und Böse wird schon in 1. Mose 3 : 22 bis 24 recht deutlich, **als Konsequenz**, erwähnt.

Anm. zum Kapitel 23:

[1] Vgl. Matthäus 22 : 35 - 40; Markus 12 : 28 - 34; Lukas 10 : 25 - 28.
-> 5. Mose 6 : 5; 3. Mose 19 : 18.

[2] Im Buche Bruder Philips "Geheimnis der Anden" wird von einem Kloster der "Bruderschaft der Sieben Strahlen" berichtet, welches im "Tal des Blauen Mondes", nördlich des Titicacasees, also in Süd-Peru, gelegen sein soll.
Die Ähnlichkeit mit der Stätte des Meisters Zacharias im Karakorum-Gebirge ist auffallend; Bruder John mag diesem Kloster angehört haben - es wäre zumindest möglich...

Anm. zum Kapitel 24:

[1] Vgl. Matthäus 5 : 14 – 16; 10 : 26, 27; Markus 4 : 21, 22 und Lukas 8 : 16, 17; 11 : 33; 12 : 2, 3.

< Band 1 - Band 2 >

Des Eremiten Lehr-Botschaften

Lehren des Meisters aus der
Initiierungsschule im Hoch-Himalaya

- Bruder Amo & Felix Schmidt -

Umfassend neu überarbeitet

Inhaltsverzeichnis

Zur Einführung

Mit der Veröffentlichung dieser "Lehr-Botschaften des Eremiten" soll zur Besinnlichkeit und zum Nachdenken angeregt sein. Es ist ein sogenannter Eingeweihter und Meister, der hier spricht. Und dieser Meister ist ein Deutscher - womit auch zum Ausdruck gebracht werden soll, dass der allerhöchste Grad der mystischen Erkenntnis nicht nur den Eingeweihten eines speziellen Landes zugehörig sein dürfte! Er ist ein Deutscher, der - wie wir - deutsch sprechen, verstehen, denken, fühlen und begreifen konnte und sich, in diesem Sinne, als Eingeweihter und Meister an uns wendet(e).

Wie der Eremit, vor seinem irdischen Ableben, in einem Abschiedsbrief an den Schriftleiter [1] ausführte, wollte er ihm auch in Zukunft Botschaften zukommen lassen, von denen dieser, zu gegebener Zeit, und unter den dafür von ihm als geeignet gefundenen Umständen, nach eigenem Ermessen Gebrauch machen dürfe.
Lange jedoch ließ der Eremit nichts von sich hören, sodass mancher Leser des "Geistigen Lebens" an der Erfüllung des Versprechens bereits zu zweifeln begann.
Besagter Redakteur [1], der den Eremiten persönlich kennengelernt hatte, wusste indes sicher, dass dieser sein Wort halten würde, sobald die Zeit dafür reif wäre.
Und das war schließlich auch der Fall..!

Genau wie zuvor, als Bruder Amo noch (physisch unter uns) lebte, erhielt er dann, ab März 1947, in kurzen Intervallen, ständig neue Offenbarungen. Sie kamen stets unerwartet und nur, wenn er gerade redaktionell stark beschäftigt war. Dann befanden sie sich gewöhnlich unter seinen, auf der Schreibmaschine angefertigten, Manuskripten. Der Schriftleiter erhielt niemals eine Offenbarung, wenn er sich etwa einfach an seine Schreibmaschine setzte, um dort auf eine entsprechende Durchgabe, respektive Eingebung zu warten.
Im Gegenteil: Die Offenbarungen stellten sich jeweils nur ein, wenn er gar nicht an sie dachte!

Da die neuen, seit Frühjahr 1947 empfangenen, Offenbarungen die verschiedensten Themen enthielten, konnten sie in der damaligen deutsch-amerikanischen Zeitschrift "Geistiges Leben" nicht unter einzelnen Titeln übersichtlich veröffentlicht werden; das heißt, sie wurden in Fortsetzungen so publiziert, wie sie gerade kamen...

Darum erscheinen im vorliegenden Buche nun diese belehrenden, uns unterrichtenden Botschaften des Eremiten zum leichteren, ja, besseren Verständnis in einer thematisch gegliederten, nachträglich geordneten Reihenfolge.

Felix Schmidt,
Editor und Schriftleiter des "Geistigen Lebens"
Cleveland, Ohio, USA

Kleiner Prolog des Herausgebers

Als geringer, unbedeutender Mitstreiter im Werk der "Großen Weißen Bruderschaft" fühlte ich mich angeregt, inspiriert und innerlich dazu aufgefordert, das Bestreben Meister Amos dahingehend zu komplettieren, seiner von mir bereits gründlich redigierten und veröffentlichten autobiografischen "Geschichte des Eremiten" nun auch die entsprechenden, nachfolgenden "Lehr-Botschaften" (nach wiederum akribischer Durchsicht und Verbesserung, wo dies nötig wurde) hinzuzufügen, welche er, im Besonderen ab 1947, über Felix Schmidt, an die Leser der deutsch-amerikanischen Zeitschrift *"Geistiges Leben"* gerichtet hatte.

Zuweilen erwies sich mir dieses Unterfangen als sehr anstrengend und herausfordernd - wie oft quälten mich die manchmal haarsträubenden Wortschöpfungen des Eremiten, die ständigen Wort- und Begriffs-, sowie auch die notorisch vorkommenden, fast schon pedantisch wirkenden, Gedankenwiederholungen, welche er, zu setzen, zu meinem Leidwesen, in der Initiierungsschule des Zacharias wohl nur allzugut gelernt hat(te).

Ich habe mich bemüht, diese Klippen im Lesefluss zumindest zu reduzieren, beziehungsweise zu modifizieren - ohne den Originalton des Berichtes über Gebühr, das heißt unver-antwortlich weit verändernd, zu strapazieren.

Nun..., mag man eventuell auch über die oben genannte Eigenart Bruder/Meister Amos schmunzeln, können - und werden - seine Erklärungen, Erhellungen und Offenbarungen für viele bestimmt von zeitloser, wertvoller, zum Teil gar wegweisender Bedeutung sein!

Uwe Laubach

Altmorschen, im September 2024

[Nochmals korrigiert, im Zuge der verbesserten Herausgabe des Gesamtbandes, im Dezember 2025]

25 - Die Bedeutung der gegenwärtigen Zeit (~ 1940 – 1950)

Die Menschheit durchläuft gerade eine Phase großer Umwälzungen, wie solches, sollte sie sich nicht bessern, im Voraus - unter anderem - von jenen, die mit Gott in trauter Verbindung standen, respektive stehen des Öfteren bereits angekündigt wurde.
Betrüblicherweise besserte sie sich über viele Jahrhunderte hindurch keineswegs - weder moralisch, noch vom religiösen Standpunkt aus betrachtet!
Im Gegenteil: Sie entfernte sich sogar noch weiter von Gott!
Daher wundert es nicht, dass die Menschen fortgesetzt unter ihren falschen Handlungen ächzen und stöhnen, um dadurch, wenn möglich, auf die rechte Bahn zurückgeführt zu werden.
Solches geschieht ständig und zu jeder Zeit - individuell-persönlich und unter den Nationen.
Freilich müssen bei solch Gebaren auch Unschuldige mit den Schuldbeladenen leiden - wodurch die Schuld der Letzteren weiter wächst; bei den unschuldig Elenden hingegen die seelische Entfaltung und Reifung maßgeblich beschleunigt wird.
So quält sich - interessanterweise - niemand vergebens: Die Unschuldigen leiden zu ihrem Fortschritt und zur beschleunigten Weiterentwicklung; die Schuldigen treten in einen härteren Belehrungsprozess ein.
Jenes geschieht allerdings nicht aus göttlicher Rache, beziehungsweise im Sinne einer Bevorzugung von wenigen Privilegierten, sondern ist jeweils nur die kausale Folge menschlichen Handelns. [1]
Gott lässt die Menschheit mit ihrem von Ihm belassenen, ja bewusst geförderten, freien Willen schalten und walten - hält in seiner großen Liebe gegenüber den Menschen sogar manch Unglück zurück, welches, nach dem Prinzip von Ursache und Wirkung, eigentlich schon längst über sie hätte hereinbrechen müssen...

Nun indes hat die Menschheit, besonders in den letzten Jahrzehnten, den "Bogen aber doch empfindlich überspannt"! Das Maß des Erträglichen war/ist voll!

Des Menschen freier Wille scheint sich in einer negativen Richtung "kristallisiert" und "verkrustet" zu haben; so, dass er immer öfter zur geopferten Beute seines rückhaltlos hochfahrend-stolzen Egoismus wurde, dem man sich mehrheitlich offenbar zunehmend bedenkenlos verschrieben hat(te).

Ist es jedoch erst einmal soweit gekommen, zieht Gott seinen barmherzigen Schutz zurück und lässt der gesetzlichen Wirkung selbst verursachter, übler Folgen - von einstens ins Feld gesetzten, **angehäuften** Handlungen - freien Lauf.

Kein Wunder also, dass, als Konsequenz, alles **auf einmal vehement** über Einzelne, über Völker und Nationen, ja gegebenenfalls - wie derzeit - über die ganze Welt hereinbricht..!

Für euch, die ihr in einer solch schweren Zeitepoche lebt [2], erscheinen die Dinge natürlich jetzt doppelt entsetzlich, weil jeder Überblick verlorengegangen ist. Nur - besinnt euch -, ähnliches (wenn auch nicht in dem enormen, globalen Ausmaß) kam gelegentlich ebenfalls früher schon, wie ein vermeintliches oder tatsächliches Strafgericht, über die Menschen. Vielleicht erinnert ihr euch daran, im Geschichtsunterricht davon gehört und/oder gelesen zu haben: Von der Zerstörung Babylons und dem assyrischen Ninive; dem Untergang des alten Perser-Reiches oder Ägyptens; der Verheerung Mitteleuropas während und im Gefolge der ruinösen Auswirkungen des Dreißigjährigen Krieges...

Wenn ihr gelegentlich die Geschehnisse der Antike Revue passieren lassen würdet, könntet ihr leichthin feststellen, dass fast alle Reiche nach einer kürzeren oder längeren Zeitspanne untergegangen sind; untergehen *mussten*, um neuen Völkern und Regierungssystemen Raum zur Entwicklung und Entfaltung ihrer nationalen Eigenheiten zu gewähren.

So folgte dem grauen Altertum die griechische Hochkultur - jener wiederum das römische Cäsaren-Imperium und so weiter und so fort...

Jede Kultur brachte die Menschheit aber zu einer erweiterten Weltauffassung, welche heute - ziemlich uniform - über den ganzen Globus verteilt ist, sodass beispielsweise Kolonialvölker irgendwann nach Selbständigkeit streben, weil sie zur Eigenverwaltung ihrer Geschicke reif wurden.

Damit erledigt sich die Kulturarbeit bestimmter Länder gewissermaßen von selbst, insofern sie - nebst dem Machtgelüste nach hegemonialer Dominanz und maximaler Ausdehnung ihres Herrschaftsbereiches - ihre Aufgabe in der Kolonisierung schwächerer Weltgegenden sahen.

Im Fazit könnte man getrost konstatieren, dass jede bedeutende Ära emporstieg, ihre Blüte erlebte, und dann irgendwann den Abstieg. Überall gab, und gibt, es Schönheiten und Missstände zu entdecken...

Angenommen - um diese Feststellung einmal bildhaft zu illustrieren - ihr nähertet euch einer pittoresk gelegenen Stadt. Ihr seht sie zum ersten Mal aus der Ferne im Sonnenlicht; malerisch umrahmt von bewaldeten Höhenzügen... Ihr Anblick begeistert euch - auch noch, als ihr der Stadt prächtige Bauten besucht. Doch dann gelangt ihr in städtische Gegenden, die heruntergekommenen Slums gleichen - schmutzigen, müllverschandelten, rattenverseuchten Armen- und Elendsvierteln, in denen Unmoral, Drogensucht, gesteigerter Alkoholkonsum und Kriminalität grassieren.

Das habt ihr nicht geahnt, als ihr - zu Anfangs - noch die liebliche Lage der Stadt bewundertet..! Doch jetzt ist es euch enthüllt: Es ist wie überall auf der Erde - es gibt nichts Vollkommenes..!

Um etwas klar zu eruieren, ist es eben nötig, zu allem eine gewisse (innere) Distanz zu bewahren - nur so lässt sich das vorhandene Positive und Negative objektiv gleichermaßen erfassen.

Auf diese Weise hat auch die gegenwärtige Zeitperiode, neben dem Schlechten, ihr Gutes. Dieses "Gute" ist indes für Menschen, welche inmitten solch schlimmer Verhältnisse leben, wie sie mancherorts gegenwärtig herrschen, leider nicht wahrnehmbar, weil ihnen das ausgewogene Maß zwischen Fern- und Überblick, sowie auch direktem, nahem, genauem Hinschauen und Analysieren fehlt. So ist es kaum verwunderlich, dass sich eine Unzahl Bedrückter über das augenblickliche, kummervolle Geschick nicht (mehr) hinauszuschwingen vermögen.

Sehr vielen Menschen fehlt es, wegen ihrer erlebten Belastung, an besagter Distanz - weswegen es dann, verständlicherweise, zum reichlichen Klagen und Jammern kommt; zumal es diesmal Millionen sind, über welche nun die schreckliche Kausalität einst gesetzter Ursachen geballt zur Auswirkung gelangt, weil Gott das lange Zurückgehaltene jetzt zulässt.

Allein - wie zuvor schon erwähnt - werden manche durch die erlebte Not zur Besinnung finden, ihre Lebensprioritäten neu ordnen und damit für ihre Seele auf den rechten Weg zurückgeführt. Kurz: Sie kommen Gott und dem Streben nach Gottverbundenheit (wieder) näher!

Andere mag es geben, die, ob des beobachteten Unrechts um sie herum - ihnen selbst oder Fremden angetan -, noch enttäuschter und verbitterter werden und den (irrigen) einzig logischen Schluss aus dem Durchlebten darin sehen, sich von jedem unnütz erscheinenden Gottglauben abzuwenden.

So wird die jetzige, schwere Zeit zu einer Scheidung der Gemüter führen:

Diejenigen, welche sich zu ihrem Himmlischen Vater hingezogen fühlen und aus ihrem Leiden zu lernen gewillt sind, werden in ihrer seelischen Entwicklung ungeahnte, enorme Fortschritte erzielen. [3] Dagegen jene, die sich immer fester und beharrlicher in jeder Form von Verbitterung verbeißen, eine weitere Entfernung von Allvater-Gott initiieren. Und es kann dauern, ja, gegebenenfalls erheblicher seelischer Pein hier und im *"Großen Jenseits"* [4] bedürfen, ehe sie sich erneut, mit tiefem Ernst und Aufrichtigkeit, Gott zukehren.

Gerade auf der jenseitigen Existenzebene kann das manchmal mit unsäglichen Qualen verbunden sein, sodass auch noch so schwer erduldbare Leiden auf Erden, vergleichsweise, fast einem reinen "Kinderspiel" gleichkommen.

Verloren allerdings geht so leicht keine Seele!!
Doch es können - nach irdischen Maßstäben gerechnet - geradezu unvorstellbar lange Zeitbegriffe verstreichen, bis sie, in Irrtum verfallen, zur endlichen Einsicht ihrer falschen Einstellung gelangt und zum Göttlichen und seiner weisen Führung zurückfindet.

Da also die jetzige schwere Zeit - und schwere Zeiten generell [3] - auch solche, immensen seelischen Fortschritts sein können, fasst Mut! Es sind immer Gelegenheiten vorhanden - auch aktuell, in dieser besonderen Situation - um *überwinden* zu lernen; zu *verzeihen*.

Man übe sich, **alles Gott anheimzustellen** und sich Ihm in allen Belangen, allem Bangen, Hoffen und Sehnen anzuvertrauen!

Dazu muss man keinem Unglücksverursacher "um den Hals fallen" - nein, man lerne zunächst ihn zu *ertragen*, um sich zu *dulden*.

Ihr kennt die Gebote! Vergebt - und euch wird/kann vergeben werden [5].

Und ihr, die ihr schon tiefer eingedrungen seid in die Geheimnisse des göttlichen Wirkens: Tröstet und helft euch - materiell, aber auch besonders seelisch und geistig..! Für euch ist **jetzt** die Zeit zur Tätigkeit und zum Handeln gekommen - gar manche Psyche liegt lädiert und geschwächt darnieder, benötigt Stärkung und Kraft.

Es gab viele Generationen, denen sich eine solch günstige Gelegenheit zum aktiven Einsatz nach der Lehre Gottes das ganze Leben hindurch nicht geboten hatte. **Jetzt** sind Anreize millionenfach vorhanden..!

Immer wieder wird in Kreisen meiner einst eigenen Landsleute die Frage aufgeworfen: "Warum musste solch Unglück gerade die Deutschen (zum zweiten Male) so hart treffen"?

Nun, diese Frage beantworte sich ein jeder getrost selber, indem er objektiv über das Handeln der Deutschen während der letzten Jahrzehnte und über die gewaltige Aufgabe nachdenkt, mit welcher gerade der deutsche Volkscharakter vom Herrgott begnadet worden ist.

Erinnert euch, dass der Deutsche in Friedenszeiten stets geachtet, ja angesehen und beliebt war. Dies kam, weil die deutsche Volksseele sich nur im Frieden - ihrer Charakteristik entsprechend - entfalten kann. Die deutsche Seele ist schon etwas Eigentümliches, denn es ringen in ihr zwei polare Kräfte: Das "Himmelhoch-Jauchzende" und das "Zu-Tode-Betrübte"; das seinen Nächsten Beglückende, Schenkende, Gebende und das Kleinliche, Pedantische, Geizige, Hindernde.

Kurz: Beim Deutschstämmigen liegen - im schärferen Maße als bei irgendeinem anderen Volkstum - die seelischen Gefühlsgegensätze in einem ständigen Kampf, wodurch die deutsche Psyche geradezu übersensitiv wird; das heißt ein Seelenzustand entsteht, welcher Fremdvölkern nahebei unverständlich, ja, suspekt erscheint.

Das seelische Ringen im Deutschen eben beschriebener Art, ist jenes, was man als "Grüblerische Natur" bezeichnet. So wenig diese von Außenstehenden begriffen wird, ist sie jedoch mitschuldig daran, dass er/sie so leicht den Blick für die ihm/ihr gerade vom Schöpfer übertragene Aufgabe in der Menschheitsfamilie verliert - nämlich, vor allem ein *Geistesmensch* zu sein, und als solcher allen Völkern ein strahlendes Beispiel für seelischen Fortschritt zu liefern!

Ihr ahnt es wohl..! Wie schnell ist die rechte Perspektive verfehlt: Der Deutschstämmige glaubt dann auf Feldern nachahmen zu wollen - ja, zu "müssen" - für die er einfach nicht geschaffen ist. Leicht verfällt er in ein Denken, etwas nachholen zu müssen, um nicht "zu kurz gekommen zu sein". Er meint, er müsse sich an ihm unzupassenden Problemen befleißigen; Probleme, für die er allerdings nicht "das (Werk-)Zeug hat", weil sie ihm einfach nicht angelegen sind.

Mit alternativen Worten ausgedrückt: Er vergisst, was die spirituellen Leuchten einer so eigenen Volksgemeinschaft, seine Philosophen, vor allem aber seine vielen Mystiker, permanent mit Nachdruck betonten, nämlich, dass er - als Geistesmensch - nur durch sich selbst zu wirken hat, durch sein vorbildliches Beispiel; nie jedoch darin, anderen Völkern ein "Korsett" aufzwingen zu wollen, etwa indem man als gebieterischer Kolonialherr auftritt.

Kolonien hatte das Deutsche Kaiserreich vor dem 1. Weltkrieg gehabt - und das war auch nicht verkehrt; aber man hat vieles völlig falsch angepackt, wobei man nur an die Vorfälle in Deutsch-Südwest, dem heutigen Namibia, zu denken braucht. Der Wunsch nach Weltgeltung und das Auftreten eines besserwisserischen und zwingenden Zuchtmeisters entsprachen nicht der göttlichen Absicht für das Volk der Dichter und Denker!

Als spiritueller Mensch ist der Deutsche von Gott angehalten in der Menschheitsfamilie der geistige Berater und Wegweiser zu sein und daher, in diesem Sinne, mit allen anderen Völkern des Erdenrunds inspiratorisch zusammenzuarbeiten.

Noch nie in seiner Geschichte hat das deutsche Volk diese Tatsache hinlänglich erkannt, beziehungsweise voll erfasst - obwohl es doch Beweise genug dafür gehabt hätte, wie segensreich sein **friedliches** Handeln auf jeden Beteiligten wirkt(e).

Das deutsche Volk, mit seiner tiefschürfenden Philosophie, seiner enormen mystischen Erkenntnis und der Gabe, mit Gott wirklich innerlich verbunden sein zu können, ist von Ihm mit dem Amt und der Funktion betraut worden, das irdische Dasein für sich und seine Mitmenschen auf der Welt nicht nur erträglich, sondern zufriedenstellend und beglückend zu gestalten. Daher hat dem Deutschen eine irdische, hegemoniale Weltherrschaft mit äußerem Gepränge noch nie gelegen (und wird solches auch nie liegen, respektive mit Gewinn zukommen)! Überlasst diese Bestrebungen der Machtausübung und des Aufbaus von Imperien - mit allen damit verknüpften Wirren und Mühsalen - nur getrost denen, die besser dafür geeignet und auch "von Oben" dafür ausersehen sind.

Wenn der Deutsche sich darauf besönne, die Welt mit Gemüt, mit Vergeistigung und Verinnerlichung - seelischem und spirituellem Erleben - zu durchdringen, würde es mit der alten Heimat schnell wieder vor- und aufwärts gehen! Ja, sie könnte sogar nochmals zu hohem Ansehen gelangen..! Geschähe solches nicht, hätte Deutschland seine ursprüngliche göttliche Mission gründlich verfehlt und würde für die restliche Staatengemeinschaft irgendwann nutzlos werden. Deswegen erachte es jeder Deutsche als seine heiligste Pflicht, nur solchen, **als seinen Führern**, zu folgen, welche in harmonischer Resonanz mit dem höchsten Ziel des Willens Gottes stehen! Dieses zu erkennen und zu beachten, gilt sowohl für den Einzelnen, wie auch das kollektive Bürgertum. Ein nicht gotthöriger "(An-)Führer" ist ein Götze! Wer ihm folgt, ein Götzendiener!

Als Trost für all jene, die sich um die alte Heimat sorgen [6], diene die in der Zukunft liegende sehr hohe Wahrscheinlichkeit, ja fast Gewissheit, dass sie sich noch einmal erholen wird! Ob solche Erholung und Wieder-Erstarkung freilich von Bestand sein wird, hängt ganz vom zukünftigen Verhalten und Tun der Deutschen selbst ab..!

Noch immer liebe ich das Volkstum, in dessen Lebenskreis ich, während meines irdischen Seins, hineingeboren wurde. Jetzt sehe ich jedoch viel weiter als damals und wesentlich weiter als ihr, die ihr diese Zeilen lest. Ihr könnt mir getrost vertrauen, dass ich sehr wohl weiß, was ich hier kundgebe! Es mag vielleicht nicht immer gefallen - aber nach solch Kriterium richtet sich das Weltgeschehen niemals, denn dabei sprechen gewaltigere Faktoren das federführende Wort. Jeder trägt indes mit seiner freien Willensentschließung, und folglich Handlung, beziehungsweise Nicht-Handlung, zum Großen und Ganzen bei. Möge mein Appell dazu dienlich sein, euch willentlich der hohen Bestimmung zu unterstellen, welche Gott den Gliedern des deutschen Volkes anvertraut hat.

Gleich, ob ihr nun in der Alten oder der Neuen Welt ansässig seid, trägt jeder dazu bei, einen Verfall und einer Auflösung des Deutschtums entgegenzuwirken, welches Geschick drohen würde, sollte die göttliche Mission für diese Nation weiterhin und fortgesetzt mit geflissentlicher Missachtung belegt werden.

Gott begnadet ein spezielles Volk nur selten mit einem besonderen funktionalen Auftrag, welcher sich sodann im nationalen Charakter widerspiegelt.

Dieses Thema ist so umfassend und weitreichend, dass ich in einem späteren Kapitel noch einmal gesondert darauf zu sprechen kommen möchte. [7]

26 - Neue Bahnen für menschliches Forschen

Manche Vertreter(innen) von religiösen Organisationen, auch diverser christlicher Denominationen, glauben, dass es nicht gut wäre, dem Forscherdrang nachzugeben, wenn bestimmte naturwissenschaftliche Tatsachen mit ihren religiösen Büchern nicht konform gehen; erachten es daher als gefährlich kontrovers, sich mit ihnen auseinanderzusetzen.

Es sei, in diesem Kontext - nur mal willkürlich herausgepickt -, an Galileo Galilei erinnert, der seine nur allzu berechtigten Erkenntnisse, wegen der Rigidität der römisch-katholischen Kirche, unter vernichtender Folter- und Hinrichtungsandrohung, zu widerrufen gezwungen war..!

Das kann so nicht angehen!

Solche Auffassung verleugnet nämlich den nur natürlichen, allgemeinen Drang nach Fortschritt, wie er sich in dem nie rastenden Vorwärtsstreben des Geistes kundtut.

Der menschliche Geist, sein Individualbewusstsein, ist bekanntlich ein Funke des Geistes Gottes – weshalb ersterem der nie ruhende Wunsch innewohnt, seinen Wissenshorizont zu erweitern; denn besagter Funke ja aus Gott Selbst, der personifizierten Allwissenheit, hervorgegangen ist!

Im menschlichen Geiste ruht deswegen der Prototyp allen Wissens.

Durch den menschlichen Geist soll dem Seelenkörper, welcher dem Abschluss seiner Entwicklung entgegensieht, beziehungsweise diesen bereits erreicht hat, nunmehr die Möglichkeit geboten werden, sich mit dem Geistfunken aus Gott durch die *"Geistige Wiedergeburt"* zu vereinen. [1]

Daher ist Forschen und Suchen niemals ein Handeln gegen Gottes Gebot, sondern bietet eine der vielen Möglichkeiten zur endgültigen "Wiedergeburts-Vereinigung" – wobei, auf dem Wege zum Ziel, das rein geistige Forschen für lange Zeit, durch das Gefühl des Seelenerlebens, noch reguliert werden muss(te).

Klar...

Die Menschheit könnte schon viel weiter in der Erkenntnis und Nutzbarmachung der Naturkräfte sein, wenn sie sich - zu deren Erforschung - nicht ausschließlich auf Wege der kalten Physik, Chemie und Mathematik beschränkte, sondern dabei auch die ausgleichend harmonisierenden spirituellen, seelischen und ganzheitlichen Entsprechungswerte warmer, herzlicher Nächstenliebe mit einbezöge und in Rechnung stellen würde. Teilweise geschieht das allerdings, indem man, zum Beispiel, jüngere Entdeckungen in den Dienst der Krankenheilung und Krankheitsbehandlung stellt. Das ist sehr erfreulich und zu begrüßen.

Aber warum kann man nicht auch neu entdeckte *Energien* zur Linderung allgemeiner Not und Beseitigung von Elend ergänzend heranziehen? Wieso begrenzt der Wunsch nach unsozialem egozentrisch-kommerziellem Gewinn die Nutzung solcher Kräfte, unterwirft sie einem Monopol? Viele der Erfindungen könnten das menschliche Dasein umfassend erleichtern - wie es beispielsweise Dampf, Verbrennung und Elektrizität im Verkehrswesen schon getan haben. [2]

Wenn dem so ist, warum setzt man dann nicht, im Gefolge neu entdeckter Energiequellen, die allgemeinen Arbeitsstunden herab, anstatt damit nur noch größere Gewinne für Kooperationen und Privatunternehmungen zu erwirtschaften?

Es bietet sich aber noch eine ganz andere Form des Forschens und Durchdringens von Seinsproblemen an - nämlich durch die **unmittelbaren** Kräfte der Seele und des Geistes; ein Weg, der schon seit undenklichen Zeiten von einigen wenigen Erleuchteten eingeschlagen wurde und der zu Erkenntnissen führt, von denen die heutige Wissenschaft noch nicht einmal träumt - geschweige denn glaubt, dass sie möglich wären...

Man denke da nur an die Optionen, welche uns Eingeweihten zur Verfügung stehen. Wir gelangten *nicht* auf dem Wege der modernen Wissenschaft in deren Besitz, das heißt unter dem Gebrauch von Instrumenten, sondern durch Entwicklung des Innenlebens, sowie Koordinierung unserer Gefühle und Empfindungen nach ethischen und moralischen Grundsätzen.

Diese beiden Faktoren indes,

Ethik und Moral,

werden als Büttel wissenschaftlichen Eindringens in die tiefsten Geheimnisse der Natur von Schulwissenschaftlern natürlich immer noch lächelnd als Phantastereien abgewiesen, da sie sich - überdies - wie ein nur störender, begrenzender "Hemmschuh",

Häscher oder Ordnungshüter, gegenüber den zumeist rücksichtslos verfolgten Zielen verhalten.

Wenn man sich aber nur einmal Mühe geben würde, wirklich ernstlich und gewissenhaft jene enormen Seelenkräfte zu erforschen, die Glaube, Überzeugung und bedingungslose Gott-Hinwendung, ja, Gott-Verschreibung, freimachen, würde man zu Feststellungen gelangen, die erstaunlicher sind als die Energien, die bis jetzt durch die Atomforschung bekannt geworden sind!

Daran ist wohl aber noch nicht zu denken; werden doch gegenwärtig selbst die simpelsten, sogenannten okkulten Vorfälle, wie Spukerscheinungen, meistens nicht einmal untersucht. Und es würde sich bestimmt lohnen, nicht nur diesen auf den Grund zu gehen, sondern auch manche jener Vorfälle nachzuprüfen (insoweit noch möglich), von denen berichtet wird,

- dass Menschen die größten Qualen eines schrecklichen Martyriums überstanden, ohne sie als schmerzhaft zu empfinden

- dass Menschen vorübergehend schwerelos wurden (levitierten)

- dass Kranke sich, allen hoffnungslosen ärztlichen Diagnosen und Prognosen zum Trotz, wieder vollständig erholten und genasen.

Das wären Fälle, in denen Seele und Geist des Menschen als Hilfsmittel benutzt wurden und nicht Instrumentarien, mit welchen die moderne Wissenschaft ausschließlich nach mathematischen Formeln forscht.

Dessen ungeachtet wird die moderne Wissenschaft, mit ihren Geräten und Apparaturen, in den nächsten Jahrzehnten aber noch viele Fortschritte zu verzeichnen haben, welche sich die heute lebende Generation noch kaum vorzustellen vermag. [3]
Außer erweiterten Möglichkeiten in der Verwertung und Nutzbarmachung der Atomkraft wird beharrliches Experimentieren und Extrapolieren noch andere Geheimnisse des Atoms zu Tage fördern.
Ungeahnte Neuerungen stehen der Menschheit beim Eindringen in die Zonen jenseits der Schallgeschwindigkeit [4] bevor.
Revolutionäre Entdeckungen im Weltall geraten – damit in Verbindung – in realistische Reichweite. [4]

Trotz alledem werden aber manche Probleme, mit denen sich die Menschheit schon lange beschäftigt, respektive abplagt, noch immer nicht recht lösbar sein, da man dafür einen anderen Ansatz als den instrumental unterstützten einschlagen muss.

Ein solches Gebiet wäre, zum Beispiel, der Bereich der verlässlichen und langfristigen Wettervorhersage. Auch weitere Feststellungen in höchsten Schichten der Erdatmosphäre werden das komplexe und komplizierte Wetter nicht vollends und fehlerfrei prognostizierbar machen, da gerade dabei, unter anderem, auch erlichtende Faktoren mitspielen, die etwas mit Seelentätigkeit und Geisteskraft zu tun haben.

Das mag sich auf den ersten Blick absurd anhören - aber man denke nur an manche Wetterpropheten unter den wilden Eingeborenenstämmen im Inneren Afrikas, Australiens (Aborigenes) und Südamerikas (insbesondere Amazoniens), die noch heute auf Wunsch bestimmte Witterungsverhältnisse herstellen können. Und daran ist sehr viel Wahres, wenngleich jene "Wettermacher" der "Wilden" auch diverse Dinge falsch anstellen, was, vom Standpunkt wirklich Eingeweihter aus gesehen, leichter und effizienter hätte bewerkstelligt werden können.

Unschwer zu erraten, wünschten sich manche, dass ich, an dieser Stelle, einige Rezepte für wissenschaftliches Forschen, mittels Seele und Geist, *konkret* "aus der Westentasche hervorzaubere". Wohl könnte ich solches als Initiierter tun - doch damit würde ich gegen eines der Grundprinzipien aller Eingeweihten verstoßen. Wir konnten sämtliche uns zu Gebote stehenden Kenntnisse nur auf äußerst mühevollem Wege erwerben; es folgten eine Vielzahl an Prüfungen, unter anderem, ob wir wirklich die nötige moralische Reife besäßen, treue Hüter von Geheimnissen zu sein und konsequent zu bleiben. Und dieses Versprechen, das jeder Eingeweihte bei seinem Endexamen ablegt(e), ist ihm heilig und wird nie von ihm gebrochen werden!
Mir ist es daher nur erlaubt, mich, bezüglich meiner Schilderungen und Aufschlüsse, im Rahmen allgemein gehaltener Wortwahl zu ergehen, um euch das Leben auf Erden etwas leichter zu gestalten. Mehr zu enthüllen ist nicht statthaft!
Aber eines kann ich euch versichern: So manche wissenschaftliche Entdeckung der Zukunft dürfte noch aus Deutschland

kommen, obgleich der Bildungs-, sowie Erziehungsstandard gesunken ist – und noch weiter (unter der "Modernisierung" gesellschaftlicher Normen) leiden wird.
Will heißen: Wie wollt ihr eure Kinder mit antiautoritären und/oder teils laschen Methoden recht führen?
So werden Egoisten und Narzissten erzogen..!
Doch, abgesehen von solch Stilblüten, werden Deutsche, im Gefolge einer dafür nötigen Seelen- und Geisteskraft-Entwicklung, zu Erkenntnissen gelangen, welche in Erstaunen versetzen..! Ihre Forschungen verfügen dadurch erneut über bahnbrechendes Potential für die Welt.

Hauptsache ist, dass sie sich stets ausschließlich auf ihre enormen seelischen und geistigen Kräfte konzentrieren, und ihre Nation von nun an, ein für alle Mal, von jedem Anreiz, zur Bereinigung von Konflikten, zum Mittel der kriegerischen Auseinandersetzung zu greifen, Abstand nimmt!
Jeder Gedanke an ein erneutes Kriegsabenteuer sollte ihnen, das heißt *jedem* deutschen Volksgenossen, zukünftig leid sein - auf solche Weise können sie zum segensreichen Vorbild für die gesamte Menschheit mutieren!

27 - Die wahre Aufgabe der deutschen Bürger

Vertrauen in Gott sollte jeder haben! **Er** verlässt niemanden, wenn er/sie sich an Ihn voller Zuversicht wendet. In diesem Sinne beurteilt auch die gegenwärtigen Weltverhältnisse, welche, weiter zu gestalten, nun eurer Obhut unterliegen.
Betrachtet diesen Umstand zuvorderst als eine Chance für Neues - und Gutes!
Achtet daher zunächst darauf, dass eure Wünsche frei von Anhaftungen jeglicher Art sind. Gemäß der göttlichen Vorsehung für das deutsche Volk benehmt euch anständig, vornehm, vergebend, edel gesonnen und strebt nach Weitblick.

"*Damit* kommt man aber kaum voran", mag nun der beharrlich sich immer noch mit Größe, Macht und äußerem Glanz Identifizierende, auch vor Gewaltanwendung nicht Zurückschreckende, entgegenhalten.

Hier muss unbedingt ein gründliches Umdenken stattfinden!
Deutschland liegt im Herzen eines Kontinents, der zur zivilisatorischen und kulturellen Entwicklung der Menschheit maßgeblich beigetragen hat. Allein - dieser Kontinent hat seinen Zenit, auch des globalen Einflusses, überschritten..!
Man beachte das!
Deutschland - im Zentrum Europas - ist eine ungeheure seelisch-geistige Arbeit vom Herrn zubemessen worden. Wundert es deshalb, dass dem Deutschen ein Gemüt, eine Gesinnung zu eigen ist, welcher benachbarte Völker relativ verständnislos gegenüberstehen?
Die geografische Lage korreliert mit der einzigartigen, speziellen Fügung Gottes für dieses Volk. Doch dies nutzt wenig, wenn es nicht entsprechend lebt. Nun, ein Irrtum, begangen in Unkenntnis der wahren Lage, wird natürlich nicht so schwerwiegend bewertet, wie eine falsche Handlung trotz besseren Wissens.
Weil das oben genannte "besondere Gemüt" (welches man vielleicht als eine seelisch-geistige Haltung, etwas Erlebtes zu interpretieren definieren könnte) tief im Volkscharakter eingebettet liegt, bräuchte der Deutsche eigentlich nur immer intuitiv zu handeln, um ein segensspendender Bannerträger für die ganze Erdenwelt zu sein.

Allerdings: Verschiedene Fehler und Unzulänglichkeiten gibt es überall - in jeder Nation, jedem Individuum...

Wiederholt hat Gott zugelassen, dass die Volksgemeinschaft der Deutschen die Rückwirkungen ihrer falschen Handlungen, infolge Abweichens von bereits mehrfach besagter Mission, am eigenen "Leibe" hart zu spüren bekam.
Oh ja..!
Nun also die Probe aufs Exempel, ob sie noch einmal zu einem selbständigen Staatswesen erstehen wird. So, "mit dem Rücken zur Wand", ist es allerdings eine unabdingbare Voraussetzung, sich, im des Öfteren schon genannten Sinne, neu zu definieren! Geschähe solches, wäre einem wiedererstehenden Deutschland sogar eine besonders einzigartige Zukunft beschert!
Ansonsten, lässt man sich nochmals von seinen, per Intuition erkennbaren, Zielen ablenken - und sei dies auch noch so verlockend - wäre es, in der Tat, sehr schlecht um die Wiedergewinnung eines souveränen deutschen Eigenlandes bestellt. Niemand lasse sich dabei durch den eventuellen Einwand irritieren, dass es um Deutschland geschehen wäre, wenn es nicht äußerlich mächtig dastehe.
Seid versichert - kein Nachbar wird je ein Deutschland angreifen oder gar vernichten wollen, wenn dieses sich seiner ureigenst von Gott gestellten Aufgabe bewusst bleibt. Das Deutschtum war, und wird, nämlich von seinen Nachbarländern für seine charakteristischen Eigenschaften hoch geschätzt. **So es diese auch friedlich und gottbestimmt verwirklicht**, werden die anderen Staaten einsehen, wie wichtig und förderlich der gesicherte Bestand dieses Staates für sie ist.

Verbitterte, vergrämte und mürrische Naturen unter den Deutschen werden möglicherweise höhnen, dass doch die anderen Nationen mit Reformen bei *sich* beginnen sollen..!

Indes: Lasst diese mal ihre Probleme selbst lösen! Jeder arbeite zuerst an sich persönlich, schaue auf sein eigenes Werk und Geschick! [1] Warum "den Splitter im Auge seines Bruders monieren - und den Balken im eigenen übersehen"? [2] Normalerweise dürfte euch - eben gerade wegen eurer besonderen Berufung von Seiten Gottes -, durch euer spezielles Gemüt, die Verbesserung eigener Schwächen leichter fallen als anderen.

Gewiss wird es immer noch beharrliche Revisionisten geben (das Deutsche Reich hat ja am Ende der Weltkriege jeweils *bedingungslos* kapitulieren müssen, weil es seine Bemühungen zu weit getrieben hatte und sich folglich hoffnungslos in eine Sackgasse manövriert befand), welche - manchmal nicht zu unrecht - darauf verweisen, dass andere Nationen absolut vergleichbare Fehler, die man nun explizit den Deutschen vorwirft, in ihrer Historie auch schon begangen hatten.
Doch das haben jene auch selbst zu verantworten - nicht ihr!
Oder meint ihr etwa, ihr könntet gegen göttliche Gebote legitimerweise deshalb verstoßen, weil andere (Nationen) diese ja auch verletzt hätten?!
So funktioniert das nicht!
Dass den Deutschen nicht gelang, was andere Völker (von eher unedlen Motiven angetrieben) erfolgreich durchführten, sollte euch eher dankbar stimmen - denn nur so konnte die deutsche Seele gerettet und erhalten bleiben. Dankt eurem Schöpfer für das Scheitern früherer deutscher Kolonial-, Hegemonial-, ja, Weltherrschaftspläne..!
Jedem Einsichtigen müsste es doch auffallen, dass [seit der Reichsgründung im Jahre 1871] den Deutschen bei sämtlichen Kriegen immer nur alles beinahe, nie indes abschließend ganz gelang! So - mit immer wieder neuen Chancen und Gelegenheiten - leitet Gott aber nur ein Volk, dessen Charaktereigenschaften Er grundsätzlich vertraut, denn der belassene freie Wille ist ja die Grundvoraussetzung für eine selbständig errungene Vollkommenheit der Seele.

Eine Schwäche des Deutschen ist, dass er sich zu leicht selbst bemitleidet - freilich auch ein Ausfluss seines besonderen Gemüts (wie schon hinlänglich erwähnt), was eine gesteigerte Sensitivität mit sich bringt...
Das, was nun geschehen ist, lässt sich nicht mehr ändern - ihr müsst euch, wohl oder übel, mit dem Verlust des deutschen Ostraums und der momentanen Aufteilung in Besatzungszonen durch die Siegermächte abfinden.
Ihr habt zwar die besondere Begnadung von Gott, doch kümmert Er sich nicht nur um die Deutschen, im Sinne eines imperativen Exklusivrechtes, sondern ist Er ja Gott *aller* Menschen und Völker, welche zum Teil ebenfalls schwer gelitten haben!

Zu leicht verharrt ihr in der "Froschperspektive" – um die Dinge jedoch besser beurteilen zu können, müsst ihr euch (seelisch) erheben!

Lasst euch, liebe Landsleute, die Versicherung, dass Gott euch eine besondere Bestimmung zugedacht hat (was ja bisher stets kaum die gebührende Beachtung fand!), bloß nicht zu Kopfe steigen und euch entsprechend verleiten! Stolz und Arroganz ist eine Schwäche des deutschen Volks-Charakters, welche allzu leicht zum Hochmut geneigt macht.

Doch: Wer (zu) hoch steigt, fällt auch tief..! [3]

Überlasst die (übrigen) Weltverhältnisse im Ganzen besehen Gott - der sie, in letzter Konsequenz, in Seinem Sinne obwaltet. Gott lenkt nur und lässt zu, was absolut notwendig ist, damit alle Individuen und deren Nationen ihre ihnen gesteckten Ziele erreichen können; sie schlussendlich ihrer Vorsehung folgen und sich die Dinge zum Besseren entwickeln.

Er bedient sich hierzu derer, die davon gar nichts ahnen, indirekt als Seine Werkzeuge zu fungieren – und natürlich aller bewusst und willig Dienstbaren.

Fehlt in der Phalanx der letztgenannten nicht! **Das** sei euer Bestreben!

Vergesst nicht, dass es außer dem persönlichen Schicksal auch noch Fügungen an Vereinigungen, Nationen, Völkern und Rassen gibt, deren Handlungen alle gemäß dem göttlichen Vollendungsplan gelenkt und geleitet werden müssen.

Seid nicht verängstigt durch Ankündigungen bevorstehender Katastrophen.

Solche werden zwar kommen - aber ihr, die ihr euren Gott gefunden habt und innerlich erlebt, braucht nichts zu fürchten!

Entweder werdet ihr im Gefolge vorgenannter Katastrophen so abberufen, dass ihr deren Schrecknisse garnicht erst kennenlernt oder aber ihr seid so beschützt, dass sämtliche Übel euch nichts wirklich anhaben können.

Euer Tun dabei sei allein: Glaubt an Gott!

Nein, mehr noch: Vertraut auf Gott!

Und noch mehr: **Empfehlt** euer Schicksal Gott; verinnerlicht Ihn!

– Und nichts kann euch geschehen...

Manche mögen es als einen Mangel, ja, ein schweres Versäumnis meinerseits kritisieren, dass ich so wenig über jene sage, welche sich als potenzielle Ruhestörer der Welt produzieren. Nun, denkt ihr denn tatsächlich, jene Diktatoren und Potentaten könnten und dürften ein solche Rolle spielen, wenn nicht alles im Rahmen der übergeordneten Entwicklungs- und Entfaltungspläne Gottes läge? Noch nie ist es einem menschlichen Politiker, Herrscher oder Despoten gelungen, sich den gesamten Erdkreis völlig untertan zu machen - und dies wird, seid versichert, auch niemals geschehen!

Mag die Welt auch unter dem Machteinfluss des Bösen liegen [4], gibt es indes nur einen über alles mächtigen und legitimierten Herrn der Herren und König der Könige - Jesus Christus. [5]

Eine Menschen-Union kann nur zustande kommen, wenn jedem Volk die Entfaltung seiner typischen Charaktereigenschaften (im Rahmen seiner geografischen Lage und Umgebung) eingeräumt und es immer nur zur *freiwilligen* Mitarbeit am Geschick der Erdvölker herangezogen wird; das heißt der eigene, individuelle Entwicklungswunsch - als Selbstverständlichkeit - belassen bleibt. Das deutsche Volkstum sollte sich nicht (elitär) absondern, sondern im Sinne einer wahren Zusammenarbeit *gleichberechtigter* Partner wirken.

Allein – in puncto Teamfähigkeit ist eine Schwäche des Deutschen berührt..! Ihm scheint es durchaus schwer zu fallen, zu kooperieren. Entweder beugt man sich fast willenlos (zum Beispiel einem demagogischen "Führer") oder man ist geneigt (gegenüber Individuen, als auch anderen Nationen), den eigenen Willen stets *komplett* durchsetzen zu wollen. So kann das aber unmöglich klappen! Wahre Kooperation frönt nicht der Intention, etwas zu erzwingen – bedeutet nicht herrisches Nehmen, respektive gönnerisches Geben (von "oben herab")!

Das in Aussicht gestellte neu erstehende Deutschland beherzige diese Wahrheit getreu, wenn es künftig segensreich positioniert sein und agieren will!

"Was wird nun mit den übrigen Nationen?", mag gefragt werden...

Dies überlasst getrost dem Herrn!

Manche besagter Völker machen schon jetzt denselben oder einen ähnlichen Fehler wie das ehemalige, untergegangene Deutsche Reich. Sie scheinen aus der Geschichte absolut nichts, oder zumindest nicht viel, gelernt zu haben [6] - es macht geradezu den Eindruck, als *wollten* sie dies auch nicht!

Doch, seid froh - das Geschick solch widerborstiger Nationen geht euch nichts an. Kümmert euch vielmehr um euch selbst; denkt über euch nach und arbeitet an *euren* Fehlern zur steten Verbesserung und Vervollkommnung der gegebenen Anlagen. Sammelt alle Kräfte - auch seelische und geistige - für die Vision eines geeinten Deutschlands!

Seid nicht entmutigt, wenn dieserhalb die politische Entwicklung und Gemengelage zeitweilig auch mal so sein sollte [7], dass sie manchmal gar hoffnungslos erscheinen will.

^ Besatzungszonen ab 1945

Indes: Immer wieder wird sich alles dahingehend klären, dass es doch noch ein geeintes Deutschland, als Heim des deutschen Volkstums im Herzen Europas, geben wird.

Seltsam und kurios mögen dabei manchmal die Wege sein, über welche das Schicksal (besser gesagt natürlich **Gott** - denn liegt alles andere als "zufälliges", blindes Walten vor!) die Neugestaltung des deutschen Volkstums bewerkstelligen wird.

Lasst euch durch nichts beirren! Es wird geschehen - seid dessen gewiss! [8]

265

Noch etwas: Das deutsche Volk ist das erste gewesen, welches, bei dem zur Zeit vor sich gehenden umfassenden, großen Reinigungsprozess der gesamten Menschheit, zur Rechenschaft gezogen wurde. Nun muss man aber dringend ein individuelles Einzelschicksal vom Kehraus gegenüber einer Nation differenzieren! Einzelne sind nicht von Gott verworfen oder hinweggefegt, wenn sie in den unübersichtlichen Kriegswirren ein hartes, auch oft entschieden ungerechtes, Los traf..!
Niemand sollte sich hier eine Beurteilung, ja, **Ver**urteilung anmaßen! Ihr kennt das Wort des Herrn Jesus dazu, welches ich - in ähnlichem Zusammenhang, in einem vorherigen Kapitel - schon einmal erwähnt hatte: "Richtet nicht, auf das ihr nicht gerichtet werdet!" [9]

Bezüglich des deutschen Volkes kann also konstatiert werden, dass es seine "Hauptprüfung" nun hinter sich hat. Wenn auch gelegentliche Nachwehen oder Folgeprüfungen unvermeidlich sind (denn erprobt wird oft - auch ohne, dass man dies immer bemerkt), so werden diese jedoch nie mehr der erdrückenden Gewalt und Wucht gleichkommen, welche dem gesamten deutschen Volk schon, zur Läuterung, zubemessen worden ist.
Es ist, fürwahr, im Feuer zweier Weltkriege der intensiven Läuterung eines Glutofens hinlänglich unterzogen worden! Nun erfolgen Prüfungen von denen Deutschland nicht mehr direkt betroffen ist; es sei denn, es mische sich in entstehende Konflikte ein - wovon allerdings in der Regel abzuraten ist, denn der (Wieder-)Aufstieg eines anderen Deutschlands ist absolut gewiss.
Es bedarf keines leidenschaftlichen Engagements seitens der Deutschen in die internationale Weltpolitik, um ihr erstrebtes Ziel zu erwirken, beziehungsweise zu beflügeln - es sei denn, die Umstände würden dies, gleich einer Führung in diese Richtung, bedingen oder gar erfordern.

Die alte Heimat [10] befindet sich zur Zeit in einem Zustand der Auslese. Die wertvollsten, geeignetsten Menschen für einen nochmaligen Aufbau der Heimstätte eines Volkstums, mit welchem Gott noch so einiges vorhat, werden sich allmählich, wie von selbst, kristallisieren. Die bedauernswerte Lage der Verarmung, ja, Verelendung erzieht die Einsichtigen zu jener

wahren Demut, die allein zu Gott führt und zugänglich macht für seine Belehrungen, Mahnungen, seine Führung.
Wahre Demut trachtet nie danach, etwas von jemandem zu erzwingen, sondern versteht es, sich in Geduld zu üben. Kurz: Das deutsche Volk wird, um zur Staatseinheit zurückzufinden, das *Warten* lernen müssen!
Möchte man sich ernsthaft und gedeihlich der göttlichen Lenkung überstellen, sollte dem Prinzip gründlich abgeschworen werden, alle müssten sich an, vom Deutschtum bestimmten, fest gefügten, determinierten Vorstellungen orientieren! Der "sture, unverbesserliche Bock", der "mit seinem Dickschädel durch die Wand will", hat hier nichts verloren..!

Mit Bescheidenheit verbinde man Vertrauen gleichzeitig mit Geduld. Es wird vielleicht überraschen, wie oft der Zeitverlauf sich, wie ein williger Diener, für erhoffte Ziele einspannen lässt, indem sich manchmal, scheinbar wie von selbst, alles so gestaltet, wie man es sich innerlich ersehnte (hierbei wende man natürlich Unterscheidungsvermögen an - ich rufe nicht zu generalisiertem "Däumchendrehen" in sämtlichen Belangen allgemeinen Lebens auf!).
Gerade Ungeduld, und der Ehrgeiz im Weltgeschehen die Weichen eigenmächtig, nach eigenem Gutdünken, stellen zu wollen, hat viele der kapitalen Fehlschläge eingetragen, unter deren Folgen jetzt fast hundert Millionen Menschen in Mitteleuropa - oftmals gänzlich unschuldig - zu leiden haben.
Nun also steht das deutsche Volk in seiner Gesamtheit (und dabei sind durchaus auch die Österreicher mit einbezogen) an der Schwelle einer ganz neuen, ungemein wichtigen, Epoche. Hat es nichts aus seiner Vergangenheit gelernt, kann ihm nicht mehr geholfen werden.
Was zu tun ist, habe ich bereits reichlich, fast gebetsmühlenartig, wiederholt: Es soll - im geografischen Herzen der Kulturgebiete Europas liegend - sich auf seine wahre, ihm von Gott übertragene, Aufgabe konzentrieren!
Die Besinnung eines ganzen Volkskörpers ist natürlich nur möglich, wenn jeder Einzelne an sich zu arbeiten beginnt.
Verständlich: Auch unser physischer Leib bedarf, bezüglich seiner Gesundheit, des reibungslosen Zusammenspiels seiner Zellen – entarten jene, kann dies zu Krebs führen; und letztlich, eventuell,

besonders nach Metastasierung, zum Untergang des (gesamtkörperlichen) Lebens in der festen Materie.
Fahrt willig und beflissen fort, einander zu helfen und eure Bürden gegenseitig zu erleichtern – wozu, kurz nach Kriegsschluss, Not und Elend vielleicht einfach nur gezwungen haben mögen.
Verbleibt nicht wieder nur im Kreisen um euch selbst!
Lernt, die Ansichten und Auffassungen anderer Menschen gelten zu lassen! Versucht nie mehr eure Meinung, was "richtig" sei, anderen überstülpen, oktroyieren, zu wollen!
Kann man einer Sache etwa durchaus nicht zustimmen, so überlasst alles vertrauensvoll Gott; nehme sich also nicht heraus, seinen Nächsten oder Nachbarn, oder wer immer es sei, wegen einer divergierenden Meinung zu verachten, zu diskriminieren oder gar zu verfolgen.

Seid vielmehr angesprochen, euch zu den Lehren der wahren Ur-Religion vorzutasten, um damit "Religion", das heißt "Rück-verbindung" [11] im ursprünglichsten Sinn des Wortes, wirklich zu *erleben* - ganz gleich, von welcher gegebenenfalls bestehenden konfessionellen Bindung ihr startet.
Nur so könnt ihr zu **Tätern** des Wortes werden - dieses in Leben umsetzen!
Werdet euch bewusst, dass sich all unser Tun und Lassen in der von Gott geschaffenen Umwelt abspielt und wir infolgedessen beständig von Seinem Walten und Wirken umgeben sind.
Ändert, erneuert - über jeden einzelnen Bürger - nach der Wiedervereinigung zu einem nochmaligen geschlossenen Staatswesen, in diesem Sinne das Denken und Bestreben der ganzen deutschen Volksgemeinschaft, um der von Gott vorgesehenen Aufgabe wirklich gerecht werden, das heißt sie in die Tat umsetzen zu können.

Bis dahin schließe jeder das Wiedererstehen eines jetzt noch utopisch anmutenden, harmonischen deutschen Gesamtstaates in sein tägliches Gebet ein - einer Nation, welche sich den Frieden, seelisches Erwachen und geistige Entfaltung all jener Kräfte im Volkstumswesen "auf die Fahnen geschrieben hat", die, durch gewonnene Erkenntnisse, zu einer Verbesserung der Verhältnisse beitragen!
Lacht bitte nicht über meinen durchaus ernst gemeinten Vorschlag...

Gebete vieler, an Gott adressiert - nicht nur mit Worten, sondern parallel dazu auch aus tief empfindenden, sehnsüchtig wünschenden Herzensgrunde - können Wunder vollbringen!
Sammelt euch nicht nur in Gesangs-, Turn- und Unterhaltungsvereinen!
Es wäre sehr erstrebenswert, wenn sich - gemeinschaftliches - Meditieren und Beten für die Wiedervereinigung, und später, wenn jene erfolgt ist, für die richtige Leitung dieses Staatsgefüges durch göttliche Erleuchtung der leitenden Männer und Frauen, zu einer ständigen Gepflogenheit etablieren würde.

Nochmal: Lernt derweil gründlichst (initial durch die Umstände gezwungen) euch gegenseitig zu helfen; neidlos miteinander zu arbeiten. Übt euch darin, an Gott nicht nur zu *denken* (was natürlich schon mal sehr gut wäre), sondern Seiner ständig bewusst zu sein..!
Wendet euch vertrauensvoll an Ihn, bittet aus tiefstem Herzen, mit einer Innigkeit, welche ihr wie einen warmen Strom in eurer Seele empfindet, dass Er Sich eurer Situation annehmen möge.
Ihr werdet erstaunt feststellen, wie oft, wundersam plötzlich, Umstände in Erscheinung treten können, welche eure Verhältnisse bessern werden - und das zuweilen durch Ereignisse, an die ihr nie und nimmer gedacht haben mögt..!
Um solches zu erlangen, achtet streng darauf, die Unsitte zu vermeiden, eure Gebete zu einem bloßen - völlig uneffektiven, ja, unwirksamen - "heruntergeleierten" Lippengemurmel verflachen zu lassen!
Nicht wegen vieler Worte werdet ihr erhört werden..! [12]

28 - Weitere Hinweise für den Deutschstämmigen

Was meint ihr wohl, wie das riesige, große Erlösungswerk Gottes in Seiner Schöpfung durchgeführt werden könnte, wenn Er nicht unermessliche, übermenschliche Geduld beweisen würde?
Ihr solltet euch dies, bei dem Problem, welches euch heute alle so beschäftigt, nämlich dem eures Lebens, zum Vorbild wählen!
Was erreicht ihr denn mit eurer Ungeduld, mit euren Anklagen gegen jedermann; nur - allzu häufig - nicht gegen euch selbst?
Wie oft wird der Splitter im Auge des Nächsten entdeckt, der Balken im eigenen indes geflissentlich übersehen. [1] Logisch: Mit einem Brett vorm Kopf ist der Horizont begrenzt!

Seht ihr denn immer noch nicht ein, dass ihr alle - mehr oder weniger - mitschuldig seid?
Das mag hart klingen; muss es auch, damit ihr auf die volle Einsicht in die Ursache eurer gegenwärtigen Lage gestoßen werdet, um daraus die einzig richtigen Folgerungen für euch selbst ziehen zu können.
Denkt allgelegentlich über euer eigenes Tun und Lassen während der letzten zwei Jahrzehnte nach! [2]
Ihr glaubtet, einer angeblich großen Sache zu dienen - Ariertum, Superrasse; das hörte sich ja prima an...
Aber - ohh und ach..!
War euer zugrundeliegendes Motiv wirklich sooo rein??!
War es nicht vielmehr Ausdruck eines gewissen Egoismus und Narzissmus; mit dabei sein zu wollen, wenn sich eine besonders privilegierte, elitäre Kaste herausbilden sollte, die euch, im Falle eures Dazu-Gehörens, exklusive Vorteile bieten würde..?
Seid wirklich ehrlich mit euch selbst!
Und... - wart ihr immer fest in eurer Gesinnung, wart ihr wirklich bereit, voll und ganz für das einzutreten, wofür ihr euch erklärt hattet? Oder wart ihr vielmehr schnell darin, sofort eure Ansicht zu revidieren, "euer Fähnchen in den Wind zu hängen", sobald sich die Lage zu ändern begann und ihr bemerktet, sicherer auf der anderen Seite zu sein?
Das ist - und soll - kein abgehobener Vorwurf sein! Ihr seid auch nur Menschen!

Aber ihr müsst euch selbst einmal genau kennenlernen! Ihr seid nicht schlechter als der Rest der Menschheit; doch euch fehlt noch mancherlei an innerlicher Erkenntnis und Größe für wirkliche Zusammenarbeit! Ihr schwankt zu oft und entpuppt euch nicht selten als Gelegenheitshascher! Außerdem fehlt zuweilen der Blick fürs große Ganze auf der Welt!

Ihr benehmt euch wie "Wunschmenschen", die alles so erwarten, wie sie es gerne hätten und sich vorstellen, dass es auf der Welt sein sollte; eurer Meinung nach sein müsste - ohne den Blick für das breite Spektrum der Möglichkeiten zu haben, die auf dieser Erde vorkommen können! Erinnert euch an das reichlich im Umlauf gewesene Sprichwort:

"Am deutschen Wesen,
soll die Welt genesen".

Befleißigt euch öfters der Mühe, darüber nachzudenken, was dieses "deutsche Wesen" nun wohl eigentlich wirklich sein könnte, ja - optimalerweise - sogar sein *sollte*..! Entging es euch bislang nicht gründlich, dass das wahre deutsche Wesen, an dem die Welt angeblich einmal genesen mag, nicht in einer Wunschwelt besteht, sondern in einer Vergeistigung und Verinnerlichung, welche nichts mit rein irdischem Glanz zu tun hat..?!

Erkennt den Schatz, der in eurem Herzen an Gefühl, an Verstehen, an Verzeihen, an Anteilnahme am Geschick anderer ruht! Erkennt es doch bloß und euer Schicksal wird sich völlig ändern! Nicht äußerliches Beherrschen von eroberten Gebieten ist die Aufgabe eures wahren Wesens, sondern das Durchdringen allen menschlichen Strebens mit seelischer Anteilnahme und geistigem Verständnis; *das* ist es, wofür ihr ausersehen seid, der Welt zu dienen und zu geben. Es sei also euer Ziel und Ansporn, das gesamte Streben der Menschheit *in diese Richtung* zu lenken..!

Die Frage mag hierbei auftauchen: "Ja, aber was sollen wir denn jetzt tun - und wie..?!"

Nun - seid einfach nur ihr selbst!

Wo immer sich Gelegenheit bietet, zeigt Anteilnahme und Bereitschaft zur Zusammenarbeit; unterdrückt euer Absonderungsverhalten im Verlangen gerne lediglich eigene Zielsetzungen zu verfolgen und lasst stattdem eure Seele für wahres Miteinander erwachen.

Überlasst eure Weltbrüder und -schwestern nicht einfach ihrem Schicksal in der gefühlten Meinung: "Ach, was gehen mich jene an..."!

Es ist verständlich, dass sich bei einer Ballung vieler Menschen auf engem Gelände Spannungen einstellen, welche zu rein egoistischen Explosionen führen mögen. [3]
Sorgt euch nicht übermäßig um solche Regungen, denn das ist für einen freiheitsliebenden "Germanen", der gerne "Platz um die Nase herum hat" nur natürlich!

Um *was* ihr euch jedoch sorgen solltet, ist das Gefühl wahrer Anteilnahme am Geschick der Menschheit im Allgemeinen!
Nährt die segensreiche Wurzel wahrer Empathie - und es wird euch, als "Zahnrädchen im Getriebe" einer immer zahlreicher werdenden Bevölkerung, viel besser ergehen. Bemüht euch dies wirklich gründlich zu lernen.
Begreift bitte, dass man, im Interesse des Kollektivs, manchmal auch seine eigenen Ambitionen zurückschrauben muss.
Das ist wahre Nächstenliebe..!
Erinnert euch an das Wort des Apostels Johannes: "Niemand behaupte, Gott zu lieben (den er nicht sehen kann), wenn er zuvor nicht bereit ist, seinen Bruder / seine Schwester, das heißt seinen Mitmenschen, zu lieben (den/die er sehr wohl sehen kann)..!" [4]
Das wäre ansonsten Heuchelei!
Ihr habt dieserhalb auch das Gleichnis Jesu, betreffs der Trennung zwischen "Schafen" und "Böcken" erhalten - denn Gottesdienst ist tatsächlich, das heißt ganz im Besonderen, Dienst am Nächsten! [5]
Sobald solche Liebe von euch, als Ausdruck eures (Volks-) Charakters, gepflegt wird, werdet ihr überrascht sein, wie viel Sonnenschein in euer Leben (zurück) kommen wird.

Vielleicht glaubt ihr, vermessenerweise, der "liebe Gott" sei *verpflichtet* den Deutschen zu helfen - so wie auf den Koppeln der Soldaten sich die Einprägung fand "Gott *mit uns*"..?

Bitte schlagt euch das aus den Köpfen!
Gott hat keine exklusiven Verpflichtungen euch gegenüber - wohl aber habt *ihr* eine solche gegenüber *Ihm*, der euch erschaffen hat..!
Habt ihr euch jemals um Gott viele Gedanken gemacht, *bevor* ein Verhängnis über euch hereinbrach?
Dass Gott jene Unbilden zuweilen zulässt, geschieht nicht von Ungefähr; nicht etwa aus Rache, sondern weil derjenige, über den die negative Erfahrung einer buchstäblich empfundenen Katastrophe hereingebrochen ist, sich von Ihm zuvor abkehrte, respektive gar losgesagt hat(te)!
Gott *zwingt* niemanden zu seinem Glück - das kann nur eine freiwillige Entscheidung sein!
Wer sich jedoch, nach Durchstehen eines Übels, Gott bewusst (wieder) zuwendet, erfährt sofort eine Wandlung zum Besseren, ja, zum Guten..!

Gott ist sehr geduldig - aber es gibt auch eine Grenze, eine "Rote Linie"...
Prüft deshalb jede Facette genau, ehe ihr euch einer Sache annehmt, die auf verschiedenen Ebenen dubios erscheint, beziehungsweise sich als innerlich widersprüchlich erweist!

Besinnt euch, geht in die Meditation; betet aus tiefstem Herzen und bittet um göttliche Führung. Bittet um Erkenntnis und für alles, was ihr in eurem Leben braucht!
Bedenkt: Ihr seid bei diesem, eurem Gebet, ja nicht allein, wenn ihr meine Empfehlung in die Tat umsetzt... Tausende und Abertausende schlössen sich dann dieser Vorgehensweise an, wodurch eine enorme Kraft entstünde! Gebraucht sie richtig! Kommt so der Erleuchtung näher..!
Ebenfalls **handelt** entsprechend eurer Gedanken und Worte - greift euren Nächsten *tatsächlich* hilfreich unter die Arme, anstatt sie durch egoistische Vorteils-Hascherei mehr zu schädigen, als ihnen zu nutzen oder sie im Erreichen ihrer Ziele zu behindern!

Deutschlands Position, seine Bedeutung für die Welt, und mithin sein Ansehen, muss nicht dauerhaft ramponiert bleiben! Kommt

dieserhalb einfach zur Einsicht eurer begangenen Fehler; vor allem aber wendet euch *aktiv* dem zu, was dem wahren menschlichen Charakter "Alpha und Omega" sein sollte, weil es seinem Innersten entspricht und Seelen, wie Herzen, nährt - nämlich der Suche nach Gott und Seiner Gnade.
Sobald ihr das wirklich **tut**, werdet ihr erleben, dass die Zeit der Wunder [6] noch lange nicht vorüber ist - und sich auch heutzutage solche ereignen können!
Sollten sich dabei auch diverse Schwierigkeiten verschiedenster Art ergeben, vergesst nicht, dass jene euch nicht in den Weg gelegt werden, um von der Spur der Weiterentwicklung abzudrängen, sondern - im Gegenteil - nur, um, durch Ermunterung zu rechter Anstrengung, darauf zu befestigen!
Wenn ihr das eingesehen habt, stellt euch kein Hindernis mehr eine unüberwindbare Barriere dar, sondern vielmehr Plattform für höhere Reifung.

Manche Leser mögen nun die Frage aufwerfen: "Warum bleibt der Eremit in seinen 'Offenbarungen' so unscharf, so schwammig, und drückt sich nicht präziser aus?"

Eine durchaus berechtigte Frage - auf welche die Antwort aber sehr einfach ist:

- Erstens hat jeder Mensch, aber auch jede Nation, einen freien Willen und

- zweitens würde sich bei einer angeblich detaillierten "Prophezeiung" manches ergeben, was nie einträfe - weil ja eben der freie Wille vorhanden ist, der ganz andere Handlungen zeitigen mag, als man angenommen hatte.

Außerdem möchte ich keine "sich selbst erfüllenden" [7] (negativen) Voraussagen provozieren, denn könnten manche Menschen in geradezu lähmende Angst versetzt werden; vielleicht sogar eine fatalistische oder träge, faule Ergebenheit an den Tag legen, so dass sie ihre Eigen-Initiative einbüßten.
Behaltet "im Hinterkopf", dass jedwede Prophezeiung durch eine Änderung des freien Willens derer, über die prophezeit wird, hinfällig werden kann! Wenngleich sich gewiss die "grobe Linie" einer echten Prophezeiung stets erfüllen wird.

Gott weiß das Geschick von Völkern besser zu lenken als Menschen – seien es lebende oder bereits verstorbene; selbst dann, wenn sie von den interessantesten Geistesblitzen durchglüht gewesen sein mochten. So, wie der weise König Salomon zu sagen wusste: "Der Mensch hat über den Menschen zu seinem Schaden geherrscht." [8] Eben..., der Herrgott allein weiß stets genau, warum, wieso und weshalb Er etwas - zu unserem Nutzen! - erreicht oder unterlassen haben will.

Darum offenbare ich in meinen Mitteilungen an euch keine präzisen Zukunftsvisionen; müssen sie allgemein gehaltener Natur bleiben, weil ansonsten die Gefahr erwüchse, gegebenenfalls einen voreingenommenen Komplex in der Seele dafür sensibler Menschen zu kreieren.

Das also ist der Grund, warum ich nur freundlichst rate, aber niemals etwas als absolut bindend darlege. Manche Menschen sind durch angeblich prophetische Direktiven in ihrem freien Willen schon so behindert worden, dass sie - ins "Große Jenseits" hinübergewechselt - glaubten, für lange Zeit immer noch das erleben zu müssen, was in den sogenannten "Prophezeiungen" angekündigt worden war.

Jeder angebliche "Hellseher" übernimmt daher eine enorme Verantwortung für das Seelenheil seines Nächsten und mag - im Falle Missbrauchs - dafür im "Großen Jenseits" einmal selbst schwer leiden müssen.

Wartet deswegen, liebe Leser, alles ab, wie es sich sehr oft im (für euch sowieso fast nicht beeinflussbaren) Weltgetriebe scheinbar von allein gestaltet und ergibt; übt euch vielmehr in der Hinwendung an Gott, welcher euch, insofern ihr euch diesbezüglich bittend an Ihn wendet, schon richtig durch alle Gefahren und Fährnisse führen und leiten wird.

Lasst daher ab von aller politisch motivierten Zukunftsangst!

Vertraut einfach auf Gott, dass ihr, wo auch immer ihr euch befinden mögt, bei Ihm völlig sicher und geborgen seid! Selbst wenn die Dinge (zunächst) anders laufen sollten als erwartet, bleibt Gott doch bei euch, solange ihr Ihm die Treue haltet! Es kann dann einfach nichts geschehen, was **eurer Seele und eurem Geist** irgendwelchen Schaden zuzufügen vermöchte.

Habt ihr euren Gott, so ist selbst eine Atombombe machtlos, indem sie entweder überhaupt nicht zündet oder gegenüber euch einfach wirkungslos bleibt. [9]

Darum sucht, wie Jesus euch unterwies, zuerst nach dem Reich Gottes, denn für alles andere (das heißt auch existenzielle physische Bedürfnisse) ist dann sowieso gesorgt! [10]

Obwohl meine hier gegebenen Hinweise und Ratschlüsse, wie schon erwähnt, nur allgemeiner Natur sein dürfen, lest sie dennoch immer und immer wieder! Sie erhalten mehr Inspirationen, als ihr beim einmaligen schnellen Überfliegen ahnt.

>> *Dem Schriftleiter wurde vom "Eremiten" versprochen, dass er stets mit ihm sein würde, solange er die Prinzipien bewahrend hochhielte, für welche die Zeitschrift "Das Geistige Leben" ursprünglich geschaffen worden war.*
Weil das noch immer der Fall ist (und auch weiter der Fall sein wird), kann durch diese Offenbarungen den Lesern, für jede Lebenslage, noch reichlich nützlicher Rat und Hilfe geboten werden - inklusive des Verständnisses freilich, dass sie, mit ihren Wünschen und Hoffnungen, auch wirklich belehrt sein und sich Gott zuwenden **wollen**.

Glaubt es nur, Gott kann alles für euch tun; euch jeden Wunsch erfüllen, euch beschützen, in was immer für einer Gefahr ihr auch schweben mögt! Doch ihr müsst euch natürlich auch um Schutz an Gott wenden! Folgt den angegebenen Motivationen und ihr habt es nicht nötig, vor der Zukunft Angst zu haben - so finster es auch manchmal am Horizont dräuen mag...

Denkt daran: Ihr müsst an euch selbst arbeiten, **denn Gott hilft nur dem, der sich Mühe gibt**! Wann immer ihr Zeit habt, oder sich eine Gelegenheit dafür eröffnet, laboriert, wenn nötig, an *euren* Fehlern, wenn ihr solche entdecken solltet!
Das Bessern der Verhältnisse muss durch Erkenntnis und Einsicht(igkeit), aus dem Kern heraus, erfolgen! Das tägliche Leben bietet viele Gelegenheiten dazu. Merzt eure Schwächen aus!
Ihr seid ganz und gar nicht von Gott verlassen!
Verlasst *ihr Ihn* nur nicht!
Verehrt Ihn so, wie ihr es, eurer Ansicht nach, für das Beste haltet - sei es in Kirchen, Tempeln, in der Natur oder nur in eurem Herzen, indem ihr in der Meditation oder im Gebet mit Gott sprecht. Behaltet, selbst bei eurer alltäglichen Arbeit, und sei sie

auch noch so profan, den allmächtigen Gott in eurem Sinn und wirkt in allem stets zu Seiner Ehre [11].
Geht auch am Interesse eurer Mitmenschen nicht achtlos vorbei, übt Feingefühl und Empathie - und alles wird sich zum Positiven wenden!
Deswegen ergeht von mir unermüdlich die wohlmeinende Empfehlung, dass jeder zunächst an seiner individuellen, lebendigen Gottverbindung arbeiten möge - diese zu befestigen, indem er/sie, mit Ihm dieserhalb, so oft wie nur möglich, innige Zwiegespräche hält und sich bemüht, in Sein Wesen einzudringen.
Seid versichert, es ist ein ganz wundersames Gefühl, mit Gott in permanentem Kontakt zu stehen und sich damit geborgen zu fühlen!
Beherzigten solche Weisung möglichst viele, so würde - verständlicherweise - schließlich das Leben des gesamten Volkskörpers geändert werden und dadurch zur wahren geistigen Weltgröße heranwachsen, respektive zurückfinden!

Überlasst die Sorgen, die Mühsale, Ränkespiele und Machenschaften, welche mit einer politischen Weltherrschaft verbunden sind, getrost denen, die sich danach drängen!
Ihr habt einer weit größeren Aufgabe zum Ziel zu dienen - könnt das aber nur dann recht tun, wenn ihr keine provozierenden Streitigkeiten "vom Zaune brecht", sondern euch auf euren Gott besinnt, euch ganz auf Ihn verlasst, mit Ihm, seelisch und geistig, innig verknüpft seid.
Keine Weltmacht kann euch dann etwas anhaben!
Verinnerlichung und Vergeistigung!
Das Beste ist, dass ihr dabei (man möchte beinahe sagen "leider") keinen Konkurrenten haben werdet! Ja, dieses Feld gehört euch fast allein, weil sich nur wenige bewusst, diszipliniert und mit einer subtilen, zarten Liebe um jene Bereiche kümmern. Die meisten Menschen wüssten gar nichts damit anzufangen..!
Mit der Neujustierung eurer Prioritäten setzt ihr das Reich Gottes an die erste Stelle - und siehe, es wird in eurer Mitte sein und alles andere wird euch ganz von allein zufallen! [10]
Was wolltet ihr, mit *wahrem* Gewinn, für eure Seelen nach *äußeren* Werten, *äußerem, schnödem* Mammon an Geld und diversem materiellen Besitz streben - und damit doch nur eine innere Verarmung befestigen?

Nein! Nicht so..! Kultiviert vielmehr euren *inneren* Reichtum! Besinnt und konzentriert euch, mit Mut und Dankbarkeit, wieder auf eure wahren Talente und Gaben. Seid Gott dankbar dafür, denn der Weg der Seelenreifung, hin zur Geistigen Wiedergeburt, wird dadurch sehr erleichtert und mithin auch verkürzt.

Beachtet nur ruhig das hier Gesagte!
Es kommt von jemandem, einst selbst Bürger Deutschlands, dem es vergönnt war, einen Weg zur Vollendung einzuschlagen, der nur ganz wenigen (jedoch Vertretern aller Nationalitäten, denn Gott ist nicht parteiisch [12]) zugänglich ist!
Glaubt mir, dass ich nur euer Bestes will!
Folgt den Empfehlungen eures "Eremiten", die nachdrücklich gegeben, aber nicht aufgedrängt sind. Belassen stets der freie Wille - als kostbarstes Geschenk des Himmels.
Indes, sucht eure Schicksalserfüllung ganz ausschließlich nur in Gott und durch Gott! Bitte, tut das in eurem eigenen Interesse - setzt nicht auf euren eigenen Verstand, wie dies der weise König Salomon schon zu raten wusste:

"Vertraue auf Jahwe [Gott] mit deinem ganzen Herzen,
und stütze dich nicht auf deinen eigenen Verstand.
Beachte **Ihn** auf all deinen Wegen,
und **Er** selbst wird deine Pfade gerademachen.
Werde nicht weise in deinen eigenen Augen,
sondern fürchte Gott und weiche vom Bösen." [13]

Warum *bitte* ich euch so eindringlich und inständig?

Weil derjenige, welcher euch das offenbart, weiter - *viel* weiter - sieht als ihr, die euch noch euer Erdenkleid umschließt...

Es ist ihm - also mir - nicht vergönnt, euch mehr mitzuteilen; doch auf eines kann, und darf, ich euch nach den strengen Regeln, denen ich mich freiwillig unterworfen habe, aufmerksam machen: Nämlich auf den oben erwähnten, allein richtigen Weg für euch!
Entsagt bewusst allem Bestreben nach äußerer Weltherrschaft - sonst droht euch ein desaströses Schicksal, welches ich nicht benennen will..! Hütet euch ebenfalls vor unausbalanciertem Überbetonen selbst gesteckter Ziele (im Sinne eines eigenwilligen Abweichens vom göttlichen "Programm"), welche dann, unter

anderem, in eine gefährliche Geringschätzung und/oder Rücksichtslosigkeit gegen andere Völker und Rassen münden können!

Das, was im sogenannten "Dritten Reich" an Abscheulichkeiten verbrochen worden ist, geschehe nie, nie mehr..!!

Schließlich noch etwas:
Bekämpft und behindert euch nicht, sondern helft, unterstützt! Gönnt einander eure Freiräume und greift jedem bereitwillig und gerne unter die Arme, der um seine (bedrohte) Existenz ringt. Wenn ihr das tut, und meine, in allerbester Absicht und Gesinnung gegebenen, Ratschläge befolgt, dann seid versichert: Eine neue, lichtvolle Zukunft steht euch bevor!

Seht *selbst* zu, beständige Achtsamkeit zu entwickeln, weil es sein kann, dass diese Offenbarungen, für eine Weile, abermals unterbrochen werden müssen. Warum das notwendig ist, kann hier nicht erläutert werden, da ihr es doch nicht begreifen würdet – es mag allerdings sein, dass es etwas mit Vorgängen auf eurer Erde zu tun hat.
Lest darum, alternativ, gegebenenfalls das bereits Mitgeteilte von Zeit zu Zeit durch! Weil die Weltverhältnisse, mitsamt eurer persönlichen Wenigkeit, in einem permanenten Veränderungs-prozess befindlich sind, ergibt es sich bisweilen, dass, unter Anwendung eines angepassten Blickwinkels, aus scheinbar Altem immer wieder auch Neues geschöpft werden kann...

Der Erörterung der Eigenart(en) des deutschstämmigen Volkstums ist hiermit, des Langen und des Breiten, Genüge getan. Handelt gemäß eurer Bestimmung und ihr werdet Bestand und Segen erlangen...

29 - Nukleare Bedrohung und kosmische Phänomene

Vielfach kochen mannigfaltige Befürchtungen hoch, dass durch irgendein Unglück oder experimentelles Missgeschick bei der Handhabung der Atomkraft die ganze Erde zerstört werden könnte.

Keine Bange - solches wird nie eintreten!

Dessen seid versichert!

Allerdings ist es, aufgrund des freien Willens der Menschen, möglich, dass sich räumlich begrenzte Katastrophen (infolge unkontrollierbarer Atom-Unfälle, Gewalteinwirkungen oder durch Kampfmittel-Einsätze) abspielen mögen; dass jedoch, vermittels einer nicht mehr aufzuhaltenden Kettenreaktion der Atomkraft, die ganze Erde zerstört werden könnte, ist nicht möglich!

Warum nicht?

Weil die Natur selbst dabei "ein Wort mitzusprechen hat".

Mag man es glauben oder nicht: Tatsache ist und bleibt es aber doch, dass im Naturgeschehen ein Gesetz obwaltet, dass sich, in einem bestimmten Stadium der Auswirkung, jeder Kraft eine Gegenreaktion widersetzt.

Wir sehen das deutlich bei den frei vorhandenen, natürlichen Giften (nicht den menschlichen, chemisch zusammengestellten, synthetischen Giftstoffen), dass sich irgendwo in derselben Natur ein Gegengift vorfindet - sei es in Form einer Heilpflanze oder eines Anti-Toxins.

Vergleichbares ist auch beim Aufbau der Atome im Kosmos der Fall.

Es besteht nämlich im Atom selbst eine Art "Bremsvorrichtung", welche aber wissenschaftlich bisher noch nicht entdeckt worden ist. Diese kann nur im Zusammenhang mit dem weiteren Erforschen der Beschaffenheit der kosmischen Strahlen eruiert werden. Letztere bergen außerdem noch weitere, ganz ungeheuerliche Geheimnisse, die, in vollem Umfang, vielleicht überhaupt niemals von irdischen Wissenschaftlern je verstanden und aufgedeckt werden...

Im Gefolge der aktuellen Kernzertrümmerungs-Experimente mag man zwar noch auf Verschiedenes stoßen, was den Physikern merkwürdig genug anmuten wird - doch erst beim wirklich eingehenden Unter-die-Lupe-nehmen der *kosmischen Strahlung* wird man auf etwas noch gänzlich unvermutet Neuartiges stoßen, das man anfangs (in Ermangelung einer besseren Terminologie) als "Superatom" bezeichnen könnte.

Dieses "Superatom" wird die wissenschaftliche Arbeit hochwahrscheinlich in eine neue, andere Richtung bugsieren, sodass die Entdeckung der "Bremsvorrichtung" gegen die Kettenreaktion der Atomkraft den Physikern noch für längere Zeit entgeht.

Auch das Geheimnis der ungeheuren, fixierten Verknüpfung von Elektronen und Protonen an ihren Atomkern, wird noch lange nicht gelüftet werden können. Man wird zwar etwas im Atom entdecken, welches Protonen und Elektronen scheinbar an den Kern bindet; doch das ist mitnichten - nicht im Entferntesten! - die wirkliche atomare Kohäsionskraft..!

Beim Thema Kernspaltungsenergie sei noch auf etwas anderes aufmerksam gemacht:
In der Gestalt des Atoms (mit dem die Physiker heute experimentieren) haben sie durchaus noch nicht das eigentliche *"Ur-Atom"* gefunden! [1] Dieses ruht nämlich in einem Bereich, den man bereits als transzendental [2] bezeichnen kann.

Es wird deswegen auch kaum mit irdischen Instrumenten oder mit den menschlichen Sinnen erfasst und somit letztendlich auch nicht vom menschlichen Verstand voll begriffen und entschlüsselt werden - außer man gäbe zu, dass es in der Natur noch andere Zustände als nur den festen, flüssigen, feurigen und gasförmigen gibt.

Und das ist auch der Fall!
Man ahnt es zumindest bereits...

In Wirklichkeit ließ die Liste der Aggregatszustände sich noch schier beliebig fortsetzen, von denen jedoch höchstens ein bis zwei noch als feststofflich-materiell bezeichnet werden können [3], weil sie eben noch in die physische Welt hineinreichen.

Die Wissenschaftler sind bei ihrem rein irdischen Forschen noch nicht zur vollen Erkenntnis gekommen, dass es in der Welt des Kleinen, des Mikrokosmos, ebensowenig eine Grenze gibt, wie in der, des Großen, des Makrokosmos.

Beide sind unbegrenzt - etwas, was dem Menschen zu erfassen, wegen eigener Begrenztheit, nicht möglich ist, nie möglich sein kann/wird...

Die weiter oben schon erwähnte "Bremsvorrichtung" im Atom gegen eine etwa nicht zu bändigende Kettenreaktion beim Erzeugen jener Explosivkraft, wie sie zum Beispiel nach den Abwürfen der Atombomben über Hiroshima und Nagasaki freigesetzt wurde und die nur allzu bekannten, fürchterlichen Zerstörungen hervorrief, unterliegt außerdem auch, und das wird gleichfalls von der Schulwissenschaft heute noch nicht geahnt, geschweige denn begriffen, verfügungsgewaltigen Einflüssen höchster Intelligenz, die - als Helfer Gottes - überall im Weltall tätig sind.

Manche davon haben, als ausführende Faktoren des göttlichen Willens in der Schöpfung, eine ungeheure Machtfülle und sind leichterdings imstande, Kräfte zu bändigen und zu lösen, welche die Atomkraft völlig in den Schatten stellen!

Mit solchen Energiequellen wird aber, Gott sei's gedankt, die irdische Menschheit noch lange nicht in Kontakt kommen.

Bei vorsichtigem Weiterforschen in der Zusammensetzung des "feststofflichen Atoms" mag man allerdings vielleicht allmählich zu Recht darüber spekulieren, dass unter den Atomen, das heißt im Bereich des "Superatoms", der langsame Übergang zu den anderen erwähnten Aggregatzuständen [4] beginnt, die nicht mehr als (diesseitig) materiell bezeichnet werden können.

Mit alternativen Worten: Auf den (hypothetisch gedachten, aber sehr wahrscheinlichen) "Verlängerungslinien" irdischer Forschungstätigkeit liegt das Transzendentale; eine (Hyper-)Realität, welche wir mit unseren gewöhnlichen fünf Sinnen [5] nie vollständig zu erfassen vermögen, weil sie absolut darüber hinauslangt!

So gedacht, ist die Atomforschung, zwecks Bereicherung menschlicher Erkenntnis, ungeheuer wertvoll. Das Verständnis für die weiteren elementaren Aggregatzustände (außer den vier [6] irdisch-materiellen) mag vielleicht durch den Umstand erhellt werden, dass solche sehr intensiv mit den von uns so bezeichneten "Dimensionen" verknüpft sind. Tatsächlich stellen diese weiteren Aggregatzustände das Vieldimensionale dar, welches uns die irdischen Mathematiker (als theoretisch vorhanden) auch logisch nachweisen können.

Uns allen ist eine vieldimensionale Vorrichtung übrigens ganz geläufig, obgleich wir wahrscheinlich in diesem Zusammenhang noch nie darüber nachgedacht haben:

Diese, wenigstens vierdimensionale Vorrichtung unseres Verstandes ist unser Vorstellungsvermögen, mit welchem wir uns - in einem Nu - über die Grenzen von Zeit und Raum hinwegzusetzen vermögen. Solches geschieht zum Beispiel, wenn wir uns träumend in eine andere Gegend versetzen, welche wir in der Vergangenheit einmal besucht und kennengelernt hatten.

Wenn die irdischen Gelehrten das volle Wissen der Eingeweihten nur *ahnten*, würden sie fast von der Erkenntnis erdrückt werden, dass all ihr irdisches Forschen dagegen nur einem "kindischen Tappen" gleicht. Ich möchte gewiss nicht mit dieser Aussage und Feststellung kokettieren, doch es ist gut und absolut nötig, dass *diese* nicht über ein Wissen verfügen, das, in falsche Hände geratend, nur in eine Katastrophe steuern könnte..! Wissen ist Macht - und Macht bedeutet Verantwortungsbewusstsein; fehlt das letztere, besteht eine Unmündigkeit für Höheres!

Es ist daher eine wunderbare Einrichtung der Harmonie der Schöpfung, dass zu den Erkenntnissen der großen Mystiker und Eingeweihten nur solche Wesen gelangen können, die niemals, **aber auch wirklich niemals**, ihr enormes, und für euch Menschen nahezu unvorstellbares, Wissen und Können in den Dienst der Zerstörung gestellt haben und/oder stellen würden!

Aus diesem Grunde wird, so seltsam das klingen mag, so manch weitere Entdeckung im Zusammenhang mit der Atomkraft-Forschung irdischen Gelehrten erst dann gelingen, wenn die Menschheit nicht mehr in der Gefahr steht, sich gegenseitig "an die Gurgel zu springen" und vernichten zu wollen.

Bezüglich der kosmischen Strahlen, mit denen sich die irdischen Wissenschaftler jetzt intensiver zu beschäftigen beginnen, sei darauf aufmerksam gemacht, dass sie am besten als "elektromagnetische Atomschwingungen" angesprochen werden dürfen - um sich die, in der Strahlung wirksamen, ungeheuren Kräfte behelfsmäßig begreifbarer zu machen. Die, in jener, wirksamen Gesetze sind irdischen Gelehrten noch vollkommen unbekannt.

Manche davon könnte man gegebenenfalls als Ausnahmen zu bestehenden, regulierenden Naturgesetzen bezeichnen. Bis jetzt ist für deren seltsames Verhalten noch keine begreifliche Norm definiert worden, die sich eventuell auch mathematisch fixieren ließe. Der Ursprung der kosmischen Strahlen ist, wie zuvor schon erwähnt, bereits teilweise transzendental – also über die menschlich-physischen Sinne hinausgreifend.

Sobald es erst einmal gelingt, den Schleier zu lüften, welcher von der Natur über die Zusammensetzung der universellen Energie ausgebreitet worden ist, wird sich den Wissenschaftlern und Gelehrten der Erde ein so ungeheures neues Forschungsgebiet eröffnen, das, mit jeder neuen Entdeckung, weitere Fragen aufwerfen wird - womit das Feld ihrer Tätigkeit immer weitreichender, und geradezu ins endlose, wächst...

Fürchtet euch also nicht vor der globalen Vernichtung durch den Einsatz eines bestehenden Atomwaffenarsenals.

Auch sämtliche *Experimente* dieserhalb werden, nebst der weiter oben schon mehrfach angesprochenen, natürlichen "Bremsvorrichtung" im Atom, welche eine verhängnisvolle Kettenreaktion verhindern würde, von höheren Wesenheiten überwacht.

Man lasse sich auch nicht von vorgeblichen (Unglücks-)Propheten einschüchtern oder ängstigen. Sollte es allerdings einmal zu lokal begrenzten Atomkonflikten und/oder -unfällen kommen, wäre davon doch nicht die ganze Menschheit betroffen. Diese kann also - im Gefolge eines atomaren Krieges - nicht vernichtet werden, trotzdem jedoch "Schrammen" abbekommen.

Zum Übrigen vertraue man auf Gott und verlasse sich auf Seinen allmächtigen Schutz..! Schon oft ist die Menschheit scheinbar "zufällig" hautnah an Beinahe-Katastrophen vorbeigeschlittert - *Wem* sie nun jeweils die Abwendung eines "Harmagedon" [7] zu verdanken hatte, sei euch hiermit kundgetan, respektive ist dem wahrhaft Gottverbundenen nie ein Geheimnis gewesen..!

Ich variiere ein wenig im Thema..:

Mit der Vervollkommnung ihrer Teleskope hat eure irdische Astronomie, im Vergleich zu früheren Jahrhunderten, ungeheure Fortschritte gemacht; und dennoch ist sie bisher (noch) nicht in den Komplex kosmischer Geheimnisse eingedrungen, welche noch ganz andere Forschungsgebiete bergen..!

So einfach, wie es den erdgebundenen Astronomen erscheint [8], ist das gestirnte Weltall nämlich keineswegs aufgebaut! Obgleich sich sozusagen das eine aus dem anderen ergibt, wird euch aber noch lange der wissenschaftliche Überblick fehlen..!

Wohl wissen die irdischen Astrophysiker, dass, neben Sonnen und Planeten, noch Übersonnen von gewaltigen Ausmaßen existieren;

ferner, außer der Milchstraße, zu der eure Erde gehört, noch Abermilliarden weitere [9] Galaxien vorhanden sind und im Weltraum auch kosmische Staub- und Gaswolken [10] bestehen.

Welche Rolle indes all diese Faktoren im Gesamtgetriebe der Schöpfung spielen, welche Aufgaben ihnen zufallen, ist für eure Astrophysiker ein Rätsel - und wird ein solches bleiben, bis man alle wissenschaftlichen Forschungsergebnisse unter dem Aspekt einheitlichen Geschehens subsumiert untersucht. Dann erst werden euch Aufschlüsse zuteil, an denen, bis jetzt, die Wissenschaftler noch ganz ahnungslos vorübertappen.

Fehlte ihnen, im Begriffsvermögen, nicht eine ganze Dimension zum werkzeuglichen Verständnis, bräuchten sie an Lösungen nicht kläglich zu scheitern – worauf sie, durch logische Schlüsse, eigentlich kommen könnten!

Wären eure Wissenschaftler zudem auch wahrhaft religiös empfindend, so hätte es ihnen, wie eine "Erleuchtung", dämmern müssen, dass in der ganzen Schöpfung stets eins aufs andere angewiesen ist und nichts abgesondert für sich existiert; ähnlich dem komplexen Zellenaufbau bei Mensch oder Tier zu einem einheitlich, harmonisch funktionierenden Organismus.

Betreffs der Gesamtheit der Völker auf Erden heißt es in Gottes Grund-Gebot deshalb nicht umsonst: "Liebet einander, wie ihr euch selbst liebt!" [11]

Auf eurer Erde hat es schon viele Kulturen vor eurer jetzigen gegeben, in denen jeweils ein Aspekt Gottes, eine Teilpotenz Seiner Selbst [12] verkörpert erschien, wenn ich es mal so in Worte kleiden möchte.

Dies ist überaus bedeutungsvoll und wichtig für jeden Einzelnen von euch.

Mancher kulturelle Wechsel gründet indes auf noch nicht verstandene oder nicht einkalkulierte *externe* Anstöße und Einflüsse. Und hier beginnt ein ganz neues Forschungsfeld für die Menschheit, welches am besten als

"Psychische Analyse des zusammengefassten einheitlichen kosmischen Geschehens"

bezeichnet werden könnte.

Eine solche Analyse umfasst beispielsweise die Korrelationen zwischen kosmischem und menschlichem Geschehen; zwischen biologischen Entwicklungsphasen und astrophysikalischen

Vorgängen; zwischen kulturellen Faktoren und elektromagnetischen Einflüssen; weiters geologischen Phänomenen und Veränderungen, hervorgerufen durch das Wandern unseres gesamten Sonnensystems, mit allen seinen Planeten, durch die Weiten des Universums.

Doch sei die Vielzahl analytisch beobachtbarer Gebiete hiermit nur angedeutet, wobei aber nie aus dem Auge verloren werden darf, dass sämtliche Vorgänge zusammen doch nur Teil eines gesamt-kosmischen Geschehens darstellen.

Nach diesem groben Fingerzeig nun einige Beispiele dafür, was dabei gefunden werden könnte:

Diverse Veränderungen auf unserer Erde (wie auftauchende und wieder verschwindende Zivilisationen) waren/sind bedingt durch gewisse kosmische Terrains, durch welche unsere Sonne, nebst ihren Planeten (im Verlaufe ihrer Wanderung um die große Zentralsonne unseres Milchstraßensystems im Sternbild des Schützen), hindurch zog und weiterhin zieht.

Gleichzeitig wandert aber auch unsere Galaxie selbst, mit anderen Galaxien, um einen zentralen Ort, führt also noch eine besondere Bewegung als Milchstraße aus. Dann gibt es fernere "Achsdrehpunkte" für das Rotationsverhalten ganzer "Sonnenweltalls". [13]

Doch das zu erwähnen, insbesondere auch die Existenz noch darüber liegender "Hülsengloben" [13] anzuführen und so weiter und so fort, führte vorläufig, an dieser Stelle, zu weit!

In den fernen Räumen zwischen den Sonnensystemen einer Galaxis, als auch (im größeren Rahmen) den Galaxie-Sterneninseln als solchen, befinden sich nun kosmische Staub- und Gasnebelmassen von bestimmten, jeweils etwas voneinander abweichenden, Wirkeinflüssen. In Wahrheit wandert unsere Erde, mitsamt ihrer Sonne (darüber hinaus natürlich ebenfalls unsere Milchstraße) beständig durch solche Einflussgebiete universeller Staub- und Gasnebelwolken. Jede dieser hat eine verschiedenartige "kosmische Spannung", welche somit stets anders auf das Elektrizitäts- und Magnetfeld unseres Sonnensystems und unserer Erde einwirkt.

Infolgedessen fluktuieren auch stets die irdischen Verhältnisse und Zustände.

Weil unser Nervensystem zuweilen recht stark auf die kosmischen Nebelmassen mit ihren elektromagnetischen Spannungen reagiert, lassen sich manche historischen und kulturellen Vorgänge auf Erden mit ebensolchen Einflüssen in Verbindung setzen - zum Beispiel gewisse Perioden andauernder Kriege, gefolgt von ruhigeren Zeiten; ferner Ären von großen Erleuchtungen auf dem Gebiet der Wissenschaften und Kunst, ebenso wie Inspirationen zu umfangreichem religiösem Erwachen.

Freilich ist euren Gelehrten auch schon aufgefallen, dass sich gewisse Epochen fast zu wiederholen scheinen - doch die dabei wirksamen *inneren* Zusammenhänge sind ihnen nie voll klargeworden!

Viele auf den Plan getretene Phänomene sind von der Menschheit gemeistert worden; doch treten sie, nicht selten, in einer modifizierten Form, wieder auf..! Man denke nur an die Bändigung von Epidemien durch die ärztliche Kunst. Das verursachende Prinzip, die kausalen Bedingungen selbst jedoch, welche die (zeitweise gezähmten) grassierenden Seuchen auslösten, konnten damit nicht aus der Welt geschafft werden, weil dabei eben kosmische Kräfte mit im Spiel waren/sind, die wir nicht zu beherrschen vermögen.

Einige Krankheitswellen, die früher periodenweise auftraten, sind heute zwar fast ganz abgeebbt, respektive gar gänzlich verschwunden oder zumindest, durch erfolgreiche menschliche Interventionen, nahebei ausgerottet worden, doch rücken dafür, zum Beispiel, Herz- und Geisteskrankheiten im verstärkten Maße an ihre Stelle.

"Wenn somit Epidemien, Pandemien, Kulturepochen und Kriegswirren auf kosmische Einflüsse zurückzuführen sind - wo bleibt denn da der freie Wille der Menschen?", mag an dieser Stelle vielleicht eingeworfen werden.

Nun, er bleibt unangefochten!

Die wechselnden Einflüsse der Umwelt sind es gerade, die immer wieder neue Versuchungen, in neuer Varianz, an die Menschen herantreten lassen, sodass das Individuum, ganz gleich welche kosmischen Einflüsse in nämlicher Zeit vorwalten, doch stets nach dem gleichen Prinzip zwischen den gegensätzlichen Polen "gut, beziehungsweise schlecht" zu wählen hat - wenngleich sich gegebenenfalls auch die Umstände mal milder, mal härter in den Weg stellen werden, um zur beurteilenden Entscheidung zu zwingen.

Die kosmischen Geschehnisse und Einflüsse, initiiert durch verschiedenartig wirksame Kräfte der vorgenannten universellen Staub- und Gaswolken, durch welche unsere Erde mit der Sonne und unserem ganzen Milchstraßensystem zieht, stellen aber noch etwas anderes, als nur irgendwelche Einflussfelder dar - wofür sich indes nur sehr schwer der richtige Ausdruck finden lässt, außer man zieht, zum Behelf, Begriffe zu Rate, welchen, im gewöhnlichen Leben, meist eine davon divergierende Bedeutung zukommt: "Dimension" oder "Sphäre" wäre vielleicht eine der passendsten Benennungen...
"Dimensionen", respektive "Sphären", weil sie einander durchdringen; vor allem aber auf die irdischen elektromagnetischen Kraftfelder und auf sensitive Nervensysteme einzigartige, euch fast noch völlig unbekannte Wirkungen ausüben, welche ihr bislang nur als Stimmungs- und Gedankenbeeindruckungen auffasst.
In Wirklichkeit sind sie aber viel mehr als das..!

Es ist extrem schwierig, euch von Zuständen und Verhältnissen zu berichten, die wir Eingeweihten (wie überhaupt alle vorgeschrittenen Wesenheiten) deutlich erkennen, weil dadurch, statt Klarheit zu schaffen, möglicherweise sogar noch größere Verwirrung angerichtet werden könnte.
Um das Angedeutete verständlicher zu machen, möchte ich nun einige Beispiele für die Einwirkungen kosmischer Einflussfelder anführen - wobei aber bemerkt sei, dass solche nicht nur auf nachstehend angeführten Gebieten vorlagen, sondern nahezu in allem Geschehen und Wandel auf Erden zu verzeichnen waren.

Ich ziehe dieserhalb einmal die von euch so benannten "Eiszeiten" heran:
Das plötzliche Vereisen in einem kurzen Zeitraum von nur einigen tausend Jahren erfolgte in den meisten Fällen (und die Erde ging, seit ihrem Bestehen, durch mehrere Eiszeiten) dadurch, dass unser ganzes Sonnensystem eine ungeheuer ausgedehnte kosmische Staub- oder Gaswolke querte, welche

1. die Licht- und Wärmeeinwirkung der Sonnenstrahlen verminderte,

2. gleichzeitig aber auch, durch anders geartete elektromagnetische Schwingungen, das entsprechende Feld der Erde so wechselte, dass eine (für uns heute normale) Wärmeentwicklung und -verteilung unterbunden wurde.

Durch universelle Einwirkungen beschriebener Art zumindest mitverursacht sind auch die Erdumwälzungen, durch welche sich, bedingt durch die sogenannte Plattentektonik, vor nicht allzu langer Zeit, die Rocky Mountains und Anden in Amerika, die Alpen in Europa und das Himalaya-Gebirge in Asien aufzufalten begannen.

Auf selbige Ursache ist ebenfalls der Untergang der Groß-Insel Atlantis, und davor derjenige des pazifischen Kontinents Lemuria, zurückzuführen - wobei, von eurem Standpunkt aus betrachtet, gewisse (allgemein-)irdische Periodizitäten mit rein kosmischen Einflüssen so eng korrespondierten, dass ihr glaubt, allein die erstgenannten Umstände hätten solche Veränderungen bewirkt.

Darin habt ihr indes geirrt!

Es besteht eine sehr innige Korrelation zwischen allem Geschehen im Kosmos - ein Zusammenhang, der so genau ineinanderpasst, dass er euch in die Annahme führte, es handle sich um einen rein rechnerisch verifizierbaren Vorgang.

Das ist, bezüglich der Gesetzmäßigkeiten, auch der Fall - welche ihr aber, trotz aller schon ziemlich fortschrittlichen Mathematik, auf kosmischem Gebiet noch nicht ganz zu fassen vermögt, weil solche schon ins Transzendentale hineinreichen.

Ebenfalls auf kosmische Einflüsse zurückzuführen ist das plötzliche Verschwinden der großen Saurier, die ihre Aufgabe, die Erde, für spätere Tierarten, bewohnbar zu machen, erfüllt hatten. [14]

Und so ließen sich noch verschiedene, die Umweltbedingungen verändernde, Vorgänge auf Erden als Folgen kosmischer Einflüsse namhaft machen [15], welche aber von keiner weiteren, generellen Bedeutung für euch sind, weil sie von wissenschaftlicher Seite nie besonders hervorgehoben wurden. Dies betrifft etwa das Verschwinden von Grundstoffen aus dem

Periodensystem der Elemente (PSE/PSdE), die auf eurem Globus seitdem nur noch synthetisch hergestellt werden können.

Die kosmischen Einflussfelder, die hier erwähnt sind, haben sogar noch eine ganz andere Bedeutung und Wirkung, als ihr vielleicht ahnt:
Sie zeichnen gleichzeitig die konsistente Aura eurer jeweiligen Entwicklungsepochen auf, als ob sie ein Lichtbild davon nähmen.
Also abermals eine Wechselwirkung zwischen irdisch-stofflichem und kosmischem, ja, transzendentalem Geschehen!
Glaubt bloß nicht, dass ihr mit eurem Tun und Lassen isoliert dasteht!
Keineswegs!
Es gibt überhaupt nichts gänzlich Isoliertes im Weltall.
Ich greife, spontan "aus dem Blauen", einen Punkt heraus:
Wenn eure Wissenschaftler beteuern, dass sie, in einem hypothetisch eingefangenen Lichtstrahl, welcher vor Jahrhunderten ins Weltall hinausgeeilt ist, ein Spiegelbild der damaligen Zeit vor sich hätten und wahrnehmen könnten, so liegen sie mit dieser Behauptung tatsächlich nur knapp daneben.
Es ist nämlich in Wirklichkeit nicht der Lichtstrahl, der die Verhältnisse und Zustände einer früheren Zeitperiode festhielt, sondern es waren die jeweilig vorherrschenden kosmischen Einflüsse, durch welche unsere Erde zur besagten Zeit gerade hindurchglitt, die jene bannten.
So kommt es, dass nicht das Geringste je verloren geht, sondern eine Art kosmische Fotografie von allem vorhanden bleibt.
Indes: Da unsere Sonne, mitsamt ihren Planeten, einschließlich der Erde, sowie unser ganzes Milchstraßensystem sich in einer geradezu rasenden rotierenden Bewegung, sowie einer Rotation innerhalb einer Rotation und so fort befinden, rückt das sozusagen fotografisch Festgehaltene - Kulturepochen, Regierungssysteme et cetera - permanent in für uns immer weitere Ferne.
Dennoch bleibt, beispielsweise, das Wirken führender Persönlichkeiten gewisser Ären auf diese Weise weiter existent, sodass jene im "Großen Jenseits" [16] örtlich in ihren für uns Erdenbürgern vergangenen Taten so lange schwelgen können, wie ihnen danach ist - denn der Zug ihres Herzens und ihr freier Wille werden dort, genau wie hier, unbedingt geachtet.

Solch Gebaren mag verfolgt werden, bis die betroffenen Seelen schließlich merken, dass sie dabei nicht weiter vorwärtskommen - woraufhin sie in den Fluss des Fortschritts der menschlichen Entwicklung und Seelenreifung (mit dem Ziel selbstbestimmt errungener Vollkommenheit) zurückkehren; sich gegebenenfalls neu inkarnieren, wenn dies nötig werden sollte, um sich - ob auf Erden, einem alternativen Planeten oder im Jenseits - weiter zu entfalten.

Ich wünschte, ich könnte euch noch mehr über all das enthüllen - doch täte ichs, würde es euch total verwirren! Deswegen möchte ich euch bitten: Denkt über meine Mitteilungen nach, vertieft euch in ihren Inhalt - und es werden euch Erleuchtungen zuteilwerden, die ihr ebenfalls kaum in Worte zu kleiden vermögt. Ihr werdet daraus ersehen, wie schwer es für mich sein muss (der ich, im Vergleich zu euch, über einen so ungeheuer weiten Radius und Fundus der Erkenntnis verfüge), all das, was ich erschaue und begreife, euch, soweit als möglich, gemeinverständlich wiederzugeben...

30 - Die menschlichen Fortschritte der nahen Zukunft

Die Fortschritte der Menschheit, bezüglich Erfindungen und Entdeckungen, werden nun von Jahr zu Jahr immer offensichtlicher und rasanter. Beinahe scheint es, angespornt durch die Rivalität des Krieges und mit dem Anliegen, sich durch überlegene Technik einen Vorteil gegenüber dem Feind zu verschaffen, als ob sie sich geradezu förmlich überstürzten.

Und das führt uns nun zu den vielen kursierenden, teils ernstgemeinten, teils aber auch überaus unsinnigen, angeblichen "Prophezeiungen".

Jedes Zeitalter hat Propheten allerlei Art, das heißt natürlich Männer und Frauen, die sich selbst als solche *bezeichnen*.

Was wurde nicht schon alles von solchen Personen angekündigt..?!

Unzählig sind zum Beispiel die Voraussagen bevorstehender Weltuntergänge - doch die Welt besteht immer noch!

Zur Zeit [1] dienen als Themen für Prophezeiungen ein angeblich bevorstehender Dritter Weltkrieg und eine, dadurch bedingte, mögliche nuklear initiierte Erd-Explosion!

Dabei gibt es noch unzählige andere mögliche Ursachen, durch welche unsere Erde völlig eliminiert werden könnte; Ursachen, die eigentlich sogar noch wahrscheinlicher sind - zumal einige davon die Erde schon ein- oder mehrmals betroffen hatten, ohne sie allerdings vollends zu zerstören. Ich möchte hier explizit das Niedergehen riesiger Meteoroiden, vielleicht gar von Asteroiden, erwähnen, was vorläufig [1] noch kein Sterblicher vorhersehen (jedoch jeden Augenblick mit Blitzesschnelle geschehen) kann oder das Eintreten einer neuen Eiszeit durch lediglich es Herabsinken der Durchschnittstemperatur des Jahres um 10 bis 12° Celsius und anderes mehr, was an dieser Stelle aber keinesfalls angeführt werden soll, um Unglückspropheten nicht mit neuem, verhängnisvollem Material zu "füttern".

Wenn die Menschen all das sehen und überblicken könnten, was uns Eingeweihten zugänglich ist, würdet ihr aus der Angst überhaupt nicht mehr herauskommen! Unzählig die Gefahren, von denen wir wissen, dass sie die Erde ständig bedrohen!

Dass unser Globus davon nicht betroffen wird, beruht allein nur auf Gottes Führung, Lenkung und Schutz - wobei Scharen von Engeln, und auch wir Eingeweihten, mithelfen dürfen, solche dräuenden Katastrophen abzuwenden! Das ist eine unserer Aufgaben, die uns von Gott gestellt sind. Möchte Gott dagegen ein herannahendes Unheil zulassen, so gibt Er uns seine Absicht kund, und ein verhindernder Eingriff durch uns oder die Engel bleibt unterbunden.

Warum ängstigt ihr euch eigentlich so vor Unglücksprophezeiungen? Treffen Katastrophen ein, so kommen sie - ob ihr es wollt oder nicht! Ihr braucht doch absolut keine Furcht zu haben, wenn ihr Gott stets vertraut. Entweder Er behütet euch, oder Er lässt euer Ableben zu - je nachdem, was euch zum Besten gereicht!

Ihr wisst von dem unabänderlichen Naturgesetz, dass alles, was einmal auf dieser Erde geschaffen/geboren wurde, auch wieder sterben und vergehen *muss*! Wann, und unter welchen Umständen das bei euch im Einzelnen der Fall sein wird, das bestimmen keine vermeintlichen "Hellseher", sondern allein Gott, der Allmächtige! Vertraut daher Ihm allein, betet zu Ihm, unterhaltet euch mit Ihm, wann immer es eure Zeit erlaubt, und sorgt euch nicht im Geringsten um "Vorhersagen" und Ankündigungen, welche meistens ohnehin falsch, beziehungsweise spekulativ sind und mit denen nur eingebildete und von sich zu Unrecht eingenommene Menschen prahlen. Das Schicksal indes liegt einzig und allein in Gottes Hand! Vor allem vergesst niemals (und das ist Tatsache): Keine noch so große Katastrophe, auch keine Atomexplosion, kann die menschliche Seele antasten, die zusammen mit dem menschlichen Geist unsterblich ist und für immer weiterbestehen wird. Warum sich also sorgen? [2]

Betreffs der vielen weiteren Fortschritte, welche die Menschheit dieser Erde innerhalb der nächsten Jahrzehnte machen wird, wäre, unter anderem, der direkte Kontakt mit den Verstorbenen und Bewohnern der feineren Daseinsebenen zu nennen, welche in Sphären um unsere Erde herum leben. Jenes wird auf eine andere Weise als bisher (das heißt unabhängig von der Vermittlung via menschliche Medien) möglich werden!

Solch neue Art der Verbindung mit Wesen der Feinstoffwelten wird genauso fortschrittlich sein, wie vorzeiten der Explosionsmotor vermittels Benzinkraftstoff die Dampfmaschine überflügelt hatte oder später Nuklearkraftwerke die dannzumal veralteten Kohlekraftwerke an technischem Standard weit zu übertreffen vermögen.

Die Medien könnten, sobald der direkte Verkehr mit den verstorbenen Seelen auf apparative Weise [3] möglich sein wird, diese Art der Verständigung anfangs genauso heftig bekämpfen und boykottieren wollen, wie es die Handwerker taten als die Maschinen auftauchten. Doch nützen wird dieser revoltierende Widerstand letztlich wenig...

Freilich, auch nach Erfindung und ferner Einrichtung des direkten Kontaktes mit Verstorbenen werden menschliche Medien weiter existieren - genauso wie es, zum Beispiel, trotz Kinos und Fernsehens, weiter Theaterschauspieler gibt, die auf der Bühne wirken oder, trotz der Betreibung von Automobilen, der Reitsport zu Pferde nicht untergehen wird.

Doch die dann noch arbeitenden Medien werden wirklich *echt* sein müssen, da ihre Integrität durch die alternative Geräte-Verbindung mit dem Jenseits leicht nachgeprüft werden kann.

Weitere Erfindungen, die bevorstehen, werden die Gravitation und deren Regulierung betreffen. Die Entdeckungen auf diesem Gebiet werden allgemein überraschen, zumal sie unter Umständen erfolgen dürften, bei denen niemand eine solche erwartet hätte. Welche Folgen die Schwerkraftüberwindung zeitigen wird, dürfte der Menschheit erst im Verlaufe der Jahre wirklich dämmern. Das Flugwesen wird sich diese Erfindung nutzbar machen und es wird ein individuelles Fluggerät konstruiert werden können (das aber keines im Sinne heutiger Flugzeuge mehr ist), welches beinahe jedem das Schweben ermöglichen wird. Das Fliegen wird dann noch viel, viel allgemeiner verbreitet sein als es heutzutage [1] in den USA das Automobilfahren ist.

Und das Kurioseste, für uns Eingeweihte aber keineswegs Überraschende, wird sein, dass es gleichzeitig auf das Gebiet des Seelischen hinüberspielen wird. Man wird plötzlich das Prinzip erkennen, auf dem das Phänomen der Levitation [4] beruhte, welches Yogis und Heilige schon seit Jahrtausenden praktizierten, beziehungsweise erleben durften.

Die unterschiedlichsten wissenschaftlichen Forschungszweige werden sich vermehrt, im Rahmen eines komplexen Ganzen, berühren; einander - zwangsläufig - ergänzen und nicht mehr miteinander konkurrieren! Falls die religiösen Bestrebungen der verschiedenen kirchlichen Organisationen, Denominationen (und generell aller Glaubensrichtungen) diesem Umstand nicht genügend Rechnung tragen, wird ihr Einfluss auf die Massen schwinden.

Gott bleibt *natürlich* stets derselbe - gestern, heute und in Ewigkeit. Wahre, individuelle, persönliche Gottanbindung kann durch nichts ins Wanken geraten, da solcher Glaube nie je mit der Realität im Widerstreit gestanden hat, sondern immer konform mit ihr geht.

Desgleichen kollidiert das wahre Gottesbild niemals mit einem zunehmenden Fortschreiten der Erkenntnis – absolut nicht; ganz im Gegenteil!

Allerdings muss manch *eingeschränktes* (Halb-)Wissen unserer Tage, als Wissenschaft deklariert, sich - spätestens dann - mit der Realität messen und darf nicht in eine "Wissenschaftsgläubigkeit" abdriften, im Vermeinen die *abschließende Wahrheit* schon zu kennen und das Wissen (welches doch noch so mangelhaft und lückenreich ist) sozusagen "mit Löffeln gefressen" zu haben, was zu einer völlig ungerechtfertigten, elitären Haltung gegenüber Gläubigen führen könnte.

Die Intentionen *organisierter Glaubensbündnisse* hingegen, gewisse, sich immer mehr als haltlos erweisende, Doktrinen durchsetzen zu wollen, werden zunehmend als unauthentisch entlarvt werden. Ohne Modifikation ihrer Lehrsätze werden solche ihre Autorität über die Massen einbüßen..! Die Mitglieder benannter Konfessionen werden Gott unter einer veränderten Perspektive erkennen müssen, wollen, respektive dürfen...

Nun, wie sieht diese "neue Perspektive" denn aus..?
Vor tausend Jahren schaute der Mensch in den Himmel hinauf und sah am Tage die Sonne und des Nachts den wandelnden Mond und die Sterne. Wenn er gute Augen hatte, erkannte er vielleicht zweitausend dieser leuchtenden und strahlenden Punkte am

nächtlichen, gestirnten Firmament - das war sein (spiritueller) "Himmel", über welchen gebietend er sich Gott vorstellte.

Mit größerer astronomischer Kenntnis, im Gefolge der Erfindung des Teleskops, musste vom anthropozentrischen Weltbild [5] abgerückt werden und wurde der Nachthimmel immer weiter und grandioser. Bis vor gut zwanzig Jahren hielt die Menschheit unsere Milchstraße für den Kosmos!

Doch, **weit gefehlt**, ist, mit der Entdeckung Edwin Hubbles, 1923, veröffentlicht 1925, bekannt geworden, dass vermeintliche Nebel in unserer Galaxie in Wirklichkeit externe Galaxien sind! Seitdem sind tausende weitere, ja Millionen entdeckt worden (was später gar hunderte Milliarden werden) - und noch ist dies lange nicht das Ende allein des den Menschen sichtbaren Universums! [6]

Über all diesem waltet Gott!

Das irdische Gottesbild bedarf, in der Tat, einen Perspektiven-, ja, Paradigmenwechsel im Sinne der Erkenntnis, dass der Mensch Ihn nie wird vollständig verstehen können, da Seine Größe und Erhabenheit schlichtweg unbegreiflich sind.

So halte der Verständige sich fern davon, je einen vermeintlich "Ungläubigen" oder Andersgläubigen zu diskriminieren, zu verfolgen oder gar zu töten, im Vermeinen im Besitz der letzten Weisheit über Gott zu sein!

Das ist völlig unmöglich!

Die bescheidene Haltung eines Sokrates wird hierbei jedem denkenden Wesen gut zu Gesicht stehen! [7]

Auf dem Wege beständigen technologischen und generell wissenschaftlichen Fortschritts wird die Menschheit irgendwann zu jener Kreuzung gelangen, an welcher sie sich klar werden und entscheiden muss, ob weiteres Forschen nur rein materiell-irdischen Zwecken dienen soll oder der hehren Bestimmung, zu der das Menschentum eigentlich ausersehen ist.

Vergessen werden darf dabei nie die unumstößliche Tatsache, dass dem Menschen, nebst seinem physischen Leib, eine unvergängliche Seele und ein ewig weiter bestehender göttlicher Geistfunken innewohnt!

Die Menschheit kann sich also nur von Gott entfernen und dabei sehr leiden, niemals aber als seelische und geistige Einheit vergehen. Jeder Einzelne sollte dabei jedoch in Betracht ziehen, dass die Entfernung von Gott so starke Qualen verursachen kann,

296

dass man oft wünschen wollte, lieber als Individuum ausgelöscht zu werden - was indes niemals geschehen wird.

Man stelle sich den Zustand der Gottferne für den bewusst Gewordenen niemals leicht vor! Sie ist in Wirklichkeit furchtbar - nein, sogar entsetzlich; auch für die Menschheit als Ganzes. Solche Pein muss aber insoweit hingenommen sein, wenn die Menschen nur über diesen harten Belehrungspfad zur Besinnung gebracht werden können. Wieviel leichter wäre der irdische Lebensweg der Menschen, wenn sie sich, durch Beachtung Seiner Gebote und in Anerkennung Seiner Macht, Gott zuwenden würden, Ihn direkt um Hilfe ersuchten..!

Es wäre mir sehr wohl möglich, noch mehr, ja, sogar sehr viel mehr, über den Entwicklungsgang der künftigen Menschheit zu enthüllen. Doch was an Gutem würde das bewirken?
Wahrscheinlich nichts, nicht viel oder sogar noch eher etwas Negatives!

"Wie das denn..?!", mag der Skeptiker hier entrüstet einwenden.

Ich denke, man würde sich, in solchem Falle, einfach in der Sicherheit des allgemeinen Gelingens und Fortschritts wiegen und dabei Gott, als den Erhalter und Brennpunkt von allem, in den Hintergrund setzen; Ihn erneut vergessen, wie es schon so oft in der Historie vorgekommen ist. Darum genüge hier die Mitteilung, dass die Menschheit noch Wundersames an Erfindungen und Entdeckungen ("Wunder" vom gegenwärtigen Standpunkt aus betrachtet) erwirken dürfte...
Allein (!) - der Mensch hat einen freien Willen, und folglich auch die Wahl, das Bevorstehende zu seinem eigenen Verderben auszuprägen! Bis jetzt sind - leider - alle Erfindungen immer auch auf ihren Einsatz als überlegene Waffe untersucht worden. Bleibt der Homo sapiens bei dieser üblen Gesinnung, gerät sein Weg ernstlich in Gefahr..!
Segen oder Fluch, Wohl oder Wehe - des Menschen Wahl!
Bittet Gott daher um Erleuchtung und innere Führung - kommuniziert mit Ihm vermittels Gebet, in der Meditation oder indem ihr einfach frei aus dem Herzen und eurem Sinn mit Ihm direkt sprecht!
Setzt Gott an die erste Stelle - **Er** sei eure unangefochtene Priorität!

Ihr könntet euch euer irdisches Leben gewaltig erleichtern, gäbet ihr Gott in allem die Ehre, das heißt: würdet ihr stets in allem Tun und Lassen zuerst an Ihn denken! Wendet euch Ihm fest zu - das ist der Inhalt meiner steten Ermahnungen..! Nur zu eurem Besten und zum Besten der gesamten Menschheit...

Beispielsweise könnte man damit beginnen, vor und nach den Mahlzeiten, vor dem Schlafengehen und nach dem Aufwachen, Gottes in einem kurzen Gebet zu gedenken. Langsam würde so in euch das Bewusstsein erwachen, dass euer Gott wahrlich existiert - Jemand, der euch wirklich liebt, hört und versteht, wenn ihr zu Ihm mit euren Anliegen gekommen seid; auch Antwort auf eure Bitten gibt.

Eine solche Routine erhaltet euch als beständiges Agens eures Seins - das bedeutet: als tätiges, handelndes Prinzip; nie verkomme es dazu, etwa gewohnheitsmäßig zu verflachen. Haltet eure Religiosität lebendig!

Gott ist stets mit euch! Er ist immer da; Engel Gottes stehen neben euch, wenn ihr zu Ihm betet oder mit Ihm sprecht!

Lasst euch niemals durch irgendwelche medialen Aussagen Bange machen oder beeinflussen! Gott steht höher als jedes Medium - welches Renommee, zu haben, es auch vorschützen mag! Anstatt zu Medien Zuflucht zu nehmen, wendet euch nur getrost direkt an Gott!

Seid sicher, dass ein Medium, welches, bezüglich seiner Person, behauptet, von Gott privilegiert zu sein, dies gewiss **nicht** ist, denn Gott sucht sich nur die bescheidenen, ja, von Herzen demütigen Menschen für Seine direkten Botschaften aus!

Verlassen und Vertrauen sollt ihr euch daher nur auf eure eigene, direkte Verbindung mit Gott. Rennt dieserhalb keinen selbsternannten Gurus hinterher..! Das ist nicht nötig; wiewohl es, zu Anfang des Weges, manchmal nützlich sein kann - langfristig sich aber, nicht selten, ins krasse Gegenteil verkehrt... Wendet dieserhalb stets Unterscheidungsvermögen an..!

Ihr glaubt ja gar nicht, was es in der Ewigkeit für euch bedeutet, wenn ihr schon zu irdischer Lebzeit Gott gesucht, zu Ihm gebetet, also mit Ihm in Verbindung gestanden habt! Im Jenseits kommt euch diese Erkenntnis sehr zustatten; selbst dann, wenn euer Empfinden für Gott noch nicht jenes Stadium erreicht haben sollte, dass euch im Allerinnersten von allem Ihm betreffenden Überzeugung gewährte.

Gründet euch auf Fels und baut nicht auf Sand! [8] Befestigt euer Lebensbild mit der gegenwärtigen Präsenz Gottes, indem ihr **Ihn** bei all euren Unternehmungen mit einbezieht; Ihm eure Bitten unterbreitet - und auch ihre Erfüllung spürt, wenn dies zu eurem höheren Nutzen ist! Festigt auf solche Weise euer Empfinden für, und euer Sein mit Gott, solange noch ein Atemzug in euren physischen Leibern ist! Ich wünschte, ich könnte es euch bildlich begreiflich machen, was das, nach eurem irdischen Ableben, für euch bedeuten kann!
Siehe, euch ist erlaubt direkt vor Ihn zu treten; ja, Er bittet euch sogar darum, sich Ihm vertrauensvoll zu nähern!
Glaubt, ohne zu zweifeln, eurem "Eremiten", der zu euch als Wissender spricht! Folgt seinem Ratschluss! Niemals werdet ihr es bereuen; Gott ist, und wird, stets mit jedem sein, der Ihn ernstlich sucht. Und bei aufrichtigem, ganzherzigem, kühn beharrlichem Streben wird ein Suchender Gott auch tatsächlich finden! Seid dessen sicher! [9]

Bitte - und ich spreche jetzt explizit noch einmal die Deutschstämmigen an, denen das Schicksal der "alten Heimat" am Herzen liegt - verliert nicht den Mut, wenn die Restrukturierung eines neuen, geeinten Deutschlands ein langwieriger, komplizierter Prozess werden wird.
Lernt, euch zu gedulden!
Seht ihr nicht selbst, wie recht euer Eremit mit seinem Hinweis auf eure, euch von Gott mit auf den Lebensweg gegebenen, Eigenschaften hat?
Das Ausland fürchtet sie, weil sie das sind, was eurer Natur des Fleißes, der Ausdauer, der Ehrlichkeit und Genauigkeit entspricht.
Begreift es endlich, dass ihr euch nur um eure angeborenen Attribute zu sorgen braucht, um unentbehrlich für die Welt zu sein. "Unentbehrlich" im Sinne von "notwendig", weil ihr, wenn ihr der Menschheit und Welt etwas gebt, nicht gleich - wie andere gar zu oft - an den Gewinn denkt, welcher im Gegenzug daraus erwachsen könnte, sondern zunächst nur daran, ehrlich zu dienen und den vollen Wert für das zu bieten, was bezahlt wurde.
Das ist ein "Handels- und Güteraustausch", wie Gott ihn Sich wünscht und segnet.

Und was Gott segnet, das ist unwiderstehlich und kann auf die Dauer niemals unterdrückt werden!
Der Segen Gottes für ehrliches, treues und zuverlässiges Wirken mag darin bestehen, dass euch von allein wieder vieles von dem zufällt, was ihr verloren habt. Gott versteht zu helfen, wie kein irdischer Mensch zu helfen vermag..!
Darum mein scheinbar penetrant-pedantischer Dauer-Hinweis auf unser aller Schöpfer und Herrgott! Vertraut Ihm allein - und ihr seid geborgen für immerdar!

Deutschland hat, als Nation, noch eine große Zukunft vor sich - als eine Macht des Friedens und Agens für die Heilung der Welt. Erinnert euch dessen beständig, wenn euch die Weltverhältnisse dieserhalb zuweilen entmutigen sollten. Gott allein werde, und sei, euer alleiniger, wirklicher, echter und wahrer, ewiger Freund - und ihr könnt nie fehlgehen..! [10]

31 - Über Medialität und ihren Nutzen

Die Menschheit ist durch ihre Entwicklung allgemein sensitiver geworden und daher auch für Einflüsse empfänglicher - sowohl aus dem "Großen Jenseits", wie auch für solche rein göttlichen Ursprungs. Folglich gab es noch niemals so viele Medien wie heute - und alle beanspruchen für sich nur Richtiges und Wahres an gechanneltem, erhaltenem, gesehenem und/oder gehörtem Material zu bieten.

Jedes integre und nicht willentlich betrügerische oder von seiner inspirierenden Quelle betrogene Medium mag damit auch recht haben - zumindest vom jeweils individuellen Blickwinkel des eigenen Standpunktes aus betrachtet. Vielfach wird diese Einschränkung aber übersehen - sowohl von denen, die als Medien fungieren, als auch den Empfängern der Nachrichten.

Es heißt: *"Die Zeit der Wiederkunft des Herrn ist da!"*

Weil diese jedoch "in/mit den Wolken des Himmels erfolgen wird", wie die Schrift ihren Lesern enthüllt [1], mehren sich naturgemäß medial vermittelte Botschaften.

Indes: Das Verhältnis zwischen der Botschaft, die empfangen wird, und dem menschlichen "Instrument", welches jene erhält, ist sehr kompliziert und sollte gründlichst verstanden werden, um auch sicher sein zu können, wirklich Zuverlässiges zu erhalten. Berücksichtigt man diesen Faktor nicht, oder nur ungenügend, wird schnell - ungewollt - mancher Irrtum erzeugt.

Medial Begabte könnten, zum Beispiel, eventuell den Fallstricken des Hochmuts erliegen, ohne dies vielleicht zu bemerken; stellen sie es dann dennoch fest, fehlt ihnen gegebenenfalls, aus dem Stolz geboren, das Rückgrat und/oder der wahre seelische Adel diesen Missstand - zumindest sich selbst gegenüber - einzugestehen.

Eine rigorose Ehrlichkeit - erst recht im Besehen der Ver-antwortung gegen Gott - kann dann, nach einer kürzeren oder längeren Probezeit, den Empfang sehr klarer und einwandfreier Botschaften weit vorgeschrittener Wesenheiten nach sich ziehen.

Doch zunächst einmal zum Verhältnis zwischen Medium und sich mitteilender Entität:

Auf einem nicht gestimmten Klavier kann der größte Pianist kein gutes Konzert geben!
Nun, so ähnlich ist es bei Botschaften aus dem "Großen Jenseits" oder von höchster Seite.

Dieser Vergleich, übertragen auf Medien und deren Nachrichten, sollte für jeden denkenden Menschen den Schlüssel dazu bieten, was er von medialen Mitteilungen zu halten hat. Doch wie manch stolzer Besitzer eines ungestimmten Pianos dessen Missklang nicht bemerken will, respektive nicht bemerken kann, weil er kein feines, melodiöses Gehör hat, sehen Medien eventuell nicht ein, warum sie (zuweilen zumindest) keine einwandfreien Botschaften erhalten sollten.

Hiermit möchte keine Kritik am Individuum entäußert sein oder Verdächtigungen Vorschub geleistet werden - es seien zunächst einmal nur die Fakten herausgeschält.

Jeder medial Tätige, der integer zu arbeiten gewillt ist, beurteile sich dieserhalb schonungslos selbst und entscheide über seine Eignung als Mittler zwischen unserer Erde und der Transzendenz.

Ist solch Filter denn objektiv ermittelbar..?
Das funktioniert sehr wohl und man befleißige sich dessen auch!
Das Ergebnis jenes Unterfangens benötigt durchaus kein öffentliches Bekenntnis zur Entblößung. Jedoch: Sämtliche "Hellseher" und "Hellhörer" werden einst für alle irreführenden Botschaften, die nicht richtig empfangen wurden, zur Rechenschaft gezogen!

Gegebenenfalls Betroffener, nur scheinbar Begnadeter, denke ehrlich darüber nach, ob ihm (oder ihr) schon "Prophezeiungen" mit Inhalten unterkamen, welche niemals eintrafen. Ist das der Fall, sei man vorsichtig mit weiteren Nachrichten aus derselben Quelle!

Im Zweifelsfalle möge man das Channeln für eine Zeitlang aufgeben, beziehungsweise ganz bleiben lassen; überhaupt keine weiteren Botschaften mehr annehmen, solange sie von besagter, unsicherer Quelle stammen.

Nach einiger Zeit wird man vielleicht konstatieren dürfen, wie sich die Medialität verfeinert und Offenbarungen (welche diese Bezeichnung auch verdienen) von authentischeren Absendern einstellen.

Ebenso hüte sich ein Medium davor, persönliche Rache- oder Hassgefühle gegen jemanden zu hegen, betreffs dessen

Botschaften erhalten werden - es muss absolut neutral sein und nur das Gute und Beste für seine Mitmenschen wollen! Darum sind liebevolle und von Natur aus barmherzig veranlagte Menschen die besten Mittler zwischen den Welten; doch müssen *auch sie* ständig an sich arbeiten und achtgeben, damit sich keine unzuverlässigen Elemente einschleichen, welche das Medium missbrauchen könnten.

Solche "unlauteren Elemente", die sich von jenseitiger Seite in eine Durchgabe "von drüben" einschleichen können, beziehungsweise gar hinein*drängen*, sind mit der Statik an einem Radio zu vergleichen - einem "Rauschen", einer "Klang- und Tonstörung" infolge einer unliebsamen Frequenzüberlagerung. Sie sind schwer fernzuhalten und behindern den guten Empfang aus einwandfreien Kreisen.

Mit Verweis auf die Bibel, dass man die Ruhe der Toten nicht stören solle [2], wird auf Erden - von religiöser Seite - vielfach vehement gegen diese Art von Botschaftsübermittlung Stellung bezogen. Man vergisst dabei aber wohl, dass die heutige Zeit, mit ihren enormen technischen Fortschritten, nahe daran ist, mit den jenseitigen Sphären an und für sich in direkten Kontakt zu treten..! Weiters möge man berücksichtigen, dass es im "Großen Jenseits" zahlreiche Seelen Verstorbener gibt, die sich gern ihren noch lebenden Lieben kundtun *möchten*. [3]
Freilich gibt es auch Wesenheiten, die erst durch die Beharrlichkeit suchender Menschen dazu verleitet werden, sich zu äußern. Das ist gefährlich und nicht richtig.
Gegen solche Vorgehensweise nimmt die Schrift - mit Recht - eine sehr kritische und distanzierte Haltung ein; ja, sie *warnt* uns geradezu vor solcherlei Praktiken!
Glaubt mir, es gehört tatsächlich sehr viel Erfahrung dazu, bezüglich medialer Durchgaben, Echtes von Unechtem, Wahres von Falschem zu unterscheiden. Nebst dem Medium, welches eine selbstlose Person allerbesten Charakters sein sollte, damit nur einwandfreie Botschaften erhalten werden, sollte aber auch dessen Klient(in), der/die Empfänger(in) einer Nachricht, die Reife besitzen, eine solche **objektiv** auf ihre Echtheit und ihren Gehalt hin nachzuprüfen - schnell verstellen subjektiv verständliche Wünsche den Realitätsbezug..!
Der Leser bedenke immer, dass die Jenseitigen - sehenden Auges - mit den irdisch Gebundenen sozusagen "Blinde Kuh" spielen

können! Die einzig probate Rückversicherung ist ein kritischer Verstand und die geläuterte Praxis, alles Geschehen unter den Schutz hoher, den Herrgott liebender und verpflichteter Geister zu stellen.

Ihr Menschen, die ihr im Augenblick auf Erden inkarniert seid, vergesst nicht, dass ihr in einer Übergangszeit zu etwas bevorstehend wirklich Großem lebt - nämlich einem nahezu ungehinderten **direkten** Kontakt mit Verstorbenen und weiter vorgeschrittenen Wesenheiten! [4]
Bevor aber solche Zeiten anbrechen, ist der jetzt schon praktikable Verkehr mit Verstorbenen, via Medien, zu einem Vorgang geworden, dessen sich Verstorbene im Jenseits probaterweise gern bedienen (wenn ihnen dies, von Seiten Gottes, gewährt wird).
Freilich tun das nicht alle.
Viele gehen, hinter dem Schleier des physischen Abscheidens, ihren Weg des Fortschritts weiter und überlassen ihre Lieben im Diesseits der Gnade Gottes. Solche melden sich gewöhnlich nur durch direkte Erscheinung oder durch Umstände, welche ihr als "merkwürdige Erlebnisse" bezeichnen würdet. Nun - der Mensch ändert sich mit seinem Tode eben nicht gänzlich...
Will heißen: Diejenigen, welche den letzterwähnten Weg vorziehen, sind meistens solche, die

1. auch zu Lebzeiten medialen Kundgaben gegenüber äußerst skeptisch waren

und/oder

2. wissen, dass ihre Lieben, die potentiellen Empfänger der zu übermittelnden sehr persönlichen Nachrichten, niemals, von sich aus, ein Medium aufsuchen würden,

sodass sie folglich höchstselbst zu gegebenen Mitteln greifen, sich irgendwie adäquat bemerkbar zu machen.

Wie könntet ihr euch wohl weiter auf euren Eremiten verlassen, wenn dieser nicht alles beim rechten Namen nennen würde, nicht wahr..?!
Bruder Felix [5], der Herausgeber dieser Zeitschrift [5], welcher diese einzig und allein nur auf Anregung eures Eremiten

gründete, hat wieder einmal die lastvolle Verantwortung darob zu tragen, wenn man meiner gegebenen Erklärung, betreffend Mediumismus, nicht zustimmen sollte. Der Eremit weiß jedoch, dass es unter den Lesern genügend echte Wahrheitssucher gibt, die den Herausgeber zu schützen wissen und ihn - deswegen - nie im Stich lassen würden.

Glaubt mir, die Frage der Medialität musste einmal, in euer aller Interesse, angeschnitten und gründlichst durchgesprochen werden, zumal es wohl kaum eine andere Offenbarung geben wird, die den Mut aufbringen dürfte, dieses Thema absolut freimütig zu behandeln.

Es gibt nämlich gechanneltes Material, welches eine direkte Gefahr für den freien Willen darstellt!

Doch ihr alle wisst, dass selbst Gott, der Allmächtige, besagten freien Willen respektiert und schätzt. Lasst euch daher jenes hohe Gut nicht von Medien rauben, die sich entweder ihrer Aufgabe nicht bewusst sind oder aus Voreingenommenheit, und im Vermeinen eigener Vortrefflichkeit, keine ausreichende Sorge tragen, um gegebenenfalls qualitativ bessere und reinere Durchgaben zu erhalten, falls solche einer kritischen Prüfung nicht standzuhalten vermögen.

Keine hochtönenden Anpreisungen sollten euch irreführen!

Prüft jede Botschaft, ob sie echt sein kann oder minderwertig ist; vielleicht fühlt sich die Durchgabe "von drüben" einfach auch nur merkwürdig oder dubios an...

Haltet euch in letzteren Fällen von solchen Medien fern!

Manch integre, medial begabte Person (das heißt insoweit nicht eine bewusst betrügerische Masche obwaltet) bemerkt gegeben- enfalls überhaupt nicht, eventuell von jenseitiger Seite aus gefoppt oder irregeführt zu werden; ja, regelrecht *belogen*, sollte gar die dämonische Widerkraft Gottes zu Werke schreiten..! [6]

Nun... - Zeichen echter Botschaften sind:

- Vor allem: Kürze.

- Weiters eine würdige Sprache ohne schwülstige, süßliche Phrasen.

- Keine von künstlichem Pathos getragene, geschliffene, geschwungene Rede.

- Nie sollten Beschimpfungen geäußert werden; nie Verurteilungen, Verunglimpfungen oder Verdammungen ausgesprochen.

- Echte Botschaften mahnen und raten nur - befehlen niemals!

Natürlich gibt es ebenfalls mannigfaltige Möglichkeiten Fehlinformationen ganz unauffällig und unspektakulär, wie ein schleichendes, "wohlschmeckendes" Gift, einzustreuen! Der Klient eines Mediums sollte deswegen insbesondere auch auf seine Gottverbundenheit und seinen spirituellen Instinkt zu hören wissen, wenn es darum geht, Unterscheidungsvermögen an den Tag zu legen!

An alle, in diesem Sinne, Tätigen: Seid bitte eurem Eremiten nicht gram, dass er auf diesem Gebiet eine schonungslos offene Aufklärung bietet. Es ist wirklich zu eurem eigenen Besten!
Wenn ihr sehen könntet, wie es hier, im Jenseits, manchem Medium ergeht, welches die ihm von Gott verliehene Gabe auf Erden missbrauchte - ihr würdet sofort versuchen, allen Ansprüchen an gutes Channeling gerne gerecht zu werden! Euer Eremit weiß sehr wohl, dass die Behandlung des Themas "Medialität" in diesen Offenbarungen ein Drahtseilakt ist. Ich beabsichtige nicht, jemandes Glauben an mediale Durchgaben zu unterminieren; will auch niemandem schaden - aber dazu aufrufen, die Augen offen zu halten!
Wie schon des Öfteren angedeutet: Es dauert nicht mehr allzu lange und die Möglichkeit einer *direkten* Verständigung mit dem Jenseits wird fast für jedermann möglich werden

- entweder durch die allgemein stärkere mediale Veranlagung Vieler

und/oder

- dadurch, dass auf gerätetechnischem Wege Kommunikationen mit der Welt hinter dem Schleier des Todes ermöglicht werden.

Wartet nicht bis zu jenem Zeitpunkt - denn dann sind alle dubiosen Medien sowieso erledigt!

Bemüht euch schon jetzt um Qualität..!

Und wie könnt ihr wirklich *gute* Medien werden?
Teilt jedem eurer Besucher ehrlich mit, wenn ihr euch, bezüglich Durchgaben "von Oben", mal in keiner zuträglichen Verfassung befinden solltet. Seid offen darin und versucht ein lückenlos einwandfreies Leben der Rücksichtnahme und des Helfens zu führen - ihr werdet staunen, wie rein und klar die euch gegebenen Botschaften dann ausfallen werden..!

Das Gebiet des Mediumismus ist sehr komplex und teilweise gar verworren. Es vermischt sich zu viel Echtes mit Talmi, Wahres mit Falschem - und letzteres meistens ungewollt.
Zum Beispiel ist in unserer Zeit der Begriff **"Vatermedium"** gebräuchlich geworden.
Was heißt das eigentlich?
Er besagt, dass der Vater, also Allvater-Gott, das, was gegeben wird, als *von Ihm kommend* zulässt.
Nun, da überhaupt kein Medium Botschaften erhalten könnte, wenn es Gott nicht zulassen würde, ist schließlich *jedes* Medium irgendwie ein "Vatermedium" (so der Empfang von Mitteilungen nicht nur betrügerisch vorgegeben wird, beziehungsweise von der "Dunklen Seite" inspiriert ist).
Allerdings wird der Ausdruck "Vatermedium" - besonders in deutschen Kreisen - heute vielfach unter dem Dach des expliziten Verständnisses gebraucht, dass kein anderer *als Gott Selbst* eine jeweilige Nachricht channelt. Da sich unter manchen "Vaterbotschaften" aber auch solche befinden, die durchaus nicht der Würde entsprechen, die man von einer direkten göttlichen Kundgebung erwarten dürfte, bleiben nur die Erklärungen übrig,

- dass sich entweder eine foppende, jenseitige Wesenheit dazwischengeschaltet hat oder als Lichtwesen trügerisch ausgibt (und Gott mag das, in Seiner Weisheit, für die Erdbewohner als Prüfung zulassen)

- oder aber, dass das Medium, als empfangendes Instrument, die Botschaft nicht korrekt aufnehmen und im späteren auch nicht richtig interpretieren konnte - ähnlich, wie eine missgestimmte Geige dem Spiel eines virtuosen Violinisten nicht zu genügen vermöchte.

Man kann der Bezeichnung "Vatermedium" noch eine weitere Alternative hinzufügen: Gott ist überall in der Schöpfung - somit schließlich auch in jeder (echten) Kundgabe, welche ein Medium empfängt. Freilich gibt es auch wirkliche "Vaterbotschaften" - doch nicht *so* häufig, wie gerne angenommen... Ein ganz besonderes Kennzeichen wahrer Botschaften Allvater-Gottes ist ihre klare Ausdrucksweise. Medien, die solche Mitteilungen erhalten, sind meistens sehr bescheidene Menschen. Wenn also einer solchen Kundgabe ein befehlerischer Grundton innewohnt, prüfe man besonders sorgfältig - denn Gott befiehlt nie, sondern empfiehlt nur; ermahnt, legt ans Herz!
Ein echtes "Vatermedium" ist, wie schon erwähnt, von Natur aus bescheiden, voller Liebe, Vergebung und Demut; bleibt meistens, wie wahre Seher und Mystiker, im Hintergrund und tritt nur hervor, wenn es unbedingt notwendig wird.

Nun zur Medialität selbst:
Sie ist nicht nur eine Gabe, sondern - im Besonderen - eine **Gnade**!
Behütet sie - so ihr eine solche besitzt - als ein wirklich heiliges Geschenk von Gott und missbraucht sie nicht!
Es ist nichts dagegen einzuwenden, wenn ein Medium, das keine anderen Einnahmen hat, für Botschaften eine freiwillige Spende von ihren Klienten annimmt - aber nie *fordert*! Grundsätzlich gilt das Wort des Gottessohnes an seine Jünger als Motto: "Kostenfrei habt ihr empfangen - kostenfrei gebt..." [7]
Jedes Medium prüfe sich dabei beständig selbst, ob der Reinheit des gechannelten Materials. Es können keine guten Durchgaben erhalten werden, wenn die Lebensführung und Lebenseinstellung nicht menschenfreundlich und gottgefällig sind!
Es gilt das Bemühen, sich konsequent, in Anschauung und Auffassung, zu reinigen; keine Abscheu, Abneigung oder gar Hass gegen irgendjemanden zu hegen. Es mag manchmal schwer sein, solcher Anforderung zu entsprechen, aber es ist unbedingt notwendig, um immer bessere Botschaften zu empfangen und schließlich wirklich ein *wahres "Vatermedium"* zu werden - eine Gunst, welche, wie erwähnt, in Wirklichkeit nicht vielen zuteilwird.

Tragt daher Sorge, dass ihr euch durch den Einfluss, den ihr auf andere ausübt, nicht blenden lasst. Haltet immer die Zeit im Sinn, da ihr einst selbst ins "Große Jenseits" eingehen werdet!

Authentische Medien, denen es mit ihrer Gottes-Begnadung ernst ist, werden bestimmt auf die Warnung, die euer Eremit hier gibt, Obacht geben. Und bitte glaubt ihm, denn er weiß, wovon er spricht..! Spaßt nicht mit dem Göttlichen, der Verantwortung einer wahren Berufung!

Mit gleichem Atemzug indes möchte ich den echten Vermittlern zwischen den Welten eine Botschaft zugehen lassen, welche darin besteht, dass ihr einst für den Dienst, den ihr jetzt in einwandfreier Weise der Menschheit leistet, belohnt werdet.

Darum: Bleibt bitte eurer von Gott verliehenen Gabe treu, für welche ihr dem Herrn, von Herzen, täglich auf Knien danken solltet; weicht nie vom Wege ab, den euch eure innere Stimme ganz unfehlbar weisen wird und seid tatsächlich eine Hilfe für jene, die jetzt schon *ahnen*, dass es ein Fortleben nach dem Tode gibt, aber vorläufig noch auf keine andere Weise davon überzeugt werden können, als im Besonderen eben durch mediale Durchgaben...

So ist dies eine wundervolle Mission - erfüllt sie getreu und erweist euch derselben als würdig!

Nutzt die euch, als alleinigen Vermittlern zwischen Diesseits und Jenseits, verbleibende (wohl nur noch absehbar kurze) Zeit zu eurer Seelenreifung und zum Besten der suchenden Menschheit aus, ehe der direkte Kontakt zwischen den Welten auf einer mehr allgemein zugänglichen, geräte-instrumentellen Basis hergestellt sein wird...

Übrigens äußert sich - wie ihr bestimmt wisst - die mediale Veranlagung, durch welche der Strom der Verständigung zwischen Irdischem und der Transzendenz hindurchfließt, auf verschiedene Weise: Es gibt Schreibmedien, Sprechmedien, Zeichenmedien und solche, die ganz deutlich von einer inneren Stimme geleitet werden.

Auf solche Weise werden auch Mystikern Offenbarungen zuteil.

Mannigfach sind die Varianten: Direktes Diktat durch eine gehörte Stimme, Anweisungen "von Oben" zu erbetenen Handlungen - wie etwa Schreiben, Aufsuchen von Orten, respektive Menschen, um eine Fügung zu realisieren oder öffentliche Predigten.

Vielleicht werden auch Eingebungen empfangen, welche wie eine sichere Ahnung empfunden werden. Nicht zu vergessen die

Intuition - wobei keine Stimme gehört wird, dafür aber Gedanken und Visionen als absolute Gewissheit im Inneren auftauchen.

Gerade *weil* Medialität - wie schon hinreichend betont - eine von Gott geschenkte Gabe ist, wartet, bis sie sich von allein einstellt und seid sodann anfänglich auch eher vorsichtig mit dem, was erhalten wird. Prüft euch gegebenenfalls kritisch - es dauert oft Wochen, manchmal Monate, ja, sogar Jahre, ehe Botschaften wirklich einwandfrei sind.
Erst wenn es soweit ist, kann man ernsthaft in Erwägung ziehen, mit solchen hervorzutreten.

Wie allerdings kann man besagte Güte objektiv feststellen..?
Denkt daran, dass alles seine Zeit hat.
Wenn der Ruf Gottes (in der Öffentlichkeit wirksam zu werden) in euch entflammt, werden sich dafür auch die Gelegenheiten - scheinbar ganz von allein - ergeben; zupassende Umstände einstellen und geboten werden.
In der Natur gibt es nirgends unnötige Vergeudung. Deshalb wird auch eure Gabe, wenn sie ausgebildet ist, nicht umsonst gegeben sein.
Über allem waltet die dafür sorgende höhere Führung!

32 - Einblicke ins "Große Jenseits"

Im sogenannten "Jenseits" geht es dermaßen schillernd vielfältig zu, dass es für jemanden, der noch nicht in das "Land hinter dem Schleier" eingegangen ist, einfach unmöglich sein dürfte, sich ein einigermaßen adäquates Bild von den dort vorherrschenden Zuständen zu zeichnen...

Behelfsmäßig lassen sie sich als genauso reichhaltig und verschiedenartig, wie das Denken der einzelnen Menschen auf Erden - unserem "Diesseits" - charakterisieren. Doch auch mit diesem Vergleich ist die Grenze des Erklärungsversuches, bezüglich der transzendenten Verhältnisse, Bedingungen und Formbildungen, noch lange nicht ausgelotet..!

Am trefflichsten scheint das Jenseits in den Auslegungen des "Geistigen Lebens" mit den Begrifflichkeiten des "Zustandsmäßigen" und "Örtlichen" angesprochen.

Wenn, nach längerem Ableben, bei einem Verstorbenen schließlich das Zustandsmäßige mit dem Örtlichen zusammenfällt, ist indes damit, vom irdischen Standpunkt aus betrachtet, noch immer kein klares, objektives Bild von den wirklichen Gegebenheiten im Jenseits widergespiegelt. Für einen Verstorbenen selbst ist das bewusst erlebte "Drüben" freilich absolut (ultra-)real.

Würde aber ein solcher Jenseitiger versuchen, seine Verhältnisse einem irdischen Menschen zu schildern, wäre ihm das unmöglich. Er wüsste gar nicht, wie man das so recht und aufschlussreich anfangen sollte, weil er es mit seelisch Durchgeistigtem zu tun hat, in welches er, während seines Weilens "hinter dem Vorhang des physischen Todes", das heißt seit seinem irdischen Schlussakt und Ende, langsam hineingewachsen ist, ohne es so recht bemerkt zu haben.

Damit ist aber ganz und gar nicht gesagt, dass das Jenseits nur subjektiv sei!

Einem Abgeschiedenen erscheint tatsächlich das Jenseits, nach längerem Weilen dort, viel objektiver, viel substantieller, viel wirklicher, als irgendetwas, während seines irdischen Lebens, für ihn hier auf dieser Erde jemals gewesen war!

Dieser Einführung kann schon entnommen werden, welch gewaltige Aufgabe es (selbst für einen Meister) sein muss, das Jenseits für irdische Menschen allgemeinverständlich zu erklären! Vom Umstand ableitend, dass bezeichnetes Jenseits überhaupt erst existiert, seit es denkende Menschen gibt, könnte man schlussfolgern, dass es - ergo, analog dazu - mindestens aus genausovielen divergierenden Welten bestehen sollte... [1] Weil sich im Zustandsmäßig-Örtlichen gewöhnlich Gleichgesinnte zusammenfinden, formen diese dort für sich, durch ihre gemeinsamen Denkmuster, manchmal scheinbar endlos weit ausgedehnte Welten. Trotzdem verhält es sich mit dem Jenseits aber doch nur so, wie vorhin angedeutet - nämlich, dass es vor dem Existieren intelligenter, sterblicher Wesen, also explizit uns Menschen, als ein solch bestimmter Raum der Transzendenz, überhaupt noch nicht vorhanden war, respektive sein konnte.

Ein vergleichendes Beispiel mag das für viele seltsam Klingende etwas einleuchtender gestalten:
Angenommen, im Kosmos gäbe es für den Erdenbewohner, neben der Sonne, welche seinen Tag erhellte, keinen Stern. Er hätte dann - des Nachts - nicht die geringste Vorstellung davon, was dieses große Nichts über ihm nun so eigentlich sein könnte. Nur durch das sternübersäte, nächtliche Himmelszelt, über welches auch der Mond seine phasenwechselnde Bahn zieht, wandelt sich dieses fiktive "Nichts" klar zu einem *Raum*.
Ähnlich liegen die Verhältnisse beim Jenseits.
Vor dem Auftreten des Menschen war der feinmaterielle Raum um uns herum ein großes, inhaltsloses Nichts. Als sich aber intelligenzbegabte Wesen Gedanken- und Vorstellungwelten formten, wurde besagtes großes, inhaltsloses Nichts zu einem *Etwas* unbegrenzter Kapazität, welches alle nur denkbaren Bereiche in sich aufzunehmen vermochte. Infolge seiner Differenzierung, bis zum allerfeinsten Seelischen und Geistigen, wird es *niemals* überfüllt werden, da sich sämtliche Frequenzen in der erschaffenen Jenseitskonstruktion völlig durchdringen oder überlagern können, ohne einander zu stören.
Dieses Jenseits wird durch die Reichweite der Spektren bunter Gedankengänge und Vorstellungen zu einem Örtlichen mit abgegrenzten Vibrations-Oktaven [2], in dem sich Gleichgesinnte zusammenfinden, deren Zustandsmäßiges (ähnlich ausgerichteter Werte, Ideale und Ideen) zu einem **örtlichen Verhältnis**

kristallisiert, das sich nun in den verschiedenen elektromagnetischen Strati [Schichten] der Erde - weit über die Grenze ihrer Lufthülle hinaus; in der sie umgebenden Aura - als sogenannte "Sphären", Ebenen der Existenz, bannt.

Das ist zwar immer noch eine recht diffus erscheinende Definition, stellt aber zumindest einen, so denke ich, passablen Versuch dar, das Jenseits der Menschen einigermaßen gelungen zu charakterisieren. Aus dieser andeutungsweisen Beschreibung des besonderen **transzendentalen Raumes** wird es wohl aber verständlich geworden sein, dass jede mediale oder spiritistische Botschaft von dort, ebenfalls jedes okkulte Eigenerlebnis, immer wieder facettenreich und weiters verschiedenartig, voneinander divergierend, sein kann und wird...
Trotzdem solche Botschaften von "drüben" auch oft helfend und tröstend wirken (insoweit sie die Gewissheit von einem Fortleben nach dem irdischen Tod transportieren), gewähren sie aber doch nur sehr wenig Einblick in die wirklich vorherrschenden Verhältnisse. Man nehme deswegen solche Informationen jeweils zunächst immer nur als *bedingt* hin.
Dieser Hinweis soll nun nicht als Herabsetzung, demnächst immer häufiger auftretender medialer Begabung, gewertet werden, sondern nur als eine Mahnung zur Vorsicht, bezüglich der Bewertung des Inhalts übermittelter, das heißt durchgegebener, gechannelter Auskünfte.

In Gottes Schöpfung wird kein Platz vergeudet. Alles wird sofort immer wieder für neue Schöpfungswesenheiten [3] ausgenutzt, sobald sich durch irgendwelche Umgruppierungen (infolge Veränderung der Umstände), oder diverse andere Kräfteauswirkungen, neue Raumausdrucksmöglichkeiten [4] bieten. Daher befinden sich im Jenseits, außer den Seelen verstorbener Menschen, auch noch schemenhafte Lebensvitalitätshüllen [5] von Tieren; und dies intensiver und deutlicher manifestiert bei solchen, welche - irdisch einverleibt - als Haustiere mit Menschen eng zusammenlebten. Am kräftigsten sind diejenigen solcher Tiere, die auf Erden echte Zuneigung und Liebe zu den ihnen zugehörigen Menschen empfanden. Ihre Hülsen stellen schon nahezu herangereifte tierische Seeleneinheiten dar.

Außerdem ist das Jenseits - sowohl das zustandsmäßige als auch das örtliche - mit schemenhaften Schattenwesenheiten bevölkert, welche wie (Seifen-)Blasen von magnetischen Strömen hin- und hergeschaukelt werden und einfach dahinschweben. [6] Es sind Formen von Wesenheiten, die eine **ganz andere** Entwicklung als wir Menschen durchmachen. Diese sind es mitunter, welche sich bei spiritistischen Zirkeln in den magnetischen Kreislauf der um ein Medium gruppierten Teilnehmer mischen, um - aus Übermut, Spott oder Arroganz - den Sitzungsteilnehmern vorhandene Eigenschaften von erbetenen Kontakten foppend vorzugaukeln und/oder falsche, ja, oft sogar die unsinnigsten, Botschaften zu formulieren, beziehungsweise Behauptungen aufzustellen.

Genauso wie der Mensch auf Erden mit Tieren und Pflanzen zusammenlebt, existieren auch die Seelen Verstorbener im Jenseits gemeinsam mit anderen Wesenheiten, die aber in ihrer Entwicklung alle unter den Menschenseelen stehen.

Meistens werden die Abgeschiedenen der Erde der anderen erwähnten Bewohner des Jenseits nicht ansichtig [7] und auch von diesen nicht belästigt - außer eine Seele wird durch den Magnetismus eines lieben Angehörigen oder einer sonstigen geliebten Person in den Bannkreis eines spiritistischen Zirkels auf Erden getrieben, wohin sich die erwähnten schemenhaften Wesenheiten ebenfalls hingezogen fühlen und das dortige Medium umlauern. Darum lasse man die Seelen seiner verstorbenen Lieben in Ruhe und zitiere sie nicht künstlich durch eine Séance herbei. Stellen sich die Abgeschiedenen **aus eigenem Entschluss ein**, so sind sie auch meistens von ihrem Schutzgeist begleitet, der sie vor Gefahren abschirmt und bewahrt.

Man vergesse nicht, dass die der Erde Verstorbenen im Jenseits ebenfalls Aufgaben zu lösen haben! Kommen sie hingegen aus freien Stücken, um irgendetwas wissen zu lassen oder zu trösten, wird sich für solche allein schon irgendein Weg dafür finden - entweder durch Beeinflussung in einem Wahr-Traum, durch ein kurzes Sichtbarwerden, Gerüche, Manipulation von elektrischen Geräten (wie Lampen, Radios et cetera) oder durch sonstige Beeindruckungen, welche von den hinterbliebenen Empfängern als Ahnung, gegebenenfalls auch konkrete Eingebung gespürt werden.

Gewiss möchten viele Leser wissen, was wohl aus ihren Lieben geworden ist, die im Krieg, an der Front [8], ihr Leben lassen mussten.

Ihr braucht euch nicht um diese zu sorgen..! Sie sind tatsächlich in vielerlei Hinsicht besser dran, als mancher, der eines natürlichen Todes gestorben ist. Diese Menschen haben nämlich während ihrer soldatischen Ausbildung ein gewisses Zusammengehörigkeitsgefühl, ein Kameradschaftsverhältnis entwickelt, welches sie seelisch, gleich nach ihrem Übertritt hinter den "Schleier", zu einem anderen im Militärdienst Gefallenen ziehen wird.

Im Jenseits setzt sich die Entwicklung der Menschenseelen fort. Der freie Wille ist dabei nicht gestört; funktioniert unter Umständen nur schwerer, weil sich dort, mit jeder neuen gedanklichen Einstellung (besonders nach erst kurzem Weilen in der Transzendenz), gleichzeitig auch die Umgebung ändert.

So gibt es unter den Menschen auch solche Seelen, die bis heute noch an ihren alten irdischen Identifikationsmustern festhalten. Bei manchen wird es gar lange dauern, ehe eine alternative, bessere Einsicht Platz greifen mag.

Solche bleiben sich selbst überlassen - finden sich schließlich aber auch in Gruppen zusammen, welche ihre einseitige, beengte Sicht und Auffassung der Dinge noch bestärken. Einmal indes kommt der Wandel auch zu ihnen!

Viele Erfindungen, die ihr Menschen auf Erden macht, sind euch von weiter vorgeschrittenen, wissenschaftlich veranlagten Seelen aus dem Jenseits eingegeben worden, während ihr glaubtet, ihr hättet die Lösungen dazu ganz allein errungen. Freilich gilt das nicht für *alle* Entdeckungen - doch selbst bei solchen, bei denen keine direkte Hilfe und Beteiligung aus der Transzendenz erfolgte, lag doch zumeist irgendwie eine Unterstützung unsichtbarer, daran interessierter Seelen aus feinstofflicher Welt vor.

Vom Jenseits aus wird sowohl über die Menschheit in ihrer Gesamtheit, als auch über jeden Einzelnen (bei letzteren via ihren persönlichen *Schutzengel*) gewacht. Darum braucht ihr euch auch nicht übermäßig zu sorgen, ob die Weltbevölkerung durch irgendeine bestialisch-grausige Entdeckung vernichtet werden könnte. Jede neue perfide Waffen-Erfindung wird von gereiften, aufgestiegenen Seelen lichter Sphären sofort mit einem

Gegenmittel gekontert, welches irdische Wissenschaftler und/oder Ingenieure inspiriert bekommen. Auf diese Weise geschieht es, dass, bis jetzt, tatsächlich allen neuen schädlichen Erfindungen auch ein "heilender Widerpart" entgegengesetzt werden konnte. Und so wird es immer sein..! Wenn es sich allerdings bei einer von Menschenhand generierten Geißel um eine **Zulassung Gottes** handelt, welche dazu beiträgt die Menschen durch Leiden wieder zur Besinnung zu bringen, kann - das heißt *darf* - seitens der Seelen des Jenseits nichts dagegen unternommen werden!

Wie ebenfalls schon oft genug betont, gibt es ein Fortleben nach dem Tode - also ein Jenseits - für **jeden** Menschen! Hat jemand auf Erden nicht an Gott geglaubt, so wird ihm sein Zweifel dort (scheinbar paradoxerweise) nicht zwangsläufig genommen werden, ja, unter Umständen, der Glaube sogar noch schwerer fallen. [9] Daher existieren in den Sphären auch Kreise Gleichgesonnener, welche die Realität Gottes weiterhin negieren, obschon sie zugeben müssen, dass sie sich auf Erden, bezüglich ihres (seelischen, irdisch nachtodlichen) Fortlebens täuschten, denn sind sie sich ja ihres Seins vollkommen bewusst. Von Gott können - und wollen - sie sich aber auch "drüben" keinen Begriff machen! So lachen solche tatsächlich über das Vorhandensein eines Gottes noch genauso arg, wie sie es einst auf Erden getan hatten. Mit dieser Haltung bannen sie sich allerdings an die Schwingungen recht niedriger, wenig fortgeschrittener Sphärenbereiche. Mit der Länge der Zeit mag solcherart eingestellten Menschenseelen ihr jenseitiges Dasein freilich recht langweilig werden und sie sehnen sich nach Besserem! Sobald das der Fall ist, werden sie, wie zufällig, entwickelteren Geistern begegnen - und können von diesen lernen..! Benannter Paradigmenwechsel ist für solch widerborstige Seelen aber auch dann immer noch kein Kinderspiel, durchaus also kein "Selbstläufer"; vielen fällt es wirklich schwer, das Gegebene zu akzeptieren, weshalb sie permanent aufs Neue der Obhut höherer Seelen zugeführt und anvertraut werden, bis sie schließlich, nach zähem Ringen, durch eine ihnen zusagende, perfekt auf sie abgestimmte, Belehrung aus ihrer Verbissenheit, Verbohrtheit und einseitigen Verschrobenheit herausgerissen werden (das heißt *sich selbst* herausreißen).

Für eine, der Wahrheit zugänglich gewordenen, Seele ändert sich damit auch *sofort* ihre Umwelt - was sonst vielleicht Jahrtausende (unserer Form der Zeitrechnung) gedauert haben könnte. Renitent regide Gottesleugner verdösen nicht selten ihr jenseitiges Dasein, ziehen die Phasen ihrer Entwicklung ungebührlich in die Länge, wobei ihnen immer schwerere Prüfungen auferlegt werden - bis endlich, durch den ersten Funken Einsicht, ein leiser aber nachhaltiger Umschwung in ihrer Anschauung eintritt.

Nach dieser kurzen Einführung in das Zustandsmäßige und Örtliche des "Großen Jenseits" wird es dem Leser vielleicht möglich sein, meinen nun folgenden Ausführungen über das Thema besser folgen zu können...
Beim Lesen dieser Offenbarungen sollte jedoch sorgfältig darauf geachtet werden, dass man sich niemals dogmatisch an einer Wort- und/oder Satzwendung bindend festklammert. Meine Lehr-Botschaften sind stets nur dem Geist und nie dem Buchstaben nach zu bewerten. Jeder, der diese Mitteilungen liest, lasse dabei seine eigene Auffassung mitsprechen und setze seinen Mitmenschen nicht unter Druck, sollte das Geschriebene bei jenem ein anderes - alternatives - Verständnis auslösen.
Wie oft weist Gott uns darauf hin, dass nur der Geist lebendig macht, der Buchstabe indes tötet! [10]
Die Nicht-Beachtung dieses Grundsatzes hat zum Beispiel dazu geführt, dass sich, verquer der Basis der so einfachen, schlichten und einleuchtenden Lehren des Gottessohnes, unzählig viele Gruppierungen gebildet haben, von denen manche sich, bezüglich ihrer Existenz, lediglich auf einen Satz, auf ein Wort, manchmal sogar nur auf eine Interpunktionsauslegung stützen. Lasst bitte solchen kleinkarierten Geist beim Erlesen meiner euch gegebenen Offenbarungen niemals obwalten!
Folgt bitte diesem Hinweis, dann wird euch das Zugekommene viele neue Inspirationen zu bieten haben - andernfalls dagegen zum Ärgernis werden, wodurch ihr euch selbst nützlicher Aufklärungen berauben würdet..!

33 - Wie es der menschlichen Seele im "Großen Jenseits" ergeht

Sehr wohl ist mir bewusst, dass jeder Sterbliche gern mehr über das Jenseits lesen und gesichert in Erfahrung bringen möchte! Man glaubt, das diesseitige Leben, mit seinen Leiden und Beschwernissen, leichter zu ertragen, wenn, betreffend des nachtodlichen Seins, eine Gewissheit und Erkenntnis dessen, was detailliert folgt, zu erringen wäre.

Das hat zwar seine Berechtigung - doch jedermann kann, bis zu einem bestimmten Grade [°], zu solchem Wissen selbst gelangen, wenn er sich nach den Geboten richtet, die den Menschen von Gott gegeben sind. Dann wird die Seele nämlich nicht allzu stark an der irdischen Welt hängen und damit auch für die permanent existierenden Einflüsse des Jenseits empfänglicher werden, welche von den meisten Menschen hauptsächlich nur deswegen nicht gespürt werden, weil sie, infolge ihrer zu stark irdischen Lebensweise, dafür nicht aufnahmefähig genug sind.

Jeden, der eine innige Gottverbindung lebt und sich in seinem Denken und seinen Taten entsprechend ausrichtet, wird eine innere Ruhe überkommen, die auch das schließliche Scheiden aus seiner vergänglichen, physischen Hülse zumindest erträglich erscheinen lässt.

Das Sterben, an und für sich, ist nicht so schrecklich, wie man gemeinhin denkt. Der eigentliche Vorgang nimmt manchmal Stunden in Anspruch, was der Betroffene aber nicht weiß und somit auch nicht empfindet. Für *ihn* ist das Sterben lediglich ein Einschlafen infolge scheinbar eingetretener starker Ermüdung und Ermattung.

Wenn wir im täglichen Leben ans Sterben denken, ist uns immer der so grauslich erscheinende, befürchtete Umstand des gänzlichen Verlöschens des Bewusstseins vor Augen - das ist jedoch ebensowenig der Fall wie beim Einschlafen..! [1] Und genauso, wie wir erst nach dem Aufwachen wissen, dass wir überhaupt geschlafen haben [2], erkennen manche oftmals erst lange Zeit nach ihrem physischen Tod (das heißt nachdem ihre *Seele* und ihr *Geist* den *irdischen Körper* verlassen haben [3] und erstgenannte, unvergängliche Wesenteile sich schon längst im "Großen Jenseits" befinden), dass sie tatsächlich gestorben sind!

Unser Erlebnisbewusstsein ist während des Sterbeprozesses nicht ausgelöscht, wie das beim Einschlafen ebenfalls niemals der Fall ist. Und gleich wie (naturgegebenermaßen) noch niemand bei vollem Bewusstsein "in Morpheus Arme gesunken ist", kann - normalerweise - auch keiner sein eigenes Sterben beobachten. *"Normalerweise"*... Denn ab und zu kommt das trotzdem vor, wenn, zum Beispiel, ein Mensch keine Todesfurcht kennt und sich mit seinem Geschick abgefunden hat.

Kurz: Es könnte solches bei Menschen geschehen, die

- entweder sicher wissen (oder fest ahnen), dass es ein Fortleben nach dem Tode gibt

oder

- bei solchen, die kein Verlangen mehr nach einem Weiterleben hier auf Erden hegen - sei es infolge unerträglicher Schmerzen, schwerer, langwieriger Krankheit, Behinderung, Enttäuschungen, Verbitterungen irgendwelcher Art oder weil sie keinen Existenzsinn in ihrem physischen Dasein mehr sehen, da sie ohnehin alleine dastehen und alles verloren haben, respektive zu haben glauben.

Wirklich gute und fromme [4] Menschen sehen ebenfalls furchtlos dem Tod entgegen; begrüßen ihn gegebenenfalls sogar, wenn er kommt, weil der Sterbeprozess – ob kürzer oder länger während – nun mal ein Vorgang ist, den *alle* durchzumachen haben, ob sie es nun wollen oder nicht..!

Diese Zeitspanne ist auch deswegen nicht unbedingt mit "schaurig" oder "furchtbar" zu attribuieren, weil jeder Mensch einen Schutzgeist hat und sich, darüber hinaus, unzählige Bewohner der Transzendenz freiwillig der Aufgabe widmen, Hinübergehenden beim Verlassen ihrer irdischen Hülle zu helfen und sie im "Großen Jenseits" willkommen zu heißen; den Neulingen in der anderen Welt - für eine Zeit, das heißt solange diese es wünschen und/oder es für nötig und gut erachtet wird - Berater und Helfer zu sein. [5]

Wer erst im reiferen Alter stirbt, besitzt in der Regel Verwandte, Freunde und Bekannte, welche ihm im Tode vorausgegangen sind und nun, nach Eingehen ins "Große Jenseits", unterstützend zur Seite stehen. Es ist wirklich erstaunlich, wie manch schon lange im Jenseits Weilender geradezu sehnlichst auf den Augenblick wartet, einem sterbenden Ehepartner, Verwandten oder Freund beim Übergang vom Diesseits "nach drüben" behilflich sein zu dürfen! Oftmals kann sich dabei eine gerade ins Jenseits eingehende Seele überhaupt nicht mehr entsinnen, *wer* der Geist eigentlich ist, welcher ihm dann treu zur Seite steht... Es mag vielleicht jemand sein, dem man einst auf Erden eine Gefälligkeit erwiesen hatte, an welche man sich überhaupt nicht mehr erinnern kann, die aber für den, dem man sie erwies, von großer Bedeutung gewesen war. [6]

Für die Angehörigen eines Sterbenden, die am Krankenbett des zuweilen arg leidenden Patienten stehen, stellt sich die Lage problematischer, diffiziler, dar:
Diese nehmen nämlich zuvorderst das Ringen der Seele um ihr Freiwerden von der irdischen Hülle wahr, was sich, bei letzterer, als Todeskampf ausprägt. Seele und Geist eines Sterbenden selbst merken - bewusst - meistens nichts davon, da ihr eigentliches Erlebnisbewusstsein das Interesse an rein irdischen Vorgängen schon verloren hat und bereits fühlend ins "Große Jenseits" hineintastet - was etwa der Phase des Hinüberträumens beim Einschlafen entspricht.
Diesen Zustand des Bewusstseins könnte man als "komatös" bezeichnen.
Ein möglicherweise vorkommendes, augenscheinliches Sich-Winden des Körpers, im vermuteten Schmerz der Agonie, ist für den Sterbenden selbst genauso unbewusst, wie das Strampeln und Schreien bei einem neugeborenen Kind – weil dies automatische Reflexe und Prozesse des Wachstums für den kleinen Kindskörper, sowie die Ausdehnung seiner Lungenflügel, sind.

Nun – was kann ich empfehlen..?
Wenn man am Lager eines Sterbenden weilt, verhalte man sich ruhig. Auch wenn es der liebste Angehörige oder beste Freund ist, solltet ihr nicht herzzerreißend weinen und schreien, wenn der Tod mit Riesenschritten naht und schließlich eintritt.
In Hospitälern und Hospizen ist es nicht selten Gepflogenheit, das meistens auf Rollen ruhende Bett in ein leeres Zimmer zu fahren, sodass dort völlige Ruhe um einen ins "Große Jenseits" Hinüberträumenden herrscht. Gewiss geschieht solch eine getroffene Maßnahme in erster Linie wohl deswegen, in einem großen Krankensaal die anderen Patienten nicht zu beunruhigen

oder aufzuregen - jedoch wird damit einem Sterbenden, unbewusst, ein großer Dienst erwiesen, ohne dass die Ärzte und das Pflegepersonal das ahnen mögen.

Der Grund ist folgender:
Obwohl das *Erlebnisbewusstsein* eines Sterbenden in der Regel vom eigentlichen körperlichen Leiden nichts mehr spürt, weil es, wie erwähnt, langsam das Interesse an rein irdischen Dingen verliert, so befindet es sich aber trotzdem in einem Status, einer Phase des Hineinfühlens ins Jenseits, welche(r) einem seelischen Sammlungsprozess gleichkommt.

Laut entäußerte Emotionen von trauernden und sich fürchtenden Angehörigen, jammerndes Klagen oder gar das schmerzvolle Sich-Hinüberwerfen auf den Körper eines Sterbenden, im Gefühl des zu erwartenden Verlustes, stört dessen Seelenkörper und somit sein geistiges Erlebnisbewusstsein, was zur Folge haben kann, dass Seele und Geist eines Solchen für längere Zeit nochmals an den irdischen Körper gefesselt werden und der Sterbeprozess unnötig leidvoll in die Länge gezogen wird - und zwar in einer *unharmonischen* Weise, was **dann** tatsächlich auch fühlbare Todeskampfschmerzen auslösen mag, während sonst, bei ungestörtem Hinübergleiten, die eigentliche Agonie unbewusst für das Seelengewahrsein des Betreffenden abgelaufen wäre.

Die erste Zeit nach dem Ableben eines Menschen (und diese "erste Zeit" kann in Momenten, in Einzelfällen auch in Jahren und Jahrzehnten gemäß irdisch-chronologischen Begriffen bestehen, da im "Großen Jenseits" ein anderes Verhältnis zur Zeit zugrundeliegt) ist meistens eine angenehme für den Abgeschiedenen.
Entweder fühlt er/sie sich endlich von allen irdischen Schmerzen und/oder Sorgen befreit und/oder man empfindet einfach eine beseligende Ruhe. Das hängt ganz von der Art des sich sammelnden Einfühlens der Seele und des Geistes in die neuartige Umgebung ab.
Wir erleben Ähnliches durchaus auch auf Erden, wenn wir eine neue Stellung antreten, in ein neues Haus einziehen oder in eine fremde Umgebung, vielleicht während eines Urlaubes, versetzt sind... Da werden alle geschulterten Belastungen vorübergehend ins zweite Glied verdrängt, weil zu viel Neues auf unser Erlebnisbewusstsein einstürmt..!

Dies erfährt eine Modifizierung, sobald sich Seele und Geist eines Verstorbenen im "Großen Jenseits" "akklimatisiert" haben; nun tritt alles wieder vollumfänglich zum Vorschein, was uns auf Erden hauptsächlich beschäftigte und unseren Charakter, sowie unsere irdische Persönlichkeit ausmachte und von dort auf das Ego - als unsere seelische und geistige Gestalt - reflektiert hatte. Diese Neuorientierung prägt sich regelhaft erst allmählich aus - etwa so, wie sich eine Sympathie oder Antipathie *entwickelt* und, von innen heraus, gefühlt wird. Unsere irdische Charakteristik und Eigenart entspricht der Gesamtwesenheit, die unsere im "Großen Jenseits" gesammelte Seele, nebst Geist, vollkommen ausfüllt, sodass wir schließlich als das dastehen, was wir in Wirklichkeit eigentlich sind und immer waren - nur, dass wir es im irdischen Leben bemänteln und verbergen konnten, was "drüben" indes nicht mehr geht.

Wir erscheinen und begegnen jedem Bewohner des Jenseits ganz und gar authentisch und echt - es gibt keine Möglichkeiten irgendetwas zu verstecken, zu verschleiern, zu beschönigen..! Wir sind (trotz Bekleidung) wie "nackt", da unser Gefühlskörper sozusagen zu unserer äußeren Hülle geworden ist. [7]

Langsam, aber unabwendbar, werden wir bald, wie magnetisch, zu jenem **örtlich fixierten** Ambiente hingezogen, welches mit unserer eigentlichen Persönlichkeit korreliert und daher kompatibel ist. Erst eine Änderung des wesenhaften Kerns - aus innerster Überzeugung -, versetzt uns in eine aufsteigend bessere Umgebung und unter Wesen, die der geläuterten inneren Auffassung entsprechen.

Es ist gesetzmäßig im "Großen Jenseits", dass im "Gerichteten Zustand" [8] Befindliches sich zum Zustandmäßigen der Seele hingezogen fühlt und somit zu einer dementsprechenden Örtlichkeit verschmilzt. Dieses "Gerichtet Zustandsmäßige" und "Örtliche" hat aber keinen Einfluss auf den freien Willen einer Seele und des darin eingeschlossenen Geistes, also auf das Ego, das Erlebnisbewusstsein!

Der freie Wille jeder menschlichen Entität bleibt - sowohl im Diesseits, wie auch im "Großen Jenseits" - absolut unangetastet! Dementsprechend gibt es auch keine *ewige* Verdammnis, weil jeder - sollte er sich in einem höllischen Zustandsmäßigen und Örtlichen befinden - von dort wieder herauskann, sobald er sich innerlich zu seinem Besseren bekehrt, seinen Charakter wandelt und sich geläuterte Auffassungen und Anschauungen zu Eigen macht. [9]

Hier mögen einige einwenden, dass es demnach ja auch keine *ewige* Seligkeit geben könne, weil man sich aus einer solchen Position ja mit dem freien Willen ebenfalls wieder selbst herausschaffen könne...
Theoretisch ist das richtig, praktisch aber nicht zutreffend.
Welche Seele, nebst Geist, eines Verstorbenen würde wohl aus freien Stücken aus einem beseligenden Zustandsmäßigen und Örtlichen wieder herauswollen? Namentlich dann, wenn sie vorher im Zustandsmäßigen und Örtlichen der Verdammnis weilte, wo alles verquer, bedrückend und beängstigend ist/war?
Wie aus diesen Ausführungen zu entnehmen, bezieht sich das Wort "ewig" bei der Verdammnis und Seligkeit nur auf das dementsprechende Zustandsmäßige und Örtliche, aber niemals auf eine Menschenseele (inklusive deren darin eingeschlossen-waltenden Geist), welche für immer den freien Willen besitzt und deswegen aus freiem Entschluss jedes "Ewige" allezeit wieder verlassen kann. Eine gereifte Seele wird zum Verlassen der Seligkeit, Fülle und Harmonie keine Veranlassung verspüren, kein Verlangen in sich tragen.

Indes: Ihr habt kaum eine blasse Vorstellung davon, *wie* beseligend tatsächlich die "ewige Seligkeit" im Jenseits ist!
Sie bedeutet ja nichts statisch determiniertes, sondern unterliegt - wegen des permanenten Strebens nach Vollkommenerem - steten Steigerungen, die ihr nicht einmal zu erahnen vermögt!
Würde euch das Seligkeitsempfinden nur einer mittleren lichten Sphäre des Jenseits in eurem Alltagsleben überkommen - ihr könntet das nicht aushalten, und es würde euch vor Wonne geradezu unmöglich erscheinen, ein ferneres Sein auf der physischen Erde zu ertragen.
Um jedoch in ein solch ersehntes zustandsmäßig Örtliches im "Großen Jenseits" einzugehen, braucht es allerdings die dafür nötige Vollreife - welche zumeist erst noch errungen werden muss! [9]

Nun möchtet ihr bestimmt gerne wissen, wie man sich eine solche beseligende Wonne ansatzweise vorstellen könnte...
Hmmm... Sie kann euch leider empfindungsmäßig nicht adäquat vermittelt werden, doch könnt ihr, unter bestimmten

Verhältnissen und Bedingungen, einen blassen Schimmer davon schon auf Erden erfahren. Es mag, behelfsmäßig, verglichen sein mit

- dem Wechsel von erdrückender Sorge zu einer, diese vollständig behebenden, guten Nachricht,

- dem Genesen von einer schweren Krankheit, wenn ihr euch wieder leicht, frei und heiter fühlt,

- dem Vollbringen einer guten, selbstlosen Tat,

- dem Vorüberzug eines schweren Gewitters - wenn sich am Abend der Himmel aufklart, kein Lüftchen mehr bewegt und nach der Tageshitze eine erfrischende Abkühlung eingetreten ist, sodass ihr euch vor innerem Behagen dehnt und streckt...

Vervielfältigt die hier als Beispiel angeführten Momente und verstärkt sie ins Unermessliche - dann habt ihr ein schwaches Bild von den Seligkeiten im "Großen Jenseits".

Jeder wird dieser Seligkeiten teilhaftig, sobald er innerlich dafür reif geworden ist, denn **reif** muss man sein, weil man sie sonst nicht als solche empfinden würde.

Zum Beispiel hätte ein reiner Genussmensch und "Partylöwe" kaum ein Auge für die Schönheiten der Natur. Er ginge daran vorbei und würdigte sie keines Blickes, weil sie in seinem Inneren keinen Widerhall fänden; ihm fehlte es an der nötigen Resonanzfähigkeit - entsprechend dem Ermangeln voraussetzender Reife.

Während sich in der physischen Schöpfung *Gegensätze* anziehen und durch ihre ergänzende Polarität alle Bewegung und Veränderung hervorrufen, kann seelisch empfundene Harmonie nur durch **Gleich**stimmung hervorgerufen werden.

Auf jemanden, der innerlich für "Himmlisch-Gefühlsmäßiges" kein Empfinden besitzt, kann sie nicht einwirken; das heißt: ohne Harmonie besteht keine Kompatibilität mit dem "Himmlisch-Beglückenden". Analog würde es, zum Beispiel, ein trocken-wissenschaftlich orientierter Botaniker nicht vermögen, die Farbenpracht und den Duft von Blumen zu *genießen* - kurz: in den Schönheiten der Natur zu schwelgen - nur weil er von jeder Pflanze die genaue Zahl und Form der Blätter, die Farbe der Blüten, sowie die Anatomie der Kelche und Staubfäden kennt..!

*

Gar manchen ist es eine bedrückende Frage, warum sich liebe Verstorbene nicht bei ihnen melden...

Das ist jedoch viel häufiger der Fall, als ihr gemeinhin annehmt - doch die Abgeschiedenen können euch oft nicht erreichen, weil ihr sie entweder nicht neben euch spürt oder euer inneres Gehör und Gesicht [das heißt Sehen] nicht entwickelt ist.

Weiters verlieren jene allmählich genauso das Interesse an den Dingen der feststofflichen Erde, wie jemand, der aus seiner alten Heimat ausgewandert ist und mit der Zeit immer weniger schreiben wird, weil

- er/sie entweder ausreichend mit der Überfülle an neuen Eindrücken beschäftigt ist,

- er/sie nun mit, ihm im Tode vorausgegangenen, Angehörigen verbunden ist,

- es ihm/ihr, wegen des zunehmenden Auseinanderdriftens der Erlebniswelten, bald an Stoff fehlen wird, der für beide Seiten interessant, erquicklich und/oder nachvollziehbar ist.

Im Übrigen hat einfach jeder durch den irdischen Tod ins "Große Jenseits" Eingegangene anfänglich zu viel mit sich selbst zu tun. Er/sie ist mit massiv veränderten Verhältnissen konfrontiert, muss sich erst einmal zurechtfinden; eine Anforderung, welche sein Erlebnisbewusstsein mitunter vollauf in Anspruch nimmt.
Ferner vergesse man nicht einen sehr wichtigen Umstand:
Jeder Verstorbene formt sich anfänglich durch seinen Charakter und seine Wesensart im "Großen Jenseits" das "Zustandsmäßige" seines Seins selbst - etwa so, wie es für ihn auf Erden gewesen war. Benanntes "Zustandsmäßige" ist für ihn dabei absolut real.
Mit der Zeit geht jenes in die gleichgestimmte **Örtlichkeit** über, von denen es im "Großen Jenseits" genauso viele gibt, wie denkende Menschen sie, als solche, für bestimmte Gruppen und Gemeinschaften et cetera, zu kreieren verstanden, respektive verstehen. [10]
Ist dem der Erde Abgeschiedenen das "Zustandsmäßige" mit dem entsprechenden "Örtlichen" vollkommen verschmolzen, so ist das dann, vor der Hand, sein Platz im "Großen Jenseits", von welchem aus sich die betreffende Seele weiterentwickeln muss.

Diese Zuweisung indes ist für manchen durchaus nicht angenehm!

Wohl könnte man sich zurückgelassenen Angehörigen auch von dort aus noch bemerkbar machen; doch man wird sich vielleicht scheuen, das zu tun, um Menschen, die eventuell "große Stücke auf einen hielten", nicht anzeigen zu müssen, *wo* man sich - beschämenderweise - nun leider befindet!

Im Zuge der jenseitigen Weiterentwicklung wächst nun aber auch die geistige Erkenntnis, sodass ein Verstorbener irgendwann darauf verzichtet, sich mit seinen noch auf Erden lebenden Angehörigen in Verbindung setzen zu wollen, da ihm zunehmend bewusst wird, dass jeder irdisch Inkarnierte seinen ganz speziellen Erfahrungsweg allein zurücklegen muss.

Folglich breche man nicht künstlich in die Kreise der Verstorbenen ein, da sie im "Großen Jenseits" ihre Aufgaben zu lösen haben, die schwerpunktmäßig in einem optimierenden Resümee der Ergebnisse ihrer physischen Inkarnation, der reifenden Weiterentwicklung der Seele und Verstärkung ihrer geistigen Erkenntnisse bestehen.

Was würdet ihr auf Erden wohl sagen, wenn man euch in eurem Wallen ständig stören würde? Dass dürfte wohl niemandem zupass kommen!

Darum lasst eure Verstorbenen in Ruhe - außer, sie melden sich auf irgendeine Weise von allein; was freilich auch gezielt durch ein Medium geschehen mag, wenn dieses echt und vertrauenserweckend ist. In solchem Falle werden Abgeschiedene, die sich mit euch in Verbindung setzen wollen, schon von selbst alles erzählen, was ihnen, für euch zu wissen, wichtig erscheint, ohne dass ihr vorher über das Medium zu dem Verstorbenen zu sprechen braucht.

Was vom Mediumismus zu halten ist..? [11]

Wir Meister kritisieren und verurteilen niemanden. Jeder lädt sich seine eigene Verantwortung auf. Es gibt gute, sogar ganz exzellente Medien, welche vorzügliche Vermittler zwischen den Welten sind. Solche werden ihre Gabe aber niemals kommerzialisieren! Das heißt, unter anderem, auch, dass sie keine Botschaften "auf Knopfdruck" abliefern, sondern nur, wenn sie, respektive der eventuelle Jenseitige, dafür disponiert sind! Ein einwandfreies Medium wird immer freiweg zu einer möglicherweise misslichen körperlichen oder seelischen Verfassung stehen und von einer Durchgabe aus dem transzendenten Reich Abstand nehmen, weil - in solchem Falle - möglicherweise keine Exaktheit des gechannelten Materials gewährleistet werden kann.

Weil sehr viele Menschen Medien aufsuchen, um etwas über die allgemein zu erwartende, beziehungsweise (viel öfter noch) ihre persönliche *Zukunft* im Speziellen zu erfahren, sei ihnen hiermit der Rat erteilt, nur zu einem Medium des erwähnten einwandfreien Typs zu gehen, da sonst ein Komplex geschaffen werden kann, welcher sich schlussendlich gar sehr nachteilig auf den Besucher auswirken könnte.

Es kann konstatiert werden, dass es schon großer Erfahrung bedarf, die Zukunft wenigstens einigermaßen treffend vorauszusagen. Das gilt auch für die Verstorbenen, insoweit diese sich aufs Prophezeien verlegen. Denn viele Abgeschiedene sehen - auf lange Frist betrachtet - im "Großen Jenseits" durchaus nicht klarer, als wir hier auf Erden!

Schnell ist man darum, betreffend richtungsweisender Zukunftsprognosen, irregeführt; kurz: "auf dem *Holzweg*"!

Behaltet stets im Sinn, dass jeder seinen Kurs der Entwicklung bis zur Vollendung letztlich separat festlegt und gehen muss, weil er/sie ja ein **Individuum** ist (und zumeist darauf auch großen Wert legt)..! Lasst euch also von keiner mediumistischen Prophezeiung in einen unfreien Zustand versetzen, welcher schließlich nur eurer persönlichen Weiterentwicklung hinderlich wäre!

Zusammenfassend kann man sagen, dass Medialität eine zumeist schon angeborene Gabe ist; eine Begnadung, sich mit den Seelen, oder besser Geistern (als der Seele innewohnender, sie antreibender Aspekt), in Verbindung zu setzen. Doch ein Medium ist auch nur ein Mensch, hat wechselvoll bessere und schlechtere Tage des Empfanges von Mitteilungen aus der Transzendenz... Daher *stützt euch nur bedingt* auf mediale Botschaften und lasst euch in eurer freien Willensentschließung nie beeinflussen oder gar davon abhalten, euer **eigenes Urteil** walten zu lassen! In solchem Fall würde man sich nämlich selbst blockieren, das heißt ungebührlich (und ansatzweise sogar manipuliert) in eine Richtung fixieren (lassen).

Noch ein Wort über das **Erlebnisbewusstsein,** von dem in meinen Darlegungen schon des Öfteren die Rede war:
Das Erlebnisbewusstsein, das empfindende Bewusstsein, dass wir real existieren, ist eigentlich das Allerwesentlichste beim Fortleben nach dem Tode. Es entspricht unserem Seinsempfinden - gefühlsmäßig durch die Seele, verstandesmäßig durch den Geist.
Ohne solches Bewusstsein wären wir, vom menschlichen Standpunkt aus betrachtet, wie ein Stein; das heißt wir wären wohl da - doch würde das für uns gar nichts ausmachen und ein Dasein wäre uns ebenso gleichgültig wie ein Nicht-Dasein...
Dass wir aber unser Vorhandensein voll bewusst erleben, verdanken wir den gefühlsmäßigen Fähigkeiten der Seele, welche auch allen Tieren zu eigen sind, sowie der geistigen, spirituellen, auch verstandesmäßigen Einschätzung unserer Umgebung, die wir als unser Objekt betrachten. Durch unser Individual-bewusstsein - den Funken aus Gott, den jede Menschenseele als Geist erhält - sind wir folglich das beobachtende Subjekt.

Nun - Schritt für Schritt..:
Die Angst vorm Sterben resultiert aus der Befürchtung, als empfindendes Bewusstsein ausgelöscht zu werden; wenngleich das Physische, zu Staub zerfallend, atomar weiterexistieren würde (was natürlich überhaupt **kein** Trost ist).
Oben genanntes Erlebnisbewusstsein ist jedoch **keine Eigenschaft des menschlichen Körpers (und seines Gehirns),** sondern der Seele und des Geistes - und übersteht, beim irdischen Ableben, somit auch das Heraustreten aus der Physis! Der irdische Leib, als solcher, ist, ohne innewohnende Seele und Geist, eine leere, inhaltslose Fleischhülle ohne jedes Eigenbewusstsein. [12]
Mit anderen Worten: Während des menschlichen Erdenlebens verschaffen uns einzig Seele und Geist unser Erlebnis-bewusstsein. Dieses zieht sich beim irdischen Ableben mit dem heraustretenden Seelen- und Geistkörper zurück, bildet im "Großen Jenseits", in Gestalt eines eine Einheit darstellenden Seelen/Geistleibes, dieselbe reale Lebensbasis, wie es uns die Dreiheit Geist/Seele/Physis im Erdenleben gewesen war. [3]
Jedem Sterbenden ist daher wärmstens zu empfehlen, sich auf sein Erlebnisbewusstsein zu konzentrieren, sich an Seele und Geist zu orientieren [13], um einen runden, bewussten Start im

"Großen Jenseits" zu initiieren. Das eigentliche Sterben ist daher für unser Erlebnisbewusstsein nichts weiter als ein Hinüberwechseln aus dem rein Irdischen in das Seelische und Geistige, was gewöhnlich mit einem, dem Einschlafen ähnlichen, Hinüberdämmern der irdischen Hülle verbunden ist.

Manche der zuvor gegebenen Offenbarungen mögen teilweise schwer begreiflich sein, entsprechen aber dennoch den Tatsachen.

Ich habe sie so leicht verständlich als möglich wiedergegeben - wobei nicht vergessen werden darf, dass man, beim Beschreiben von jenseitigen Verhältnissen, ein Gebiet abseits des dem irdischen Menschen zugänglichen Auffassungsvermögens betritt, für welches eigentlich ein adäquates, zupassendes Repertoire an Worten und Begriffshülsen fehlt. [14]

Um ein möglichst klares, gründliches Bild vom Mitgeteilten zu erhalten, lese man das gegebene Material deswegen getrost mehrere Male - es wird nicht schaden..!

Ihr werdet einmal selbst im Jenseits fortexistieren - befestigt euch dieserhalb, indem ihr eure Bewusstseinsgestalt durch eigenes Denken und gefühlsmäßiges Erleben aufbaut.

Jeder lebt ein Eigenleben, ist sozusagen eine eigene "Sonne", welche von ihrer "All-Umwelt" energetische Eindrücke erhält und aufnimmt; jene durch Nachdenken und gefühlsmäßiges Erleben wieder in eine strahlende Emanation umwandelt - womit ihm selbst hellere Erkenntnis zuteilwird und er wiederum viel Licht an seine (spirituell verfinsterte) dunkle Umgebung abgeben kann...

34 - Der "Himmel"
als unbegrenzter Beglückungszustand

Kein Auge hat es je gesehen und kein Ohr je vernommen, was Gott denen bereitet hat, die Ihn lieben. [1] Unermessliches an innerer Beglückung ist jedem Menschen in Aussicht gestellt, der Gott wirklich liebt!

Was wird aber mit all jenen sein, die, so aufrichtig sie es möchten, Gott nicht so zu lieben vermögen, weil sie vielleicht, entsetzt vom Elend in der Welt und der auf Erden herrschenden (scheinbaren) Ungerechtigkeit, an ein Höheres Gutes nicht glauben können?

Diese Frage ist berechtigt, braucht jedoch niemandem Besorgnis einzuflößen.

Im "Großen Jenseits" gibt es wahrlich viele Gelegenheiten, all das nachzuholen, was wir im Irdischen nicht zu erreichen vermochten. Die Hauptsache ist nur, dass wir dies wirklich von Herzen gern tun *wollen*.

Hier zeigt sich: Gott versteht unsere Beschwernisse und Umstände vollkommen, kennt uns durch und durch..! **Er** ist die Liebe, das Mitleid, die Zuneigung, die Anteilnahme, die helfende Hand! Wir brauchen sie nur zu ergreifen..!

Die verschiedenen kirchlichen Konfessionen erteilen kaum verwertbare Auskünfte über die Zustände und Gegebenheiten im "Himmel". Bezüglich der "Hölle" hingegen wird konkret gedroht, dass es dort fürchterlich sei - ein Ort des Heulens und Zähneknirschens! Letzteres eventuell als Ausdruck der Verzweiflung über verpasste Gelegenheiten, oder vielleicht auch in ohnmächtiger Wut zufolge der vorgefundenen, finsteren Jenseitsverhältnisse, in denen manche, aufgrund ihres inneren Empfindens, landen mögen.

Derartige höllische Episoden brauchen aber für niemanden "ewig" zu währen! Nur mangelnde Einsicht zum Besseren hindert daran, aus solch beklemmender Lage herauszufinden. Es hängt also ganz vom freien Willen eines Jeden ab..!

Wer wird denn aber, so mag hier eingewendet werden, in der "Hölle" bleiben wollen, wenn er es anders haben kann??

Mehr als ihr denkt - und zwar meistens aus Eigendünkel und Trotz!

Auch auf Erden begegnen wir manchmal Menschen, die aus widrigen Verhältnissen nicht herauskommen, weil sie dabei etwas von ihrem hochmütigen Stolz aufgeben müssten; befürchten, sich einen "Zacken aus der (eingebildeten) Krone zu brechen".
Lieber scheinen sie unterzugehen, als einzulenken und nachzugeben!

Eine solche Einstellung (geboren aus dem freien Willen eines Individuums) bindet, bannt und fesselt aber im "Großen Jenseits" jemanden, der so denkt, oftmals an die widrigsten Verhältnisse.

Die Aussicht, gemäß den recht vagen "Beschreibungen" seitens der Kirchen, mit einem goldenen Heiligenschein über der Stirn, ewiglich auf "Wolke 7" Lobgesänge anzustimmen und dabei begleitend auf einer Harfe zu klimpern, erscheint indes wenig reizvoll - zumal nicht für unmusikalische Gemüter..!
Allein in den Schriften der Mystiker und Seher erfahren die Menschen mehr über die Zustände im sogenannten "Himmel" [2]. Doch diese Zeugnisse werden von Kirchenchristen nur allzu selten in Betracht gezogen! Die Ansichten eines Namens-"Christen" zu tiefspirituellen Dingen sind regelmäßig eher von Desinteresse geprägt - im Produkt daher sehr undifferenziert und schwammig; einen "Himmel" zu erwarten wäre ihm allein deshalb angenehmer, weil er nichts Höllisches an sich hätte...
Hmmm... - eine billige Definition..!

Doch wie liegen die Dinge wirklich..?

Der "Himmel" ist so unbeschreiblich exquisit, dass, wenn irgendein Sterblicher einen Blick in das Zustandsmäßige des Himmlischen werfen könnte, er fortan jede Lust zum Weiterleben auf Erden verlieren und Gott bitten würde, ihn doch von der Erde zu erlösen, damit er in diese Lichtsphäre gelange.

Was ist denn nun eigentlich *"der Himmel"*?

Zunächst wäre er wohl als ein Status der menschlichen Seele nach dem irdischen Tod zu definieren, in welchem die Seele all jene inneren Beglückungszustände als wirklich zu erleben vermag, in denen sie sich auch schon auf Erden (zumeist nur für kurze Zeit) so überaus erhoben fühlte. Um in solchen "Privat-

Himmel" zu kommen, muss die entsprechende Grundlage dafür im Erdenleben also schon gelegt sein..! Umso altruistischer dabei die Motive, desto reicher, intensiver und beseligender benanntes Glücksempfinden - das bezieht sich auf die jenseitigen Verhältnisse sogar noch verstärkt.

Wie schon früher gelegentlich angedeutet, ist das von Gott jedem Menschen gesteckte Ziel, einmal die höchste Glückseligkeit zu erlangen.
Gott ist die Liebe und Seine Zielsetzung ist folglich allein liebe-initiiert.
Jene erwähnte Beglückung hat absolut nichts mit irdischem Mammon, Rang, Glanz, Stellung oder Einfluss zu tun, sondern ist etwas, das uns - erreicht - absolut wunschlos macht und in uns das Gefühl erweckt, *so sollte es immer bleiben...*

Solch Empfinden wird sehr individuell bewirkt:

- Ein Mensch ist vielleicht glücklich, wenn er künstlerisch schafft und seine Kunstobjekte anderen darbieten kann.

- Ein anderer möchte gerne lehren und Vorträge halten.

- Weitere gibt es, die vielleicht organisieren oder hilfreich zur Seite stehen wollen...

Weil also wahres Glück bei den Menschen genauso ver-schiedenartig verursacht wird, wie von ihnen erlebt, entspricht der "Himmel" niemals einer monotonen Gleichmacherei, sondern wird jedermann *die* Beglückung ermöglicht, welche mit seinem Innersten korreliert. Es herrscht dabei die allergrößte Freiheit besagtes Glücksgefühl und Empfinden noch permanent zu erweitern und zu steigern - man braucht nur danach zu trachten und zu streben.

Und wo ist die Grenze für diese Steigerung..??

Allein - eine solche gibt es im Himmelszustand nicht!
Jeder kann sich die (nicht existierende) "Grenze" ständig weiter hinaufsetzen und wird neue Schönheiten, neue Freuden erleben - solange solche nicht die Freiheiten anderer einschränken. Wie schon mal erwähnt: Je selbstloser die Zielsetzung, desto unfasslich wundervoller die damit verbundene Beglückung selbst.

Einmal *muss* doch aber die Beglückungssteigerung eine Grenze haben!!

Um es noch einmal zu unterstreichen: Nein!

Und warum nicht?

Da, mit jeder Beglückungssteigerung, auch neue Aus- und Einblicke in Gottes <u>unendliches</u> Wunderwerk, die Schöpfung, gewonnen werden.
Dies adäquat beschreiben zu wollen erscheint - vernünftigerweise - nahebei unmöglich! Ich kann jedem Leser meiner Worte nur ans Herz legen, die angedeuteten, diesbezüglichen Folgerungen für sich selbst zu ziehen. Unzweifelhaft ist der "Himmel" **so** reichhaltig an Möglichkeiten, dass diese niemals von uns erschöpft werden können. Wohl mögen wir auf unserem Wege in manchem erreichten Glück verweilen wollen - und dürfen das im Zustand des Himmlischen auch -, doch einmal wird uns jedes statisch Verharrende nicht mehr völlig befriedigen und wir möchten weiter voranschreiten, wenn die Reife dafür vorhanden ist!

Nie mutmaßt indes, dass es im "Himmel" stereotyp, berechenbar eintönig oder gar zwingend zugehen könne.

"Hmmm...", mögt ihr vielleicht denken, "wenn dort aber kein Zwang herrscht, wie wird dann die Ordnung aufrechterhalten, da Menschen, ob diesseitig einverleibt oder jenseitig als Bewusstseinseinheiten wandelnd, doch auch ihre Fehler, Schwächen und Unvollkommenheiten haben?"

Nun, dies ist ganz einfach..!
Denn: Wer den dortigen Verhältnissen der Aufrichtigkeit, Ehrlichkeit, Anständigkeit, Offenheit, des Entgegenkommens ohne Rückhalt, des Mitgefühls, der Sympathie, Empathie und Liebe nicht entspricht, schließt sich selbst von himmlischen Zuständen aus, indem er/sie sich dort nicht wohlfühlt. Er/sie wird sich von allein entfernen, gleich, wie man es - auf Dauer - in einer 90°-Sauna nicht lange aushalten würde.
Dies, bis ihm/ihr zu Bewusstsein gelangt, welchen Irrtümern er/sie unterlegen war. Mit einer Wandlung der Gesinnung steht einer Seele dann der "Himmel" buchstäblich (wieder) offen!

Der "Himmel" der Menschen ist so variabel, wie es die Menschen selbst sind. Wie die Vorstellung jedes ewigseienden Erlebnisbewusstseins ist, so gestaltet sich auch dessen "Himmel". Nur um anzudeuten, von welcher Art besagte Wonne sein mag, seien hier exemplarisch (und damit bei weitem nicht vollumfänglich oder abschließend) die himmlischen Zustände einiger Seelen *beispielhaft* wiedergegeben – wobei aber ausdrücklich vermerkt sei, dass diese Beschreibungen nur einen schwachen Abglanz der Wirklichkeit des lichtvollen Seins der betreffenden, abgeschiedenen Seelen darstellen können.

Zunächst sei der "Himmel" eines ledigen Menschen beschrieben, welcher seinen Lebenssinn aus der Hilfe an anderen generierte. Würde euch die Seele einer solchen, zu Lebzeiten absolut altruistischen, Person begegnen, würdet ihr wohl die Glorie seiner Erscheinung kaum ertragen können, denn seine bewiesene Liebe und sein gezeigtes Mitleid haben seinen Seelenkörper derart vergeistigt, dass überall, wohin er sich begibt, Licht und Glanz ausgestrahlt wird.
Und welcher Art ist sein "Himmel"..?
Kurz gesagt: Entsprechend der Regungen seines Herzens..!
Es werden ihm im Jenseits alle nur möglichen Mittel zur Verfügung stehen, unzähligen hilfsbedürftigen Seelen dienen zu können. Solch Hilfesuchende werden von der lichtvollen Aura des Altruisten angezogen, der selbst dabei das ungetrübteste, beseligendste Glück genießt. [3] Eine stets wachsende Beglückung ergibt sich parallel zur Eröffnung immer neuer und herrlicherer Ausblicke, welche zuvor noch verborgen gewesen waren...

Der "Himmel" eines Redakteurs (wie es unser lieber Bruder Felix ist) und/oder Redners wird vielleicht in einer Umgebung bestehen, welche Inspirationen verschafft, neue Gedanken ermöglicht und jede Bequemlichkeit aufweist, die sich ein Schriftsteller, Autor oder Vortragsreisender bei Lebzeiten nur gewünscht haben könnte. Benanntes Ambiente, in der sich die Seele absolut glücklich fühlen wird, kann dabei teilweise noch zustandsmäßig sein, teilweise schon örtlich fixiert. Ohne sich recht bewusst zu sein, wie es geschieht, werden seine Werke in seinem ureigenen Himmelsbereich als Bücher gedruckt und Bibliotheken füllen.

Sollte er Ansprachen halten, werden ihm in seiner Lichtwelt (die wenigstens zeitweise mit ähnlichen Himmelssphären anderer Schriftsteller und Redner zusammenfließt) riesige Vortragssäle und Hallen zur Verfügung stehen. Er wird sich auch nicht über mangelnde Zuhörerschaft zu beklagen haben, da sich in Himmelsbereichen, die seinem ähnlich sind, das Auditorium mit, am Thema interessierten, Seelen tatsächlich Verstorbener füllen wird - zudem ebenfalls mit Besuchern in der Phase des Zustandsmäßigen, also des nur relativ Wirklichen, wie solches tatsächlich, zum Beispiel, sogar in den Träumen von Erdbewohnern geschehen kann. [4]

Also..., wie weiter oben bereits erwähnt: "Himmel" ist der Zustand - und später auch die Örtlichkeit -, wo jeder *das* vorfindet, wonach die Regung seines Herzens Verlangen trägt.

Das gilt für jeden Menschen!

Doch Vorsicht, wenn die Dinge anders stehen: Brennt die Seele sinnend nach Rache, dürstet es sie niederzureißen und Schaden zuzufügen, quält sie Neid, Missgunst oder Niedertracht - erschafft sie sich im Nachtodlichen entsprechend *höllische* Zustände!

Hier sei aber eingeflochten, dass, besonders in der ersten Zeit nach dem Ableben, besagte Phasen niemals völlig deutlich abgegrenzt sind – ähnlich, wie bei euch Irdischen Stimmungs-schwankungen, Versuchungen und vielerlei Gedankeneinflüsse normal sind.
Ferner sei in Betracht gezogen, dass jeder Tat und jedem Gesinnungseinfluss eine gewisse Kraft zugrundeliegt. Unsere Aufgabe als Mensch - mit einem Geistfunken aus Gott - ist es, alles auf uns Einwirkende zu kontrollieren. Die verursachende Kraft als solche ist zumeist neutral - gut oder schlecht wird sie erst durch unsere freie Willensentscheidung bezüglich ihrer Nutzung.

Dieserhalb sei erwähnt, dass viele Menschen, wegen so mancher unschönen Gedanken, Verwirrnisse und negativen Inspirationen aller Art, welche den Tag über auf sie einprasseln mögen, ängstlich sind. Sie fürchten, dass sie dadurch schon gesündigt haben...

Keineswegs!

Wir können nicht verhindern, dass sowohl gute, wie auch schlechte Gedanken und Ideen, die um uns herum wogen, auf uns einzuwirken versuchen und wir uns derselben plötzlich bewusst werden. [5] Das ist **keine** Sünde, sondern handelt es sich eher um Prüfungen, die es stets geben wird, ja geben muss, um uns im Entscheiden zu üben - bis es uns zur Selbstverständlichkeit geworden ist, stets nur das zu wählen und zu tun, was gut, recht, edel, sauber und anständig ist..!

Bei willensschwachen Menschen, die ihren Geist nicht überwachen, überprüfen, beherrschen können (und mancher Hang zur Willensschwäche ist als Anlage ererbt), besteht die Gefahr auf die falsche Bahn gelenkt zu werden. Sobald sie in den Strudel sündhafter Wünsche, Begehrlichkeiten und Gelüste verfallen, entschuldigen sie sich allzu schnell mit der Ausrede: "Ach, was hat es für einen Sinn, gegen eine Versuchung anzukämpfen, wenn ich ihr letztlich doch immer wieder unterliege!"
So eine mentale "Schleife zu fliegen" ist absolut inkonsequent und mithin verkehrt!

Sünde [6], in des Wortes vollster Bedeutung, liegt erst dann wirklich vor, wenn wir *vollbewusst und aus freien Stücken* einer Verlockung zum Schlechten nachgegeben haben.
Wenn wir, aus eben angeführter Schwäche heraus, einem negativen, sündigen Gedanken Raum geben, ist dies gewiss schon der Wegbereiter für die spätere Tat [7]. Nachvollziehbar - und eine Realität! Darum gilt: Wehret (bereits) den Anfängen!
Kommt es - im Gefolge der jenes vorbereitenden, nährenden Gedankengespinste - dann zur Handlung, das heißt der Ausführung des Unerwünschten, liegt freilich eine Sünde vor; doch eine solche entspricht "nur" einem erneuten Fallen - und das Aufstehen danach sollte nicht allzu schwer sein, wenn der permanente Wunsch zur Besserung dominiert..!
Nicht zur Diskussion steht, dass es kaum unser Ziel sein darf, Fehler hundert oder tausend Mal wiederholen zu wollen..!
Beachtet also den "Knackpunkt": Fällt jemand, so stehe er wieder auf und repariere/begleiche den eventuell seinem Nächsten zugefügten Schaden angemessen!
Konkret genügt es, beispielsweise im Falle einer Verleumdung, **nicht**, dem Geschädigten privat um Entschuldigung zu bitten,

sondern muss die Beichte so öffentlich sein, als Lug und Trug schon seine verhängnisvollen Kreise gezogen hat!

Verzweifelt nicht!

Dem Prozess des Fallens und sich wieder Erhebens unterliegt sogar ein großer belehrender Zweck, indem unsere Klarheit zunimmt und das Selbstbewusstsein gestärkt wird - bis es schließlich kräftig genug ist, das Übel zumindest entscheidend zu minimieren. Damit ist schon sehr viel gewonnen! Fehler werden - und müssen fast - gemacht werden, denn nur durch eigene Erfahrungswerte wird unser Wissen, sowie der rechte Gebrauch des freien Willens, ausgebildet.

Eine große Hilfe in der Versuchung sind Meditation und Gebet - letzteres aus tiefstem Herzen; Gott direkt ansprechend und Ihm persönlich die Schwächen anvertrauend, um Seinen allmächtigen Schutz flehend.
So denkt auch an die ersten Zeilen des Mustergebetes, dass Jesus, während seiner Bergpredigt, offenbarte:

*"Vater unser, in den Himmeln, Dein Name [8] werde geheiligt; Dein Reich komme; Dein Wille geschehe - wie im Himmel, so auch auf Erden; (...) vergib uns unsere Schuld - wie auch wir vergeben unseren Schuldnern [9]; **und führe uns in der Versuchung [10], ja, hilf uns, vom Bösen [11] frei zu werden.**"* [12]

Weil sich jeder Mensch schon zu (irdischen) Lebzeiten seine Eigenwelten, seinen "Himmel" oder seine "Hölle", formt [13] und diese in seinem Erlebnisbewusstsein, nach dem physischen Tod, mit hinübernimmt, entsprechen sie zunächst der Position, welche vom Charakter, den positiven oder negativen Eigenschaften eines Menschen, abhängen - und somit scheinbar kaum etwas damit zu tun haben, ob jemand an Gott glaubt oder nicht!
Nun - falsch gemutmaßt!
Sehr viel sogar hat diese Prämisse mit der wahren und vollen Glückseligkeit im "Himmel" zu tun! Deswegen werden alle rechtschaffenen (jedoch ungläubigen) Menschen, nach ihrem Tode, auf eine für sie kaum erkennbare Art und Weise, durch Umstände und Erlebnisse, im Jenseits langsam dahin geführt, sich allmählich von der Existenz Gottes zu überzeugen.
Diese Unterweisung mag, für irdische Begriffe, ein langwieriger Prozess sein - doch Geduld ist ja eine himmlische Tugend...

Ohne Gottesglauben bleibt die Glückseligkeit des "Himmels" unvollständig, blockiert; kann nicht weiter zunehmen und wachsen - mit dem Ergebnis, dass ein solch stagnierender "Himmel" mit der Zeit droht verkrustend-langweilig zu werden, ja, sogar vom hohen Ideal des Himmlischen abgleitet..! Doch stets, unbeirrt und unermüdlich, wird einem an und für sich guten Menschen geholfen, Gott zu erkennen. Allein der sich *absichtlich* dagegen Verschließende muss sich selbst und seinem, sich immer trauriger gestaltendem, Schicksal überlassen werden - denn im Jenseits, noch viel mehr als auf Erden, wird der freie Wille aufs Höchste respektiert! Selbst wenn es den notorischen Skeptiker irritieren mag, sei hier deshalb nochmals ausdrücklich betont, dass die Glückseligkeit des "Himmels" sich nur bei jenen potenziert, die akzeptieren, respektive wissen, dass es einen Gott gibt, der alles erschaffen hat - dass die ganze ungeheuerliche Schöpfung **Sein Werk** ist, dass dieser Gott nur das zuhöchst Allerbeste eines jeden Menschen will und dies nur **durch Ihn** und **mit Ihm** erreicht werden kann!

Zur Erinnerung:
In all diesen Offenbarungen wird immer wieder darauf verwiesen, dass das Fortleben "drüben" zunächst im rein Zustandsmäßigen erfolgt, das heißt in den persönlichen Welten, die jeder Mensch aus seinem irdischen Leben - als sein Eigen - schon mitbringt. Dieses Zustandsmäßige geht dann mit der Zeit in das entsprechende rein Örtliche über.
Weiters wurde wiederholt erwähnt, dass es unzählige bewohnte Welten im Universum gibt; jede dieser ihre ureigenste jenseitige Sphäre besitzt und dass jene Lebenskreise der verschiedenen Heimstätten für vorgeschrittene Seelen ineinanderfließen und gegebenenfalls riesige Gefilde der Seligen bilden.
So kommt es, dass von solchen, deren physischer Tod schon länger zurückliegt, Mitteilungen - als Manifestationen auf Erden - nurmehr spärlicher zu verzeichnen sind. Sie rücken - weniger räumlich, als vielmehr zustandsauffassungs- und ortsmäßig - weiter von unserem Planeten und seiner Aura ab, welche(r) nun viel zu schwer und dicht für fortgesetzt ihrer Reife entgegenstrebende Seelen ist.
Auf diese Weise gelangen viele Seelen vorgeschrittener Wesen in himmlische Bereiche, von denen ihr keinerlei Vorstellung haben

könnt. Da aber das "Große Jenseits", besonders im Raum des zustandsmäßig Örtlichen, eine andere Dimension entfaltet, als die grob materielle Erde, sind solche in ihren Lichtsphären, trotz eventuell gigantischer kosmischer Entfernung, räumlich nicht unbedingt völlig von unserer Erde abgesondert.

Hier ist erneut eine Vorstellung berührt, die für euch schwer begreifbar ist:
Es muss zwischen "räumlich" und "örtlich" differenziert werden..!
Örtlich ist das Lebensumfeld jedes denkenden Wesens - möglicherweise *örtlich* gleichgerichtet mit Seinsbereichen, die *räumlich* tatsächlich in Entfernungen von Lichtjahren (gemäß irdischem Verständnis) bemessen werden müssten.

Zwei Beispiele seien hierzu angeführt:

1. Angenommen, Du wärest es, als Städter, gewohnt, in einem Hochhaus, inmitten einer City mit weiterer solcher "Wolkenkratzer" in Deinem Umfeld, zu leben. So ist das Hochhaus Dein *örtliches Umfeld*, wenngleich es durchaus gleichwertig - *räumlich* - in New York, Chicago oder Los Angeles stehen könnte. [14]

2. Etwas detaillierter..: Es gibt Planeten oder Monde (also Trabanten von, um ihren Stern kreisenden, Himmelskörpern), welche örtlich den öden zustandsmäßigen Bereichen (korrelierend mit ihrem seelischen Innenleben) manch Abgeschiedener entsprechen mögen - und daher mit solchen zusammenfallen.
Solcher Art wäre etwa das zustandsmäßig Örtliche eines Menschen, der die Existenz Gottes belächelnd für ein Märchen hielt. War er sonst aber eine gute Seele, wird er zunächst im Jenseits sein zustandsmäßig Himmlisches durchleben, welches aber, aus oben erwähnten Gründen, auf Dauer keine höhere Seligkeit bei ihm hervorruft, sondern mit der Zeit eine Monotonie verursacht, da ihm der Glaube an Gott oder, besser gesagt, das Gottesbewusstsein fehlt.
Sein zustandsmäßig Örtliches wird, zwangsläufig, allmählich verflachen, ja, öde und leer werden - wie die örtlichen Verhältnisse auf spröden Planeten, ähnlich vielleicht unserem Mars oder dem Saturnmond Titan... [15]
Mit dem Örtlichen (beispielhaft besagter Gegend) wird sozusagen sein Zustandsmäßiges verschmelzen. Das Selbst wird dann eine örtlich fixierte, dorthin gezogene Seele sein.

Sollte sie an diesem Ort zunächst auch Gleichgesinnte finden und in deren Gemeinschaft eine Art himmlischer Zufriedenheit genießen, beginnt sie jedoch bald ihre "langweiligen Mitgenossen" zu verabscheuen; was, in der Folge, zu einem Abgleiten ihres zustandsmäßig Örtlichen in noch unfreundlichere, zustandsmäßig-örtliche, Begebenheiten führt...

Unzählige Varianten himmlischen Status' ließen sich anführen - doch damit wäre nicht viel gewonnen! Meine Absicht war es, euch zu erläutern, dass "Himmel" und "Hölle" initial eine Reflexion eures Erlebnisbewusstseins sind; geschaffen durch den Besitz des euch innewohnenden göttlichen Geistfunkens, zur Unterscheidung zwischen Gut und Böse, Harmonischem und Disharmonischem.

In der Tat rufen wir so zunächst das dementsprechende Zustandsmäßige, durch das Empfinden unserer Seele, als Eigenschöpfung, hervor.

Wer das erfasst und begriffen hat, braucht eigentlich keine weiteren Erläuterungen zum Thema mehr, da er sie sich, durch logische Folgerungen, selbst auszumalen vermag.

Das "Große Jenseits" korreliert also mit der menschlichen Vorstellungskraft. Darum ist im *zustandsmäßigen* Jenseits nichts vorhanden, wovon wir uns keinen Begriff zu machen vermögen.

Aus diesem Grunde erschließt sich auch, warum das rein Himmlische, dessen allein der wahrlich Gottgläubige teilhaftig werden kann, für euch Menschen auf Erden eben *unvorstellbar* ist - es sei denn, ihr währet in eurem Gottesbewusstsein bereits schon voll erwacht und ganz in Gott aufgegangen..!

Eingangs des Kapitels besagter herrlicher "Himmel", den Gott jenen bereitet hat, die Ihn lieben [1], liegt aber für alle, die von Gott als Schöpfer überzeugt sind und in einem herzlichen, innigen persönlichen Verhältnis zu Ihm stehen, offen dar – synonym mit der Vorwärtsentwicklung, und damit ständig zunehmenden Beseligung und Glückseligkeit, welche niemals endet. Niemals enden kann, weil unser Funken aus Gott, unser ewig währender Geist, genau wie Gott Selbst, absolut ist; räumlich endlos und jedem einschränkenden Zeitbegriff enthoben..!

340

35 - Abschließende Gedanken

Ich werde die jetzigen Offenbarungen für einige Zeit unterbrechen [1] - was aber nicht bedeuten soll, dass später nicht erneut weitere durch Bruder Felix veröffentlicht werden mögen. Allerdings - *nur durch* **seine** *Vermittlung* lasse ich der irdischen Welt Botschaften zugehen!
Als ich meine ersten Mitteilungen aussetzte, meldeten sich bekanntlich einige Medien, die behaupteten, *ich* äußerte mich durch sie!
Solche Irreführung hatte ich damals aber vorausgesehen und mit Bruder Felix ein besonderes Kennzeichen verabredet [2], mit welchem es ihm leicht möglich war, alle Ansprüche besagter anmaßender, beziehungsweise fehlgeleiteter Medien auf ihre Echtheit zu überprüfen und sodann korrigierend abzuschmettern.
Kurz: Die Vermittlung zwischen eurem Eremiten und der irdischen Welt besteht - nach wie vor - **nur** durch Bruder Felix, dem alles auf die Art und Weise zukommt, wie er dies oft genug schon bekanntgegeben hat. Nach dem physischen Ableben Bruder Felix' ziehe ich mich gänzlich von der irdischen Welt zurück und es wird von mir *nichts Neues* mehr zu hören und zu lesen geben..!

Wer meine hiermit zu Papier gebrachten Offenbarungen genau gelesen hat, kann bereits jetzt sehen, dass manches von dem einzutreffen beginnt, was von mir, vor längerem, angedeutet worden war. [3] Die Wissenschaft hat weitere epochale Entdeckungen machen können und ist bei der Atomzertrümmerung [4] bis nahe an die Grenze der dreidimensionalen, grobmateriellen Welt herangerückt.
Sukzessive nähert sich der Zeitpunkt, wo, ebenfalls hier zu wiederholten Malen in Aussicht gestellt, ein Kontakt zwischen den Menschen dieser Erde und denen feinstofflicher Ebenen möglich sein wird. Die nächsten Jahre schon werden diesbezüglich gewaltige Überraschungen bieten, von denen einige geradezu märchenhaft anmuten dürften. Die Menschheit wird sich aber schnell daran gewöhnen - genauso, wie es nur verhältnismäßig kurze Zeit dauerte, bis man sich mit Radio, Funk und Fernsehen vertraut gemacht hatte...
Wann immer in der Welt grundlegende Änderungen eintreten, entstehen, davon ausgehend, damit verbundene "Vibrationen" -

genau, wie ein ins Wasser geworfener Stein konzentrische Kreise auf der Oberfläche hervorruft. Wir können also leichthin bemerken, letztlich "alle in einem Boot zu sitzen"..!

Manche dieser eintretenden Umgestaltungen sind Folge verkehrten Handelns, das über Jahre oder gar Jahrzehnte hindurch nicht als solches empfunden wurde, dennoch aber Konsequenzen "im Gepäck" zeitigte, welche zu gewaltigen Allgemeinstörungen im Weltengetriebe führen, unter denen - umstandsweise - sogar ganze Nationen leiden können, wenn sie sich nicht ändern und freiwillig zu dem zurückkehren, was als das Fundament für eine harmonische Ordnung zu gelten hat. [5]

Doch, liebe Leser, die ihr bisher meinen Offenbarungen gefolgt seid - **fürchtet euch vor nichts! Was immer auch kommen mag: Vertraut voll und ganz auf Gott; betet zu Ihm, bittet um Seinen Schutz, und ihr werdet geradezu wunderbar bewahrt und behütet sein!** Vergesst nicht: Gott ist höchstbestimmend; Gott lässt niemanden im Stich, der sich auf Ihn verlässt und rückhaltlos auf Ihn baut!

Selbst wenn die ganze Hölle losbrechen sollte - ihr, die ihr all euer Vertrauen, all eure Zuversicht auf Gott gesetzt habt, seid absolut gesichert, glaubt es mir nur! Ich habe euch noch niemals irregeführt oder betrogen - und werde es auch nie tun!

Sobald ihr das hier Niedergeschriebene und Gedruckte zu Gesicht bekommt, öffnet euch für Gott; betet zu Ihm, und zwar intensiv und innig - und ihr werdet sehen, wie euch Hilfe und Unterstützung zuteilwird, manchmal gar von völlig unerwarteter Seite!

Seid zuversichtlich - bald ist die schwere Zeit für die gesamte Menschheit vorüber, wird einer ruhigeren, glücklicheren weichen. [6] Doch ihr, die ihr die Lasten bedrückenden Übels durchmachen musstet, sorgt dafür, dass Gott in Zukunft nicht mehr vergessen wird! Hinterlasst dies als euer Vermächtnis an folgende Generationen!

Und gerade ihr, meine ehemaligen Landsleute, besinnt euch auf die große, beinahe *heilige* Aufgabe, die euch von Gott und dem Schicksal übertragen wurde und werdet künftige Bannerträger für Gottes Wirken! Handelt harmonisch mit allen anderen menschlichen Wesen; helft so viel ihr könnt und ihr werdet überrascht sein, wie alles wieder aufblüht. [7]

Begnügt euch mit dem, was ihr habt - mag es räumlich auch noch so klein (geworden) sein! [8] Euch ist definitiv - wegen all der unzähligen geistigen Gaben und positiven, tiefseelischen Charaktereigenschaften, mit denen euch euer Gott gesegnet hat - die ganze Welt zugänglich!
Missachtet solche Segnungen nicht, sondern zeigt euch derselben würdig!
Tut ihr das, so seid ihr Gottes Pioniere und leuchtende Fanale. Dieser, euer Fels, auf den ihr baut, wird euch immer treu und gewiss zur Seite stehen!
Glaubt mir, eure Berufung und Bestimmung für die Menschheit ist eine wundervolle, eine einzigartige und somit eine solche, die auch ganz eurem Herzen und innerem Empfinden entspricht!
Von Natur aus seid ihr so veranlagt, dass ihr am liebsten die ganze Welt umarmen möchtet... Doch damit wäre ihr kaum gedient!
Ihr müsst unterscheiden lernen und eure Bemühungen voll und ganz *der* Idee zur Verfügung stellen, die der gesamten Menschheit dient und nicht nur einer Gruppe bestimmter nationaler Anschauung!

Um diese, meine Empfehlung für euch recht eindrucksvoll zu gestalten, repetiere ich sie hiermit nochmals:
Besinnt euch bitte stets auf Gott und auf den euch von Ihm anvertrauten Auftrag, welcher eurer besonderen Charakter-eigenschaft entspricht. Verschiedene Volkstumsarten existieren, um in der Menschheitsfamilie bestimmten, förderlichen Charakteristika zu einer stärker betonten Entwicklung zu verhelfen, indem anderen Nationen ein Vorbild betreffs solcher Attribute geboten wird. Freilich besteht dabei gelegentlich die Gefahr einer gewissen Polarisierung und Penetranz.
Die Menschheit an sich stellt eine Einheit dar, besteht aber aus Einzelwesen, von denen jedes Individuum euer Bruder oder eure Schwester, also euer Nächster ist, den, respektive die, ihr lieben sollt, wie euch selbst. Solche Nächstenliebe schließt ein, dass ihr eure göttlichen Gaben und Geschenke einsetzt, sie zur freiwilligen Nachahmung durch euren Nächsten übt - ohne sie indes irgendwie *aufzudrängen*. Keinem soll/darf etwas "übergestülpt" werden, was er/sie nicht will!

Lasst das von nun an niemals mehr in Vergessenheit geraten - auch dann nicht, wenn ihr wieder eine vereinigte Nation seid, was bestimmt der Fall sein wird! [9]

Nun abschließend noch einige Hinweise zum Rekapitulieren:
Es mag beim Lesen gewiss öfters die Frage aufgetaucht sein: "Warum drückt der Eremit sich nicht deutlicher aus; warum sagt er nicht geradeheraus, wie sich die Zukunft gestalten wird?!"

Das hat seine guten Gründe: Täte ich solches, würden meine dementsprechenden Offenbarungen eurer Seelenreifung mehr schaden als nützen!

-> Angenommen, der Ausblick in die Zukunft wäre tendenziell negativ - so würdet ihr euch vielleicht unnötig ängstigen.

-> Hingegen, wäre die gebotene Prognose generell, beziehungsweise überwiegend, positiv, könntet ihr eventuell in den alten Schlendrian verfallen und euch damit entschuldigen: "Der Eremit hat ja gesagt, dass uns nichts weiter bedroht - warum sollten wir also unsere Lebensweise besonders im Auge behalten und beständig wachsam sein?"

Nein..., aus diesen schlichten Überlegungen heraus ist niemandem mit Unglücks- und/oder Glücksprophezeiungen gedient - wohl aber mit Hinweisen auf das, was für eure Entwicklung und Seelenreifung hilfreich ist..!

Für alle Menschen ist es von herausragender Bedeutung, sich Gottes bewusst zu werden und zu sein! Alles andere fügt sich von allein [10] - insofern, als das Schicksal jedes Menschen, bis zu einem bestimmten Grade [°], durch persönliche Anstrengungen, in seine eigenen Hände gelegt ist. Denn nur das, was man durch **eigene Arbeit** an seelischen und geistigen Werten gewinnt, ist - und bleibt - für immer wahrlich *errungenes* Eigentum, welches niemand mehr stehlen kann; gleichfalls alles, was Gott einem Menschen in seiner Gnade geschenkt hat.

Darum sollten euch irgendwelche Prophezeiungen nie von euren **Eigenbemühungen** [11] abspenstig machen - außer sie stützten sich auf Gottes Gebote und/oder werden in Form von Ratschlägen, euch auf euren Schöpfer zu besinnen, gegeben.

Nun, es mag hierzu vielleicht bemerkt werden: "Wie verhält es sich aber bei prophetisch vorausgesehenen, großen Naturkatastrophen? Sollte jemand, der die Gabe besitzt, etwa nicht mahnen?"

Doch, schon..! Aber nur dann, wenn er sich durch (s)eine innere Stimme wirklich dazu gedrängt fühlt; ihn weder die Aussicht auf Berühmtheit, noch sonstige Vergünstigungen für sich selbst, antreiben, sondern allein die Menschenliebe und der Drang zu helfen.

An den Verhältnissen, wie sie zum Beispiel heute [6] auf der Welt vorliegen, sind nämlich kaum vornehmlich Naturkatastrophen schuld, sondern ganz im Besonderen - durch ihren Egoismus und ihre Gottlosigkeit - die Menschheit selbst!

Zum verständlichen Einwand: "Es leiden dabei doch auch Tausende, ja, Millionen von Unschuldigen!", dies:

Das ist wohl richtig! Aber bedenkt, dass diese dafür in der Ewigkeit entschädigt werden! Sie überspringen, bedingt durch ihre unverschuldeten Leiden, wodurch sie sozusagen für die Schuldigen mitgelitten haben, eine Vielzahl seelischer Entwicklungs- und geistiger Entfaltungsphasen, welche ansonsten lange Zeitläufe in Anspruch genommen hätten.

Glaubt mir, **wie im materiellen Kosmos alles nach festgelegten Gesetzmäßigkeiten funktioniert, gibt es auch eine gesetzmäßige Balance auf dem Gebiet des Seelischen und Geistigen - etwas, das wir im Alltagsleben "Gerechtigkeit" nennen.**

Wie ihr, die ihr meinen Ausführungen bis hierhin gefolgt seid, wisst, erhält sich alles Geschaffene durch ununterbrochenes Entstehen, Wachsen, Entfalten und Vergehen. [12] Ewige Bewegung ist auch das Geheimnis des Erhalts des gesamten Universums mit seinen Milliarden Galaxien [13] und Gestirnen; seinen - nach jeder Richtung hin endlosen - Weiten des Raumes. In dieser buchstäblich unermesslichen Ausdehnung rotiert unsere Erde in 24 Stunden um ihre Achse, in 365 ihrer Tage um die Sonne - jene selbst dreht sich, mit einer ungeheuren Geschwindigkeit, um den Mittelpunkt unserer Milchstraße, wofür sie, nach Berechnung irdischer Astronomen, über hundert Millionen (Erden-)Jahre benötigt. Dabei durchquert das Sonnensystem Regionen, in denen sich kosmische Nebelmassen befinden, welche unter Umständen gewisse Einflüsse auf das Erdendasein bedingen können.

Einige solcher Veränderungen haben irdische Wissenschaftler bereits festgestellt; diese erscheinen, vom universalen Standpunkt aus betrachtet, scheinbar recht nebensächlich, kaum von Bedeutung - doch weit gefehlt, sind sie in der Lage, sich zum Teil katastrophal auf das irdische Leben auszuwirken, indem sie kleine chemische oder Molekularabweichungen von der Norm verursachen, welche (bezogen auf den Menschen) in der Folge eventuell daran Anteil nehmen, Epochen höchster geistiger Entfaltung und kultureller Blüte, beziehungsweise solche größten Niedergangs und schlussendlich Tiefstandes, einzuleiten.

Außer universellen Nebelmassen gibt es im endlosen Weltraum jedoch auch Regionen, in denen stärkere kosmische Energie wirkt. Zieht euer Sonnensystem nun durch ein solches Feld, ersprießt auf der Erde eine Zeit gesteigerter Aktivität, enormer Erfindungen und Entdeckungen. In einer entsprechenden Epoche befindet ihr euch zurzeit.

Leider ist es mir nicht möglich, die dabei obwaltenden Variablen so zu schildern, dass sie euch verständlich würden; aber spielt, in diesem inneren Zusammenhang, der freie Wille des Individuums eine tragende Rolle – insofern ergänzend zu dem, wie sich der vom Kosmos zufließende, stärkere Energiestrom, als gegebener Rahmen, zum Besten oder zum Verderben der Menschheit auf Erden, in der Summe, auswirken mag.

Im ersteren Fall wird die zivilisatorische Entwicklung auf eine höhere Oktave [14] gehoben; im letzteren sinkt die Kultur in ihre Ursprünge zurück. [15]

Mit euren seelischen Fähigkeiten und bisher zur Entfaltung gebrachten geistigen Gaben sind bestimmte unberechenbare Faktoren in Tätigkeit gesetzt, welche gegebenenfalls bis in den Bereich kosmischer Gesetzmäßigkeiten hineinlangen. [16] Daher hat das Individuum, mit seinen Seelen- und Geisteskräften - wenn auch vorläufig noch in beschränktem Ausmaß -, tatsächlich einen gewissen Einfluss auf die *gesamte* Menschheitsentwicklung; sogar, indirekt, auf Folgerungen universalen Geschehens.

Ja, das erstaunt euch, nicht wahr..!

Die geschaffene Welt - mit allem, was je entstand - ist derart innig, wenn auch für euch erst zu einem ganz geringen Bruchteil wahrnehmbar, unter- und miteinander verbunden und verknüpft, dass tatsächlich das kleinste Geschehen irgendwelcher Art eine, wenn auch infinitesimal [17] kleine, Vibration im großen Schöpfungsbereich hervorruft.
Das sollte euch nachdenklich und, betreffs eurer Handlungen, aufs Höchste verantwortungsbewusst stimmen!

Ich hoffe nun sehr, dass ihr aus meinen Darlegungen großen Gewinn für Seele und Geist ziehen könnt. Wie erwähnt, werdet ihr zu gegebener Zeit (nach der nun eintretenden Pause [18]) wieder von mir hören; aber nur über die Person Bruder Felix' - und niemand anderem!
Würdigt das und bleibt euch dessen auch stets bewusst.
Euch allen Gottes reichsten Segen und vollen Schutz wünschend,

euer Freund,

Bruder Amo

Nachwort

Beim Lesen der Offenbarungen mag aufgefallen sein, dass sich der Eremit in einigen Positionen mehrmals wiederholte - er beabsichtigte damit zweifellos, ihm wichtig erscheinende Punkte zu unterstreichen, damit sie sich tiefer einprägen. Diese, des Öfteren auftauchenden, Repetitionen hätten im Zuge einer Text-Redigierung sehr wohl ausgemerzt werden können - doch wäre dann möglicherweise der Vorwurf erhoben worden, dass der Inhalt dieses Buches mit den originalen Kundgaben nicht völlig identisch sei.

Die Themen, welche in den Offenbarungen berührt wurden, behandeln die verschiedensten Gebiete, aber auch die Kümmernisse, Sorgen und niederdrückenden Bedenken der Menschen infolge, durch falsche Handlungsweisen, geschaffener Verhältnisse.

Auch den Befürchtungen im Zusammenhang mit der Atomforschung wird in den Lehr-Botschaften des Eremiten Rechnung getragen - wobei es an Trost erweckenden Erläuterungen nicht mangelt.

Bei der redaktionellen Bearbeitung der Offenbarungen des Eremiten ergaben sich zuweilen ungeahnte Schwierigkeiten! Einige seiner diesbezüglichen Mitteilungen hatten nämlich nur in scheinbar wahllos hingeworfenen, kurzen Sätzen bestanden; andere wiederum stellten Satzgebilde dar, die manchmal sehr schwer zu begreifen waren - namentlich, wenn sie Probleme nicht leicht verständlicher wissenschaftlicher oder gar trans-zendentaler Natur betrafen.

Sobald sich der Eremit erneut meldet, werden seine Äußerungen als Fortsetzungen erscheinen. [1]

Felix Schmidt,
Cleveland, Ohio, USA, 1941 [1]

Epilog des Editors

Zum Abschluss vorliegender, umfassender Neuüberarbeitung fiel mir - unabhängig der wohl speziellen Nöte der Nachkriegszeit - auf, dass zwei Themen in den Lehr-Botschaften Bruder/Meister Amos fehlten, die in der "Geschichte des Eremiten" einen relativ breiten Raum einnahmen und durchaus auch in diesem Format hätten Platz finden können:

1. Gerade im Kapitel 29: "Nukleare Bedrohung und kosmische Phänomene", welches die "Bremsvorrichtung" im Atom anführte, was eine Zerstörung unserer Erde, im Gefolge eines weltweiten Atomkrieges, ausschließt, wäre der Aufschluss, *wie* der (hypothetische) ehemals 5. Planet des Sol-Systems - Mallona, respektive Phaeton - zu den uns heute verbliebenen Asteroiden zerstieben konnte, interessant gewesen.

Nach Leopold Engel [1], der seine (vorgeblichen?) Erkenntnisse über ein psychometrisch begabtes Medium gewann, war dies durch die Explosivwirkung eines "Supersprengstoffes Nimah" initiiert, mit welchem eine unirdisch ausgedehnte Kratergegend ("Höhlen des Wirdu" - "Usgloms Reich") mit Meerwasser geflutet wurde, was zur schnellen Anreicherung der Atmosphäre mit giftigen Dämpfen, und bald darauf Berstung des Planeten selbst, führte. [2]
Allerdings: Bezüglich des rigorosen Wahrheitsgehalts getroffener Aussagen, bin ich bei Leopold Engel eher kritisch - obwohl er, zweifellos, ein begnadeter Autor mit geschwungener Feder war.

2. Leider ist in den Lehr-Botschaften auch kein weiteres Wort über Bruder/Meister Amos "Himmlische Hochzeit" mit "Pija" [3] - seinem "Zweiten Ich", seiner "Dualseele" - verloren worden.
Ohne indiskret wirken zu wollen, hätte es eine faszinierend-romantische Erhellung sein können, zu erfahren, wie sich die Verschmelzung der beiden "Ich-Kerne" konkret vollzogen und angefühlt hatte, weil ja "die Eins gewordene Wesenheit weiterhin aus zwei getrennten Persönlichkeiten bestehen blieb, welche aber nun eine einzige *Individualität* generierten" (...). [4]

Anmerkungen des Überarbeiters

Anm. zur Einführung (von Felix Schmidt):

[1]   Wie schon in der "Geschichte des Eremiten" hat Felix Schmidt die "Ich-Form", zugunsten Bruder/Meister Amos, vermieden und sich selbst nur in einer verfremdend wirkenden 3. Person erwähnt.

Anm. zum Kapitel 25:

[1]   Vgl. Galaterbrief des Paulus 6 : 7 (Was du säst, wirst du ernten).

[2]   Betreffs des O-Tons erinnern wir uns: Die Botschaften Bruder/Meister Amos ergingen an seine Leser in den mittleren Kriegs- und später in den Nachkriegsjahren des 2. Weltkrieges.

[3]   Leid und Not kann ein vielfältiges Gesicht zeigen und natürlich auch in Friedenszeiten präsent sein - durch Krankheit, Behinderung, Hunger, Mobbing, Unterdrückung, Kriminalität, Gewalt etc.; die Liste wäre lang..!

[4]   Bzgl. des Begriffes vgl. die dies erläuternden Kapitel 32 und 33 im vorliegenden Buch.

[5]   Vgl. z.B. Matthäus 6 : 12, 14, 15; Lukas 6 : 37.

[6]   Zur Erinnerung: Bruder/Meister Amo spricht hier die deutsch-amerikanische Leserschaft der in den USA erschienenen Zeitschrift *"Geistiges Leben"* an.

[7]   Besonders - und ganz eigens - im Kapitel 27 dieses Buches.

Anm. zum Kapitel 26:

[1]   Zur Begrifflichkeit der "Geistigen Wiedergeburt" siehe auch die Anm. [18] zum Kapitel 13: "Beginn des Unterrichts zum Initiierten" im Buche Bruder Amos / Felix Schmidts "Die Geschichte des Eremiten" (Uwe Laubach, Verlag BoD).

[2]   In den 1940er Jahren waren, z.B., dampfbetriebene Loks auf der Schiene noch obligatorisch.

[3]   Die Lektüre von Science-Fiction-Romanen aus den 1960er oder 1970er Jahren zeigt z.B. wie begrenzt die Phantasie-Kraft der Autoren war, die technologischen Fortschritte, die für uns heute Alltag sind, vorauszusehen. Wem die technische Ausstattung auf dem "Raumschiff Enterprise" Captain Kirks und Mister Spocks gegenwärtig ist, brauche ich dies nicht näher zu erläutern...

[4]   Bei trockener Luft und etwa 20° Celsius Umgebungstemperatur beträgt die Geschwindigkeit des Schalls 343,2 m/s, bzw. 1.235,5 km/h.

Die Übertretung der Schallgeschwindigkeit mit Düsen- und Raketentriebwerken ermöglichte erst den späteren Flug zum Mond und alle folgenden Satteliten-Erkundungsreisen in unser Sonnensystem...

Anm. zum Kapitel 27:

[1]   Vgl. Galaterbrief (des Paulus) 6 : 4, 5.

[2]   Vgl. Matthäus 7 : 3 - 5; Lukas 6 : 41 und 42.

[3]   Vgl. Sprüche Salomons 16 : 18. Man denke auch an die griechische Sage von Dädalus und Ikarus -> wer (zu) hoch steigt, fällt tief..!

[4]   Passus von mir in diesem Sinne hinzugefügt. Vgl. auch Matthäus 4 : 8, 9; Lukas 4 : 5, 6; 2. Korintherbrief 4 : 4.

[5]   Vgl. Offenbarung 19 : 16; Matthäus 28 : 18.

[6]   Mahatma Gandhi sagte dazu: "Die Geschichte lehrt die Menschen, dass die Geschichte die Menschen nichts lehrt..!"

[7]   Man halte sich vor Augen, dass diese Aussage in den späten 1940er Jahren getroffen wurde, als das Erstehen festgefügter Blocksysteme in einen jahrzehntelangen "Kalten Krieg" steuerte!

[8]   Wer die Geschehnisse im Jahre 1989 (wie ich) direkt miterlebt hat, wird ermessen können, wie traumhaft surreal die Fernsehbilder von auf der Berliner Mauer feiernden Menschen waren! Der sogenannte "Eiserne Vorhang", welcher 40 Jahre lang durch den "Kalten Krieg" unüberwindlich zementiert zu sein schien, war gefallen! Niemand hätte so etwas, Monate zuvor, auch nur ansatzweise für möglich gehalten! Viele Tränen sind geflossen über ein für unfassbar gehaltenes - nun indes erhaltenes - Geschenk!

Einen 6er im Lotto zu landen, hätten die Kinder des "Kalten Krieges" wohl für wahrscheinlicher gehalten als das!

[9]   Vgl. Matthäus 7 : 1, 2a; Lukas 6 : 37.
Analog zur Erwähnung im Kapitel 25 ("Die Bedeutung der gegenwärtigen Zeit") und der entsprechenden Anm. [5] dazu.

[10]   Aus Sicht der US-Deutschstämmigen; wie schon einmal erwähnt...

[11]   Von lat.: *religio* = Rück-, bzw. Wiederverbindung.

[12]   Vgl. Matthäus 6 : 7.

Anm. zum Kapitel 28:

[1]   Vgl. Matthäus 7 : 3 - 5; Lukas 6 : 41 + 42.

[2]   D.h. die 1930er und 1940er Jahre.

[3]   Analog Adolf Hitlers "Volk-ohne-Raum-Propaganda". Aus heutiger Sicht hatte das Deutsche Reich, mit international anerkanntem Gebietsstand zum 31. 12. 1938, genug Raum - den Deutschland *heute* tatsächlich immer weniger hat.

[4]   Vgl. 1. Johannesbrief 4 : 20.

[5]   Vgl. Matthäus 25 : 31 - 46.

[6]   Bei den Erweckungspredigern Johann Christoph Blumhardt oder Johannes Seitz wurde, Mitte/Ende des 19. Jahrhunderts, das uns Wundersame, wurden "apostolische Wunder", durch innigste Gottanbindung, fast zur alltäglich erlebten Realität..!

[7]   Z.B. des Menschen Bange, am Freitag, dem 13. ein Unglück zu erleben; die Ausschau nach (insbes. schlechten) Omen usw. usf.

[8]   Vgl. Prediger (Qoheleth/Ekklesiastes) 8 : 9.

[9]   Am 6. August 1945 wurde über Hiroshima die erste Atombombe über dem Kaiserreich Japan abgeworfen. Elektronisch gezündet, detonierte sie in knapp 600 Metern Höhe und rasierte in einer 4 Kilometer breiten Todeszone alles nieder, was ihrer ultraheißen Schockwelle im Wege stand. **Fast** alles - denn ein kleines Jesuitenkloster, errichtet in der üblichen japanischen, leichten Bauweise, blieb stehen, als wäre nichts geschehen!

Die vier dort lebenden Mönche blieben, später noch oft untersucht, vollständig gesund und unverstrahlt (was eigentlich gänzlich unmöglich sein müsste!) und erreichten sämtlich ein gesegnetes hohes Alter. Sie schrieben ihre Bewahrung und den Schutz ihres christlichen Klosters, inmitten totaler Zerstörung, dem Gebet des Rosenkranzes und dem Beistand der göttlichen Mutter Maria zu..! (Vgl. im Buch "Skandal Barmherzigkeit!", Kapitel: "Hiroshima und der Rosenkranz" von Sr. Emmanuel Maillard)

[10] Vgl. Matthäus 6 : 33.

[11] Vgl. 1. Korintherbrief 10 : 31.

[12] Vgl. Apostelgeschichte 10 : 34, 35.

[13] Vgl. Sprichwörter / Sprüche Salomons, des Königs 3 : 5 - 7.

Anm. zum Kapitel 29:

[1] Man beachte, dass das Wort "Atom" vom griech. "atomos", d.h. "das **Unteilbare**", herrührt. *Da man es offenbar zu spalten in der Lage war*, ist wohl auch mit den sogenannten "Quarks" etc. **noch lange nicht** das ultimative Ende der Erkenntnis erreicht!

[2] Transzendent = Die Grenzen der Erfahrung und des sinnlich Wahrnehmbaren überschreitend.

[3] Man denke z.B. an den (halb-fiktiven) Begriff des Äthers, also eines dem Menschen ätherischen, d.h. (seinem Verständnis geradezu) flüchtigen Stoffs...

[4] D.h. die grundsätzlich drei Erscheinungsformen der Materie: Fest, flüssig und gasförmig.

[5] D.h. Sehen, Hören, Fühlen (Tasten), Riechen und Schmecken.

[6] Der Eremit meint hier (abweichend zu Anm. [4]) die vier Elemente: Erde, Wasser, Feuer und Luft.

[7] Vgl. Offenbarung 16 : 16.

[8] In der Tat wurden ganz erhebliche Fortschritte in der Erforschung der Tiefen des Alls erst durch die weltraumgestützten Teleskope Hubble, James-Webb usw. möglich.

[9] Derzeit (2024) gerät selbst die "Urknall-Theorie" durch die neuesten Erkenntnisse des James-Web-Teleskops unter gehörigen Druck und damit auch die bisher angenommene Größe des Kosmos ins Wanken. Ging man bisher von ~ 100 Milliarden Galaxien im Universum aus, dürfte dessen tatsächliche Größe noch **viel** erheblicher sein - und für uns Menschen eigentlich nicht mehr fassbar.

[10] Es mag hierbei auch die sogenannte "Dunkle Materie" und "Dunkle Energie" angesprochen sein, deren Existenz Wissenschaftlern bislang ein ungelöstes Rätsel ist.

[11] Vgl. Matthäus 22 : 35 - 40; Markus 12 : 28 - 34; Lukas 10 : 25 - 28 (-> aus 5. Mose 6 : 4, 5 und 3. Mose 19 : 18b).

[12] In Indien z.B. als "Avatare" bezeichnet.

Im Original stand dieserhalb auch "Gott Selbst" - ich halte das, bzgl. des **wahren Gottes** und Jesus Christus, für grob unkorrekt!
Wir verstehen, als Christen, die Inkarnation des Sohnes Gottes, des vollständigen Ebenbildes des unsichtbaren Gottes und Erstlings aller Schöpfung (Kolosser 1 : 15; Sprüche Salomons 8 : 22 ff.; Origenes' "Peri archon" / "De principiis" I 2), zu unser aller Heil und Erlösung.
Wenngleich Jesus keine Personalunion - also "Verselbigung" - mit **dem GOTT** bildet, heißt dies nicht, dass Er nicht göttlich, *ein* Gott, ja, **der** (eingeborene – d.h. *aus* **GOTT**) Sohn Gottes im Besonderen ist..!
So klingen auch die Verse im Johannesevangelium 1 : 1, 2, wenn man den griechischen Originaltext wortgetreu übersetzt, auf deutsch etwa:

"Im Anfang war das Wort, und das Wort war bei DEM GOTT - und Gott [d.h. ein Gott, göttlichen Wesens] war das Wort. Dieser war im Anfang bei DEM GOTT."

< "en Archê ên ho Logos [,] kai ho Logos ên pros ton Theon [-] kai Theos ên ho Logos [.] houtos ên en Arch pros ton Theon [.]" >

Vgl. - den Sachverhalt relativ umfassend erläuternd - die Anm. [1] zum Kapitel 16: "Ausbildung, Examina und der 'Innere Zirkel'" im Vorläufer-Buch Bruder/Meister Amos (in Zusammenarbeit mit Felix Schmidt) "Die Geschichte des Eremiten".
Ebenfalls gerne die Anm. [6] zum Kapitel 9 ("Abschied") im Buch "Führung einer Seele im Jenseits" von Carl-Dietrich und Leopold Engel.

Beten Sie vertrauensvoll zu Gott, im Namen Jesu, oder auch direkt zu Jesus - denn Ihm allein ist (vom Vater) alle Gewalt gegeben, im Himmel und auf Erden (Matthäus 28 : 18); der Gottessohn ist, nach Seinem Sieg am Kreuz, der würdige und geliebte Herr der Herren, der König der Könige

(1. Timotheus 6 : 15; Offenbarung 17 : 14 und 19 : 16) vor dem sich jedes Knie zu beugen hat (Philipper 2 : 9, 10).
Gerade letztgenannte Bibelstelle ist - nebenbei bemerkt - eine von vielen gegen die Irrlehre der Zwei- und dann später Dreieinigkeit, bzw. Dreifaltigkeit, denn wie könnte Jesus (welch dubioses Mystikum!) auch GOTT Selbst sein, wenn Er vom Vater *gütigerweise* in eine übergeordnete Stellung (des Namens, der über allen [anderen] Namen steht) *erhoben* wurde. ER müsste sich denn Selbst (in einem schizophrenen Akt!) in eine vorher nicht eingenommene Position befördern..!
Zur Aufklärung dieses, sich darstellenden, dissoziativen Dilemmas mögen die Schriftstellen Markus 10 : 17, 18 und der Paralleltext in Lukas 18 : 18, 19 beitragen; weiters das Zeugnis Jesu Selbst, sich wahrlich in einer **1:1-Gemeinschaft** mit dem Vater zu befinden – **keiner 1:1-Identität** (Johannesevangelium 10 : 27 - 38; 14 : 6 - 11).

[13]   Diese Termini verweisen auf einen deutlichen Bezug zu den Neu-Offenbarungsschriften Jakob Lorbers; hier Band 6 des "Großen Evangeliums Johannes'", Kapitel 245. Zusammenfassend erläutert z.B. von Walter Lutz "Die Grundfragen des Lebens" III./9.

[14]   Der Asteroideneinschlag (ø ~ 15 Kilometer) vor etwa 66 Millionen Jahren im karibischen Gebiet der heutigen mexikanischen Halbinsel Yucatán, kann, zweifellos, als eine, die Erdverhältnisse umwälzende, Einwirkung aus dem Weltraum bezeichnet werden.

[15]   Ein weiteres Paradebeispiel sehe ich z.b. im, bis heute noch ungeklärten, "Tunguska-Ereignis" vom 30. Juni 1908.
Schon **eine Woche vor** der Explosion über dem sibirischen Distrikt, bei welchem 250 km² Taiga-Wald buchstäblich umgemäht und plattgelegt wurden, waren weltweit seltsame **Leuchtphänomene** in Europa (!) beobachtet worden, die es auf der sommerlichen Nordhalbkugel erlaubt hätten um Mitternacht leichthin Zeitung lesen zu können. **Drei Tage zuvor** registrierte man in Deutschland, zu pünktlich genauen Stunden auf der Uhr, auffällige **magnetische Störungen**.
Der verursachende Himmelskörper hinterließ, mit einer Sprengkraft von 3 bis 4.000 Hiroshima-Atombomben, keinen irdischen Einschlagkrater und blieb/bleibt bis heute letztendlich rätselhaft.
Dutzende Augenzeugen berichteten zudem, dass das Objekt, welches für einen Asteroiden oder Meteoroiden (unseres Sonnensystems) viel zu langsam und in einem ungewöhnlich flachen Winkel flog, am Himmel seine Bahn gewechselt hatte - also offensichtlich *gelenkt* worden war. Doch solches, an dieser Stelle, weiter zu verfolgen, würde den gesetzten Rahmen des Buches sprengen...

[16]   Bzgl. des Begriffes "Großes Jenseits" vgl. die dies erläuternden Kapitel 32 und 33 im vorliegenden Buch.

Anm. zum Kapitel 30:

[1] Gemeint sind die 40er und ggf. 50er Jahre des 20. Jahrhunderts.

[2] Vgl. die Aussage Iréams im zweiten Abschnitt des Kapitels 71: "Über Tod und Jenseits" im Buche Herbert H. G. Engels "Der Sphärenwanderer".

[3] Hochwahrscheinlich gemeint, was heutzutage als **"Instrumentelle Transkommunikation"** bezeichnet wird - also die Kommunikation mit der Erde Abgeschiedener per technischer Hilfsmittel als Medium, wie z.b. Radio, Telefon, Fernsehen, Computer etc.

[4] Von lateinisch "levitas" = Leichtigkeit und dem davon abgeleiteten parapsychologischen Begriff des Levitierens, d.h. Leichtseins, Schwebens.

[5] Anthropozentrisch = auf den Menschen hin ausgerichtet; also, z.b., Sonne, Mond, Planeten und Sterne bewegen sich um die Erde (mit ihren Menschen) als Mittelpunkt des Universums.

[6] Der Absatz wurde von mir inspirativ so hinzugefügt. Vgl. auch meine Anm. [2] zum Kapitel 34: "Der Himmel als unbegrenzter Beglückungszustand".

[7] Chairephon, ein Freund des großen Atheners, hatte einmal die Kühnheit besessen, das Orakel von Delphi zu befragen, ob jemand weiser sei als Sokrates. Daraufhin antwortete die Pythia (die weissagende Priesterin), dass dies nicht der Fall sei.
Nachdem dieser Ausspruch Sokrates mitgeteilt worden war, reagierte er mit Verwirrung, da er sich seiner Unzulänglichkeiten und Kleinheit gegenüber dem Olymp der Götter im Klaren war. Deshalb antwortete er: "Ich weiß nur, dass ich [eigentlich, relativ besehen] nichts weiß!"
(Aus Platons "Apologie des Sokrates", 22d).

Getreu dem jedem anzuratenden Motto:

"Bescheidenheit ist eine Zier,
sie auszuüben, rat' ich Dir..!"

[8] Vgl. Matthäus 7 : 24 - 27.

[9] Vgl. Matthäus 7 : 7 - 11; Lukas 11 : 5 - 13.

[10] Vgl. - z.B. - Psalm 23 (eine Melodie Davids, des Königs); 91 : 7 - 9 (aus einem Gebet Mose); Sprüche Salomons 18 : 10; Matthäus 24 : 35 u.v.a.m.

Anm. zum Kapitel 31:

[1] Vgl. Matthäus 26 : 64; Apostelgeschichte 1 : 11; Offenbarung 1 : 7.

[2] Die Bibel liefert *nur einen* Bericht über einen sozusagen spiritistischen Kontakt in 1. Samuel 28 : 7 ff.
Der von Gott, wegen seines Ungehorsams, verlassene König Saul versuchte, via die "Hexe von En-Dor", mit dem verstorbenen Propheten Samuel Kontakt aufzunehmen, um Rat und Segen für den bevorstehenden Kampf gegen die Philister zu erbitten.
Die Geschichte verläuft, bzgl. der Beschwörung des Propheten, erfolgreich - endet ansonsten aber katastrophal.
Fazit: Der Bericht erscheint im Alten Testament eher als negatives Beispiel dafür, wie man es **nicht** machen sollte!

[3] Bezogen auf obige Anm. [2] erklärte der Prophet Samuel sich dadurch *gestört* zu fühlen, "heraufgebracht" worden zu sein (1. Samuel 28 : 15). Der Kontakt als solches wird dabei weder direkt kritisiert, noch gar negiert, sondern im Besonderen das "Beschwören" eines Geistes als eine Praktik gebrandmarkt, um welche man tunlichst einen weiten Bogen schlagen sollte.

[4] Vgl. auch die Anm. [3] zum Kapitel 30: "Die menschlichen Fortschritte der nahen Zukunft".

Erwähnen möchte ich hierzu etwas, mit obigem Phänomen Verwandtes:
Ich *persönlich erlebte* z.B., dass sich mein im Sterben liegender Schwiegervater (er war also noch nicht tot und befand sich in einem 50 Kilometer entfernten Krankenhaus) im Dezember 2005 zweimal bei meiner Familie bemerkbar machte, indem er ein, auf Standby geschaltetes, Radio unvermittelt in Betrieb setzte - und zwar während wir, drei Meter davon entfernt, auf dem Sofa saßen.
Im August 2024 meldete sich mein, eine Woche zuvor verstorbener, Vater bei meiner Mutter vermittels Inbetriebschaltung des Kassettenrecorders und Abspielens einer ihr vertrauten Melodie. Auch hier stand das Gerät auf Standby - es musste aber zum Laufen des Gerätes zuvor eine (psychokinetisch initiiert?) Taste gedrückt worden sein (!).
Meine (an solchen Dingen nicht interessierte) Mutter wollte darüber nicht intensiver nachdenken, weil ihr der Vorfall einen irgendwie gruseligen Touch zu haben schien.
Übrigens: Zum Todeszeitpunkt meines Vaters selbst, fiel der bei ihnen installierte virtuelle Sprachassistent "Amazon Alexa" komplett aus - und funktionierte erst Tage später wieder einwandfrei...

[5] Felix Schmidt; gemeint ist die Zeitschrift "Geistiges Leben".

[6]   Vgl. Johannes-Evangelium 8 : 44 (Jesus bezeichnet den Satan [und nicht besser seine "Entourage"] als den "Vater der Lüge"); bes. i.V.m. 1. Mose 3 : 4, als genannte Ursache allen folgenden irdischen Leids.

[7]   Vgl. Matthäus 10 : 8b.

Anm. zum Kapitel 32:

[1]   Zu beachten ist, dass auch das objektiv **Diesseitige** in seiner Erfahrung variiert, wenn Menschen in vielfältig unterschiedlicher seelischer Verfassung, resp. Stimmungslage usw., mit ihrer Umgebung in Resonanz treten.
Auf diese Weise können Menschen, schon auf Erden, zuweilen sozusagen "in ihrer eigenen Welt" / "ihrer eigenen Blase" leben (wie manche dies ggf., bezüglich solcher, zuweilen festzustellen pflegen).

[2]   Vgl. zu diesem (mir nicht gänzlich verständlichen) Begriff die Anm. [10] zum Kapitel 13: "Beginn des Unterrichts zum Initiierten"; evtl. auch die Anm. [4] und [5(a)] zum Kapitel 8: "An der Stätte des Meisters Zacharias" im Buche Bruder/Meister Amos "Die Geschichte des Eremiten".
■-> Mutmaßlich wohl ein Hinweis auf die Gliederung der Sphären, bzw. - weiters - auch *innerhalb* einer jeweiligen Sphäre.

[3]   Gemeint ist mit diesem Begriff wohl "Wesenheiten der Schöpfung", "geschaffene Wesen" oder auch "eine neue Kreation erschaffener Wesen" - ich habe daher, d.h. aufgrund dieser Unsicherheit - den etwas merkwürdig klingenden Ausdruck so stehen lassen, wie ich ihn vorfand. Ich denke, diese Begrifflichkeit bezieht sich auch (wenn man den nachfolgenden Kontext berücksichtigt) auf die transformative Metamorphose von Tierseelen zu Höherem...

[4]   Dies meint wahrscheinlich, auf welche Weise vorhandener "Raum" (so, wie wir Menschen es verstehen) verschieden - d.h. den jeweiligen Bedürfnissen, Wünschen, Notwendigkeiten etc. entsprechend - (aus)genutzt werden kann.

[5]   Dieser etwas merkwürdig tönende Begriff scheint eine Wesenheit sozusagen mit ihrer "Verpackung", ihrer "Schale", zu identifizieren - anders als die Seele, welche eher als Herz, d.h. innerer Wesens*kern* eines Lebewesens, verstanden wird.

[6]   Vgl., z.B., den Bericht Franchezzos (A. Farnese [Medium], M. Kahir [Bearbeiter]) im Buche "Ein Wanderer im Lande der Geister" -> Unterabschnitt 3: "Im Reich der Hölle".

[7]   Eine Analogie zum Verständnis: Auch dann, wenn Menschen im selben Gebiet wie Rehe, Hasen, Füchse oder Waschbären wohnen, teilen sie dennoch - in der Regel - nicht deren Lebensraum! Vergleichbar dürfte es sich "drüben" im Zusammenleben z.b. mit Elementarwesenheiten (wie Kobolden, Nixen oder Feen/Elfen) verhalten, welche ebenfalls in der feinstofflichen Welt beheimatet sind.

[8]   Vom Zeitraum der übermittelten Lehr-Botschaften ableitend, ist leichthin ersichtlich, dass, im gegebenen Fall, der 2. Weltkrieg mit seinen Fronten gemeint ist.

[9]   Vgl. z.B. den Bericht Herbert Engels in seinem Buch "Der Sphärenwanderer", Kapitel 57: "Eine Stadterkundung" (explizit sein Erlebnis mit den beiden Schmieden in einem Kellergewölbe der Altstadt).

[10]   Vgl. 2. Korintherbrief des Paulus 3 : 6.

Anm. zum Kapitel 33:

[1]   Allerdings nicht zu vergessen die Aufhebung an die Körperbindung! Der physische Körper, mit dem man sich im Erdenleben sehr stark zu identifizieren lernte, wird endgültig verlassen und dem Verfall übergeben! Auch dieser Schnitt ist zunächst extrem beängstigend! Nah-Tod-Erfahrende, die ihren Leib von außen wahrnahmen, berichten indes unisono, dass die befreite Seele an der sterblichen Hülle nicht mehr interessiert war, als an jedem anderen x-beliebigen beobachteten Gegenstand.

[2]   D.h. das Erdenleben ist einem lebenslangen "Schlaf" vergleichbar und der "Tod" das Erwachen in der eigentlichen Seelenheimat, welcher man - für die Inkarnation in der Physis - sozusagen "entschlafen" war.

[3]   Bzgl. der Dreiheit Geist/Seele/phys. Körper vgl. auch 1. Thessalonicher-Brief des Paulus 5 : 23.

[4]   Der etwas altmodisch tönende Begriff meint: Ein vom Glauben an Gott geprägter, gläubiger, religiöser Mensch.

[5]   Besagte Hilfe geschieht für Menschen ohne zuvor verstorbene Angehörige zuweilen auch geradezu organisiert "bürokratisch". Niemand wird vergessen..! Vgl., bzgl. der Aufgabe jenseitiger "Dokumentations- und Auskunftszentren" - z.B. -, Anthony Borgias Buch "Begegnungen in der unsichtbaren Welt", Kap. 1: "Ein Übergang".

[6]   Über den Pool von Verwandten, Freunden usw. aus *diesem* Leben hinaus, mag es auch solche aus einer (oder mehrerer) früher gelebten Inkarnation(en) geben oder solche, welche nie physisch einverleibt waren, uns jedoch in unserer wahren Seelenheimat (sehr) nahestehen.

[7]   Vgl. den Bericht von Thomas Edward Lawrence in seinem "Tagebuch von drüben"; aufgezeichnet durch das Medium Jane Sherwood.

[8]   Ich verstehe diesen Ausdruck so, dass ich den Menschen in seinem seelischen Aufstiegsprozess (bis zur Erlangung der "Wiedergeburt im Geiste") als ein "Gerichtetes Wesen" interpretiere, welches sich noch auf dem Wege in seine vollendete Entwicklung "zur herrlichen Freiheit der Kinder Gottes" befindet (vgl., z.B., Römerbrief des Paulus 8 : 20, 21). Zum Begriff der "Geistigen Wiedergeburt" siehe auch die Anm. [18] zum Kap. 13: "Beginn des Unterrichts zum Initiierten" im Buche Bruder/Meister Amos "Die Geschichte des Eremiten".

[9]   Jenes ist ganz klar auch der Sinn einer physischen Inkarnation; wir alle wissen aus Erfahrung, dass es nicht selten Jahrzehnte währt, eine verbesserungswürdige, schlechte Eigenschaft tiefgreifend (und unerschütterlich bleibend) zum Besseren zu wandeln - und dies, obwohl in der grobstofflich-materiellen Welt, zum Erreichen eines solchen Ziels, invasive Instrumentarien wie schweres gesundheitliches Leid und bittere Not zur Läuterung in einem individuellen "Seelen-Lebensdrehbuch" vorgesehen sein können und oft auch eingesetzt werden.

[10]   Übrigens wird selbst jede **geographisch real fixierte Örtlichkeit auf Erden** von der auf/in ihr lebenden Individualität **subjektiv** anders erlebt; d.h. Dinge werden gesehen oder nicht wahrgenommen, bekommen eine divergierende Priorität zugewiesen usw. usf.

[11]   Ausführlich ist, im vorliegenden Büchlein, diesem Thema das Kapitel 31: "Über Medialität und ihren Nutzen" gewidmet.

[12]   Das von der Schulwissenschaft vielgepriesene Gehirn ist somit eher einer **Relaisstation** des Geistigen vergleichbar und nicht die Basis unseres Bewusstseins selbst!
Kurz: Das autonom arbeitende Gehirn an sich schafft kein *Bewusstsein*, sondern gibt dem speziellen, individuellen sich entwickelnden Ego in einer Inkarnation Struktur. Seele und Geist entwickeln sich durch die Erfahrungen einer Einverleibung weiter und werden dadurch komplexer und vollkommener.

[13]   D.h. sich nicht, mit Erschrecken und Grausen, an die versagenden irdischen Körperfunktionen zu klammern und diese zu fokussieren..!

[14] Es mag mit dem Versuch verglichen sein, einem von Geburt Blinden zum Beispiel die Farbe Grün zu erklären...

Anm. zum Kapitel 34:

[1] 1. Korintherbrief 2 : 9 (in Bezugnahme auf die Prophezeiungen in Jesaja 64 und 65).

[2] Zum kindlich tönenden Begriff "Himmel" folgendes:
Vor tausend Jahren assoziierte ein Betrachter des Firmaments den Himmel mit Sonne, Mond und den vielleicht 2 oder 3.000 Sternen, welche man mit bloßem (gutem) Auge - je Hemisphäre - sehen kann.
Der "Himmel" war für ihn dann irgendwo "da oben" - ein buchstäblich überschaubarer Raum undefinierbarer Größe; zumeist noch in Form einer Kuppel über einer flachen Erdscheibe gedacht...
Vor hundert Jahren war das anthropozentrische und auch das heliozentrische Weltbild passé - die Erde war ein im Kosmos schwebender Globus; man wusste schon um die Milliarden Sterne in unserer Milchstraße.
Seit 1923 (öffentlich gemacht 1925) wurde klar, dass es sogar mehrere Galaxien im Universum gab; **heute (d.h. 2024)** sind uns hunderte Milliarden bekannt...
Die Begrifflichkeit des "Himmels" hat somit eine reifere Bedeutung gewonnen, welche sich ggf. in Sphären und Dimensionen des "himmlischen Seins" ausdrückt.

[3] Seliger ist Geben, denn Nehmen; vgl. Apostelgeschichte 20 : 35b.

[4] Vgl., z.B., im Buche Herbert Engels "Der Sphärenwanderer" die erste Geschichte des Kapitels 43: "Empfang auf der anderen Seite", betreffs der dort erwähnten Schwester des Autoren.

[5] Es wogt tatsächlich ein geistlich-spiritueller **Kampf** um uns herum; die Menschen sind umgeben von gut- und böswilligen Präsenzen, welche sie entsprechend zu beeinflussen suchen.
Darum sprach der bedeutende Lehrmeister und von Gott zur Heilarbeit berufene Bruno Gröning (1906 – 1959) stets davon, wie wichtig es sei, nur gute Gedanken *aufzunehmen*. Diese Ausdrucksweise erscheint auf den ersten Blick merkwürdig - trifft indes "den Nagel auf den Kopf", denn entscheiden wir uns, mehr oder weniger permanent, auf welche Einflüsterungen wir zu hören gewillt sind...

[6]   Der abgedroschen oder altmodisch klingende Begriff der "Sünde" meint die **Verfehlung** eines (zu Recht geforderten, bzw. erstrebten) Ziels.

[7]   Vgl. - analog - Matthäus 5 : 28.

[8]   D.h. Jahweh/Jehovah (יהוה = J [Y], H, W [V], H [hebräisch schreibt sich von rechts nach links]); vgl. 2. Mose 3 : 15.

[9]   Vgl. Matthäus 18 : 21 - 35; auch 6 : 14 und 15.

[10]   Ursachen des Strauchelns gehören zum Erdenleben - mehr oder weniger unweigerlich - dazu, wie die Luft zum Atmen; man kann solchen nicht vollständig ausweichen (vgl. Matthäus 18 : 7; Lukas 17 : 1). Manchmal indes führt Gott auch - zur Prüfung! - **in die** Situation einer Versuchung/Anfechtung hinein (vgl. Matthäus 4 : 1). **NIE jedoch** versucht Gott etwa Selbst (1. Korinther 10 : 13; Jakobus 1 : 13)!!

[11]   Gemeint ist sowohl **das** Böse, als auch **der** Böse, d.h. der Satan; im Weiteren sämtliche Einflüsse aus dem Reich der Dämonie.

[12]   Aus: Matthäus 6 : 9 – 13; Lukas 11 : 2 – 4.

[13]   Vgl. hierzu die Erhellung Iréams im Buche Herbert Engels "Der Sphärenwanderer", Kapitel 50: "Blaue Ebene der Regeneration".

[14]   Passus - zum besseren Verständnis - von mir ergänzend hinzu-gefügt. Ich hoffe, ich habe Bruder/Meister Amo so richtig verstanden...

[15]   Die konkreten Namen habe ich - erfundenermaßen - hier eingefügt, weil sich jede(r) an Planetologie Interessierte(r) mittlerweile (anders als in den 1940er Jahren) eine gute Vorstellung zum Planeten Mars, den galiläischen Jupiter-Trabanten oder dem atmosphäreummantelten Saturnmond Titan zu formen vermag.

Anm. zum Kapitel 35:

[1]   Aus der Sicht des Jahres 1947, oder kurz danach...
In Erinnerung gerufen sei hierbei auch noch der Umstand, dass die gegebenen Mitteilungen erst später in die vorliegende Buchform gepresst wurden, wodurch die *zeitliche* Reihenfolge der Einzelbotschaften (um einen *thematisch* gegliederten Kontext zu schaffen) "durchein-andergewürfelt" wurde.

[2]   Vgl. Bruder Amo & Felix Schmidt - "Die Geschichte des Eremiten", Kapitel 22: "Fahrt über den Bozeman-Pass" und 23: "Nachdrücklich Erwähntes".

[3]   Gemeint ist die Zeitspanne der ersten Mitteilungen Bruder Amos mit offenbarendem Charakter, anfangs der 1940er Jahre, zu den (damals aktuellen) Botschaften im Ausgang besagten Jahrzehnts.

[4]   D.h. Kernspaltung.

[5]   Man denke z.B. an den im 21. Jahrhundert massiv einsetzenden Klimawandel, an welchen zu Zeiten Bruder/Meister Amos noch kaum jemand gedacht hatte; weiters die zuvor schon publik gewordene Perforierung der Ozonschicht, sowie andere diverse, auf Umweltbelastung, bzw. -zerstörung basierende, Problemstellungen...

[6]   Gemeint ist die Nachkriegszeit, insbes. von 1945 bis 1955.

[7]   D.h. nach dem Kriege, den Folgen des 2. Weltkrieges.

[8]   Das Deutsche Reich hat durch Gebietsabtretungen nach dem 1. Weltkrieg eine Verkleinerung seines Staatsgebietes von 540.900 km² auf 470.500 km² hinnehmen müssen.
Zuzüglich den Verlust seiner gesamten Kolonialbesitzungen: Deutsch-Südwestafrika (heute Namibia) 835.100 km²; Kamerun 495.000 km²; Togo 87.200 km²; Deutsch-Ostafrika 995.000 km²; Deutsch-Neuguinea 240.000 km²; Div. Pazifik- bzw. Südseeinseln 5.345 km²; Kiautschou (Qingdao, China) 515 km² = # 2.658.160 km².
Die Übernahme von Portugiesisch-Timor, Angola, sowie Nord-Mosambik u.a. war mit Britannien schon so gut wie fixiert, wurde aber durch den Kriegsausbruch verhindert. Für weitere kleinere spanische Kolonien in Afrika bestand, seitens des Deutschen Reiches, ein Vorkaufrecht.
Sehr **unangenehm** deutlich wird hierbei das deutsche Streben nach Weltgeltung und nimmersatte, "großmannssüchtige" Expansion.

Mit dem Ende des 2. Weltkrieges ging das Reich unter und es verblieben, nach Annexion der deutschen Ostgebiete durch die Sowjetunion und Polen, 249.400 km² für Westdeutschland und 108.200 km² für Ostdeutschland (# 357.600 km²), welche - bevölkerungsmäßig - zudem eine riesige Flüchtlingswelle aus Ostpreußen, Danzig, Hinterpommern, Ostbrandenburg, Schlesien und dem Sudetenland zu verkraften hatten.

[9]   Man kann es, als "Kind des Kalten Krieges", kaum genügend unterstreichen:
Diese Voraussage von 1947/8 wurde ganz überraschend im Jahre 1989 in seine, vorher für unmöglich gehaltene, Erfüllung gebahnt.

[10]   Vgl. Matthäus 6 : 33, 34.

[11]   Für den skeptischen Christen sei hierzu bemerkt: Es gilt nicht Glaube **oder** Werk, sondern Glaube **und** Werk; nicht Eigenbemühung **vs.** Barmherzigkeit Gottes, sondern Vergebung, Barmherzigkeit Gottes **plus** eigene Bemühungen..!
So wurde der Ehebrecherin von Jesus vergeben; doch sagte/gebot er ihr auch: "Gehe hin und sündige nicht mehr!" (Johannes 8 : 3 – 11)
Der letzte Halbsatz meint also: "Bemühe dich fortan das Gute zu tun und das Schlechte zu lassen / zu meiden; arbeite an dir!"

[12]   Vergleichbar hierzu das Konzept der indischen Trimurti: *Brahma* ist der Gott der Erschaffung, *Vishnu* der Erhalter und Bewahrer, *Shiva* der Gott der Zerstörung (um wieder Neues, Besseres, Gereifteres wachsen lassen zu können).

[13]   "Galaxien" von mir hinzugefügt.

[14]   Vgl. zum (mir in diesem Zusammenhang nicht gänzlich verständlichen) Begriff der "Oktave" die Anm. [10] zum Kapitel 13: "Beginn des Unterrichts zum Initiierten"; evtl. auch die Anm. [4] und [5(a)] zum Kapitel 8: "An der Stätte des Meisters Zacharias" im Buche Bruder/Meister Amos "Die Geschichte des Eremiten", herausgegeben von Felix Schmidt / Uwe Laubach (BoD).

[15]   Im indischen Manusmriti wird von einer periodischen Wiederkehr bestimmter "Yugas" gesprochen. Nach Sri Yukteswar, dem Guru Paramahansa Yoganandas, dauert der kürzeste Weltenzyklus (entnommen seinem Werk "Die Heilige Wissenschaft"), das "Maha-Yuga", 24.000 Jahre. Dieser Zyklus unterteilt sich in die vier Weltalter des goldenen "Satya-Yuga" (Dauer 4.800 Jahre), des silbernen "Treta-Yuga" (3.600 Jahre), des kupfernen/bronzenen "Dvapara-Yuga" (2.400 Jahre) und des eisernen "Kali-Yuga" (1.200 Jahre); was - je auf- und absteigend - zu 2 x 12.000 Jahren = 24.000 Jahren führt.
Genannte, auf hundert Jahre genau unterstellte, zementierte, festgefügte Periodizität ist zwar falsch; dem Grundgedanken der Möglichkeit eines (spirituell bedingten) Auf und Nieder aber Rechnung getragen.

[16]   Man ist geneigt, einen berechtigten Vergleich zum Bericht in der Genesis zu ziehen, d.h. der Konsequenz, welche sich aus dem (verbotenen) Verzehr der Frucht vom "Baume der Erkenntnis von Gut und Böse" ergab -> 1. Mose 2 : 16, 17; 3 : 1 - 5 und 22 - 24.

[17]   D.h. ins kleinste, unendlich kleine, gehend.

[18]   Eine Pause, welche wohl im Wesentlichen die Zeit von 1943 (dem physischen Tod des Eremiten) bis 1947 meint -> vgl. auch das Nachwort (von 1941!) und die Anm. [1] zum Nachwort. Zur Erinnerung: Die Botschaften des Eremiten wurden später **sachlich** - *nicht* **chronologisch** - im vorliegenden Buch zusammengefasst...

Anm. zum Nachwort:

[1]   Dieses "Nachwort" zu den ersten Offenbarungen kann leichthin auch als weiteres *Vorwort* zu den späteren, ab 1947 eingehenden, gelten...

Anm. zum Epilog des Editors:

[1]   Vgl. Leopold Engels 1911 erschienenes Buch "Mallona - Der Untergang des Asteroiden-Planeten".

[2]   D.h. die Berstung Mallonas wäre demnach durch einen so entstandenen Wasserdampf-Überdruck im Planeteninneren initiiert worden, welcher - im Weiteren - die Plattentektonik an mehreren Orten zugleich in Aufruhr versetzte und damit zu einer insgesamt desaströs-verhängnisvollen Kettenreaktion, mit nachfolgend globaler Destabilisierung, resp. struktureller Überstrapazierung, anheizte.

[3]   Der Name wurde von mir in der "Geschichte des Eremiten" mit der Intention erfunden und eingesetzt, die geschilderten Begegnungen weniger abstrakt wirken zu lassen. (Vgl. auch Anm. [2] zum dortigen Kapitel 15: "Liebe-Offenbarung im Frauenkloster")

[4]   Vgl. "Die Geschichte des Eremiten", Kapitel 18: "Letztes irdisches Treffen der 'Himmlischen Eheleute'".

Interessanterweise berichtet uns der korrigierte Text in 1. Mose 2 : 21 - 24 (nachdem wir die gebräuchlichere Variante des hebräischen Wortes צלע ["Tzela"] mit **"Seite"**, anstatt "Rippe", übersetzen), dass erst *nach* der Erschaffung Evas, der **Frau**, Adam, der **Mensch** (ggf. zuvor hermaphroditisch [entspr. der Beschreibung der hohen Bewohner Thiaooubas im Buche Michel Desmarquets?], bzw. engelhaft androgyn?), als **Mann** bezeichnet wurde.
Die Frau ist also tatsächlich die "Zweite Hälfte" des Mannes - seine perfekte, gleichberechtigte, vervollständigende, paarige Ergänzung; **Dual** einer Ganzheit!

Der Überarbeiter und Editor

Uwe Laubach wurde am 25. Dezember 1961 in Altmorschen an der Fulda geboren. Sein stetes Streben ist eine liebende Gottverbundenheit in der Nachfolge Jesu Christi.

ER ist der Weg (zu Gott), die Wahrheit und das Leben...

Kontaktinformation

Uwe Laubach; Bearbeiter und Herausgeber

E-Mail: uwe-laubach@web.de

Herbert H. G. Engel

Der Sphärenwanderer

Reisen, Begegnungen und Offenbarungen

in anderen Dimensionen

**Umfassend verbesserte und
wesentlich erweiterte Auflage**

Erlebnisse und Begegnungen
in unbekannten Jenseitswelten

Im Sommer des Jahres 1945, kurz nach Beendigung des 2. Weltkrieges, wurde dem Autor, als einem heimkehrenden deutschen Soldaten - fernab von den fast allgegenwärtigen Trümmerstätten jener Zeit -, eine große Vision zuteil, welche seine quälenden Fragen nach dem Erden- und Menschenschicksal mit einem Schlag beantwortete.

In der Folge durfte Herbert Engel wunderbare Erfahrungen sammeln, die er im **Ersten Teil** des Buches, des wahren Lebensberichtes eines Suchers nach Weltenerkenntnis, per farbiger Schilderungen der verschiedensten astralen Landschaften, dem Leser authentisch beschreibt. Immer öfter geschah es nämlich nun, dass er, meist zu nachtschlafender Zeit, bei vollem und klarem Bewusstsein, aus seinem Körper geholt und von Botschaftern und Geistführern aus erhabenen Welten durch diverse Schattierungen der jenseitigen Sphären geleitet wurde. Im Kontakt mit unzähligen Jenseitsbewohnern erfuhr er alles über das neue Leben der Abgeschiedenen und ihre unermüdliche Arbeit zu seelisch-geistiger Entwicklung.

Im **Zweiten Teil** des Buches lassen uns seine transzendenten Mentoren, aus einem Universum des Lichts und der Liebe, an den großen Geheimnissen des kosmischen Wirkens teilhaben.

Ergänzt wird sein Werk, in dieser Neufassung, durch einen Nachspann, der dem forschenden Leser viele nützliche Querverweise und interessante Hinweise zum Text, in kurz gefassten Anmerkungen des Überarbeiters/Co-Autoren, liefert.

504 Seiten

Joy Snell

Der Dienst
helfender Engel

Erlebnisse einer Pflegeschwester

an Kranken- und Sterbebetten

Neu übersetzt und umfassend bearbeitet

Erlebnisse einer, mit dem Charisma der Hellsicht beschenkten, Krankenschwester

Joé (Joy) Snell wirkte im ausgehenden 19. Jahrhundert in London als Krankenschwester, später als private Pflegekraft.

Die, zu Zeiten des britischen Empire, um 1860/65 in Indien geborene, in Nordirland aufgewachsene und in England tätige, Autorin war, dank besonderer, ihr verliehener Begnadung, zur außersinnlichen Wahrnehmung befähigt, durfte und konnte Dinge schauen, die, für gewöhnlich, Menschen verborgen bleiben.

In stetig wachsendem Maße ihrer seelischen Reifung steigerte sich dies bis hin zur Begegnung mit Jenseitigen, die sie für sich in der Regel "Engel" nannte, sowie zu Reisen in astrale Gefilde, in welche sie zumeist von ihrem weiblichen Schutzgeist mitgenommen wurde.
Dadurch erlebte sie, aus eigenem Augenschein, dass Hilfeleistungen "von drüben" nicht nur diesseits "der Schwelle" gewährt werden, sondern im Jenseits ihre benötigte Fortsetzung, zur Entwicklung der Seelen, finden.

Ein spirituelles Vermächtnis wahren Wissens; gesammelt durch persönliche **Erfahrungen** - weitergegeben durch eine jahrzehntelang im Pflegebereich arbeitende, leidgewohnte Frau mit entsprechend spezieller Beobachtungs- und Einfühlungsgabe im selbstlosen Dienst am Nächsten.

Ergänzt wird ihr Werk durch einen Anhang, der dem nachforschenden Leser diverse nützlich-informative und interessante Hinweise zum Text, in kurz gefassten Anmerkungen des Übersetzers/Bearbeiters, liefert.

Ein Buch, das in keiner Palliativstation, keinem Hospiz fehlen sollte..!

200 Seiten